유튜브책
유튜버로 성공하는 책

출판사 등록번호 : 제2020-000005호
신고연월일 : 2020년 9월 11일

유튜브책 - 유튜버로 성공하는 책

발행일 : 2023-08-09
발행처 : 가나출판사
발행인 : 윤관식
주　　소 : 충남 예산군 응봉면 신리길 33-4
전　　화 : 010-6273-8185
팩　　스 : 02-6442-8185
홈페이지 : http://가나출판사.kr
Email : arm1895@naver.com
저　　자 : 윤관식

파본은 구매처에서 교환해 드립니다.

ISBN : 979-11-91180-10-7(13400)

머리말

요즘 유튜브는 유튜브를 하는 유튜버들만의 공간을 넘어서 이미 필수 생활필수품과 마찬가지로 전세계인의 생활 깊숙히 자리잡고 있습니다.

옛날에는 특히 발송 출연 등은 극히 일부 방송인이나 유명 연예인, 정치인, 기업인 등 매우 제한적인 사람들만 출연하는 매우 희소한 공간이었습니다.

따라서 일반인이 방송에 출연하는 것은 거의 불가능하였습니다.

그러나 오늘날은 각종 SNS가 봇물을 이루고 있으며 급기야 유튜브라는 동영상 플랫폼이 탄생하여 지금은 남녀노소 누구나 자신이 직접 촬영한 영상에 자신이 직접 출연하여 통상적인 사회 통념상 허용되지 않는 영상 및 언행만 아니라면 실질적으로 어떠한 제약 없이 유튜버로 활동할 수 있습니다.

특히 필자는 주로 책을 쓰는 것이 직업이며 무려 수십권의 저서가 있고요, 이전에도 유튜브에 관한 책을 집필한 적이 있고요, 이러한 필자의 경험상 필자의 저서 중에서 잘 팔리는 도서를 보면 필자 나름대로 분석할 수 있는 자료가 있습니다.

필자의 저서 중에서 가장 잘 팔리는 도서는 'PC정비사 교본 - 컴퓨터 고장 수리 조립 업그레이드' 책이고요, 그리고 그 다음 잘 팔리는 도서가 바로 유튜브에 관한 책입니다.

그러나 도서라는 것은 도서정가제도와 마찬가지로 출간된지 대략 18개월이 경과하면 책의 판매량이 급감합니다.

그래서 이 책 역시 '유튜브책 - 유튜버로 성공하는 책' 이라는 타이틀로 2023년 최신판으로 새롭게 선 보이는 것입니다.

사실 필자도 유튜버로서 구독자가 그리 많지는 않습니다.
오늘은 2023년 6월 20일이고요, 오늘 현재 필자의 유튜브 채널 구독자는 1253명입니다.

그러나 필자가 유튜브에서 다루는 소재는 일반 시가, 정치, 여행, 맛집 등에 관한 영상은 거의 전무하고요, 필자는 컴퓨터 자격증도 많고, 조립PC를 무려 수 천 대를 조립한 경험이 있으며 각종 도서를 수십 권이나 집필을 하였습니다.

그러나 필자는 컴퓨터 자격증만 많은 것이 아니라 각종 기계 제작, 산소용접, 전기용접 등, 그리고 요즘은 양봉에 심취하여 양봉, 꿀벌에 관한 영상을 거의 매일 한두개씩 올리고 있는 등, 필자의 유튜브 채널은 필자의 직업인 책의 집필 혹은 필자가 현재 운영하영 출판사, 제본소, 출력소 외에 각종 기계 공작, 용접, 그리고 요즘 거의 올인하다시피 매진하는 양봉, 양봉 봉사로 비닐하우스를 짓는 과정, 방법 등 한 마디로 하나의 컨셉을 내세우기 어려운 그야말로 종합 채널 형식의 잡탕 채널이기도 합니다.

다시 말해서 유튜브에서 조회수가 많이 올라가는 영상은 정치 시사 등의 내용이 압도적인 1위이고요, 사실 요즘 유튜브를 하지 않는 이가 없으므로 아마 이런 부분은 여러분이 필자보다 더 잘 알 것입니다.

또 다시 말해서 필자의 유튜브 채널에는 이렇게 조회수가 많이 올라가는 영상은 단 한 가지도 없습니다.

필자는 수십권의 저서가 있으며, 옛날에 집필한 도서는 대부분 책이 두꺼웠지만, 요즘은 책이 두꺼우면 가격만 비싸지고 잘 팔리지도 않기 때문에 어떠한 책도 옛날같이 두껍게 집필을 하지 않습니다.

그래서 책의 두께가 옛날에 비하여 상대적으로 얇아졌기 때문에 책 속에 많은 내용을 담을 수가 없어서, 책 속에서 미처 자세하게 다루지 못한 내용을 중심으로 필자의 블로그나 유튜브 채널에 동영상 강좌 형식으로 올리곤 합니다.

따라서 이 책에서 부족한 부분을 필자의 블로그나 유튜브 채널을 활용하시기 바라고요, 필자 역시 2023년 6월 20일 현재 구독자는 1,253명 밖에는 안 됩니다.

보통 유튜브 구독자 수만 ~ 수십만을 거느린 유튜버 얘기만 듣다가 필자의 유튜브 채널 구독자가 겨우 1,253명이라니 실망을 하실 분도 있을 것입니다.

그러나 필자가 이 책에서 알려드리는 것은 유튜브에서의 성공 방법, 동영상 촬영 및 편집 방법, 유튜브에서의 수익 창출 방법 등의 FM을 알려드리는 것이고요, 이 책으로 이러한 방법을 익히셔서 여러분 스스로 수만~수십만 구독자를 확보하실 수 있는 방법을 알려드리는 것입니다.

따라서 구독자를 거의 모으지 못 하거나, 혹은 수 만~수십만 구독자를 모으는 것은 전적으로 여러분 개개인의 능력에 따라 다른 것이고요, 그런 것까지 필자가 해 드릴 수는 없는 것입니다.

다만, 예를들어 유튜브 조회수를 사고 파는 이러한 허황되고 기가 막히는 일도 있다는 것을 아시고요, 유튜브에서 가장 선호하는 유튜버는 바로 필자와 같이 건전하고 알찬 정보를 꾸준히 올리는 유튜버라는 것을 아시기 바랍니다.

필자의 경우 유튜브에서의 직접 적인 수익 창출은 그리 크지 않지만, 필자의 블로그나 필자의 유튜브 채널은 채널 자체로 수입 창출 수단 보다는 필자의 경우 책을 쓰는 것이 직업이며, 동시에 출력소 및 제본소를 운영하며, 또한 인터넷 쇼핑몰을 운영하고 있기 때문에 필자의 사업상의 홍보 수단으로 활용하는 것이 압도적으로 많다는 것을 아시기 바랍니다.

다시 말해서 구글 애드센스.. 유튜버가 되면 필연적으로 알아야 하는 구글 애드센스나 네이버 검색 광고, 기타 각종 대형 마켓 자체 광고 등을 필자는 단 한 가지도 내 보내지 않습니다.

옛날에는 거의 10년 이상 매년 3,000만원 이상의 광고비를 지출한 적도 있지만, 지금 생각해 보면 광고사 배만 불려주었을 뿐 필자는 광고 효과는 전혀 못 보았습니다.

광고를 해서 매출이 늘어나는 것이 고작 광고비 정도 밖에는 안 되므로 광고를 하지 않고 매출이 조금 적더라도 광고비가 나가지 않기 때문에 결국 매출액 대비 수익은 쌤쌤이라는 말입니다.

이에 비하여 유튜브 채널이나 블로그는 광고비가 단 1원도 들어가지 않는 거의 무한한 광고 영역입니다.

그래서 유명 업체에서는 오히려 유튜브나 개인 블로그에 광고를 넣기 위하여 혈안이 되어 있는 것입니다.

모쪼록 이 책으로 유명한 유튜버가 되시기를 진심으로 기원합니다.
감사합니다.

-저자 윤 관식-

목차

유튜버로 성공하는 책 1
유튜브책 1
필자의 [유튜브 채널]에 오시는 방법 11

제 1 장
어도비 프리미어 프로 CC 13
1-1. 어도비 프리미어 프로 CC 소개 14
1-2. 프로그램 구입 16
1-3. 프리미어 버전 19
1-4. 프리미어 저장 21
1-5. 개체 불러오기 22
1-6. 타임라인 23
1-7. 영상과 소리 분리 24
1-8. 동영상 미리 보기 25
1-9. 문자 삽입 28
1-10. 유튜브 동영상에 사용하는 글꼴 30
1-11. 글씨의 배경(글씨가 잘 보이게하기) 33
1-12. 트랙 확대 축소 35
1-13. 동영상 트랙 위치 이동 37
1-14. 동영상 내 보내기(렌더링) 38

제 2 장
프리미어 중급 과정 43
2-1. 해상도(동영상 크기) 45
2-2. 인제스트 설정 49
2-3. 미디어 인코더 50
2-4. 시퀀스 51
2-5. 작업의 개요 55
2-6. H264파일 57
2-7. 트랙 60
2-8. 트랙 매트키 62
2-9. 프레임 수 75
2-10. 애니메이션 76
2-11. 애니메이션 작업의 개요 87

2-7. 애니메이션 변형 88
2-12. 키프레임 제거하는 방법 89
2-13. 크기가 변하는 애니메이션 91
2-14. 비디오 효과 96
2-15. 비디오 전환 효과 97
2-16. 흐르는 애니메이션 98
2-17. 프레임 애니메이션 100
2-18. 트랙 위치 이동 100
2-19. 원형 안에 동영상 나타내기 106
2-20. 하트 안에 동영상 나타내기 110
2-21. 유튜브 인트로 영상 만들기 113
2-22. 글씨가 서서히 사라지는 애니메이션 135
2-23. 4k, 8k 영상 140

제 3 장
카메라(Camera) 141
3-1. 카메라 선택 143
3-2. 카메라의 3대 요소 150
3-3. 삼성 갤럭시 점프2 스마트폰 화질 153
3-4. 액션캡 158
3-5. DSLR 164
3-6. 삼성 NX1 166
3-7. 삼성 NX500 168
3-8. 삼성 NX200 169
3-9. 삼성 NX10 171
3-10. 삼성 NX20 173

제 4 장
프리미어 고급 과정 183
4-1. 인제스트 185
4-2. 하이엔드 카메라 소개 189
4-3. 프록시 설정 191
4-4. 프리미어에서 화살표 만들기 사용하기 198
4-5. 포토샵에서 화살표 그리기 200
4-6. 포토샵에서 만든 화살표 가져오기 205

4-7. 크로마키 206
4-8. 동영상 배경 바꾸기 207
4-9. 트랙 자르기 211
4-10. 사운드 212
4-11. 무료 음원(배경음악) 213
4-12. 배경 음악 / 페이드인 / 페이드 아웃 217
4-13. 소리 효과(사운드 편집) 220
1-14. 2K, 4K, 8K 영상 편집 보충 설명 225
4-15. 스크래치 디스크 227
4-16. 가상메모리 228

제 5 장
유튜브(YouTube) 249
5-1. 유튜브에 동영상 올리는 방법 251
5-2. 유튜브 [내 채널] 257
5-3. 시청률 및 시청 시간 260
5-4. 유튜브 계정 / 내 채널 261
5-5. 크리에이터 아카데미 262
5-6. 인기 과정 263
5-7. 유튜브 수익 창출 269
5-8. 구독자 1,000명 기준 276
5-9. 유튜브에서 가장 선호하는 유튜버 279
5-10. 유튜브에서 가장 싫어하는 유튜버 281
5-11. 유튜버를 상대로 돈을 버는 업체들 282
5-12. 유튜브 수익 창출 순서 286
5-13. 유튜브 수익 창출 신청 및 승인 289
5-14. 유튜브 채널 분석 290
5-15. 저작권 294
5-16. 맞춤설정 296
5-17. 오디오 보관함 297
5-18. 구글 애드센스 298
5-19. 세금 300

필자의 [유튜브 채널]에 오시는 방법

필자는 책을 쓰는 것이 직업이고요, 무려 수십 권의 저서가 있고요, 요즘은 옛날과 같이 두꺼운 책이 거의 없습니다.

그래서 책 속에 많은 내용을 담을 수가 없습니다.
그래서 필자의 저서 속에 미처 담지 못한 내용들은 필자의 [유튜브 채널]에 동영상 강좌로 올리거나 필자의 [네이버 블로그]에 포스트 형식으로 올리곤 합니다.

따라서 이 책으로 공부를 하는 여러분은 수시로 오셔야 하는 채널입니다.

인터넷창, 웹브라우저 검색어 입력창이 아닌 맨 위의 주소 표시줄에 한글로 '가나출판사.kr' 입력하고 엔터를 치면 필자의 홈에 오실 수 있습니다.

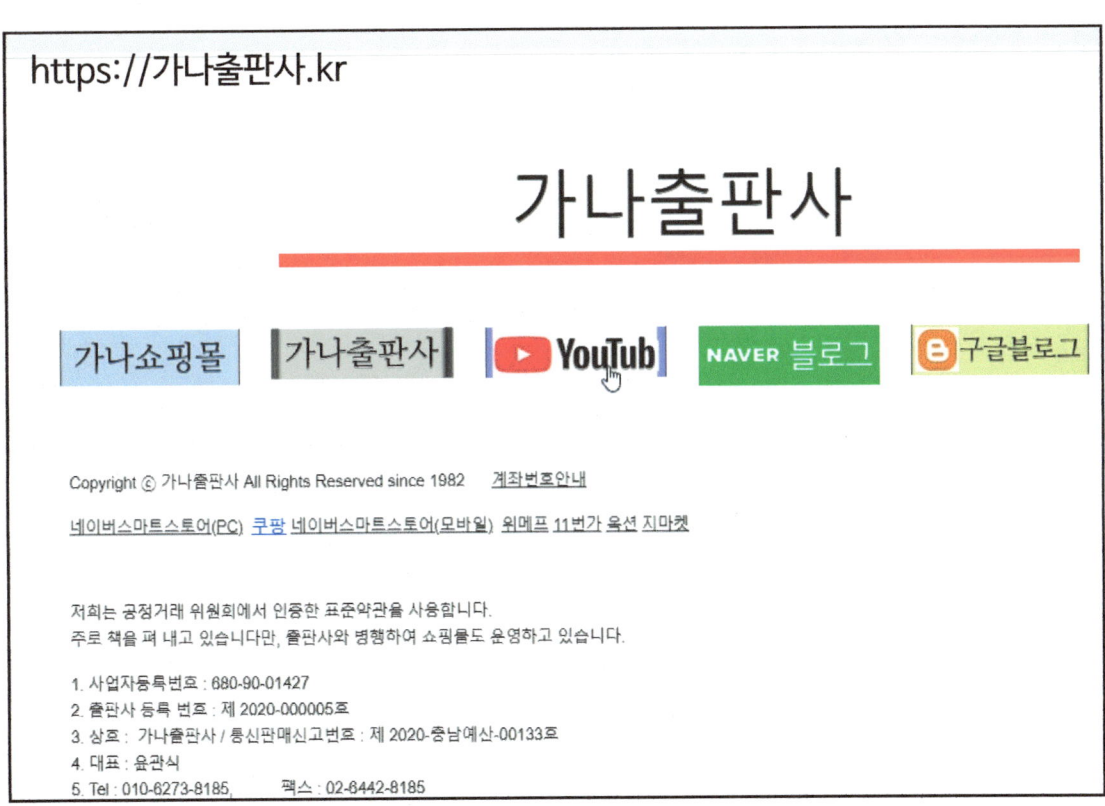

제1장

어도비 프리미어 프로 CC

1-1. 어도비 프리미어 프로 CC 소개

이 책으로 공부를 하기 위해서는 어도비 프리미어 프로 CC 프로그램이 필수적으로 있어야 합니다.

따라서 어도비 프리미어 프로 CC 라는 프로그램이 어떤 프로그램인지 가장 먼저 알아야 합니다.

어도비사는 Adobe.. 너무나도 유명한 미국의 어도비사를 가리키는 것이며 이 책에서 주로 다루게 될 어도비 프리미어는 잘 모르더라도 아마도 포토샵을 모르는 사람은 거의 없을 것입니다.

이렇게 유명한 포토샵을 개발한 회사가 어도비사이며, 지금은 마이크로소프트사에서 거액으로 인수를 하여 정확하게는 마이크로소프트 어도비입니다.

이것이 잘 된 일인지 못 된 일인지는 지금으로서는 알 수 없으나 거대한 공룡 기업이 되어버린 마이크로소프트사에서는 잠재적인 경쟁 소프트웨어 회사가 나타나기만 하면 거액으로 인수를 해 버리기 때문에 아예 마이크로소프트와 경쟁을 할 수 있는 업체는 나타날 수가 없습니다.

분명히 범 지구적인 차원에서 본다면 이것은 장차 인류의 커다란 재앙이 될 수도 있는 일입니다만, 모든 것이 합법적으로 이루어지기 때문에 지금으로서는 어떠한 대기업도, 심지어 강대국이라 하더라도 어찌 할 수 없는 일이기도 합니다.

이 책으로 프리미어 공부를 하여 동영상을 마음대로 편집을 하려는 여러분이나 필자는 사실 이런 것을 신경쓸 필요없이 프리미어만 잘 사용하면 되겠습니다만, 마이크로소프트사는 공룡 기업을 넘어 이제는 미래의 스카이넷, 제네시스가 되어 가는 것이 참으로 걱정입니다.

아래는 위키백과에서 인용한 것입니다.

1-2. 프로그램 구입

이 책은 어도비 프리미어 프로 CC 프로그램을 주로 다루게 됩니다만, 어도비 포토샵, 어도비 일러스트레이터, 어도비 인디자인, 어도비 프리미어 등의 프로그램은 이제는 돈을 주고 구입을 하는 프로그램들이 아닙니다.

이른바 월, 혹은 년 단위로 일정액의 사용료를 내는 임대 방식입니다.

인터넷창, 웹브라우저에서 다음 화면에 보이는 것과 같이 검색어 '어도비 플랜'을 검색하면 수많은 검색 결과가 나타나는데요..

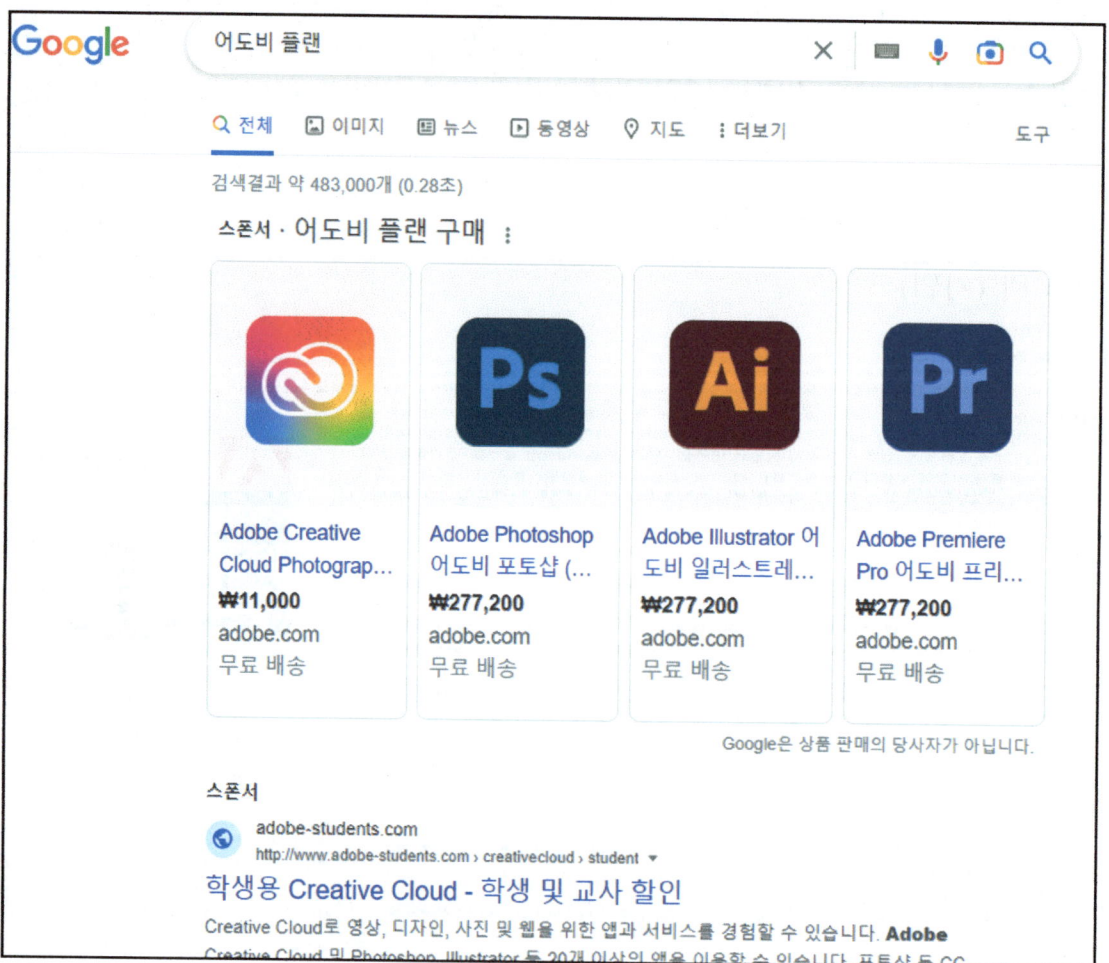

맨 위의 링크를 클릭, 다음 화면 맨 밑에 다음과 같은 내용이 보입니다.

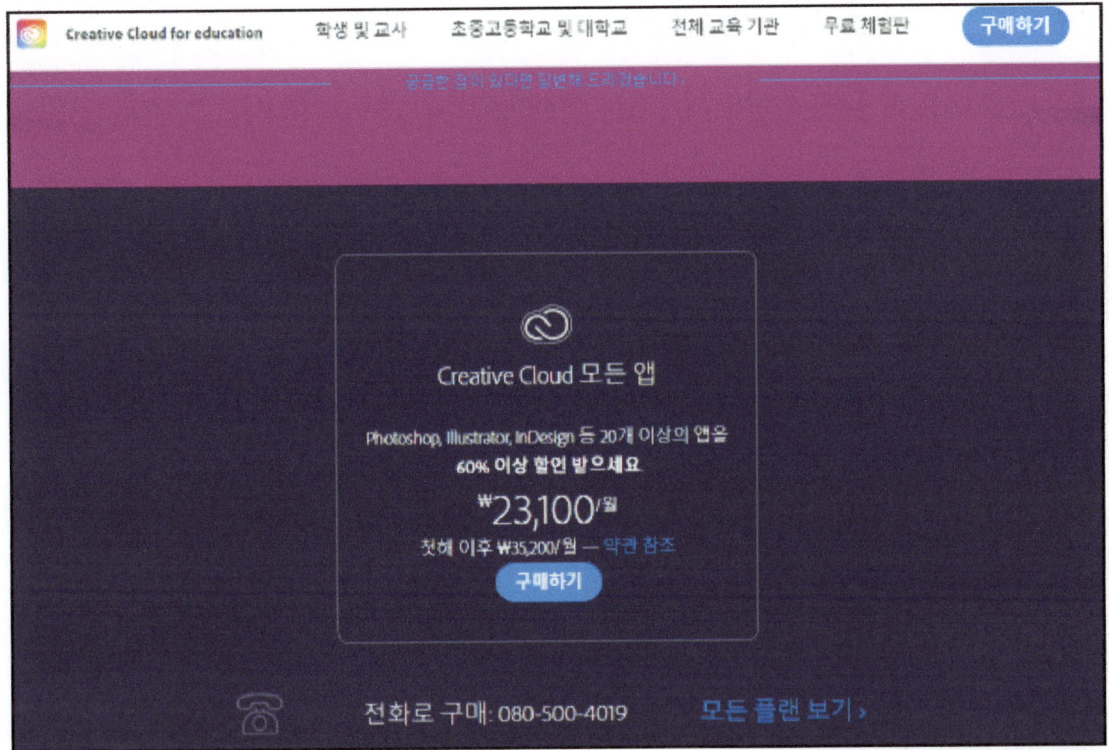

필자도 프로그램 구입 비용이 부담되어 어도비 플랜을 이용하여 월 사용료를 내고 프로그램을 사용하는데요, 필자가 작가로서 하는 말이 아니라 그야말로 학생 정도 이상의 여유만 된다면 이렇게 어도비 플랜을 이용하여 저렴한 비용으로 정품을 사용하시기를 적극 권장합니다.

구글링을 하면 많은 크랙 버전들이 존재하지만, 그야말로 악의 근원입니다.
오늘날 컴퓨터가 없으면 그야말로 살 수 없는 세상인데요, 컴퓨터가 정상적으로 작동하지 않으면 참으로 큰일입니다.

그런데 인터넷에 난무하는 수많은 크랙 버전들은 대부분 정상적인 컴퓨터를 비정상적으로 만드는 것이 대부분입니다.

이렇게 크랙 버전을 가지고 마음 조이며 사용하는 것보다는 차라리 어도비 플랜을 이용하여 저렴한 가격으로 정품을 사용하시기를 진심으로 권해 드립니다.

앞에서 본 것과 같이 필자도 어도비 플랜을 이용하므로 이 책으로 공부하는 여러분 역시 어도비 플랜을 이용하여, 이 중에서 가장 저렴한 비용으로 골라서 결제하면 아주 저렴한 비용만 지출하면 됩니다.

앞에서 본 어도비 플랜 하단에서 [모든 플랜 보기]를 클릭하면 다음 화면이 나타나는데요..

위의 화면 가운데 보이는 프리미어 러쉬.. 는 월 11,000원입니다.

어도비사에서 요즘 유튜브에 동영상을 올리는 유저들이 많은 것을 보고 유튜버를 타킷으로 인스타그램 등 각종 SNS에 동영상을 쉽게 올릴 수 있도록 아예 유튜브나 인스타그램 등과 연동하여 자신의 계정에 동영상을 바로 올릴 수 있게 지원을 하기도 한다는데요..

알기 쉽게 얘기해서 프리미어의 약식 버전이라고 보시면 되겠습니다.

동영상을 전문적으로 영업적으로 사용하지 않고 단순히 유튜브나 인스타그램 등의 개인 SNS에 올리는 정도로 만족한다면 위의 가운데 월 11,000원짜리 프리미어 러쉬를 사용해도 무방하고요, 필자는 프리미어를 사용하기 때문에 프리미어 러쉬는 직접 사용해보지 않았으나 몇 몇 분들의 사용기를 보니 필자가 얘기하는 것과 거의 다르지 않습니다.

사실 필자는 프리미어 러쉬보다는 정식 프리미어 프로를 사용해서 내 마음대로 편집을 하는 것을 선호합니다만, 여러분도 마찬가지일 것입니다.
그러나 프리미어는 어도비 플랜을 이용하더라도 개인의 경우 월 24,000원, 기업의 경우 어도비사의 모든 플랜을 모두 이용해도 월 92,000원 입니다만, 개인은 월 62,000원입니다.

어떤 플랜을 이용하든, 일단 프로그램이 있어야 공부를 할 수 있으므로 어떤 방법을 사용하든 프로그램을 설치를 해야 합니다.
옛날에 필자가 출판사에 근무할 때는 이런 프로그램의 경우 시험판을 시디에 구워서 책의 부록으로 넣어주기도 했는데요, 지금은 인터넷으로 시험판을 아주 쉽게 구할 수 있고요, 실질적으로 시험판은 기간도 짧고 저장도 제한적이고 기능도 제한적이기 때문에 사실상 사용 불가입니다.

참고로 어도비 프로그램군은 현재 CC 2020 버전이 가장 최신 버전이지만, 프로그램 안정성으로 볼 때는 CC 2018 버전이 가장 안정적이고요, 사실상 CC 버전은 2018, 2019, 2020 버전이 모두 동일하다고 해도 과언이 아닙니다.
또한 CC 2018 버전을 사용한다 하여도 어차피 업그레이드가 되면 저절로 CC 2020이 되므로 이 또한 참고하시기 바랍니다.

1-3. 프리미어 버전

원래 동영상에 관한 여러가지 설명을 하고 다소 복잡한 동영상 편집으로 시작하였습니다만, 사실 어도비 프리미어는 초보자가 배우기에는 상당히 어려운 것이 사실입니다.

그래서 혹시 초보자분들이 처음부터 어려운 설명을 하면 지레 겁을 먹고 책을 덮어 버리지 않을까 우려되어 여기서는 무조건 따라하기 수준으로 간단한 동영상 편집을 먼저하고, 그리고 나서 보다 자세한 설명을 이어가도록 하겠습니다.

이번 실습에 사용하는 동영상은 방금 필자가 코끼리 사진을 대형 플로터에서 A1 사이즈보다 더 크게 인쇄를 한 대형 사진을 벽에 걸어놓고 촬영한 동영상인데요, 필자는 이런식으로 대형 혹은 중소형 사진을 인쇄해 드리는 사진인화, 사진인쇄 서비스도 판매를 하며, 여기 보이는 사진 역시 필자가 판매를 하려고 방금 인쇄를 하여 동영상으로 보여주기 위하여 촬영한 것입니다.

앞에 보이는 화면은 어도비 프리미어 프로 CC 프로그램의 구동 화면인데요, 같은 어도비 프리미어 프로 CC 버전이라도 2018, 2019, 2020.. 이렇게 구분되고요, 또 버전별로 빌드가 틀리면 구동 화면은 조금씩 틀릴 수도 있고요, 앞의 어도비 프리미어 프로 CC 프로그램의 구동 화면이 끝나면 다음 화면이 나타납니다.

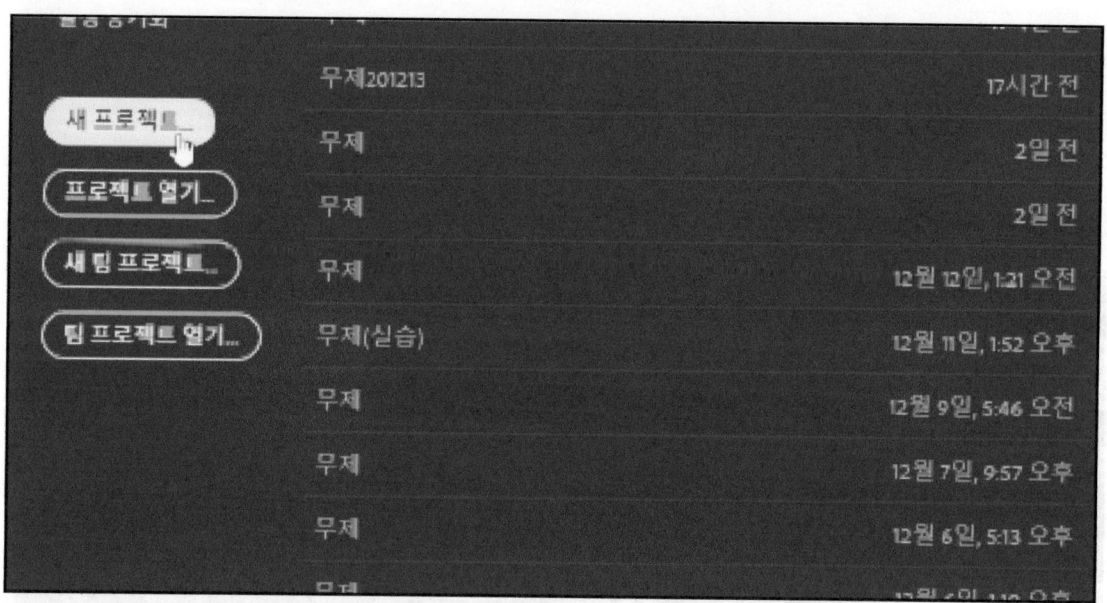

앞의 화면에서 손가락이 가리키는 [새 프로젝트 만들기]를 클릭하면 다음 화면이 나타납니다.

1-4. 프리미어 저장

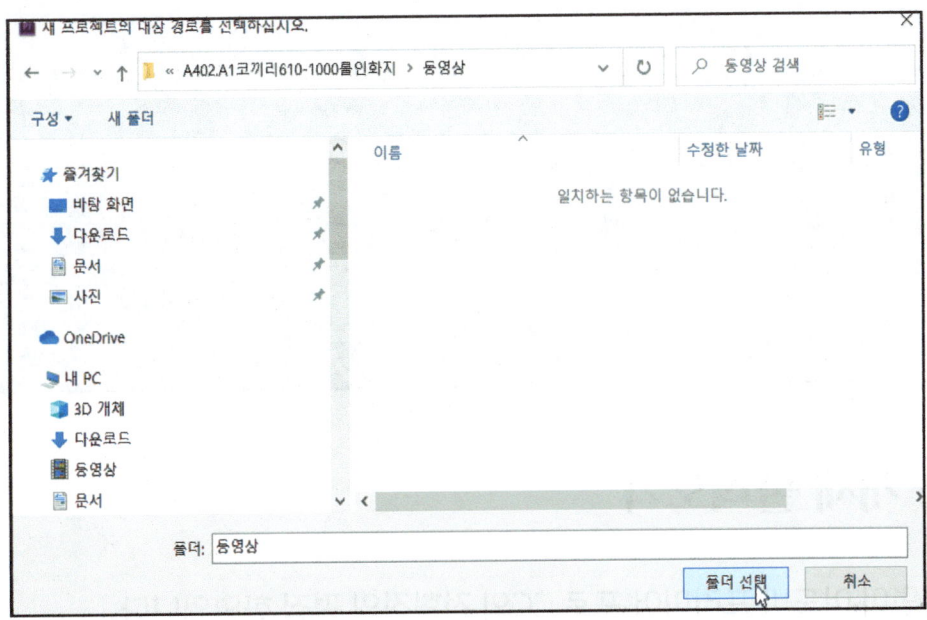

위의 화면은 동영상이 저장될 경로를 지정하는 화면이고요, 당연히 미리 동영상이 어딘가에 저장되어 있어야 하고요, 필자는 필자가 판매하는 상품들의 데이터가 저장된 곳에 있는 위의 화면에 보이는 경로를 지정하였습니다.

즉 이곳에 지금 편집하고자 하는 어도비 프리미어 프로 CC에서 동영상 편집을 하는 모든 작업 내용들이 함께 저장되는 프로젝트 파일이 여기에 생성되는 것입니다.

위와 같이 동영상이 저장될 경로를 지정하고 마우스가 가리키는 [폴더 선택]을 클릭하면 다음 화면이 나타납니다.

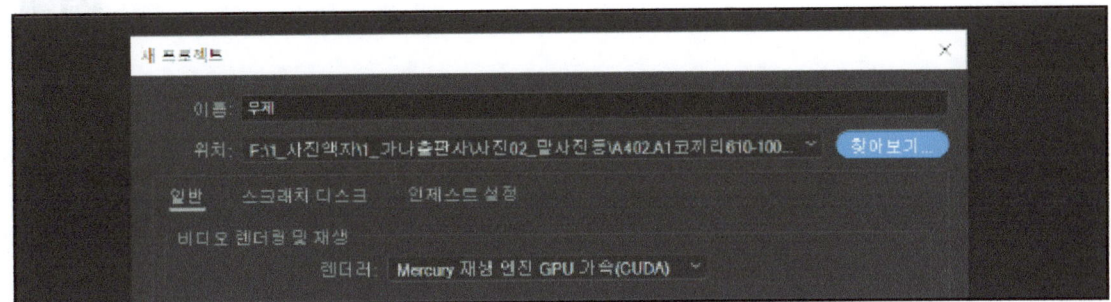

앞의 화면에서 [확인]을 클릭합니다.
자세한 것은 뒤에 가서 다시 설명을 하게 됩니다.

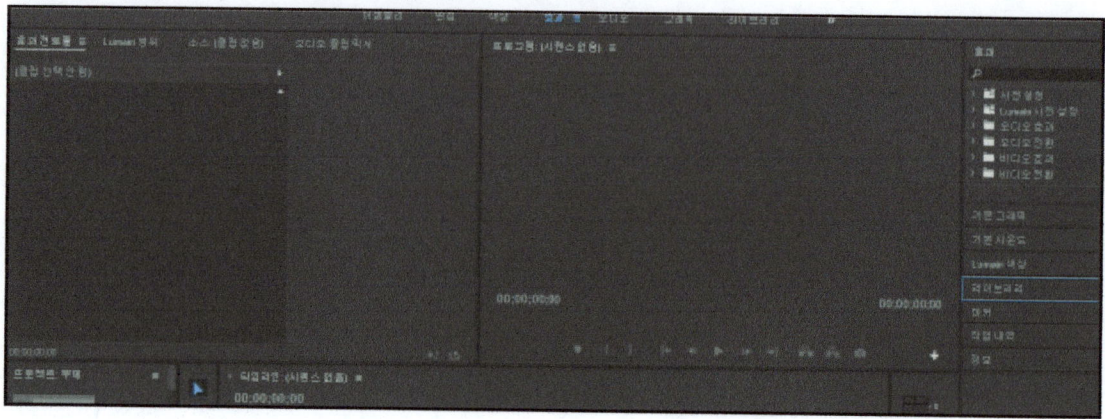

1-5. 개체 불러오기

위의 화면이 어도비 프리미어 프로 CC의 전형적인 편집 화면입니다.

위의 화면에서 [Ctrl + I]를 누르면 다음 화면이 나타납니다.

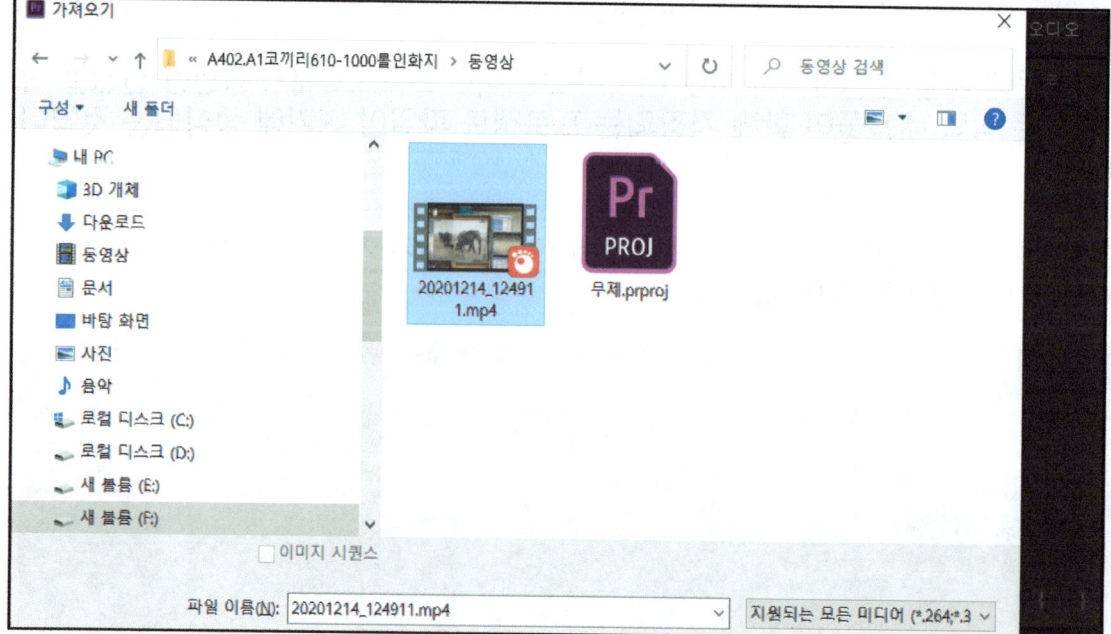

동영상 불러오기 화면이고요, 어도비 프리미어 프로 CC 프로그램으로 편집할 동영상을 선택하는 화면입니다.
여기서는 앞의 화면에 보이는 동영상을 선택했고요, 이 동영상은 필자의 블로그에 올려 놓겠습니다.
인터넷창, 웹브라우저 주소표시줄에 '가나출판사.kr' 입력하고 엔터를 쳐서 필자의 홈에 오시면 필자의 블로그에 오실 수 있는 링크가 있고요, 필자의 블로그에 오셔서 검색어 '유튜브동영상참고자료' 로 검색하여 다운로드 하시기 바랍니다.
앞의 화면에서 원하는 동영상을 선택하고 열기를 클릭하면 다음과 같이 나타납니다.

1-6. 타임라인

①이 방금 불러온 동영상입니다.
①을 클릭한 채로 드래그하여 ②의 지점에 가져다 놓으면 ③과 같이 미리보기 되어 나타납니다.

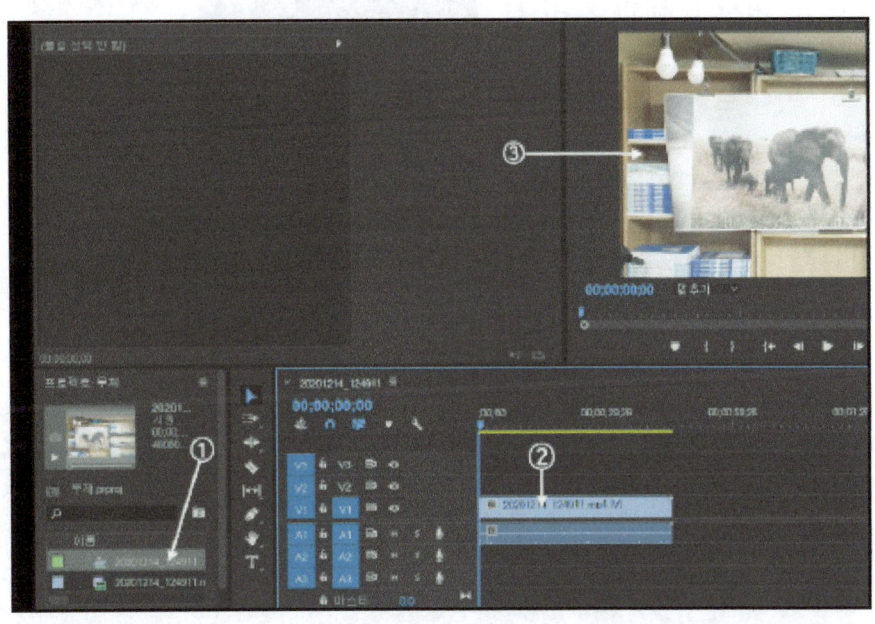

이 때 위의 ②의 동영상이 놓여져 있는 곳을 타임라인이라고 부릅니다.

또한 위의 ②의 동영상은 현재 화살표가 가리키는 것이 동영상 트랙이며, 그 밑에 파형으로 붙어 있는 것이 소리트랙으로, 동영상은 기본적으로 이렇게 영상 트랙과 소리 트랙이 존재하며 지금 편집하는 동영상은 소리는 필요 없으므로 사운드 트랙을 삭제를 하겠습니다.

현재 불러와서 타임라인에 가져다 놓은 ②의 동영상은 영상 트랙과 소리 트랙이 붙어 있는 상태이고요, 여기에 마우스를 대로 마우스 우측 버튼을 클릭하여 나타나는 다음 부메뉴에서 [연결해제]를 클릭하면 영상 트랙과 소리 트랙이 분리가 됩니다.

1-7. 영상과 소리 분리

이제 영상 트랙과 소리 트랙이 분리되었으므로 소리 트랙만 삭제를 할 수 있습니다.
현재 영상 트랙과 소리 트랙이 불리되었지만, 여전히 복수로 선택되어 있습니다.
따라서 먼저 화면의 빈 공간을 한 번 클릭하여

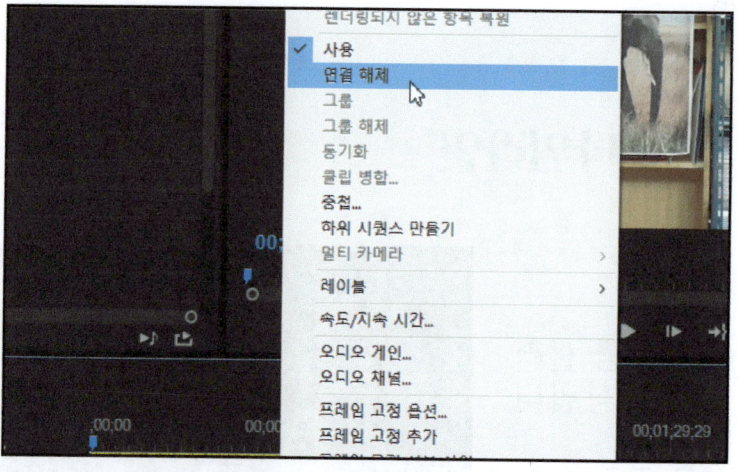

선택을 해제한 다음, 소리 트랙만 선택하고 마우스 우측 버튼을 클릭하여 [지우기]를 하든지, 그냥 키보드의 [Del] 키를 누르면 소리 트랙이 삭제됩니다.

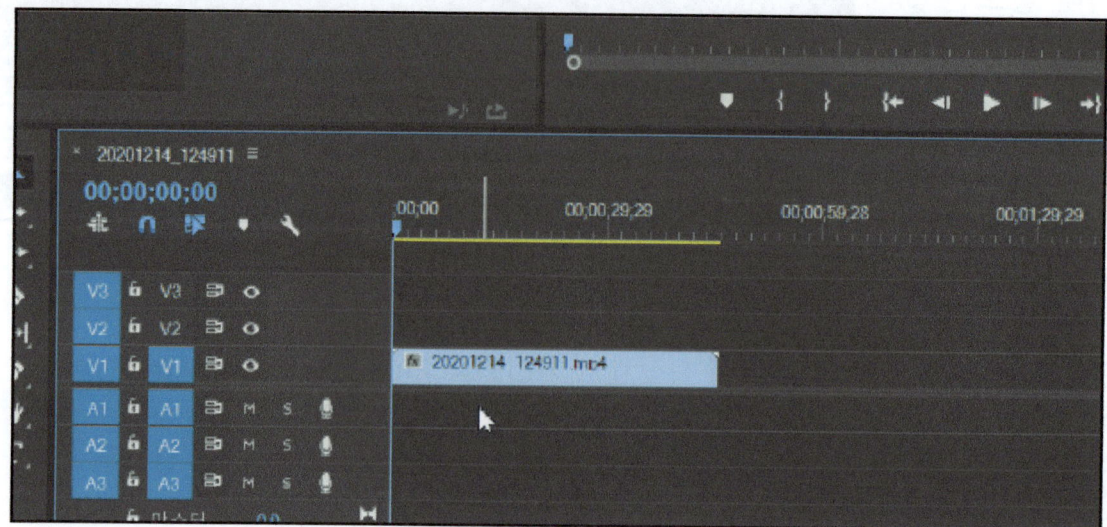

이제 소리 트랙은 삭제되고 영상 트랙만 남았습니다.
필요에 따라 삭제한 소리 트랙에 다른 소리 트랙을 삽입하여 음악을 곁들인 멋진 동영상을 만들 수도 있습니다만, 여기서는 소리 없는 영상만 만들겠습니다.

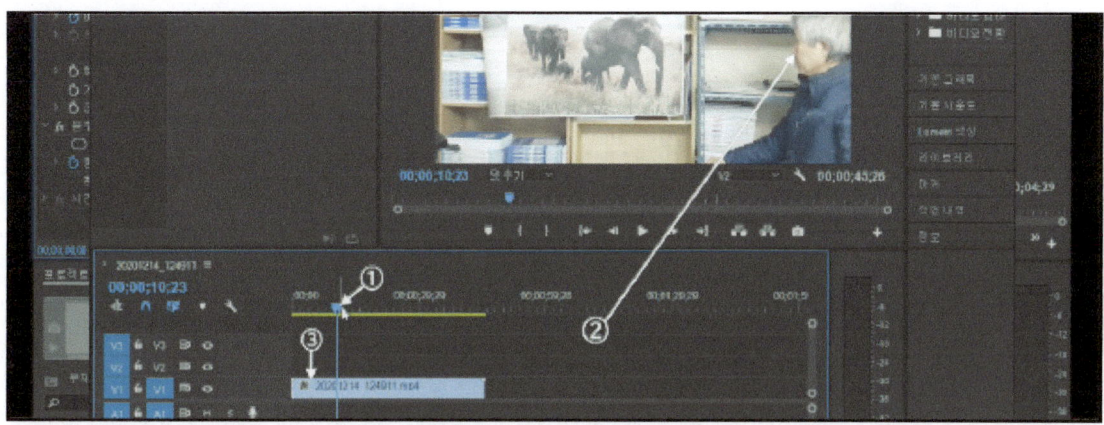

1-8. 동영상 미리 보기

동영상을 실행(미리보기)하기 위해서는 키보드의 [스페이스바]를 누르면 실행, 다시 누르면 멈춤이며, 위의 ①을 클릭 드래그하면 동영상을 강제로 실행시키고, 원하는 지점으로 이동할 수 있으며 ②는 필자가 카메라를 켜고 사진이 있는 곳으로 가는 장면이며 이 장면은 필요 없기 때문에 ③의 트랙 부분은 잘라내야 할 부분입니다.
이 때 키보드의 +를 누르면 트랙이 확대되며 -를 누르면 트랙이 축소되며 적당히 트랙을 확대를 하고 동영상의 잘라낼 부분을 정확하게 지정하고 키보드의 [Ctrl + K]를 누르면 현재 선택된 트랙만 잘라지며, [Shift + Ctrl + K]를 누르면 모든 트랙이 잘라집니다.

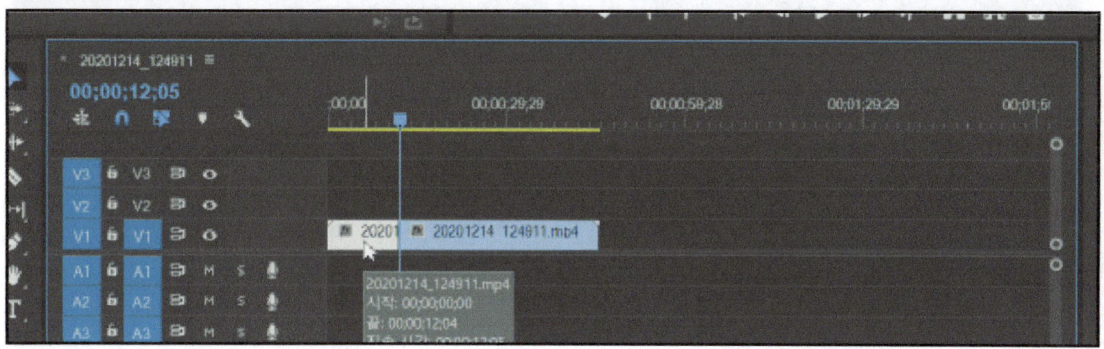

현재 원하는 부분에서 동영상 트랙이 잘라진 상태이고요, 잘라진 앞쪽, 잘라낼 부분의 트랙이 선택된 상태입니다.
현 상태에서 잘라낼 트랙을 선택하고 마우스 우측 버튼을 클릭하여 [지우기]를 하거나 그냥 키보드의 [Del] 키를 누르면 해당 부분의 트랙이 삭제됩니다.

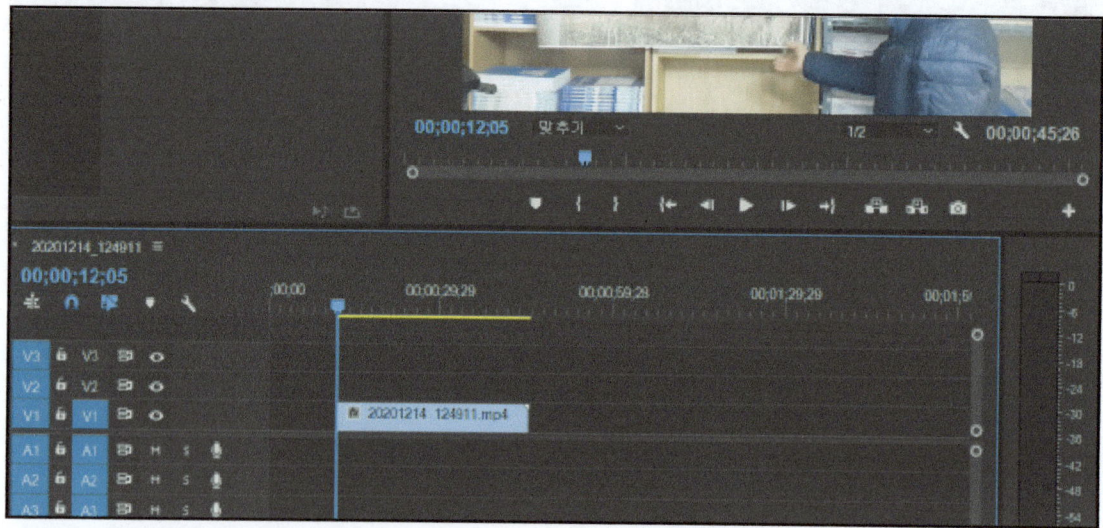

위와 같이 앞부분이 잘라져 나갔고요, 여기부터 키보드의 [Space] 바를 눌러서 동영상을 실행하여 혹시 또 잘라낼 부분이 있는지 살펴보고, 없으면 끝까지 동영상을 실행합니다.

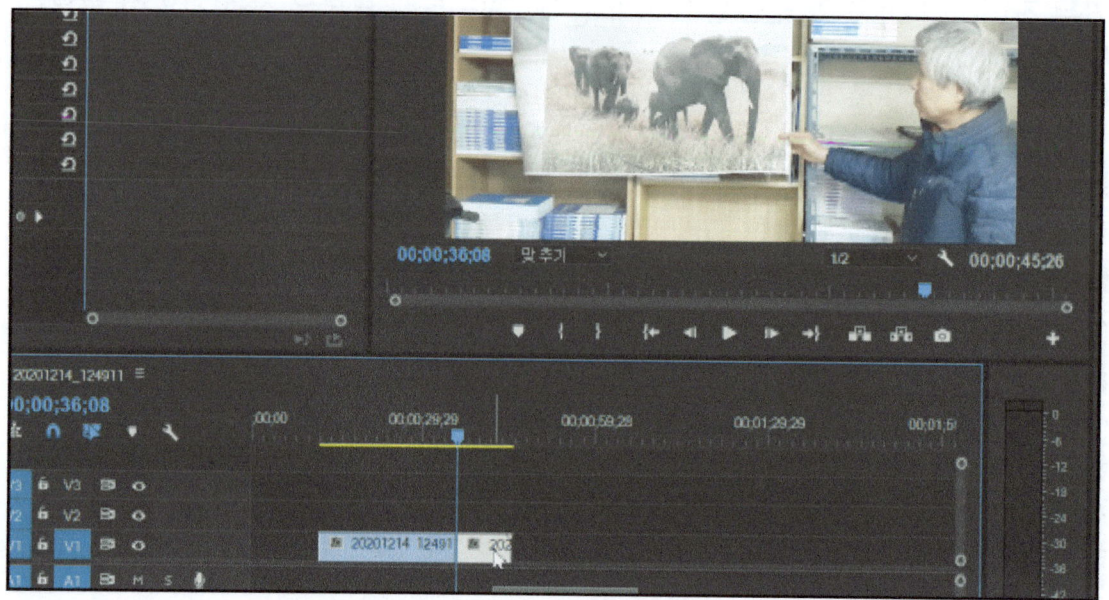

동영상을 끝까지 실행을 하니 앞의 화면 우측에 보이는 트랙을 자른 것을 보면, 필자가 동영상 촬영을 촬영을 끝내고 카메라 쪽으로 가는 장면입니다.

따라서 이 부분을 필요없는 부분이므로 여기에서 또 다시 [Ctrl + K] 명령으로 트랙을 자릅니다.
그리고 화면의 빈 곳을 한 번 클릭하여 모든 선택이 해제되었는지 확인을 하고 잘라진, 잘라낼 트랙을 선택하고 키보드의 [Del] 키를 눌러서 삭제를 합니다.

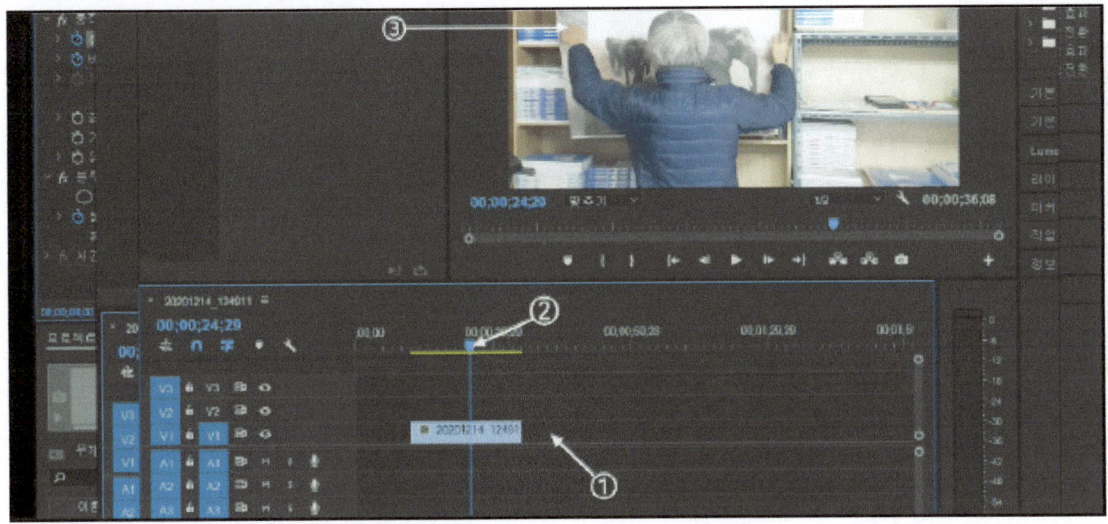

위의 ①의 필요없는 트랙을 잘라냈고요, ②를 클릭하여 ③의, 필자가 손가락으로 가리키는 장면까지 이동하였습니다.

동영상에서 필자가 손가락으로 가리키는 부분은 잘라내는 부분으로 실제 사진은 좌측 잘라내는 부분을 제외한 사이즈라는 것을 보여주는 것이고요, 좌측은 코팅을 선택하는 고객이 있을 경우 코팅기에 물릴 때 필요한 부분입니다.
이 역시 여기서는 자세한 설명은 생략하고요, 필자의 블로그에 오시면 자세한 내용을 보실 수 있는데요..

인터넷창, 웹브라우저 주소표시줄에 '가나출판사.kr' 입력하고 엔터를 쳐서 필자의 홈에 오시면 필자의 블로그에 오실 수 있는 링크가 있고요..
필자의 블로그에 오셔서 대형사진 혹은 대형 롤코팅기 등으로 검색하면 대형 롤코팅기로 코팅을 하는 동영상을 보실 수 있고요, 위의 화면 필자가 손가락으로 가리키는 부분이 코팅기에 처음 물리는 자리이며 이곳에 코팅지와 사진을 같이 물리고 접어서 코팅을 하는 부분이기 때문에 인쇄시에는 이 부분도 인쇄가 되며, 만일 코팅을 하지 않고 비코팅으로 구매하는 고객의 경우 이부분을 재단을 하여 잘라내고 보내며 코팅을 선택하고 구매하는 고객은 이 부분을 이용하여 코팅을 해서 역시 이 부분은 재단을 해서 잘라내고 보내는 대형 사진입니다.
그래서 이 부분에서 동영상이 멈추게 하였고요, 이곳에 자막을 넣어서 이러한 내용을 간략하게 설명으로 삽입하려는 것입니다.

1-9. 문자 삽입

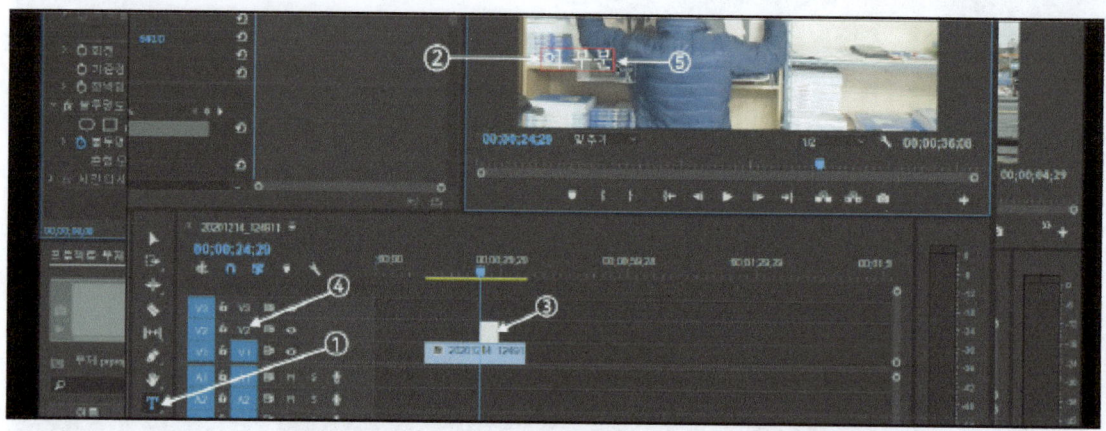

위의 ①의 [문자 도구]를 선택하고 ②를 클릭하면 ③에 커서가 나타나며, 이것은 ④의 비디오트랙, 즉, V2 트랙이며, ⑤와 같이 '이 부분' 이라고 입력하였습니다.
일단 이렇게 입력한 다음 글씨체, 크기, 색상, 배경 등등을 지정할 예정이고요, 보통 영화 자막 등을 보면 하얀 화면에 하얀 글씨가 나와서 자막을 알아볼 수 없게 하는 것이 대부분인데요, 이런 자막을 만드는 사람들이 직업 의식이 없거나 자막 프로그램에서 지원을 하지 않기 때문입니다.

이유야 어찌되었든, 하얀 화면에 하얀 글씨가 보이겠냐고요..??
그런데도 대부분의 영화들은 밝은 화면에 하얀 글씨, 혹은 어두운 화면에 검정 글씨 등으로 도무지, 도대체 글씨를 알아볼 수 없게 자막을 만듭니다.

이것은 그러한 자막을 만드는 프로그램에서 그렇게 밖에 지원을 하지 않기 때문일 수도 있고요, 자막을 만드는 사람이 너무나 무지하여 자막에 보색 배경을 넣은 방법을 모를 수도 있고요, 더 심하게 표현하면 조금 전에 언급한 것과 같이 직업 의식이라고는 눈꼽만큼도 없어서 그렇게 자막을 만든 것이라고 할 수 밖에 없습니다.
물론 바쁘고 시간이 없어서일 수도 있겠습니다만, 이것은 절대로 이유가 될 수 없습니다.
여러분도, 필자도 그러한 사람이 되지 않기 위하여 지금부터 자막을 수정해 보겠습니다.

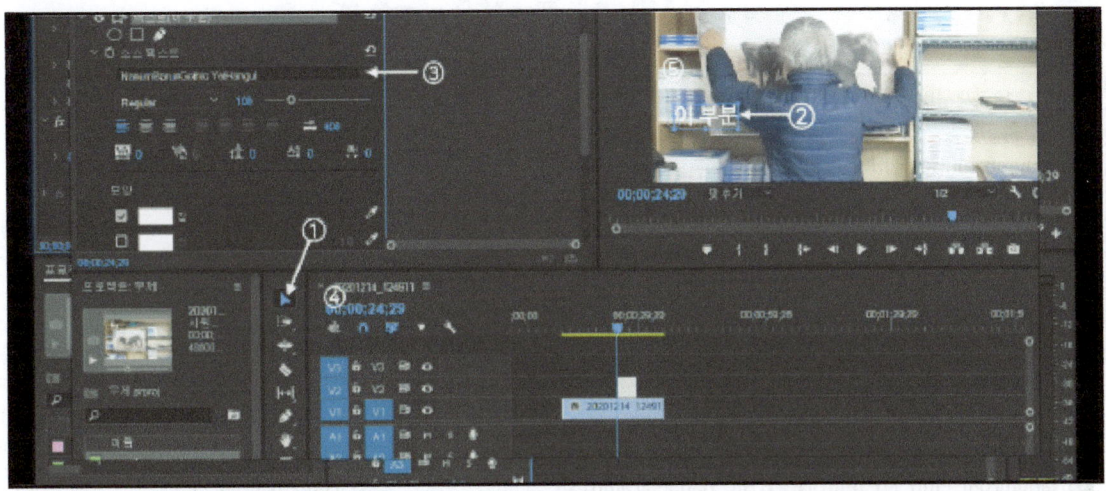

위의 ①의 [이동툴]을 선택하면 문자가 ②와 같이 문자 주변에 테두리 및 꼭지점들이 나타나서 글씨를 이동하거나 회전을 시키거나 확대 및 축소를 하는 등의 여러가지 글씨(개체)에 관한 설정들을 할 수 있고요, 여기서는 ③을 클릭하여 필자의 경우 나눔글꼴을 지정하였습니다.

필자는 사업을 하기 때문에, 글꼴 때문에, 글꼴을 무단으로 사용한다고 여러 번 고소를 당한 경험이 있기 때문에 절대로 글꼴도 함부로 사용하지 않습니다.
인터넷에 그토록 멋진 글꼴들이 널려 있어도 필자는 절대로 그런 글꼴들을 함부로 사용하지 않습니다.
다행히 지금은 네이버에서 무료로 배포하는 나눔글꼴이 있어서 필자는 무조건 나눔 글꼴만 사용하는데요, 무료 글꼴이지만, 수많은 나눔 글꼴이 있고요, 상업용으로 사용해도 되도록 네이버에서 허락한 글꼴이기 때문에 필자와 같은 사업자도 마음대로 사용할 수 있는 것입니다.

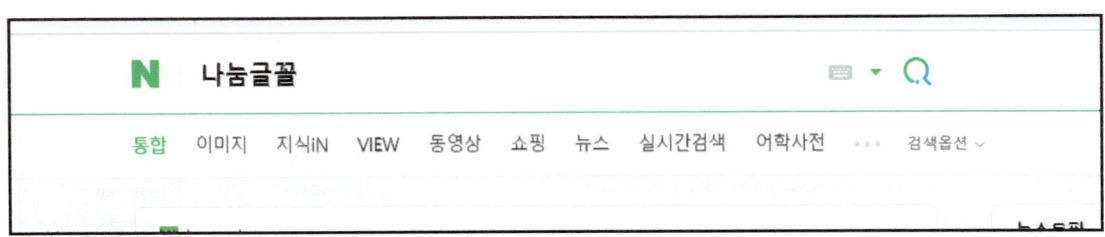

위와 같이 네이버에서 나눔 글꼴을 검색하면 수많은 나눔 글꼴들이 검색되는데요, 필자는 모든 나눔 글꼴을 다운 받아서 저장을 해 두었습니다.

1-10. 유튜브 동영상에 사용하는 글꼴

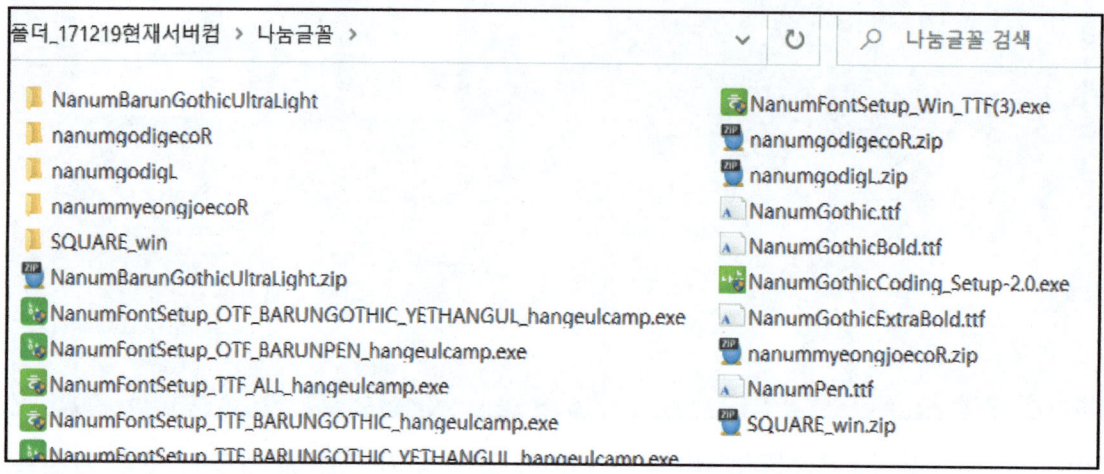

여러분도 혹시 글꼴을 무단으로 사용한다면 혹시라도 경을 칠 수 있으므로 가능하면 위에 보이는 나눔 글꼴을 다운 받아서 사용하길 권장합니다.
개인은 어떠한 글꼴을 사용해도 무방하지만, 개인이라도 나중에 유튜버 등으로 수익이 발생하고 유명해지면 어떠한 형태로든 글꼴을 무단으로 사용한 댓가를 치러야 합니다.

글꼴을 설치하는 방법은..
기본적으로는 글꼴은 위의 화면에 보이는 것과 같이 확장자가 .ttf 등으로 되어 있으며 이러한 확장자를 가진 글꼴 파일을 윈도우즈 font 폴더에 넣어주면 끝입니다.
그러나 위의 화면에는 여러개의 실행 파일 확장자를 가진 글꼴들이 많이 있는데요, 이렇게 확장자가 실행파일, 즉, .exe로 끝나는 확장자를 가진 글꼴 파일은 해당 파일을 더블 클릭하여 화면의 안내에 따라 설치를 해야 합니다.

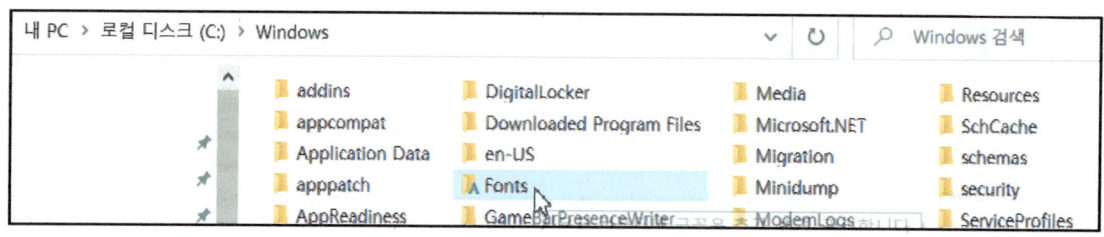

글꼴은 앞의 화면에 보이는 것과 같이 C:₩Windows₩Font 폴더에 들어 있습니다.

글꼴은 위의 화면에 보이는 것과 같이 그야말로 엄청나게 많습니다.
사실 자주 사용하는 글꼴은 전체 글꼴의 0.01% 정도입니다.
따라서 거의 사용하지 않는 99.99%의 글꼴은 삭제를 해도 되지만, 필자의 경우 고객들이 보내오는 원고나 사진 등을 인쇄를 해 드리는 서비스도 판매를 하기 때문에 어떠한 고객이 어떤 글꼴을 보내올지 모르므로 모든 글꼴을 가지고 있는 것 뿐입니다.
참고로 위의 화면에서 특정 글꼴을 삭제를 하면 한글이나 워드 기타 다른 프로그램에서 해당 글꼴을 사용할 수 없습니다.
삭제한 글꼴을 나타나지 않기 때문입니다.
또한 위의 글꼴이 설치된 경로를 변경해도 안 됩니다.

필자의 경우 모든 컴퓨터에 128Gb~512Gb의 SSD를 설치해서 사용하고 있는데요, 사실 SSD의 용량이 최소한 256Gb는 돼야 윈도우즈 운영체제를 인스톨하고 나머지 여러가지 응용 프로그램들을 마음대로 설치하고, 그리고 가장 중요한 가상 메모리가 부족하지 않아서 각종 프로그램 실행시 메모리 부족 현상을 최대한 방지 할 수 있는데요..
필자의 경우 컴퓨터가 여러대이다보니 모든 컴퓨터에 용량이 큰 SSD를 설치하자니 돈이 많이 들어가서 용량이 적은 SSD를 설치해서 사용하는 것이고요, 이 경우 운영체제가 설치된 SSD의 용량이 부복하기 때문에, 이 경우 윈도우즈 운영체제는 C 드라이브인 SSD에 인스톨을 하고 바탕화면, 내문서, 다운로드 폴더 등은 C 드라이브에 기본적으로 설치되지만, 이것들의 경로를 용량이 충분한 HDD로 옮겨서 윈도우즈 운영체제가 원활하게 돌아가게 하는 것입니다.

이럴 경우 내문서, 다운로드 폴더, 바탕 화면 등을 SSD인 C 드라이브가 아닌 다른 드라이브로 경로를 바꾸는 것인데요, 앞에서 본 글꼴 폴더는 절대로 경로를 바꾸면 안 됩니다.

이에 대한 자세한 내용은 필자의 다른 저서 '컴퓨터조립및 업그레이드 - PC정비사 교본' 책을 보시기 바랍니다.

우측에 보이는 것은 필자의 저서 중에서 가장 잘 팔리는 책 중의 하나인데요..
PC정비사 교본 - 컴퓨터 고장 수리 조립 업그레이드 책은 PC정비사만 보는 것이 아닙니다.
특히 이 책은 동영상 편집에 관한 책이고요, 동영상을 편집하기 위해서는 최소한 자신의 컴퓨터는 직접 만들어서 사용할 정도의 실력이 있어야 원활하게 작업을 할 수 있다는 것을 알아야 합니다.

돈만 많다면야 무조건 돈으로 해결하면 되겠지만, 그렇다면 그렇게 돈이 많은 사람이 무엇하러 이런 기술을 배우려고 하는가 이 말입니다.
필자의 경우 단돈 몇 만원이면 뚝딱 컴퓨터를 만들 수 있고요, 신형 컴퓨터라 하더라도 신품 컴퓨터 가격의 약 1/5~1/10 가격이면 신품 신형 컴퓨터와 동일한 성능의 컴퓨터를 만들 수 있습니다.
이렇게 하시고 싶으신 분들은 우측의

필자의 다른 저서 중에서 가장 잘 팔리는 'PC정비사 교본-컴퓨터 고장 수리 조립 업그레이드' 책을 보시기 바랍니다.
꼭 PC정비사가 아니더라도 컴퓨터 유저라면 꼭 필요한 책입니다.

1-11. 글씨의 배경(글씨가 잘 보이게하기)

다시 프리미어 화면이고요, 위의 화면에서 ①을 클릭하여 체크를 하고(글씨의 배경을 지정하는 것입니다.) ②를 클릭하여 ③의 어두운 검정색을 선택하였습니다. 그리고.. 아래 화면..

앞의 화면에서 ①을 마우스로 클릭하고 우측으로 이동하여 대략 21의 수치를 주어 ②와 같이 글씨 밑에 검정색 배경이 나타나게 하였습니다.

이 때 ①의 지점을 클릭하고 수치를 서 넣어도 됩니다.

그리고 위의 화면 좌측 손가락이 가리키는 곳을 클릭하고 드래그하여 글씨의 크기를 조절할 수 있는데요, 수치를 입력해도 되지만, 그냥 마우스로 클릭 드래그하는 것이 쉽습니다.

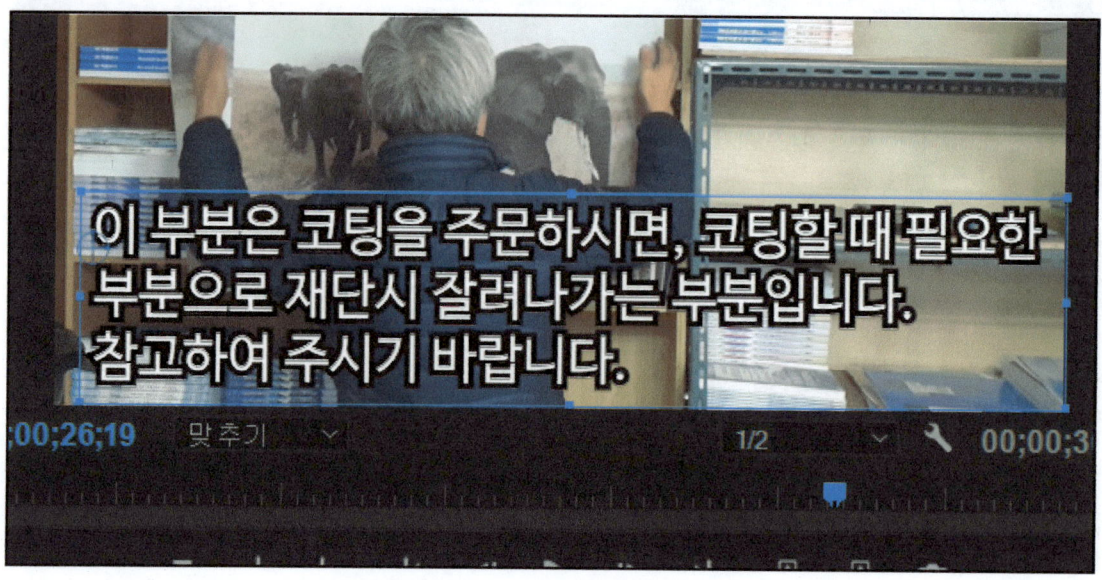

이렇게 되면 성공입니다.
물론 처음에는 잘 안 되시는 분도 있을 것입니다.
그러나 어도비 프리미어를 사용해서 동영상을 편집하는 내내 두고 두고 사용하는 기능이므로 잘 안 되면 두 번, 세번 반복해서라도 반드시 익혀야 하는 기능입니다.

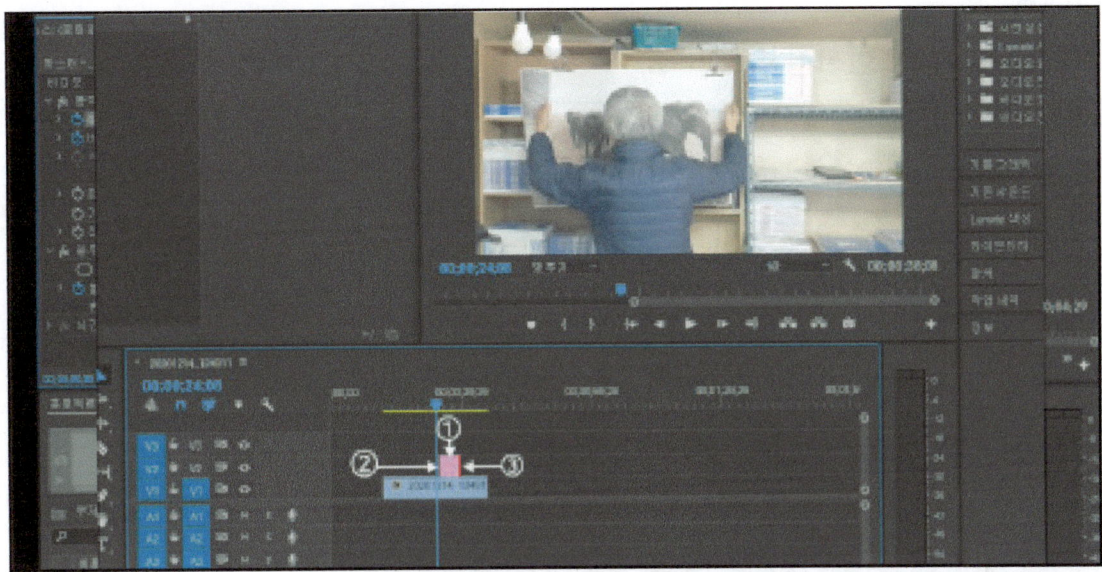

1-12. 트랙 확대 축소

현재 좌측 손으로 가리키는 부분은 잘려 나가는 부분이라는 자막을 넣기는 했습니다만, 너무 짧습니다.
동영상을 실행시키면 금방 지나가 버려서 동영상을 보는 사람이 제대로 읽을 수가 없습니다.
그래서 자막을 조금 더 오랫동안 화면에 보이도록 수정을 해야 합니다.
위의 ①이 방금 입력한 자막 트랙이고요, ②는 현재 동영상 실행 라인의 앞으로, 그리고 ③은 뒤로 자막의 재생 시간을 늘려줘야 합니다.
다음과 같이 합니다.

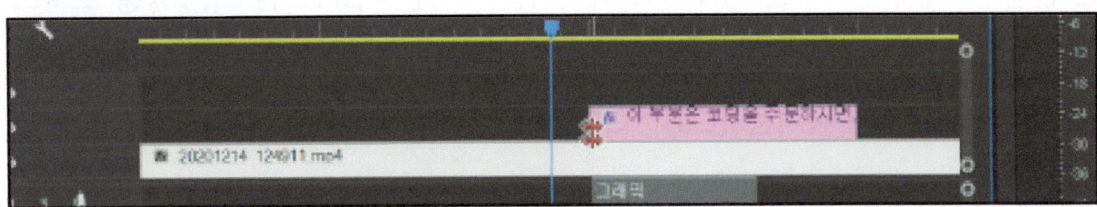

키보드의 + 키를 눌러서 화면을 충분히 확대하면 앞의 화면에 보이는 것과 같이 자세하게 볼 수 있고요, 늘리고자 하는 곳에 마우스를 가져가서 앞의 화면에 보이는 것과 같이 마우스 커서 모양이 바뀔 때 클릭 드래그하여 자막 트랙의 길이를 변경할 수 있습니다.
그런데 원래 마우스 커서 모양은 저 모양이 아닌데, 화면 캡쳐를 하면 저렇게 나타나네요.
참고하여 실습을 하시기 바랍니다.

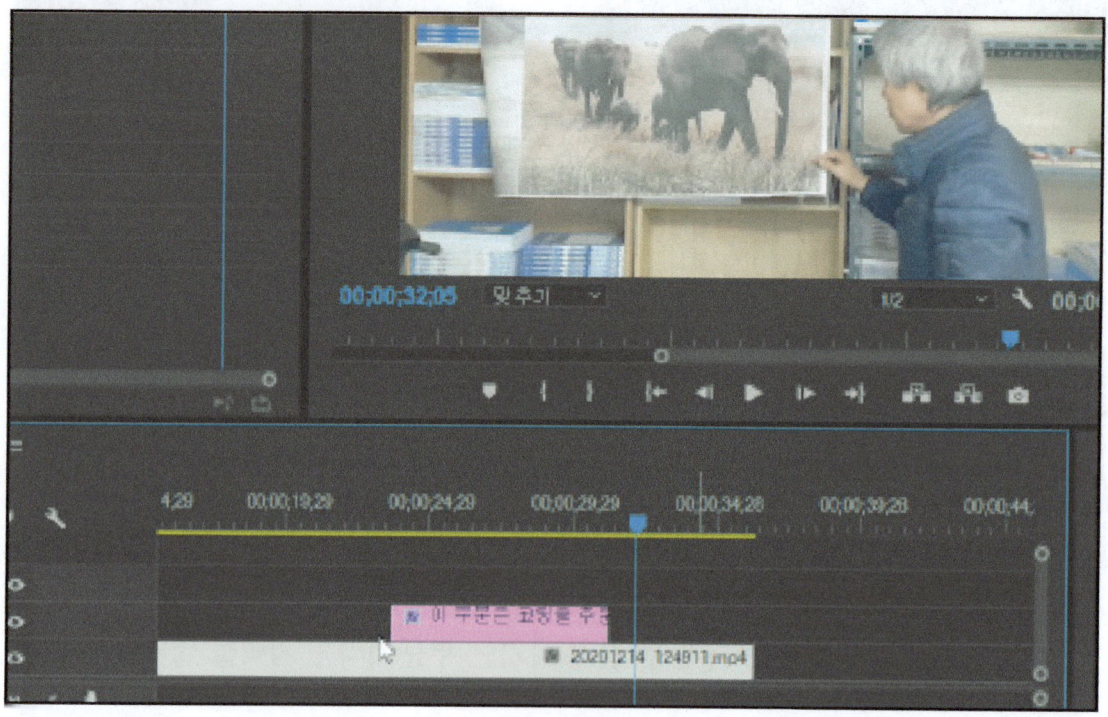

위는 적절하게 조절한 것인데요, 무조건 조설하는 것이 아니라 동영상을 실행하면서 동영상을 감상하는 사람이 충분히 이해를 할 수 있게, 손으로 가리키는 동안만 자막이 나오게 수정을 한 것입니다.
이 책은 동영상에 관한 책이고요, 동영상은 컴퓨터그래픽 중에서 가장 무거운 프로그램이고요, 이보다 훨씬 가벼운 포토샵도 메모리를 하마처럼 잡아먹는 프로그램인데요, 이 책에서 다루는 어도비 프리미어는 하마는 비교도 안 되는 공룡 프로그램입니다.
따라서 수시로 저장을 하면서 작업을 해야 합니다.
만국 공통 저장의 단축키는 [Ctrl + S] 입니다. 수시로 저장을 하면서 작업을 해야 합니다.

1-13. 동영상 트랙 위치 이동

이제 기본적인 동영상 편집은 끝났습니다.
보다 세밀하고 더욱 화려한 편집은 뒤에 가서 다시 다루기로 하고요, 이제 마무리를 해야 하는데요, 현재 동영상이 처음 시작 지점에서 우측으로 많이 떨어져 있습니다.
그래서 이것을 먼저 좌측으로 옮겨야 합니다.

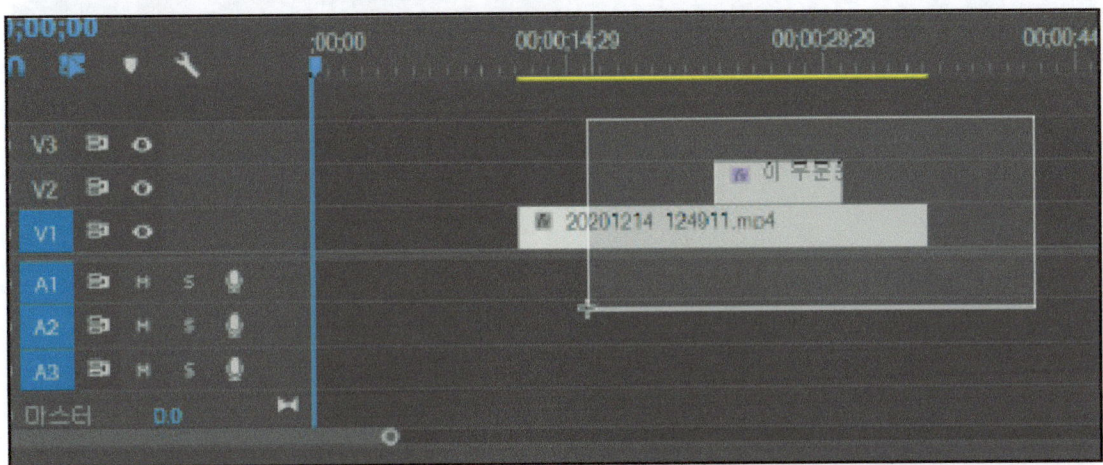

동영상과 조금 전에 입력한 자막 트랙이 함께 움직여야 하므로 위의 화면에 보이는 것과 같이 이동툴로 클릭 드래그하여 모두 선택을 합니다.(전체 선택 단축키는 [Ctrl + A] 입니다.)
그리고 마우스로 클릭 드래그하여 좌측으로 이동을 합니다.

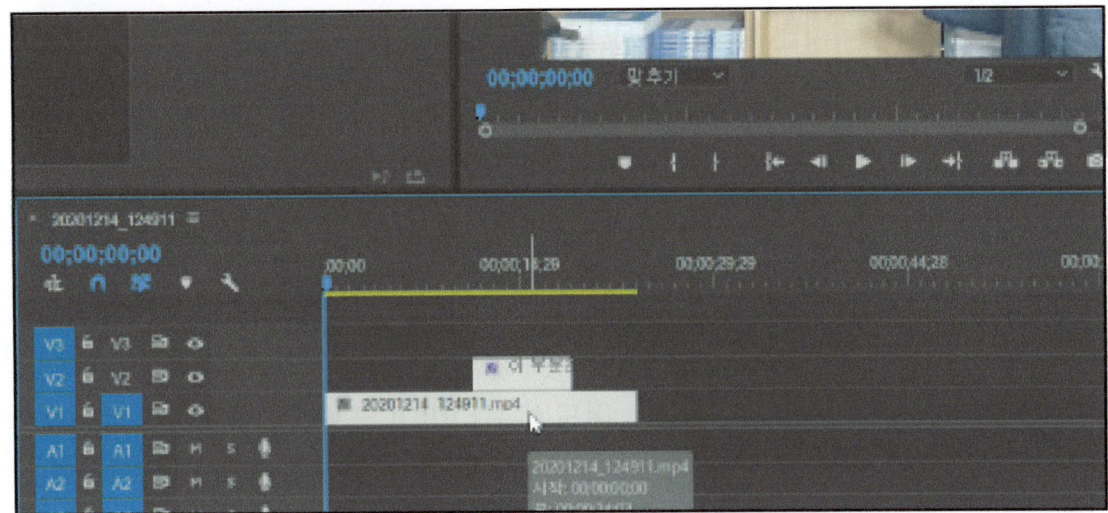

1-14. 동영상 내 보내기(렌더링)

여기서는 가장 간단하게 동영상을 편집하는 과정만 따라하기 수준으로 진행을 했고요, 이제 여기서 할 일은 동영상을 다시 한 번 실행하여 처음과 끝, 그리고 자막의 위치가 정호가한지 확인하는 정도이고요, 이것을 한 다음에는 [Ctrl + M] 명령으로 동영상 내보내기를 해야 합니다.

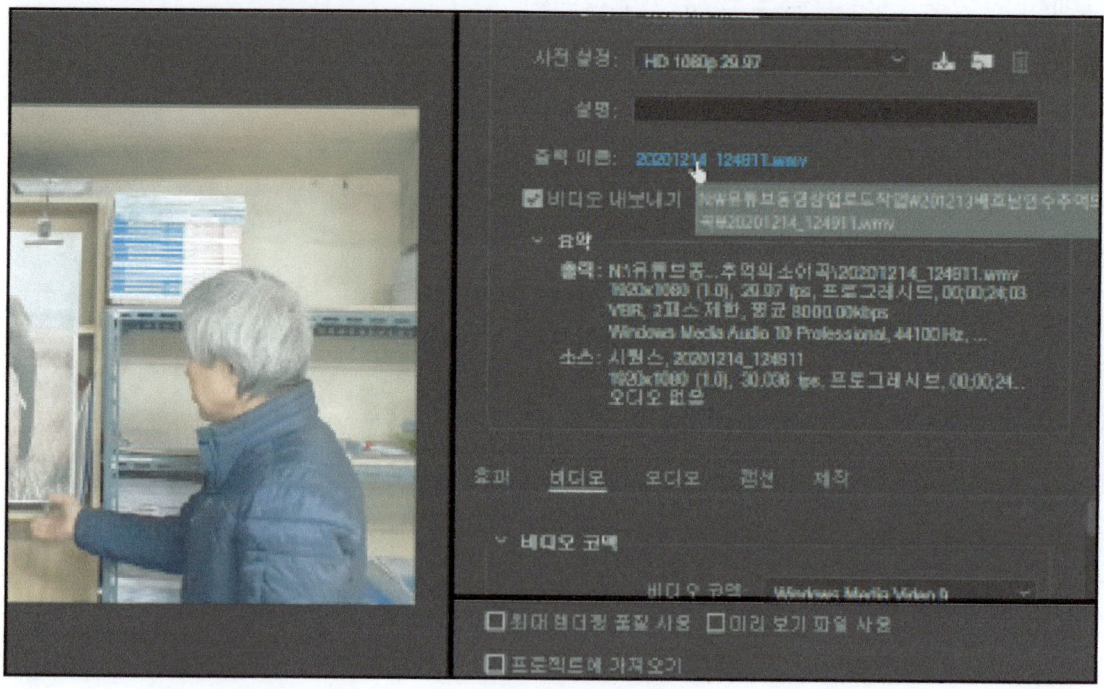

[Ctrl + M] 명령을 내리면 위의 화면이 나타나는데요, 안 되는 경우도 있습니다. 어도비 프리미어 프로그램은 너무나 육중한 헤비급 프로그램이며, 어도비 포토샵, 어도비 일러스트레이터, 어도비 인디자인, 어도비 프리미어 등은 컴퓨터가 버벅거릴 정도로 힘이 들면 무조건 단축키부터 듣지 않습니다.

만일 [Ctrl + M] 명령을 내려도 아무 반응이 없으면 먼저 동영상을 실행하는 빨간 줄 부분(동영상 실행자)을 한 번 클릭하고 다시 [Ctrl + M] 명령을 내려보고, 그래도 반응이 없으면 메뉴 방식으로 실행을 해야 합니다.

만일 단축키 명령이 듣지 않을 경우, 어도비 프리미어 프로 CC 메뉴 [파일] - [내보내기] - [미디어] 명령을 내리면 위의 화면이 나타납니다.

사실 지금 하는 것은 그야말로 어린애 장난 수준으로 이 책의 첫 부분에 어려운 설명을 하면 초보자의 경우 너무 어려워서 책을 덮어 버릴 것을 우려하여 이렇게 간단히 진행을 하는 것이고요..
실제로는 헤일 수 없이 많은 과정을 거치면서 수많은 편집 단계를 거쳐야 하고요, 여기서는 앞의 화면 손가락이 가리키는 곳을 클릭하면 다음 화면이 나타납니다.

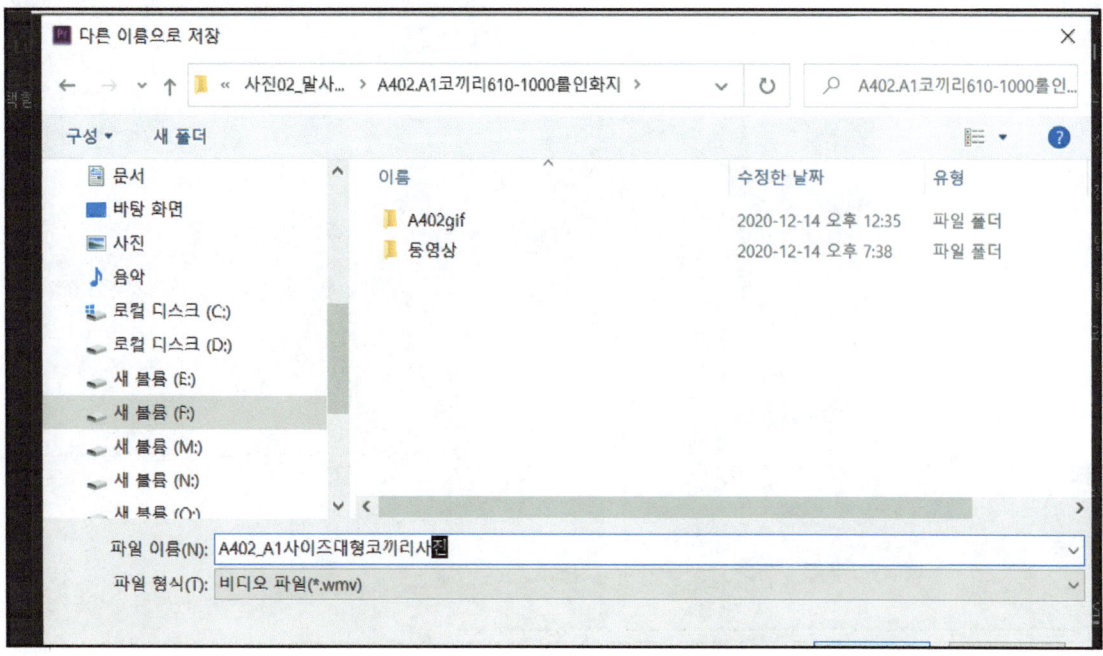

동영상을 저장할 경로를 지정하는 화면이고요, 필자는 필자가 판매하는 상품이므로 위와 같이 이름을 지었고요, 여러분은 여러분이 원하는 경로에 여러분이 원하는 이름으로 저장하면 됩니다.
또한 동영상을 저장했더라도 동영상의 이름은 언제라도 바꿀 수 있고요, 동영상 편집 또한 얼마든지 가감이 가능합니다.

여기서는 일단 이렇게 기본 편집만 하고 기본 동영상만 만들고나서 이후에 더욱 자세하고 세밀하고, 어도비 프리미어 프로 CC의 마법같은 기교를 사용해 보도록 하겠습니다.
앞의 화면에서 밑으로 내리면 동영상에 관한 여러가지 설정을 할 수 있지만, 여기서는 위의 화면에서 동영상이 저장될 경로와 동영상의 이름만 지장하고 [다음]을 클릭하면 다음 화면이 나타나며 다음 하면에서 [내 보내기]를 클릭해야 비로소 동영상으로 만들어지며 이렇게 동영상으로 만드는 과정을 렌더링이라고 합니다.

동영상은 용량이 엄청나므로 실제 상업적으로 예식 장면이나 뉴스의 장면 등은 고가의 고성능 하드웨어적인 작업을 하여 빠르게 동영상을 편집합니다만, 지금 이 책에서 다루는 어도비 프리미어 프로 CC는 이른바 소프트웨어적인 작업입니다.

소프트웨어로 동영상을 편집하는 것이기 때문에 하드웨어 편집 보드를 사용하는 것에 비해서는 매우 느린 속도이지만, 그래도 PC로 이런 동영상을 편집할 수 있다는 것이 그야말로 축복이라고 할 수 있고요, PC라도 사양만 충분하다면 이런 동영상쯤은 순식간에 만들 수 있습니다.

현재 이 동영상을 편집하는 PC는 인텔 I7-2세대 8GB 램을 갖춘 시스템인데요, 이 정도 시스템이라면 이렇게 짧은 동영상을 렌더링하는 시간은 불과 몇 분밖에 걸리지 않습니다.

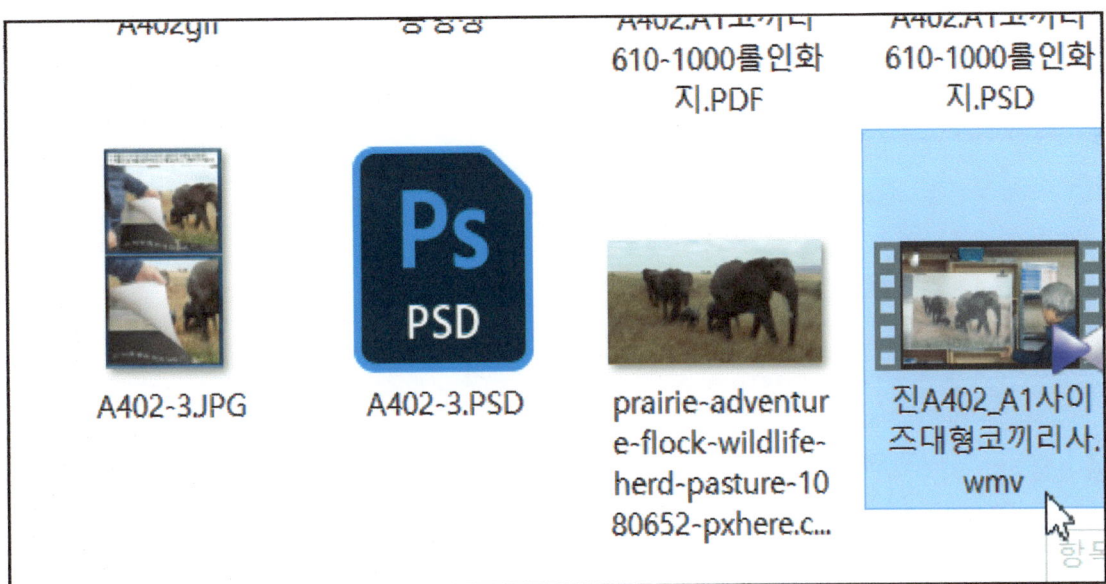

지금 렌더링을 하여 만든 동영상은 앞의 화면 우측 하단, 손가락이 가리키는 .wmv 파일로 만들어졌고요, 이 책에서는 어도비 프리미어 프로 CC 프로그램을 이용하여 동영상을 다루는 책이므로 이제부터 동영상 포맷에 대해서도 공부를 해야 합니다.

지금 만든 동영상은 필자의 상품 페이지에 사용될 것이며 일단 유튜브에 올릴 것입니다.

인터넷창, 웹브라우저 주소표시줄에 '가나출판사.kr' 입력하고 엔터를 쳐서 필자의 홈에 오시면 필자의 유튜브 채널에 오실 수 있는 링크가 있습니다.

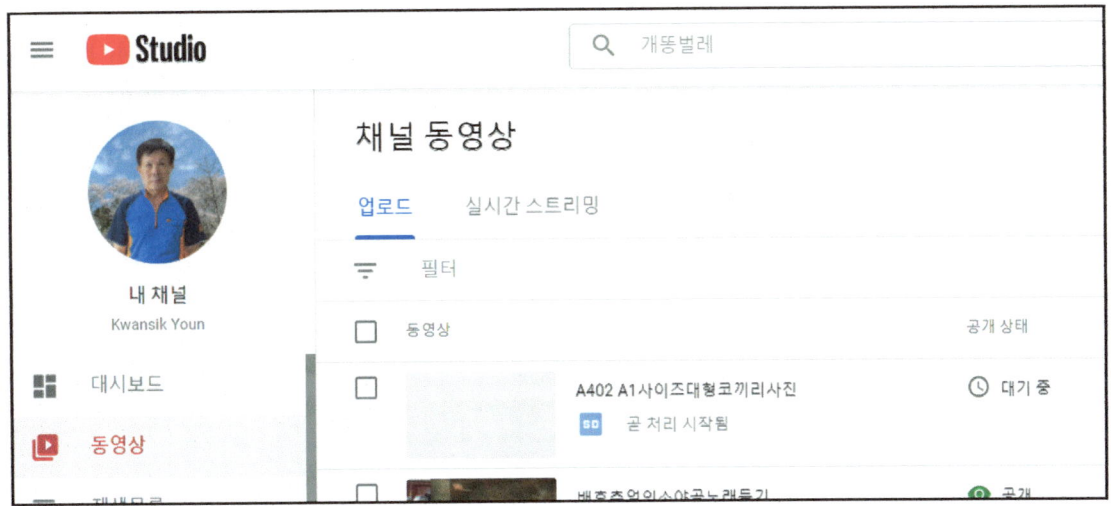

제 2 장

프리미어 중급 과정

2-1. 해상도(동영상 크기)

유튜브 수익 등에 대해서는 뒤에서 자세하게 다루기로 하고요, 이번에는 앞에서 소개한 필자의 노래 부르는 영상을 편집을 하여 웹상에 올리는 것을 가장 먼저 진행하도록 하겠습니다.
초보자도 쉽게 따라할 수 있도록 구분 동작으로 올리므로 어느정도 기초가 있는 분이라면 이 단계는 건너 뛰어도 됩니다만, 필자의 설명에는 단순한 어도비 프리미어 프로 CC에 관한 내용 뿐만이 아니고 컴퓨터 전반에 걸친 다양한 정보가 등장하므로 웬만하면 정독하는 것이 좋겠습니다.
어도비 프리미어를 구동하고 동영상 혹은 그림 파일 등을 불러오는 단축키는 [Ctrl + I] 입니다.
프리미어를 사용하는 내내 두고 두고 사용하는 메뉴이므로 반드시 외워야 합니다.
[Ctrl + I] 명령을 내리면 다음 화면이 나타나는데요, 그 다음 설명.. 동영상 크기에 관한 설명을 반드시 읽어야 합니다.

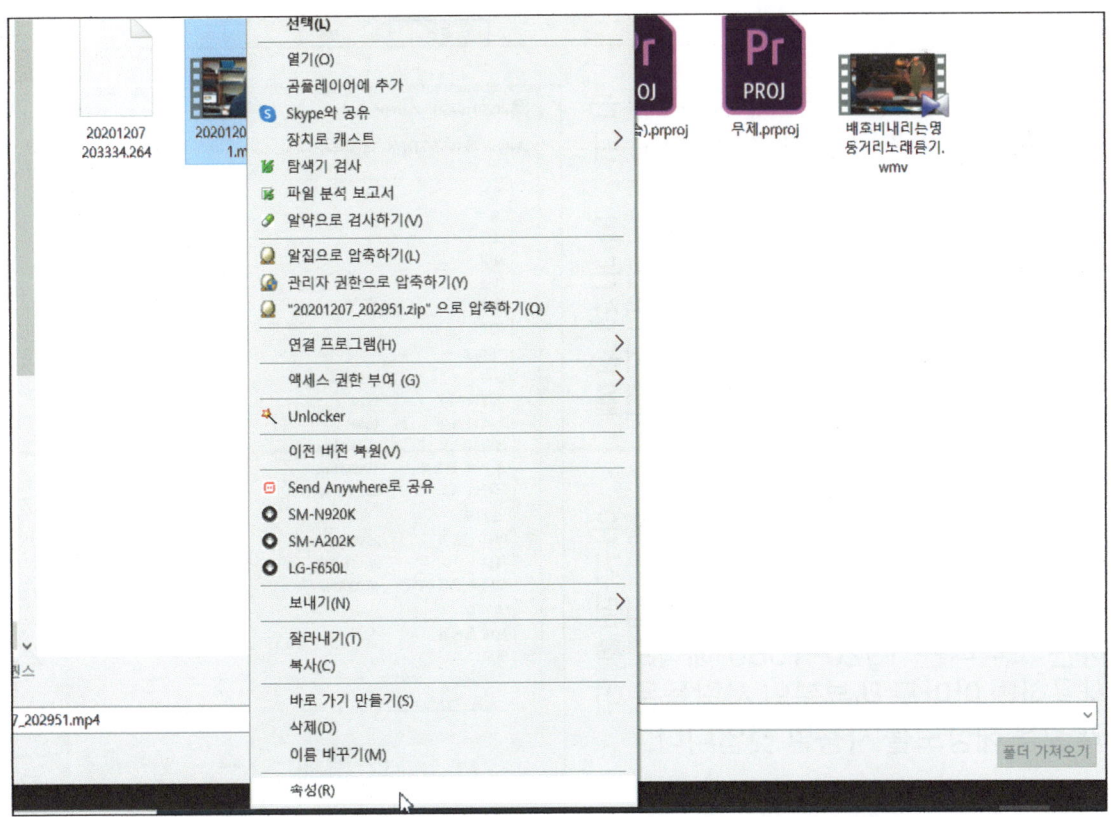

앞의 화면에서 불러올 동영상을 선택하고 마우스 우측 버튼을 클릭하여 나타나는 부메뉴에서 맨 하단의 [속성]을 클릭하면 우측 화면이 나타납니다.

우측 화면을 보면 일단 동영상의 용량은 407Mb라고 나옵니다.

우측 화면 상단 마우스가 가리키는 [자세히]를 클릭하면 다음 화면이 나타납니다.

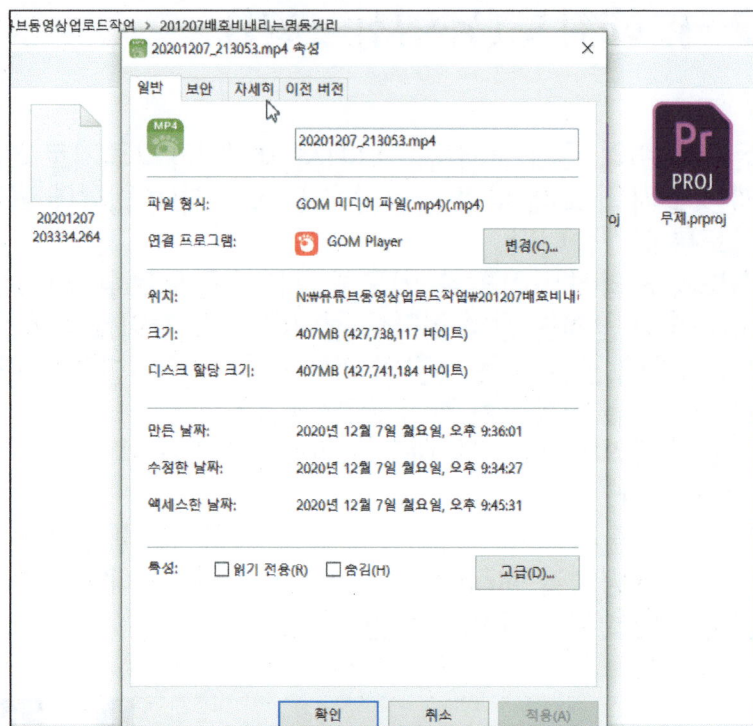

우측 화면을 보면 프레임 너비는 1920, 프레임 높이는 1080 이라고 나타납니다.
이것의 단위는 픽셀이며 동영상의 크기를 나태내는 규격이며 정확히는 1920*1080사이즈입니다만, 동영상을 취급하는 장비나 사이트 등에서는 그냥 1080i혹은 1080p 라고 표현을 합니다.

요즘 유튜버가 뜨면서 소위 4K, 혹은 8K 등의 엄청난 동영상이 관심을 끌기도 하는데요, 필자가 현재 이 책을 집필하는 모니터는 1920*1080 해상도를 사용하며 아마도 대부분의 사람들은 이와 같은 해상도를 사용할 것입니다.

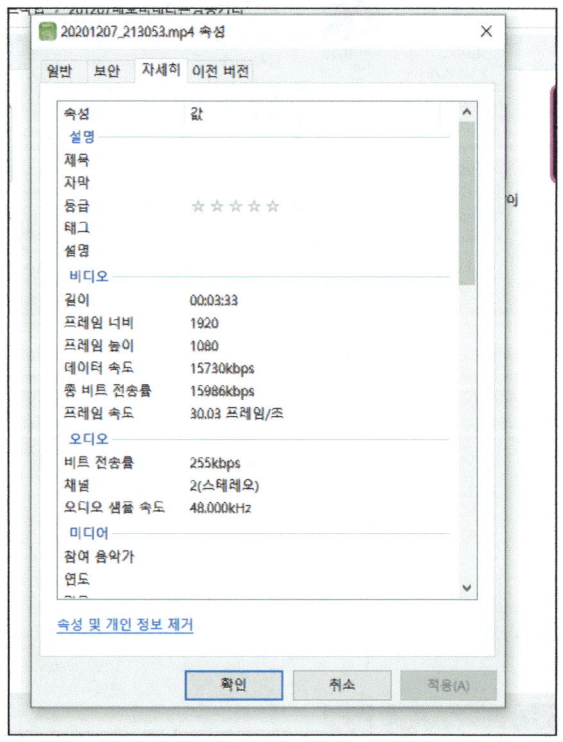

앞에서도 해상도 설명을 했습니다만, 지금 설명하는 해상도는 화면의 크기를 나타내는 해상도로서 일반적으로 20인치~27인치 정도의 모니터는 대부분 1920*1080 해상도를 사용하는 것이 일반적이며 지금 보는 동영상 역시 필자가 스마트폰으로 1920*1080 크기로 촬영한 동영상입니다.
다시 말해서 필자가 현재 사용하는 모니터에 꽉 차게 나오는 동영상이라는 뜻입니다.
이것을 1080i(p) 해상도로 표현을 하며 4K 동영상은 가로 해상도가 대략 4,000개의 픽셀을 가지고 있어서 이렇게 붙여진 이름이로요, 화면 비율이 16:9인 동영상과 4:3인 동영상이 있으므로 세로 픽셀을 가지고 따진다면 지금 필자가 다루는 1920*1080 동영상은 1080i(60프레임은 1080p로 표현합니다.) 해상도에 비하여 대략 4배 정도의 뛰어난 높은 해상도를 보여줍니다.
이는 동일한 24인치 모니터에서 1920*1080 해상도로 보는 화면에 비하여 대략 4배 정도의 더욱 선명한 화질을 구현하는 것으로 단순한 설명을 들어서는 당연히 4K 동영상이 좋은 것으로 보입니다.
실제로 당연히 4K, 혹은 8K 동영상의 화질이 뛰어나지만, 이러한 동영상을 구현하기 위해서는 동영상을 편집하는 컴퓨터도 사양이 따라야 하며 재생하는 컴퓨터도 사양이 따라줘야 가능한 것입니다.
요즘 유튜브에서 고수익을 창출하는 사람들이 생겨나면서 너도나도 엄청난 동영상에 도전을 하지만, 그것이 그리 쉬운 일이 아니라는 얘기입니다.

앞의 화면은 필자의 유튜브 채널에 올린 4k 제비 촬영 영상인데요,..
이 책에서는 필자가 노래를 부른 영상을 편집하는 규격, 즉, 1920*1080 동영상을 주로 다룰 것입니다.
물론 4k 혹은 8k 동영상 편집하는 방법도 다룰 것입니다.
따라서 그러한 엄청난 동영상은 시스템의 사양만 따라준다면 이 책에서 공부한 것으로 충분히 다룰 수 있으므로 이 책으로 어도비 프리미어 공부를 하여 능력이 되는 사람은 그러한 장비를 구입하여 고해상도 동영상을 다루면 됩니다.
그러나 이 책에서 다루는 1920*1080 해상도의 동영상이라 하더라도 예를 들어 스마트폰이나 DSLR 등의 동영상 환경 설정에 들어가서 프레임 수를 60프레임으로 촬영하면, 이 정도만 하여도 놀라운 입을 다물지 못할 정도로 화질이 뛰어나게 나옵니다.
물론 스마트폰이나 DSLR 등이 60프레임을 지원해야 하며, 단순히 프레임 수만 높게 지원하는 것이 아니라 동영상의 화질이 좋은 장비로 촬영을 해야 하겠지만요..
보급형 스마트폰이나 보급형 DSLR로는 어렵습니다만, 꼭 60프레임이 아니더라도 필자가 지금 이 책에서 실습으로 편집하는 동영상은 필자가 노래를 부르는 모습은 60프레임으로 촬영한 동영상이지만, 노래방 영상을 녹화한 것은 30프레임으로 녹화한 것입니다.
따라서 필자가 편집해서 올린 동영상은 최종적으로는 결국 30프레임 동영

상이라 하더라도 동영상 화질이 떨어진다는 소리는 절대로 듣지 않습니다.
따라서 선택은 여러분의 몫입니다.
일단 이 책에서는 1080i 해상도로 공부를 하지만, 이 책으로 공부를 하신 후에는 본인의 역량에 따라 4K, 혹은 8k 동영상을 다루면 됩니다.
우측은 지금 설명한 것과 같이 1080i 해상도로 만들어서 필자의 SNS에 올린 동영상입니다.
1080i 해상도는 이정도 화질이라는 것을 아시기 바랍니다.

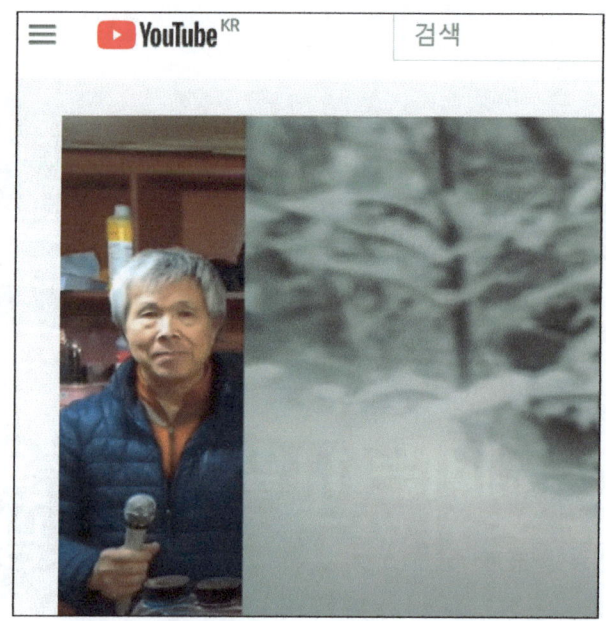

또 한 가지 알아야 할 사항은 이른바 4k, 혹은 8k 등의 엄청난 동영상을 다루기 위해서는 단순히 동영상 편집만 할 줄 알아서 될 일이 아닙니다.

기본적으로 엄청난 고사양의 시스템을 갖춰야 하기 때문에 하드웨어에 대한 지식도 있어야 합니다.

이에 필자의 다른 저서 'PC정비사 교본 - 컴퓨터 고장 수리 조립 업그레이드' 책을 소개합니다.

필자의 경우 뚝딱하면 단돈 몇 만원이면 PC 한 대 만들 수 있으며, 대략 정품 PC의 1/5~1/10 가격이면 동일한 성능의 PC를 만들 수 있습니다.

그러나 이렇게 PC만 만들 줄 알다고 되는 것은 결코 아닙니다.

그러한 고사양의 동영상을 다루기 위해서는 우측 필자의 저서에 소개한 각종 테크닉을 익혀야 가능한 것입니다.

2-2. 인제스트 설정

물론 돈만 많다면야 무조건 돈으로 해결하면 되겠지만, 그렇다면 그렇게 돈이 많은 사람이 무엇하러 유튜버로 돈을 벌려고 하는가 이 말입니다.

또한 어도비 프리미어에서도 4K, 8K 동영상을 편집할 수 있습니다.

프리미어에서 새 프로젝트를 만들 때 우측 마우스가 가리키는 [인제스트 설정]을 클릭하면 되는데요, 미리 어도비 프리미어와 별개로 어도비 미디어 인코더라는 프로그램이 깔려 있어야 합니다.

또한 우측 화면은 처음 프로젝트를 만들 때 화면이며, 이후 작업 중에 적용하기 위해서는 아래 설명과 같이 프리미어 메뉴 [파일] - [프로젝트 설정] - [인제스트 설정]에서 프록시를 만들면 됩니다만, 미리 자신의 컴퓨터에 어도비 미디어 인코더가 설치되어 있어야 합니다.

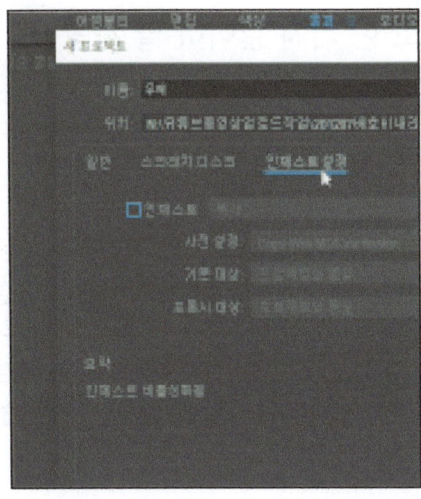

2-3. 미디어 인코더

우측에 보이는 것처럼 자신의 컴퓨터에 미디어 인코더를 설치해야 하는데요.. 필자는 공인으로서 어떠한 프로그램이든지 정품을 사용하라고 할 수 밖에 없습니다.

앞에서 설명한 어도비 플랜을 이용하여 가장 저렴한 가격으로 프로그램을 이용하는 것이 좋고요, 기타 프로그램을 구하는 방법까지 여기서 설명할 수는 없습니다.
일단 프로그램이 있어야 이 책으로 공부를 할 수 있고요, 우측의 미디어 인코더는 없더라도 프리미어 공부를 할 수 있습니다.

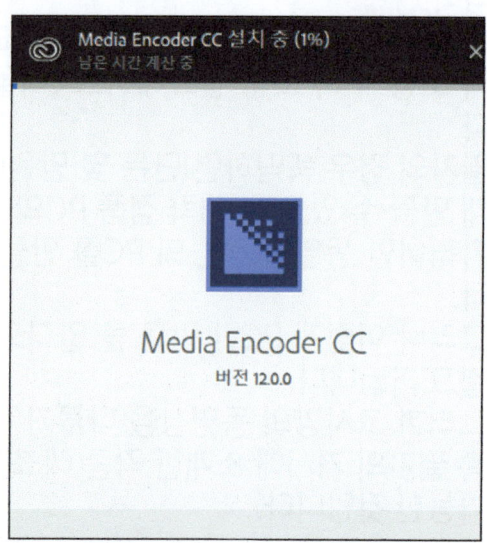

미디어 인코더는 4K 영상을 편집할 때 필요한 것이며 이 책에서 다루는, 필자의 노래 부르는 모습을 촬영한 동영상 등의 편집에서는 없어도 무방합니다.

또 한 가지 알아야 할 사항은,.. 우측 화면은 [인제스트]메뉴와 함께 보이는 [스크레치 디스크] 메뉴인데요..

프리미어에서 작업하는 동안 임시 파일을 어디에 만들 것인지 지정하는 것이고요, 이것은 사실 매우 중요한 내용입니다만, 이는 이 책의 후반부에서 자세하게 설명을 하게 됩니다.

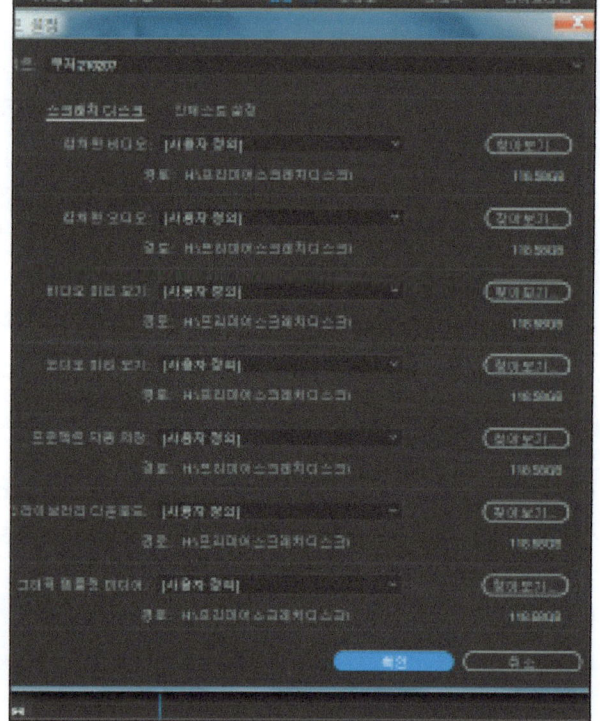

앞의 화면에서 원하는 동영상을 선택하고 [열기]를 클릭하여 나타난 화면입니다.

우측 마우스가 가리키는 파일이 방금 불러온 동영상이고요, 이 동영상을 클릭한채로 드래그하여 우측의 비디오 트랙으로 가져가야 합니다.

2-4. 시퀀스

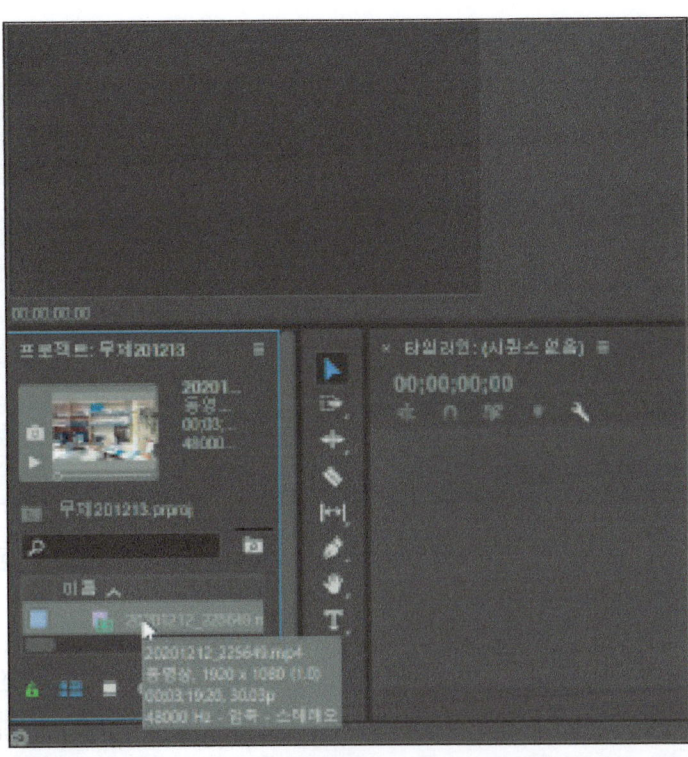

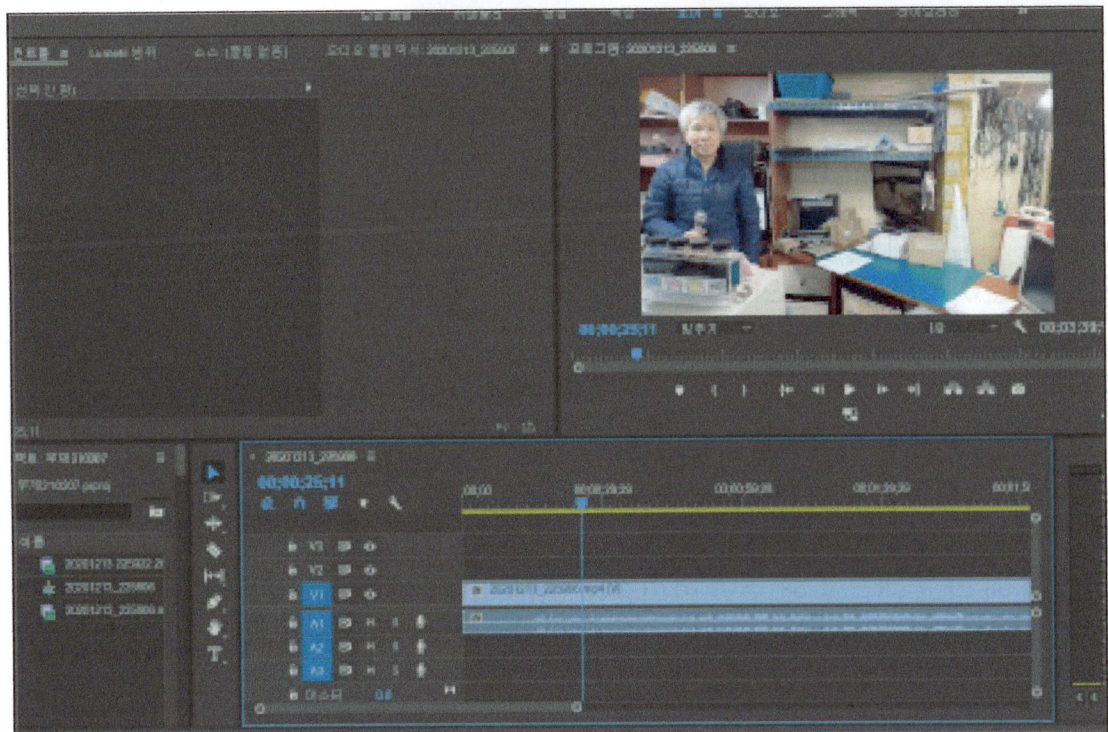

화면을 조금 확대해서 살펴 보겠습니다.

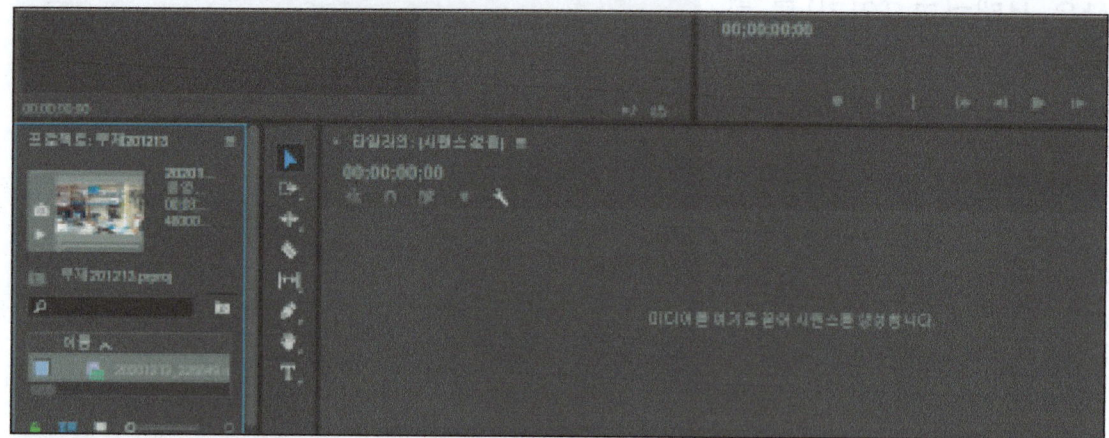

위의 화면 우측을 보면 '미디어를 여기로 끌어서 시퀀스를 생성합니다.' 라는 메시지가 보입니다.
시퀀스는 Secence, 즉, 순서를 가리키는 말인데요, 사람이 서 있는 순서가 아니고요, 예를 들어 컴퓨터의 심장인 CPU에서 사용자의 명령을 아주 빠른 주기억장치에 저장해 놓고 시퀀스, 즉, 순서대로 실행을 할 때도 시퀀스라는 말을 사용하고요..

이 말을 가장 많이 사용하는 것은, 지금은 어도비든, 매크로미디어든 모조리 마이크로소프트사에서 인수를 하여 사실상 사라졌지만, 과거 2D 매이메이션의 대명사로 불리던 매크로미디어사의 플래시에서 가장 많이 사용되던 용어였습니다.
플래시는 2D 애니메이션 프로그램이기 때문에 여러장의 사진을 불러와서 애니메이션을 만드는데요,.. 애니메이션이나 동영상이나 모두 정지 화상 여러장을 빠른 속도로 보여주어 우리 눈의 착각에 의하여 실제 움직이는 것처럼 보이게 하는 원리인데요..
플래시의 경우 이러한 애니메이션을 구현하기 위해서는 미리 여러장의 사진, 즉, 일련의 동작을 나타내는 구분된 동작이 들어 있는 여러장의 사진을 준비를 하고, 플래시에서 이렇게 여러장의 중비된 정지 화상 즉, 이미지 중에서 한 개를 선택하면 '모든 시퀀스를 가져올까요?' 라고 물어옵니다.

그러면 예 라고 대답을 해 주면 한꺼번에 모든 이미지를 가져와서 자동으로 타임라인에 키프레임으로 나타나면서 그것만으로 순식간에 동영상이 만들어집니다.
지금 설명한 2D 애니메이션인 플래시에서는 초당 12장, 즉, 12프레임이 기본 설정이고요, 물론 사용자가 프레임 수를 조절할 수 있고요, 초당 프레임을 늘려서 재생 시간을 느리게 할 수도 있고요, 반대로 프레임을 줄여서 재생 시간을 빠르게 할 수도 있고요, 필자는 지금도 플래시를 가끔씩 사용하고 있고요..
이 책에서 다루는 어도비 프리미어는 2D 애니메이션이 아니라, 동영상이고요..
2D 라는 것은 화면에 좌표가 X, Y, 이렇게 가로, 세로 좌표만 가지고 있는 평면입니다.
평면으로 구성된 사진이나 그림을 가지고 애니메이션을 구현하기 때문에 플래시나 포토샵 애니 등은 2D 애니메이션이라고 표현을 하고요, 여기에 높이 즉, Y 좌표를 더 넣어서 입체감이 있게 표현하는 것을 3D라고 하며, 3D MAX 등이 대표적인 3D 그래픽 프로그램입니다.

그러나 어도비 프리미어는 이러한 2D나 3D로 표현하지 않고 그냥 동영상이라고 표현을 하는데요, 굳이 표현하자면 4D라고 할 수 있습니다.
암튼 이렇게 동영상도 정지화상 여러장을 빠른 속도로 보여주는 것이고요, 지금 실습하려는 필자의 노래 부르는 모습을 촬영한 동영상도 엄밀하게 말하면 동영상이 아니라 1초에 60장씩 촬영된 사진들인 것입니다.
이렇게 초당 30장 혹은 60장씩 촬영된 사진들을 시퀀스, 즉, 순서에 맞게 재생할 수도 거꾸로 재생할 수도, 기타 거의 무한한 편집을 할 수 있고요..
그래서 앞의 화면에 보이는 시퀀스를 생성하세요.. 라는 메시지가 보이는 것입니다.

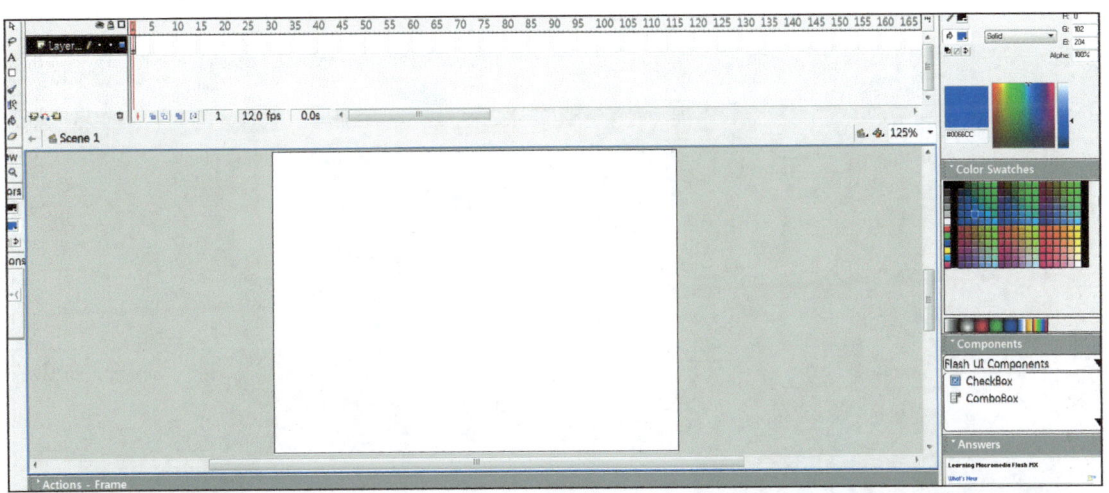

위의 화면이 방금 설명한 매크로미디어 플래시 화면인데요, 지금은 마이크로소프트사에서 인수를 하여 매크로미디어 플래시는 사라지고, 포토샵 안에 애니메이션 기능이 들어 있습니다.

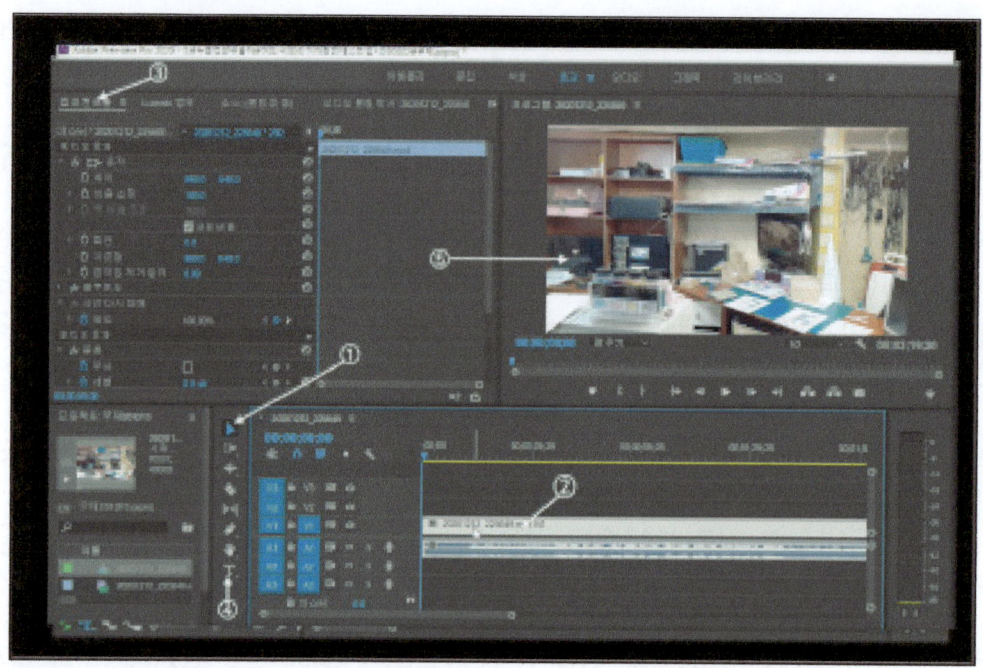

이 때 위의 화면 ①의 [이동툴]을 선택하고 ②의 트랙을 한 번 클릭하면 ③에 [효과] 탭이 나타나며 방금 선택한 트랙에 대한 다양한 편집을 할 수 있습니다.
④의 [문자 도구]를 선택하고 ⑤의 화면을 클릭하여 원하는 자막(글씨)을 넣을 수도 있습니다.

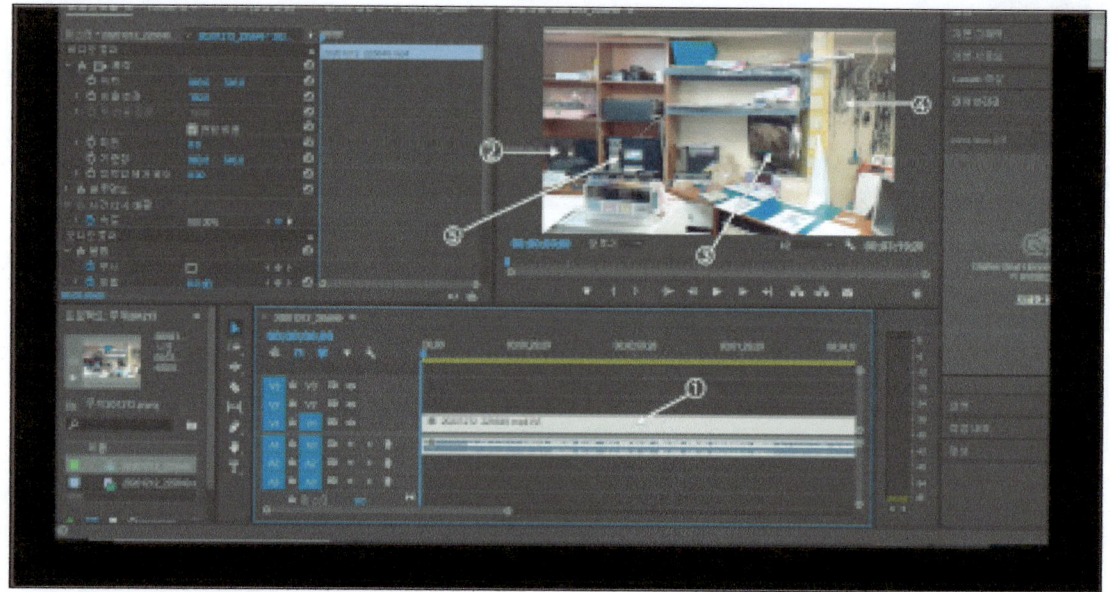

2-5. 작업의 개요

현재 ①은 불러온 동영상의 영상 트랙이고요, ②의 화면을 촬영한 것이고요, 필자가 노래방을 틀어놓고 노래를 부르는 화면은 ③의 TV 화면에 나타나게 하였고요, 이것을 보고 노래를 따라 부르는 것은 스마트폰으로 동영상을 촬영하였고요, 이와 동시에 ④의 컴퓨터 모니터에는 노래방 영상이 PC에 나오도록 하여 PC에서는 노래방 영상을 녹화를 따로 하였습니다.

이 때 필자가 노래방을 보고 따라 부르는 모습은 필자의 육성 음성을 포함하여 녹화가 되었지만, 노래방을 PC에 연결하고 PC에서 녹화를 하는 영상에는 소리가 녹음되어 있지 않습니다.

이것은 고차원적인 기술적인 문제가 있기 때문인데요, 노래방을 포함하여 현존하는 모든 디지털 영상물은 저작권이 있으며 저작권이 있는 영상은 녹화 방지 장치가 되어 있어서 녹화가 근본적으로 불가능합니다.

물론 녹화방지를 우회하는 방법도 있고요, 필자의 경우 이것을 디지털, 즉, HDMI로 연결하지 않고 옛날 방식인 RCA 방식으로 변환을 하여 다시 TV모니터에는 HDMI로 연결을 하였습니다.

모든 것을 HDMI로 연결하면 영상과 소리가 같이 녹화 및 녹음이 되지만, 노래방 기기에서는 HDMI를 지원하지 않으며, 이렇게 HDMI를 지원하지 않는 구형 기기는 녹화방지 장치가 없을 수도 있고요, 이 경우 따로 사운드를 연결하여 PC에서 녹음을 하면 되지만, 보통 PC에서 사용하는 기본 사운드는 너무나도 꾀죄죄하여 이것을 녹음을 해서 유튜브 등에 올리기는 너무나 민망합니다.

따라서 꼭 노래방 영상에 나오는 반주를 PC에서 녹음을 해야 한다면 당연히 PC에 고가의 비싼 고성능 사운드카드와 역시 고성능 마이크 등을 갖추면 되지만, 이러한 장비 하나의 가격이 PC 한대의 가격보다 비싼 것이 대부분입니다.

물론 방송국이나 인터넷 방송국 등에서는 당연히 고가의 장비를 사용하겠지만, 필자를 포함한 대부분의 유저들은 그렇게 비싼 돈을 들여 장비를 구입하는 사람은 거의 없습니다.

따라서 필자 역시 노래방을 틀어놓고 노래를 부르는 것은 그냥 요즘 누구나 가지고 있는 스마트폰으로 촬영한 것이고요, 지금 이렇게 필자가 노래를 부른 동영상을 불러온 상태이고요..

현 상태에서 다시 PC에서 노래방 영상을 녹화한 영상을 불러와서 필자의 작업실 우측,.. 사실 이곳이 필자에게는 밥줄이나 마찬가지입니다.

그냥 보기에는 지저분해 보이지만, 필자의 수많은 저서 중에서 가장 잘 팔리는 책은 'PC정비사 교본 - 컴퓨터 고장 수리 조립 업그레이드' 책인데요, 이곳이 바로 필자가 PC를 조립하거나 수리를 하는 등 필자의 하드웨어 작업 공간입니다.
그래서 이곳에 PC에서 녹화한 노래방 영상을 사각형 혹은 원형 등 원하는 모습으로 나오게 하여 지저분한 모습도 캄푸라치를 하고, 지금까지 설명한 내용을 제대로 읽으셨다면 노래방 영상과 필자가 노래를 부르는 소리의 씽크가 맞지 않을 것이라는 생각이 들 것입니다.

당연히, 필자가 노래를 부르는 영상과, 노래방 영상을 서로 다른 기기에서 녹화를 하였기 때문에 노래방 영상과 필자가 노래를 부르는 소리의 씽크가 맞지 않는 것이 정상입니다.
지금부터 이렇게 씽크가 맞지 않는 영상과 소리를 조절하여 씽크를 맞추고 필요한 편집을 한 다음, 동영상으로 만들어서 유튜브에 올리는 작업을 할 것입니다.

우측 화면 마우스가 가리키는 파일이 PC에서 노래방 화면을 녹화한 파일인데요, .264파일입니다.
필자가 사용하는 동영상 녹화 기기는 여러개가 있는에요, 이 중에서 우측에 보이는 .264 동영상을 녹화한 것은 중국산 USB 영상 캡쳐 보드로 캡쳐한 영상입니다.

필자는 중국이 무서운 나라라는 것을 누구보다 잘 아는 사람인데요,..
서울에서 수십년 동안 사업을 하면서 수 천 종의 중국산 수입품을 판매를 했기 때문에 중국에 대해서는 잘 모르지만, 중국산 수입품에 대해서는 누구보다 잘 알기 때문입니다.

중국은 나라가 커서 무서운 것이 아닙니다.
중국은 인구가 많아서 무서운 것이 아닙니다.
중국은 무엇이든지 만들어내고, 무엇이든지 잘 만들기 때문에 무서운 것입니다.
필자는 또 약 100년 정도 된 미제 바이스플라이어도 가지고 있는데요..
무려 100여년 전에 만들어진 바이스플라이어지만, 오늘날 최첨단을 달리는 어떠한 바이스 플라이어보다 필자의 주장대로라면 100배는 더 좋습니다.
미국 역시 나라가 커서 무서운 것이 아닙니다.

무려 100여년 전에 만들어진 바이스플라이어가 오늘날의 최첨단 어떠한 바이스 플라이보다 100배도 더 좋게 만들었기 때문에 세계 최강대국이 된 것입니다.
아래는 필자가 사용하는 USB3.0 중국산 영상 캡쳐 보드인데요..

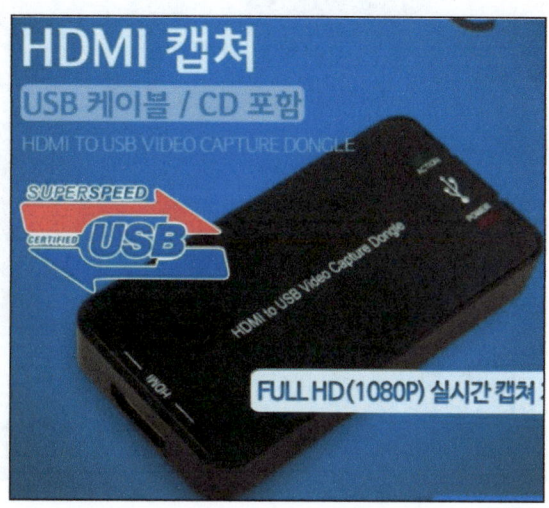

조금 전에 본 .264 파일이 여기 보이는 동영상 캡쳐 보드로 녹화한 동영상입니다.
여기서는 이렇게 간단히 설명을 합니다만, 이렇게 영상 캡쳐 보드를 PC에 설치하고 노래방을 또 TV와, 그리고 PC에 연결하여 필자와 같이 녹화를 하기 위해서는 상당한 노력을 해야 합니다.
이에 관한 내용은 여기서 자세하게 다룰 수 없으므로 인터넷창, 웹브라우저 주소표시줄에 '가나출판사.kr' 입력하고 엔처를 치면 필자의 홈에

오실 수 있고요, 필자의 홈에 오시면 필자의 블로그에 오실 수 있는 링크가 있고요, 필자의 블로그서 관련 포스트를 검색하여 읽어보시기 바랍니다.

2-6. H264파일

지금 불러오려는 파일은 이른바 H264파일인데요, 오늘날의 관점에서 본다면 그리 놀라운 동영상 포맷도 아니지만, 개발 당시에는 혁명에 가까운 놀라운 화질을 보여주며 무엇보다 압축률이 높아서 동영상의 용량을 줄이면서도 화질이 좋은 동영상 포맷의 한 종류입니다.
더 자세한 것은 구글링을 하면 자세하게 보실 수 있고요, 여기서는 그냥 동영상 포맷의 하나라는 것으로 넘어가겠습니다.
다만, H264파일은 일반적인 동영상 포맷인 .wmv, .AVI, .MPG 등의 파일과 달리 아무 PC에서나 재생이 되지 않습니다.
이 책은 동영상에 관한 책이고요, 동영상을 다루게 되면 필연적으로 코텍(Codec)이라는 것을 알아야 하는데요, 코덱 역시 여기서는 간단히, 동영상을 만들 때 사용하는 프로그램이며, 동영상을 재생하는 PC에서도 동영상을 만들 때 사용한 코덱이 있어야 동영상을 재생할 수 있습니다.
그러나 요즘은 대부분의 PC에서 웬만한 동영상은 대개 재생이 되며 부득이한 경우

통합코덱을 깔면 되므로 사실상 코덱이 뭐고(?) 하는 사람도 동영상을 보거나 편집을 할 수 있는 것입니다.

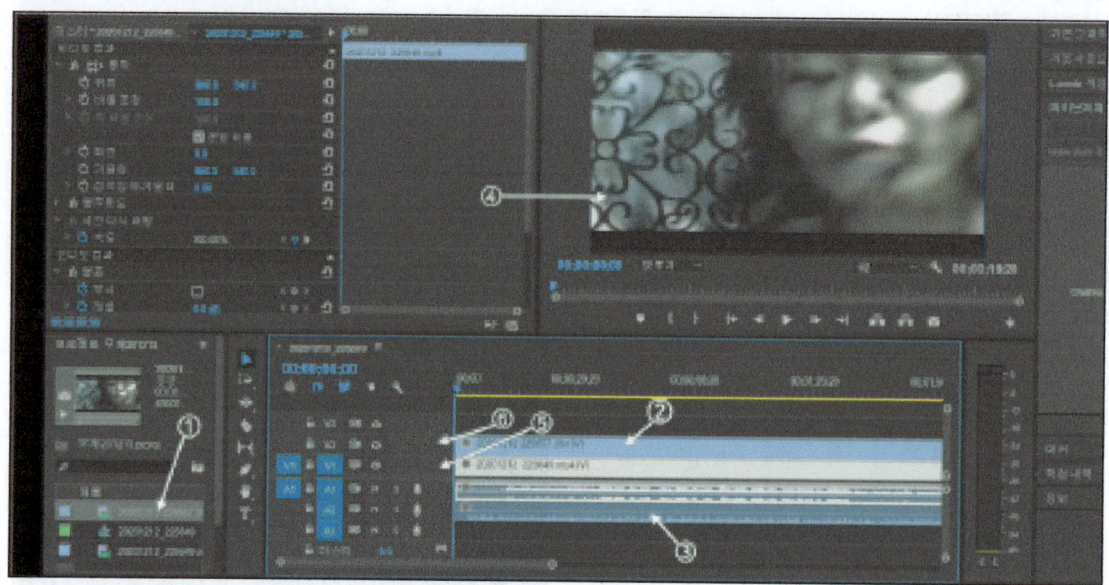

위의 ①이 방금 불러온 .264 파일이고요, 이것을 클릭 드래그하여 ②의 비디오 트랙에 가져다 놓으면 소리는 녹음되지 않았지만, 동영상에 기본으로 딸려 있는 소리 트랙 ③이 나타나고요, 이것은 필요 없으므로 잠시 후에 잘라내 버릴 것이고요..
②의 비디오트랙에 가져다 놓은 .264동영상 파일이 ④의 미리보기 창에 나타난 것이고요, ⑤는 먼저 불러와서 가져다 놓은, 필자가 노래를 부르는 것을 스마트폰으로 촬영한 동영상이고요, 그래서 이 동영상 트랙이 아닌 바로 위의 ⑥의 트랙에 방금 불러온 .264동영상을 가져다 놓은 것이고요..

트랙은 추가할 수도, 삭제할 수도 있고요, 이러한 것들은 일단 이 동영상을 무조건 따라하기 수준으로 만든 다음 다루도록 하겠습니다.
필자의 노래를 부르는 소리가 녹음된 소리 파일 역시 프리미어에서는 수 백만원짜리 신디사이저와 비교해도 절대로 밀리지 않는 막강한 소리 편집 기능을 가지고 있습니다.
다만, 신디사이저와 달리 모든 것을 소프트웨어적으로 조절을 해야 하기 때문에 마우스 혹은 키보드로 다룬다는 점만 다를 뿐 소리에 관한 수많은 편집이 가능합니다.
음성 변조 등도 가능하고요, 에코를 넣을 수도 있고요, 잡음을 제거할 수도 있습니다.

지금 불러온 동영상은 PC에서 동영상 캡쳐 보드로 노래방 영상을 녹화한 것으로 실제로는 소리는 녹음되지 않는 소리 트랙이 딸려 있습니다.
그래서 이 동영상 혹은 소리 트랙을 선택하고 마우스 우측 버튼을 클릭하여 아래 나타나는 메뉴에서 일단 동영상 트랙과 소리 트랙을 분리를 해야 합니다.

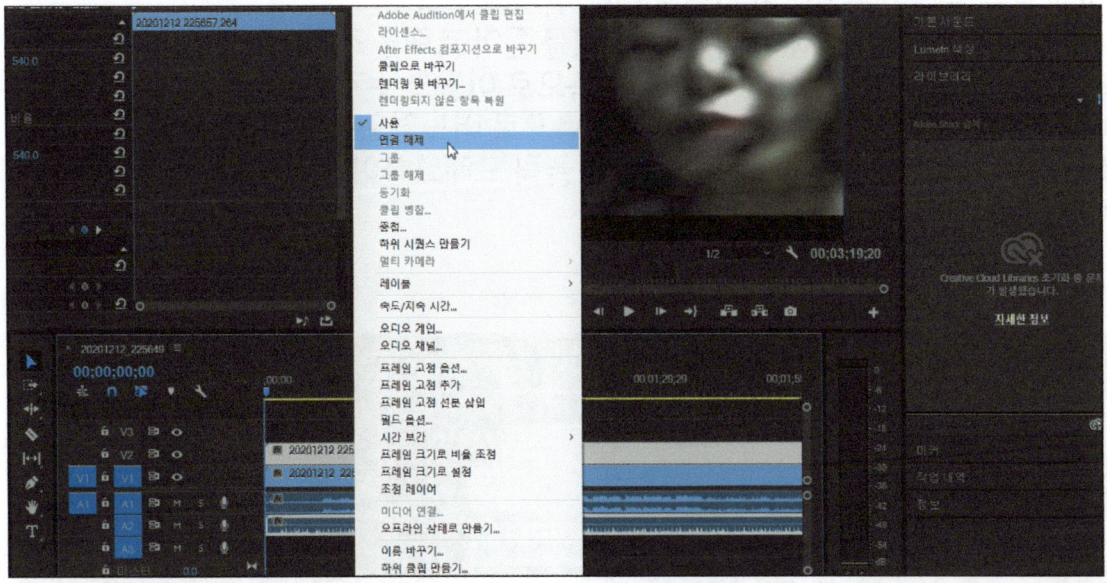

위의 화면 참조하여 동영상과 소리 트랙을 분리를 하는데요, 분리를 했더라도 현재 화면에서는 동영상과 소리 트랙이 분리된채로 복수로 선택되어 있는 상태입니다. 따라서 동영상과 사운드를 위의 메뉴 참조하여 분리를 한 다음에는 마우스로 화면의 빈 공간을 한 번 클릭하여 동영상 트랙과 사운드 트랙이 같이 선택 된 것을 해제를 하고 다시 분리된 사운드 트랙만 클릭하여 선택을 하고

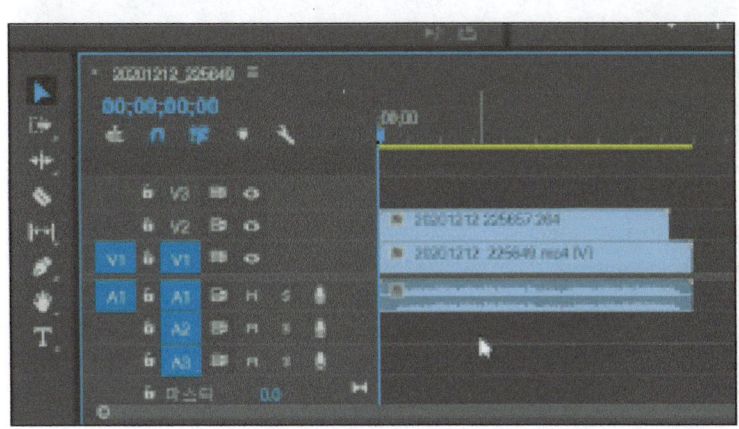

마우스 우측 버튼을 클릭하여 나타나는 부 메뉴에서 [지우기]를 선택하거나 그냥 키보드의 [Del]키를 누르면 다음과 같이 소리 트랙이 제거됩니다.

2-7. 트랙

현재 모든 트랙을 한 눈에 볼 수 있도록 키보드의 -키를 눌러서 트랙을 축소한 상태이고요, 이후 정밀하게 조절할 때는 다시 키보드의 +키를 눌러서 트랙을 확대할 수도 있습니다.
현재 모든 트랙이 동영상의 시작 지점에 위치해 있습니다.
이제 여러가지 직업을 해야 하는데요, 예를 들어 트랙을 좌측으로 이동하고 싶어도 좌측 첫 시작 지점에 있어서 더 이상 좌측으로 이동할 수가 없습니다.
따라서 모든 트랙을 좌측에서 띄어서 우측으로 어느정도 이동을 해야 합니다.
다음 화면에 보이는 것과 같이 마우스로 클릭 드래그하여 모든 트랙을 선택을 합니다.

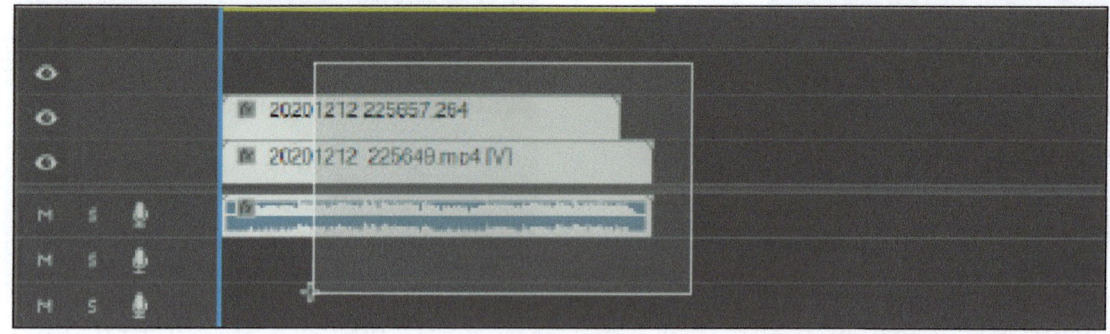

그리고 모두 선택된 트랙들을 클릭 드래그하여 아래 화면에 보이는 것과 같이 우측으로 적당히 이동을 합니다.

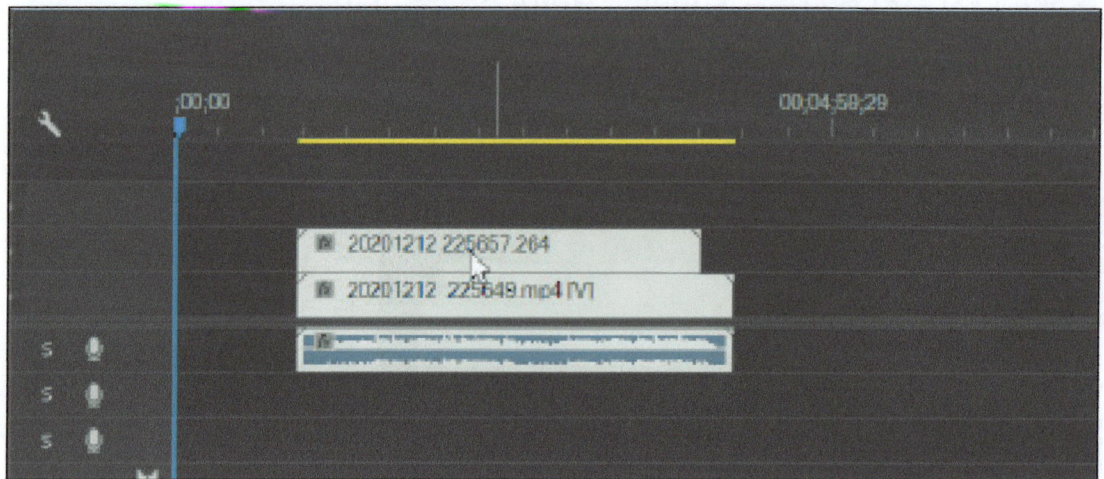

아래 화면 마우스가 가리키는 곳을 클릭하고 동영상 재생 위치를 이동할 수 있고요, 키보드의 [스페이스바]를 누르면 동영상 미리보기 실행, 다시 누르면 멈춤입니다.

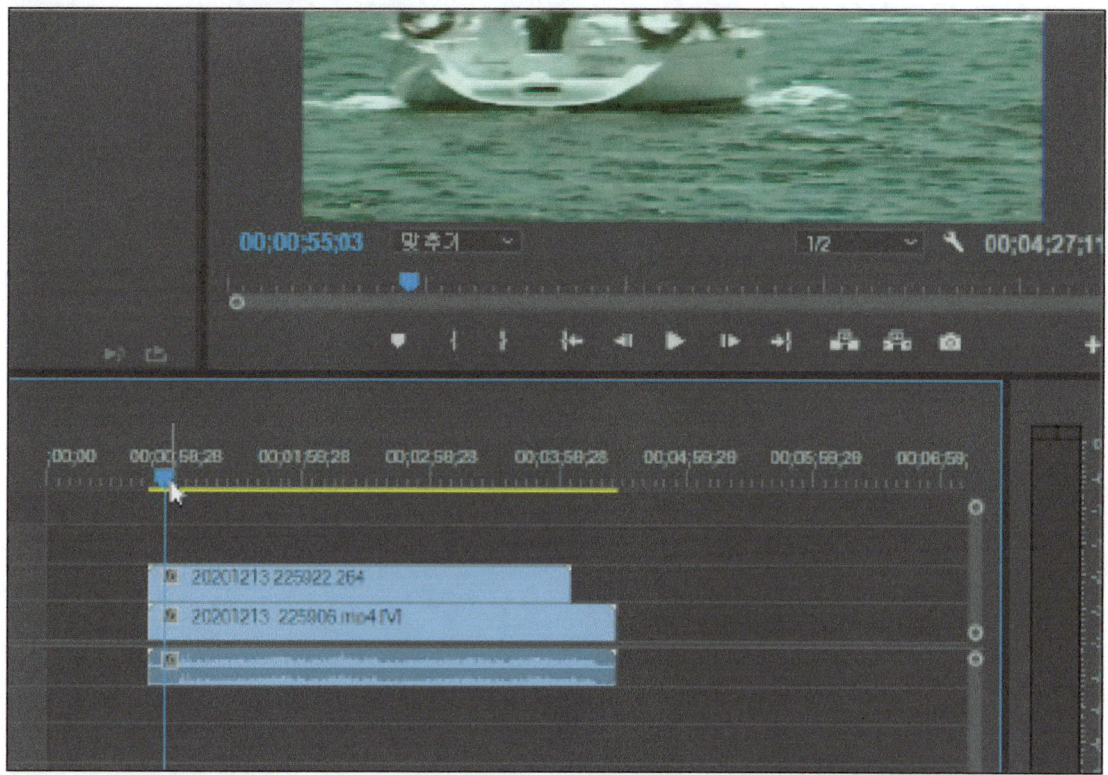

현재 필자가 노래를 부르는 모습을 촬영한 동영상 트랙 위에 PC에서 녹화한 노래방 영상 트랙을 가져다 놓았기 때문에 필자의 모습은 보이지 않습니다.
어차피 필자의 모습은 좌측에 조금만 나타나게하고 우측으로 대부분의 화면에는 노래방 영상이 나오게 할 것입니다만 우측 화면 마우스가 가리키는 눈을 클릭하여 PC에서 녹화한 영상의 눈을 감으면 아래쪽 트랙에 있는 필자의 모습이 있는 영상이 보이게됩니다.

현 상태에서 키보드의 +를 눌러서 ①과 같이 트랙을 충분히 확대를 하고 ②의 위치로 동영상을 실행시키면, ③이 노래가 시작되는 지점입니다.
이곳을 자르기할 것입니다만, 아직은 자르면 안 됩니다.
아직 위에 있는 노래방 영상과 씽크를 맞추지 않았기 때문입니다.

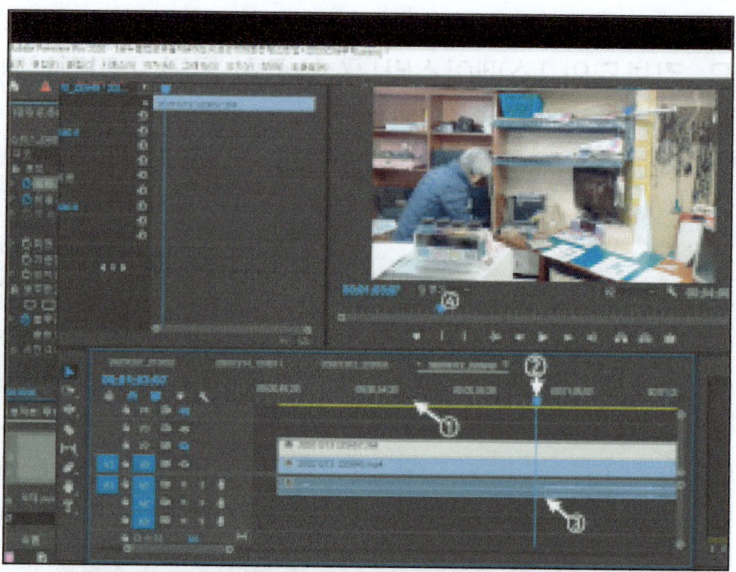

우측 화면 참조하여 [도구 상자]에서 [펜툴]을 마우스로 꾹 누르면 여러가지 툴들이 나타나고요, 여기시 우측 마우스가 가리키는 [사각형 도구]를 선택합니다.

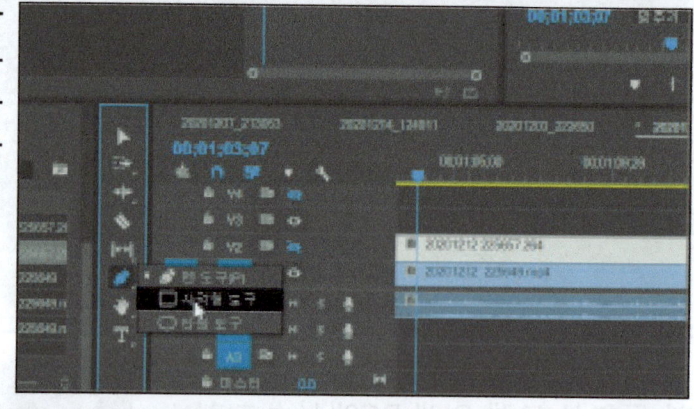

2-8. 트랙 매트키

우측과 같이 화면에 사각형을 그려줍니다.
지금 그린 사각형 안에 노래방 영상이 나오게 할 것이고요, 필자가 노래를 부르는 모습은 좌측에 약간만 보이게 할 것입니다.
즉, 화면 우측 지저분한 곳은 모두 사각형으로 가려지는 것입니다.

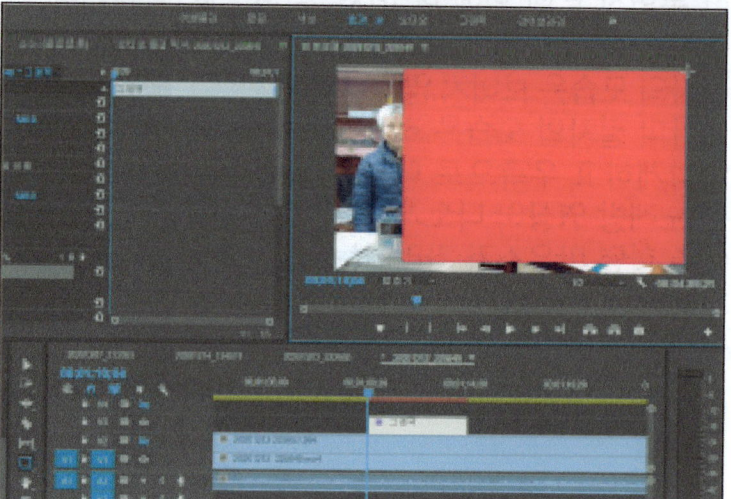

다음 화면 ①의 [이동툴]을 선택하고 ②의 방금 그린 사각형을 한 번 클릭해서 선택을 하고 ③의 [효과] 탭을 클릭하고 ④의 [비디오 효과]를 클릭하고, ⑤의 [키잉]을 클릭합니다.

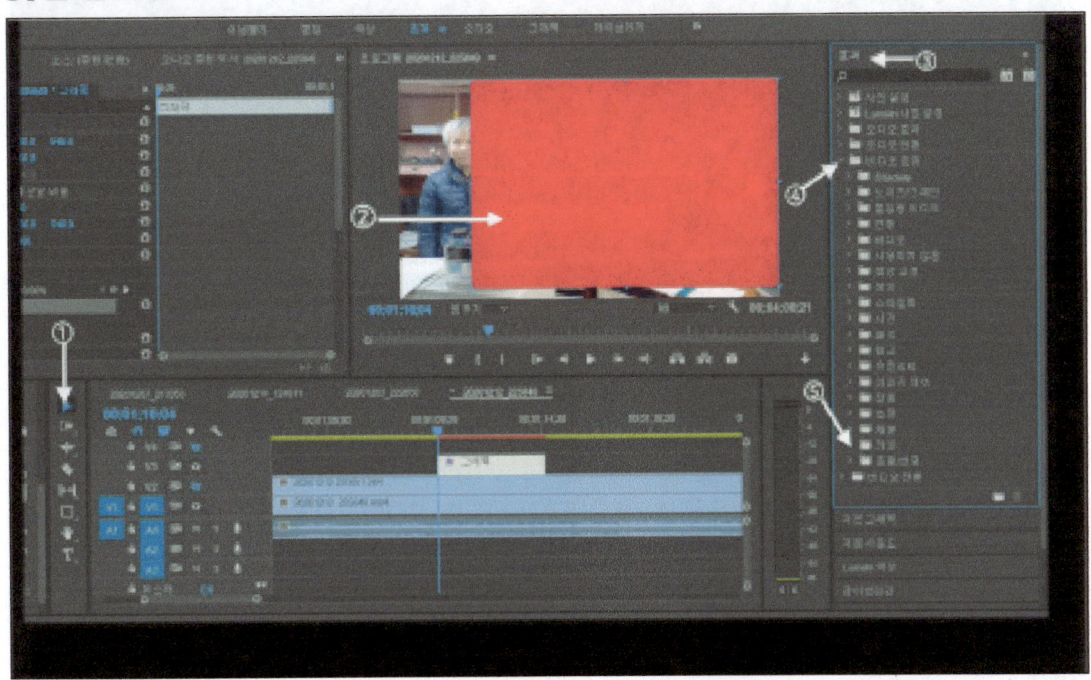

위의 마지막 ⑤의 [키잉]을 클릭하면 다음 메뉴가 나타납니다.

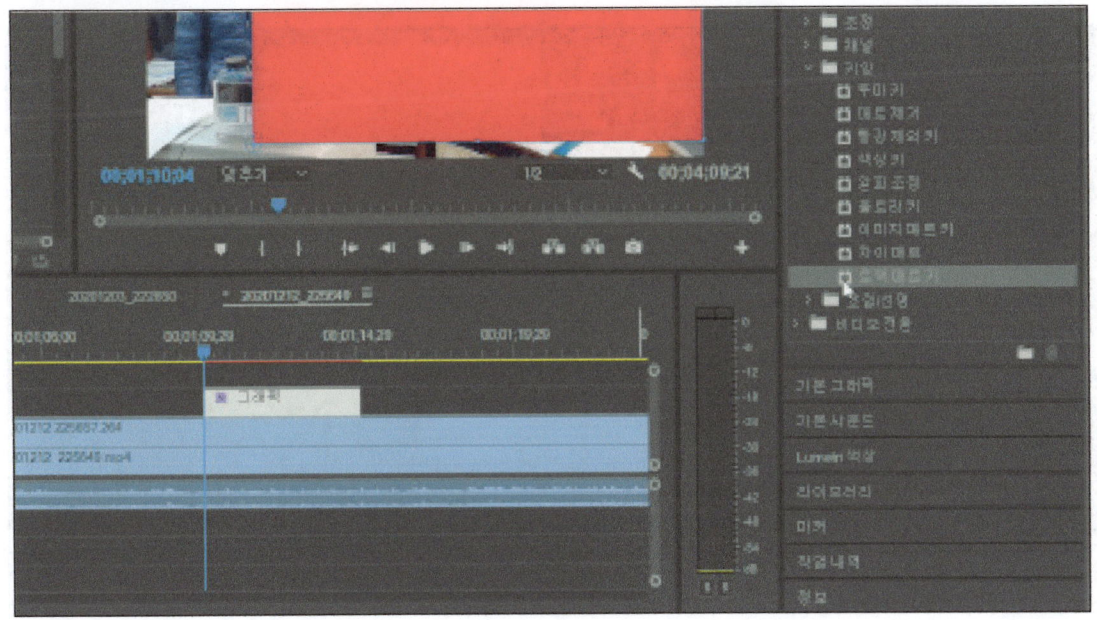

위의 [트랙 매트키]를 클릭 드래그하여 노래방 영상 트랙 위에 가져다 놓을 예정인데요, 그 전에 먼저 트랙을 정리를 하겠습니다.

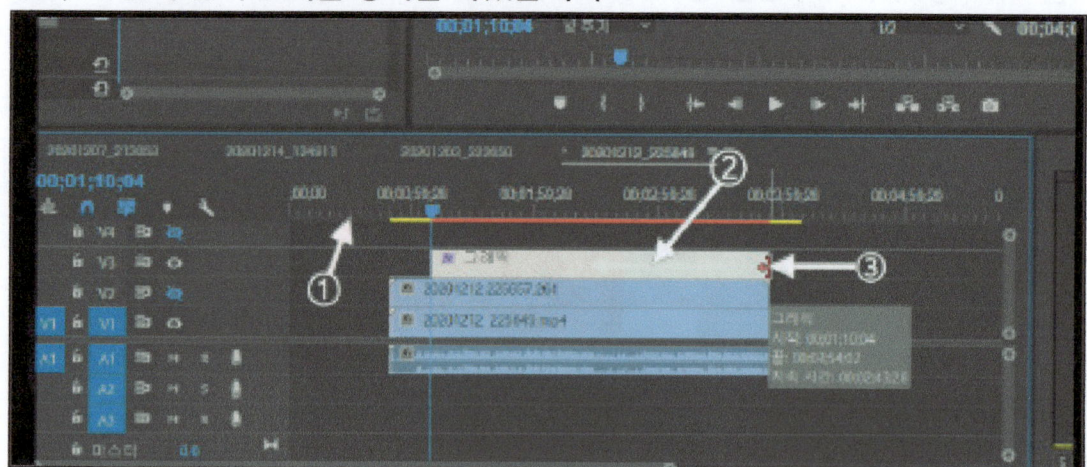

위의 ①과 같이 키보드의 '-'를 눌러서 트랙을 다시 축소를 하고 ②의 방금 그린 사각형에 마우스를 가져가서 마우스 포인터가 ③과 같이 변했을 때 클릭 드래그하여 위의 화면에 보이는 것과 같이 트랙을 우측 끝까지 늘려줍니다.
마우스 포인터가 잘 되지 않으면 다시 트랙을 적당히 확대를 하고 일단 약간 늘린 다음 다시 트랙을 축소를 하고 위와 같이 모든 트랙이 보이게 해 놓고 잡아 늘리면 됩니다.

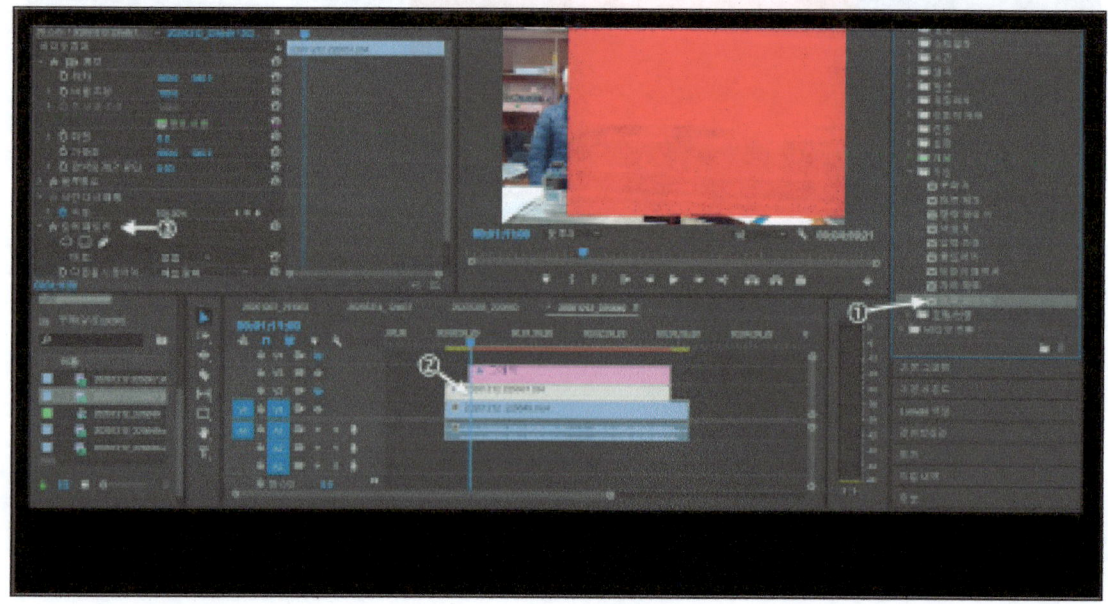

이제 위의 ①의 [트랙 매트키]를 클릭 드래그하여 ②의 트랙, 즉, 노래방 영상 트랙 위에가져다 놓으면 ③에 [트랙 매트키]가 나타납니다.

이제 위의 ①의 [트랙 매트키]를 클릭 드래그하여 ②의 트랙, 즉, 노래방 영상 트랙 위에가져다 놓으면 ③에 [트랙 매트키]가 나타납니다.
[참고]
지금 설명한 트랙 매트키가 있는 곳의 메뉴를 보면 루마키, 매트 제거, 빨강 제외 키, 색상키, 알파 조정, 울트라 키, 이미지 매트 키, 차이 매트, 트랙 매트 키.. 등이 있는데요..
모두 동영상의 배경과 관련된 메뉴들이고요..
이 중에서 울트라키를 사용하면 동영상의 배경을 바꿀 수가 있고요..
단 선결 조건이 있습니다.
지금 설명한 여러가지 기능을 사용하여 동영상의 배경을 편집할 수는 있습니다만, 완벽하게 동영상의 배경을 바꾸기 위해서는 동영상을 촬영하는 시점에서 미리 동영상의 배경을 파란색으로 지정하고 동영상을 촬영을 해야 합니다.

이렇게 동영상의 배경을 파란색으로(파란 천 등) 지정하고 동영상을 촬영하면 실내 스튜디오에서 촬영한 원숭이 등의 동물들이 뛰노는 동영상을 마치 아프리카 밀림 속에서 촬영한 것과 같은 마법같은 작업을 할 수 있습니다.

**실제로 지상파 방송에서 만든 동물의 왕국 등의 프로그램 일부는 이렇게 실내에서 연출된 동영상을 촬영을 하여 배경을 밀림으로 바꾼 경우도 있습니다.
아쉽게도 이렇게 완벽하게 하기 위해서는 고가의 방송용 캠코더가 있어야 합니다.**

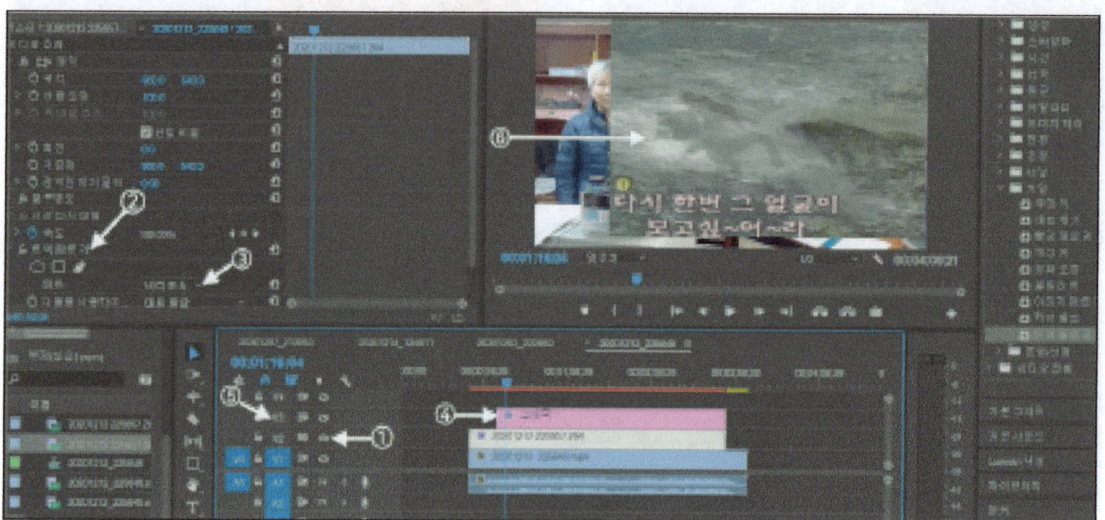

이제 위의 ①의 눈을 뜨고, ②의 [트랙 매트키]의 ③을 클릭하여 ④의 사각형, 즉, ⑤의 비디오 트랙 3을 선택하면 ⑥과 같이 사각형 안에만 노래방 영상이 나타나게 됩니다.
처음에는 잘 안 될 수도 있겠습니다만, 여러번 반복 연습을 하여 이 과정을 반드시 익혀야 합니다.

현재 노래방 영상이 너무 좌측으로 위치해 있습니다.
이것을 우측으로 이동할 필요가 있습니다.
앞의 화면 ①의 노래방 영상은 ②의 트랙이고요, ②의 트랙을 선택하고 ③의 [위치]의 가로 숫자를 마우스로 클릭한 채로 우측으로 드래그하면 노래방 영상이 ①과 같이 우측으로 이동을 합니다.
두어번 반복해서 정확하게 가운데 오도록 하면 되며, 트랙 매트(사각형)는 잠시 후에 다시 좌측으로 이동을 해야 합니다.

이번에는 아래 화면 ①의 사각형 트랙을 선택하고 ②의 [위치] 숫자 위에 마우스를 클릭하고 좌측으로 드래그하여 ③과 같이 트랙 매트를 이동합니다.
④를 바라보고 이곳이 트랙매트의 우측 끝 부분이 오도록 이동하면 됩니다.

지금 트랙 및 트랙매트를 좌측 혹은 우측으로 이동을 했고요, 상하로 이동하는 것은 다음과 같이 하면 됩니다.

위의 ①의 노래방 영상 트랙을 선택하고 ②의 [위치]에서 ③의 숫자를 클릭하고 드래그하여 ④와 같이 영상의 위치를 상하로 조절할 수 있습니다.

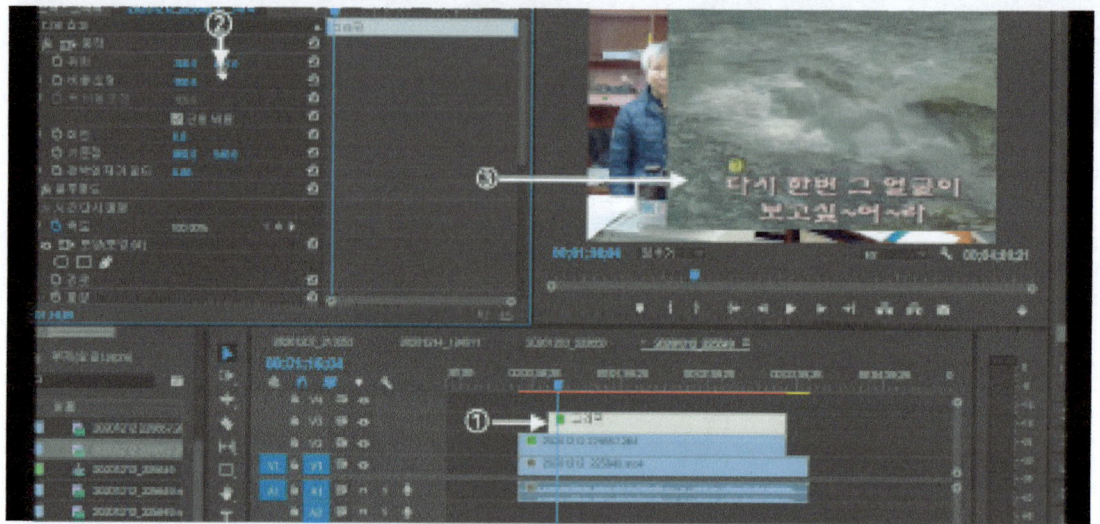

이번에는 다시 위의 ①의 [트랙 매트]를 선택하고 ②를 클릭 드래그하여 ③과 같이 상하 위치를 조절 할 수 있습니다.
여기서 중요한 것은 트랙과 트랙 매트를 정확하게 구분할 줄 알아야 하며 트랙 매트 안에 나타난 영상을 움직인 후에는 영상과 트랙 매트가 같이 움직이므로 뒤에 다시 트랙 매트만 움직여야 한다는 점입니다.

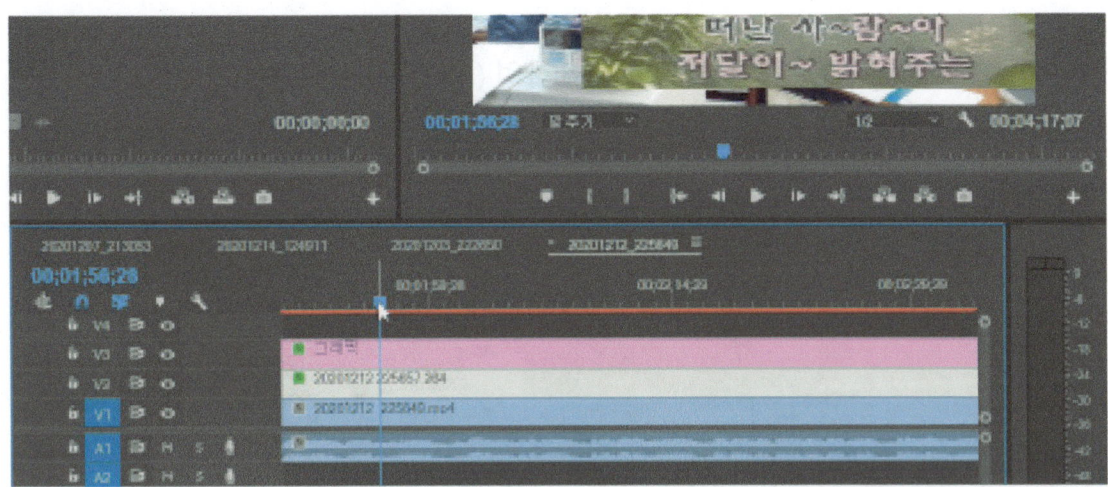

이제 화면에 나타나는 노래방 영상과 노래를 부르는 소리의 씽크를 정확하게 맞추는 것이 지상 최대의 과제입니다.
트랙을 적당히 확대 및 축소를 반복하면서 영상 트랙과 소리 트랙을 적절히 이동을 하면서 씽크를 맞춰야 하는데요, 중노동이 시작되는 것입니다만 숙달되면 이것도 그리 어렵지 않습니다.
가장 많은 시간이 걸리는 씽크 맞추는 작업을 완료한 뒤에는 화면 좌측에 보이는 필자의 모습이 우측으로 치우쳐 있습니다.

이것을 좌측으로 약간 이동을 해야 합니다.

아래 ①의 트랙이 필자가 노래를 부르는 영상이 들어 있는 트랙이고요, 이 트랙을 선택하고 ②를 클릭하고 좌측으로 드래그하여 ③과 같이 필자의 모습이 좌측 공간의 중앙 쯤에 나타나게 이동을 합니다.

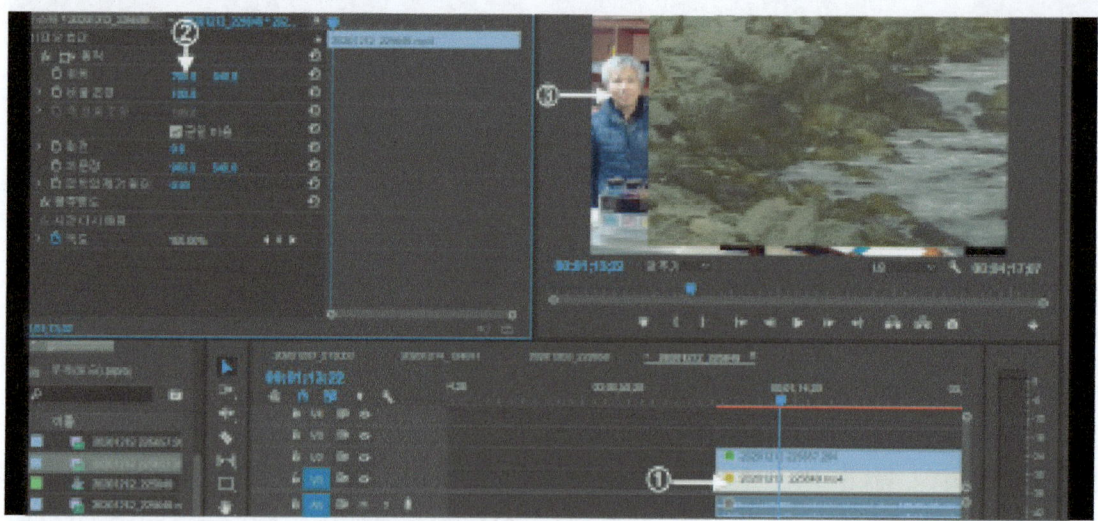

아래 화면에 보이는 것과 같이 트랙을 축소하여 모든 트랙이 보이게 한 다음 영상이 끝나는 곳에서 필요없는 트랙을 모두 잘라내야 하는데요, 아래 ①의 정지 위치에 가면 ②의 소리 트랙의 파장이 보이며, ③의 트랙을 충분히 확대를 하고 정확하게 끝나는 지점을 선택합니다.

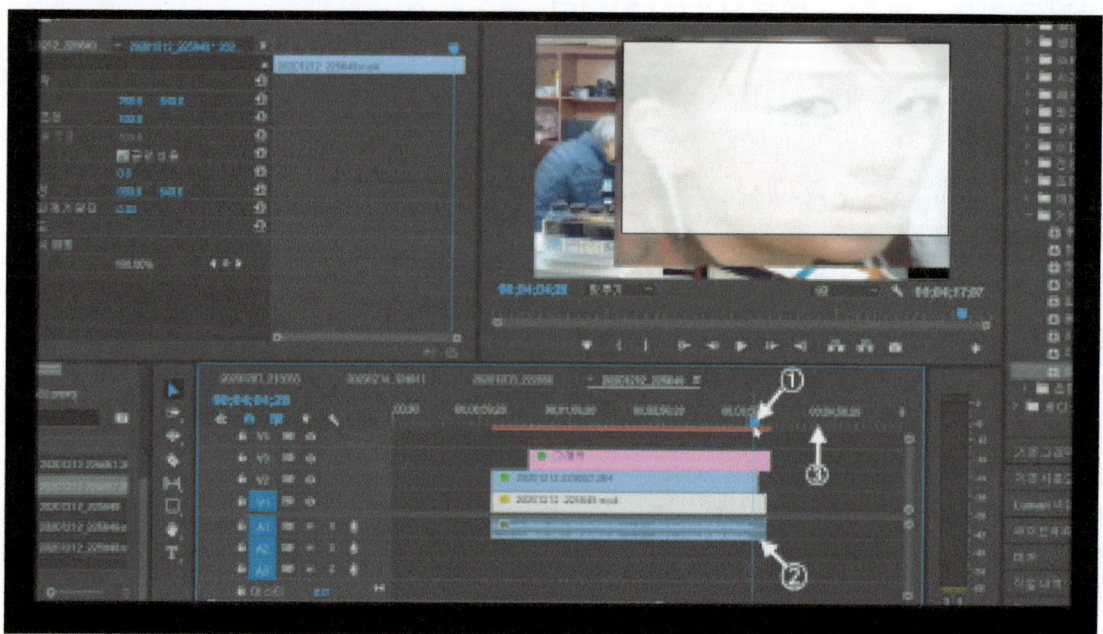

아래 ①과 같이 트랙을 충분히 확대를 하고 정확하게 끝나는 지점을 선택하고 키보드의 [Shift + Ctrl + K]를 눌러서 모든 트랙을 자르고 ②와 같이 우측 잘라내 버릴 트랙들을 클릭 드래그하여 모두 선택을 하고 키보드의 [Del]키를 눌러서 삭제를 합니다.

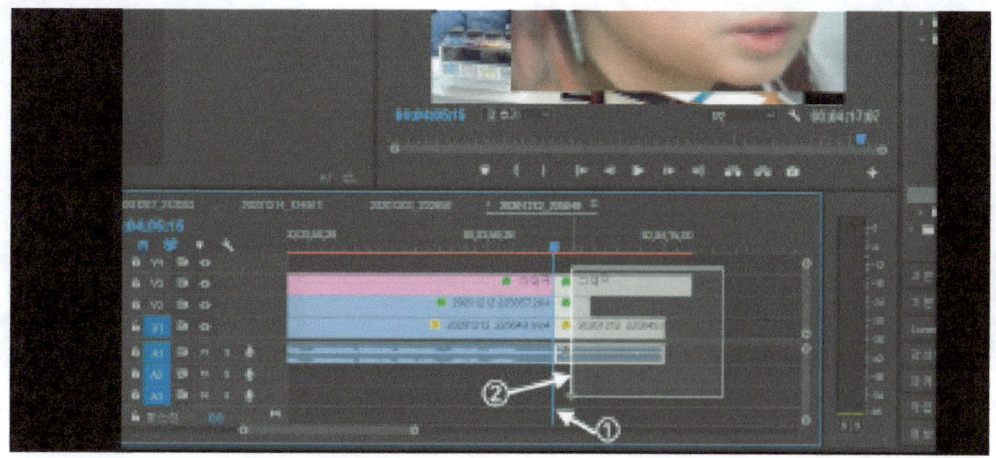

이제 잘라내고 남은 모든 트랙을 아래 화면과 같이 클릭 드래그하여 모두 선택하거나 [Ctrl + A] 명령으로 전체 선택을 하고 좌측으로 옮겨야 하는데요..
하나의 그룹으로 합쳐주는 것이 좋습니다.

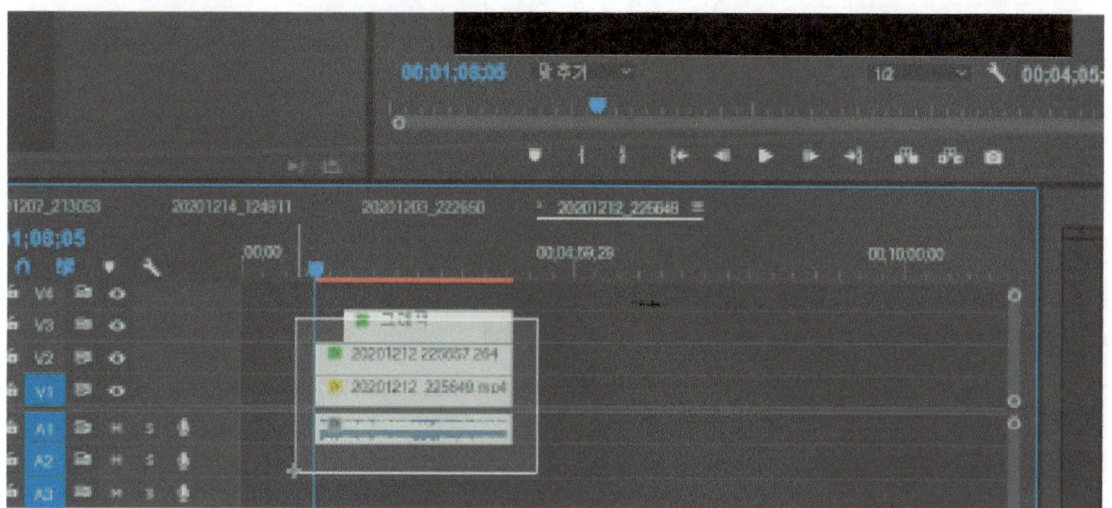

위의 화면에 보이는 것과 같이 모든 트랙을 선택하고 마우스 우측 버튼을 클릭하여 나타나는 아래 화면에 보이는 메뉴에서 [그룹]을 선택하여 하나의 그룹으로 만들어줍니다.

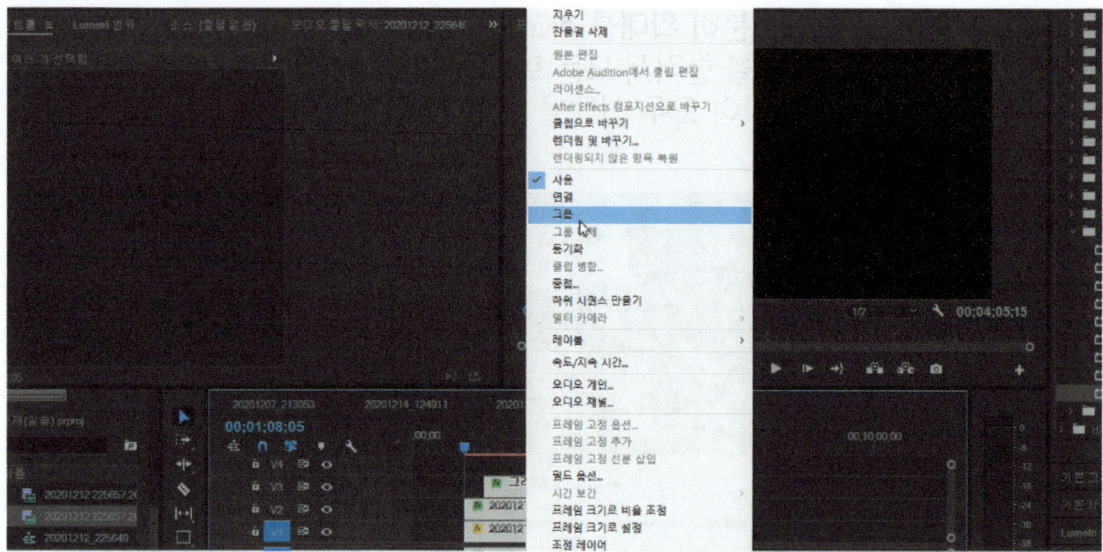

이제 하나의 그룹이 되었으므로 어떤 트랙을 클릭하고 이동을 해도 모든 트랙이 같이 움직입니다.
아래 화면에 보이는 것과 같이 좌측 시작 지점으로 이동합니다.

[Ctrl + M] 명령을 내리면 위의 창이 뜨는데요, 잘 안 되는 수가 있습니다.
이 때는 마우스로 동영상 실행자를 한 번 클릭하여 프리미어 화면을 활성화시키고 시도를 합니다.

앞의 화면 우측 상단 손가락이 가리키는 파일 이름을 클릭하면 다음 화면이 나타납니다.

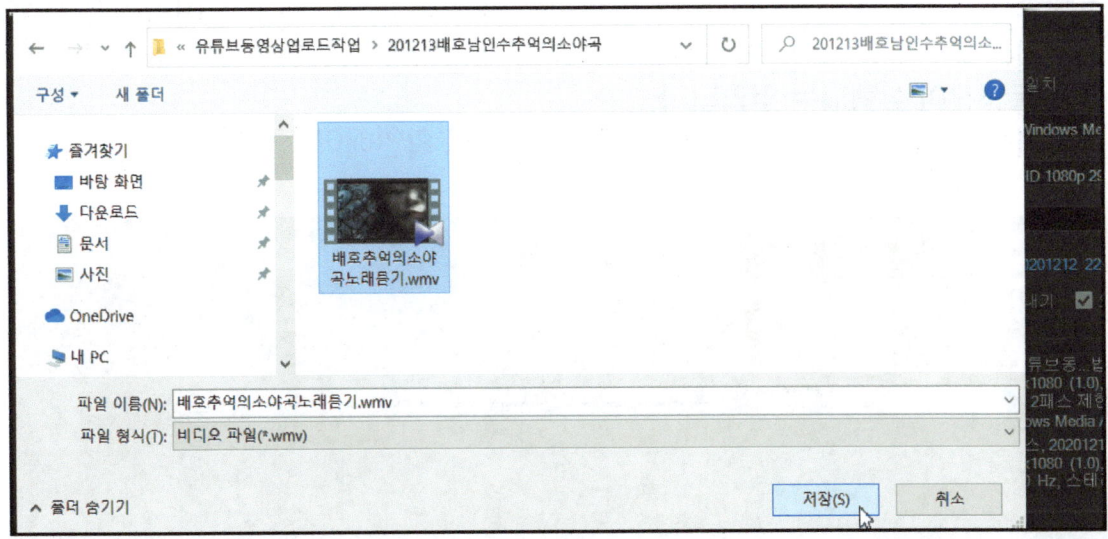

동영상이 저장된 경로를 지정하는 화면입니다.
자신이 원하는 경로 및 이름을 지정하고 [저장]을 클릭하면 동영상의 길이에 따라 렌더링이 시작되는데요, 이 때 이 명령을 실행하기 전에 확인할 사항이 있습니다.
가장 먼저 동영상이 완벽하게 편집이 완료되었는지 다시 한번 프리미어에서 동영상을 실행해 보는 것은 기본이고요, [Ctrl + M]명령으로 나타난 대화상자에서 다음 사항을 확인해야 합니다.

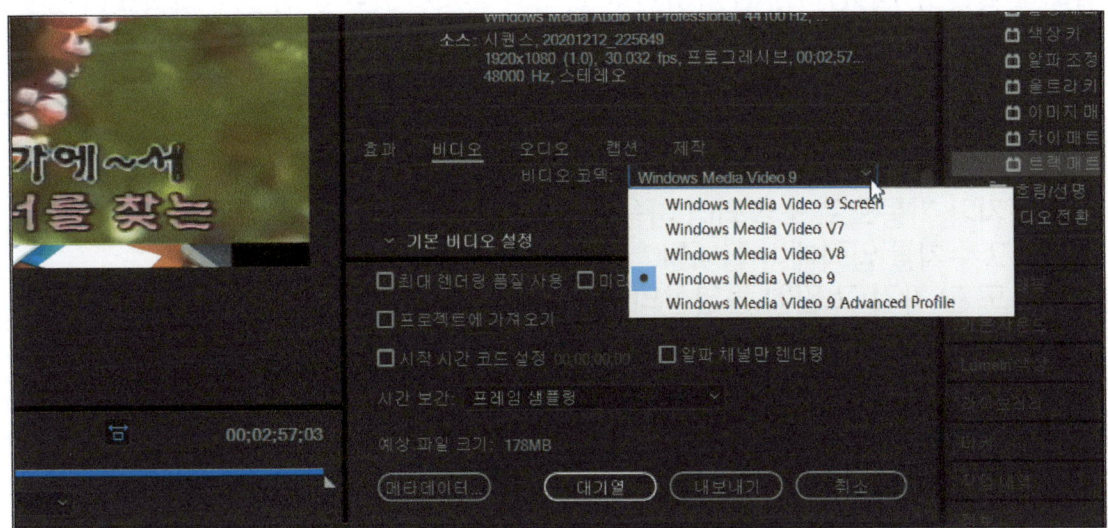

앞의 화면 우측 마우스가 가리키는 곳을 클릭하여 코덱을 지정하는데요, 기본 값은 현재 선택된 Windows Media Video9이며 이대로 렌더링을 하면 무난합니다.
코덱은 동영상을 만드는 컴퓨터와 실행하는 컴퓨터에 모두 깔려 있어야 동영상이 재생되는데요, 윈도우 운영체제에 기본으로 내장된 코덱이므로 어떠한 컴퓨터이든지 동영상이 실행되는 것입니다.
다음에는 그 아래 동영상의 크기와 프레임 수를 또 확인해야 합니다.

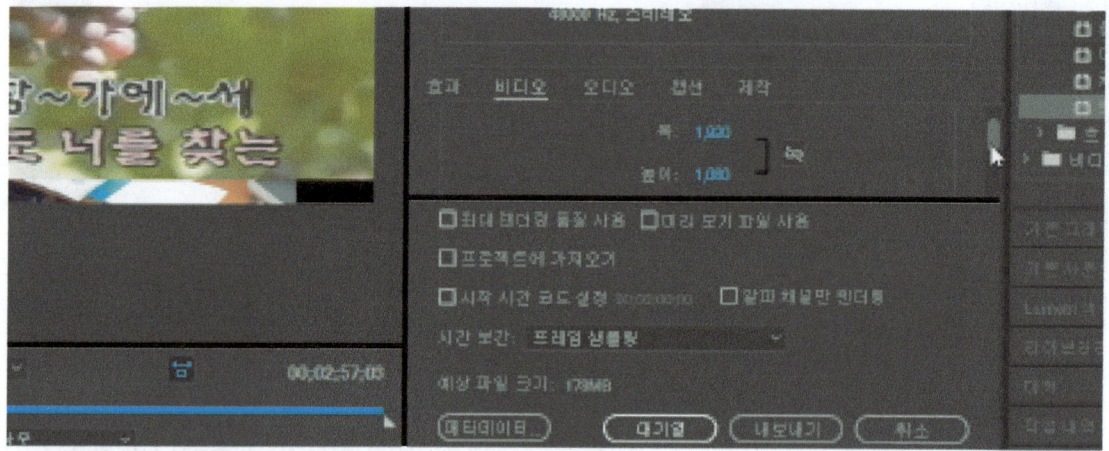

위의 화면 우측 위쪽에서 1080p..의.. 해당되는 프레임을 선택하면 됩니다만.. 지금은 여기 설명을 보시기 바랍니다.
위의 화면을 보면 현재 렌더링하고자 하는 동영상은 1920*1080 사이즈로 나와 있습니다.
원본 동영상이 1920*1080 사이즈로 촬영된 동영상이므로 이렇게 지정되어 있으면 됩니다만, 이렇게 나오지 않는 컴퓨터에서는 동영상 사이즈 우측의 연결 고리를 클릭하여 해제를 하고 직접 키보드에서 1920 그리고 그 밑에는 1080을 입력해야 합니다.
동영상 사이즈를 지정하는 우측 링크를 해제하지 않으면 수치를 하나만 조절을 해도 나머지가 자동으로 조절되어 마음대로 입력할 수 없으므로 반드시 우측 링크를 해제하고 수치를 입력해야 합니다.
그리고 또 한 가지 그 밑에 동영상의 프레임 수를 지정하는 곳이 있는데요, 이곳 역시 위의 화면에서 해결해야 하며, 매우 좁기 때문에 매우 세심한 주의가 필요합니다.
따라서 이렇게 일일이 지정을 하는 것보다는 위의 내보내기 화면의 사전 설정에서 아예 1080p의 해당 프레임을 선택하는 것이 간단하고 쉽습니다.

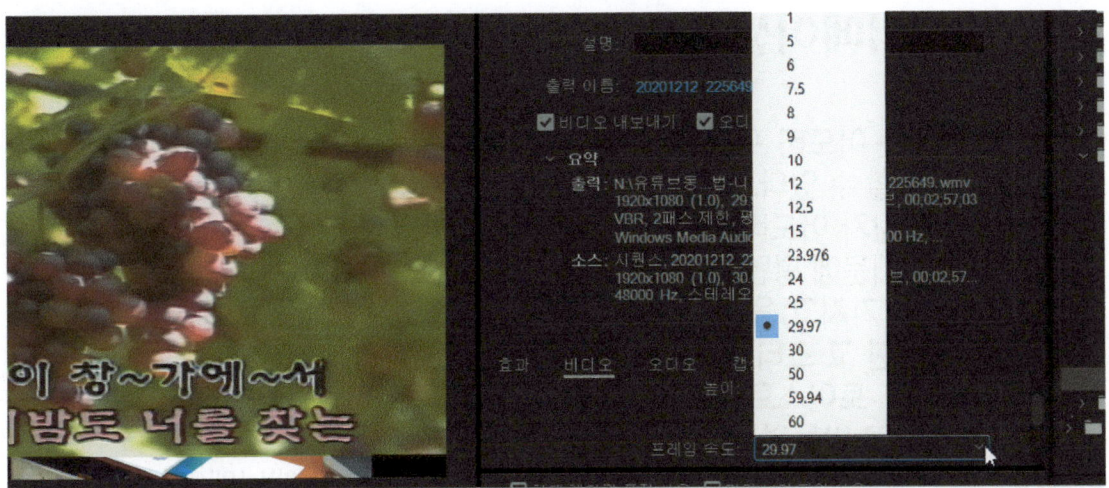

2-9. 프레임 수

위와 같이 프레임 속도를 지정해야 하는데요,
위쪽에서 1080p를 선택하면 됩니다만, 여기 설명을 보시기 바랍니다.
위에 보이는 것은 초당 몇 장의 사진을 보여주는가 하는 프레임 수를 지정하는 화면인데요, 원래 동영상을 촬영할 때 사용한 프레임을 지정하는 것이 좋습니다.

만일 60프레임으로 촬영한 동영상이라면 당연히 위에서 60프레임을 선택하고 렌더링을 하면 됩니다.

다만, 상당한 시간이 걸린다는 것을 명심해야 합니다.
지금 만드는 동영상 포함, 필자의 블로그, 혹은 유튜브에서 동영상을 검색하시면 지금 렌더링을 하는 노래 포함 필자의 수많은 동영상및 포스트를 보실 수 있습니다.
인터넷창 웹브라우저 주소표시줄에 '가나출판사.kr' 입력하고 엔터를 쳐서 필자의 홈에 오시면 필자의 유튜브, 블로그, 출판사, 쇼핑몰 등으로 갈 수 있습니다.

2-10. 애니메이션

이 책에서 다루는 어도비 프리미어 프로그램은 동영상 편집 프로그램으로 굳이 따지진다면 4D라고 할 수 있다고 앞에서 설명을 했습니다.
2D그래픽의 최강자 어도비 포토샵으로 대변되는 2D 그래픽은 X, Y, 이렇게 2개의 좌표만 있기 때문에 평면 그래픽이라고 합니다.
또한 2D 그림을 가지고 움직이는 애니메이션을 만드는 것을 2d 애니메이션이라고 부르며, 작고한 고 스티브 잡스가 애플사를 창업을 하고 적자를 견디지 못하여 애플을 떠났다가, 토이스토리로 부활하여 다시 애플로 돌아와서 오늘날 애플을 세계 1위의 기업으로 만들었는데요..
이렇게 스티브 잡스를 부활하게 만든 토이스토리가 바로 2D 애니메이션입니다.
2D 애니메이션으로 유명한 프로그램은 예전의 매크로미디어사의 플래시가 있었는데요, 이제는 마이크로소프트사에서 인수를 하여 공식적으로는 매크로미디어사는 사라졌고, 플래시는 포토샵에 포토샵 애니메이션으로 남아 있습니다.
그러나 필자는 지금도 매크로미디어 플래시를 가끔씩 사용하며, 실제로 어도비 프리미어 이전 버전에서는 프리미어에서 애니메이션을 구현하는 것이 거의 불가능했기 때문에 플래시에서 애니메이션을 만들어서 프리미어로 가져와서 사용하곤 하였습니다.
그러나 어도비 프리미어 프로 CC 버전에서는 초보자도 쉽게 애니메이션을 구현할 수 있게 진화를 하였습니다.

프리미어프로 CC에서는 문자와 이미지 애니메이션을 만들 수 있는데요, 먼저 문자 애니메이션을 만들어 보겠습니다.
우측에 보이는 것은 필자가 따로 판매하는 A1 사이즈의 사진인데요, 이 사진을 가지고 문자 애니메이션을 만들어 보겠습니다.

동영상이 아닌 그림을 가지고 밋밋하게 그림만 보여주는 것이 아니라 문자 애니메이션을 곁들여서 사진을 광고하는 방법이라고 할 수 있습니다.
우측 화면 참조하여 우선 다른 이름으로 저장을 합니다. 우측 화면은 포토샵 화면입니다.

[Ctrl + A]명령으로 전체 선택을 하고 [Ctrl + N]명령을 내리면 방금 클립보드에 저장한 크기로 대화상자가 열립니다.

우측 대화상자에서 ①의 가로 픽셀은 1920, ②의 세로 픽셀은 1080, ③의 해상도는 72(dpi)로 지정하고 ④의 [제작]을 클릭하면 이 크기로 새 창이 열립니다.

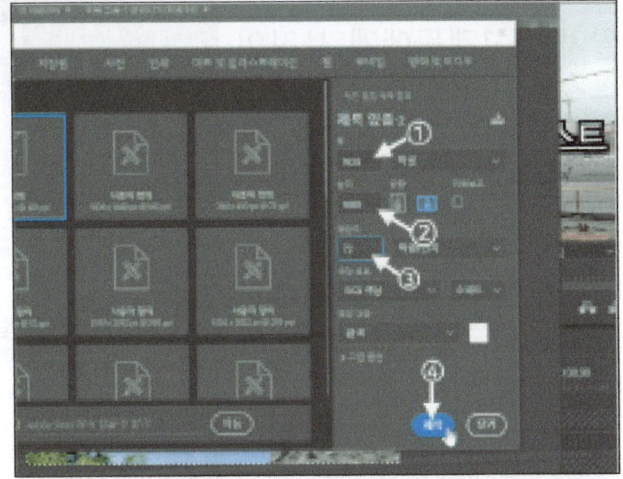

원본 사진이기 때문에 어마어마하게 큽니다.

화면을 적당히 축소를 하고, [Ctrl + T] 명령으로 새로 만든 1920*1080크기의 창에 맞게 크기를 조절합니다.

적당한 경로에 적당한
이름으로 저장을 합니
다.

여기서는 우측 화면에
보이는 것과 같이 저장
을 하였습니다.
포토샵 고유 파일인, 확
장자가 .PSD 파일로
저장을 해야 합니다.

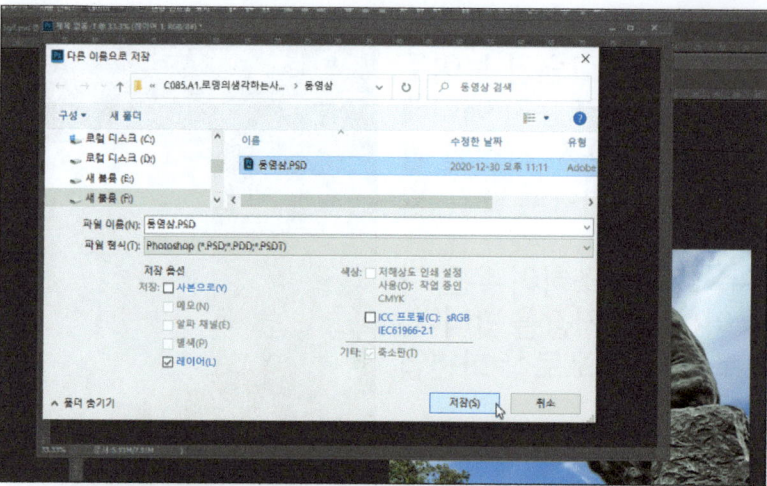

필자는 고객들에게 사진의
크기를 확실하게 알려주기
위하여 우측과 같이 사진을
손으로 잡고 있는 모습을 샘
플로 만들어 둔 것이 있습니
다.
여기에 지금 실습하는 사진
을 붙여넣고 우측과 같이 하
나의 사진으로 붙여넣기를
합니다.
레이어 팔레트를 보세요.

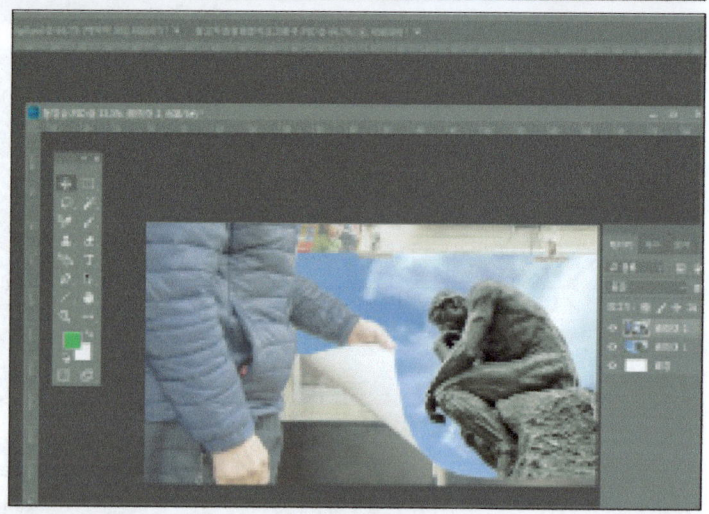

큰 사진을 그대로 또 한
장 보여줍니다.
(크기를 조절하지 않
고 큰 사진을 그냥 그대
로 붙여 넣어서 레이어
가 새로 생성되게 합니
다.)

우측의 [레이어 팔레트]를 보시고요, 마우스가 가리키는 레이어만 눈을 뜨고 위에 있는 2개의 레이어는 눈을 감고 [Shift + Ctrl + Alt + S]를 누르면 다음 창이 뜹니다.

웹용으로 저장 화면이고요, 우측 화면에서는 그냥 기본 값으로 엔터를 치면 다음 화면이 나타납니다.
(jpg로 저장하는 것입니다.)

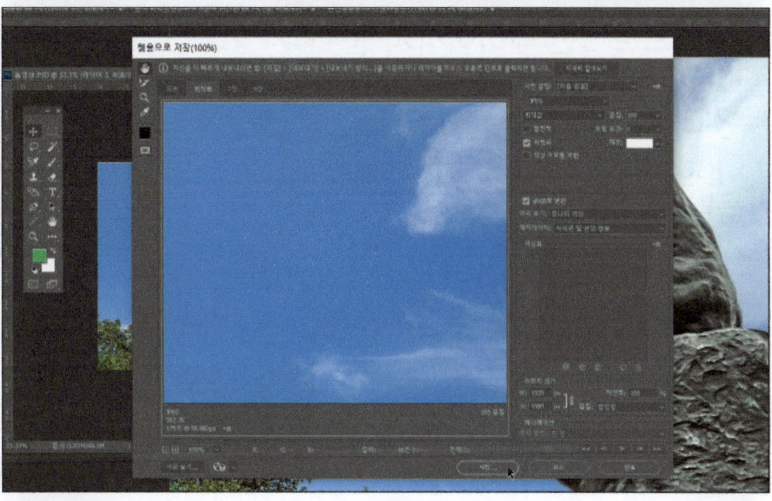

저장 경로를 묻는 것입니다.

아까 만든 [동영상] 폴더에 01.jpg 라는 이름으로 저장을 합니다.

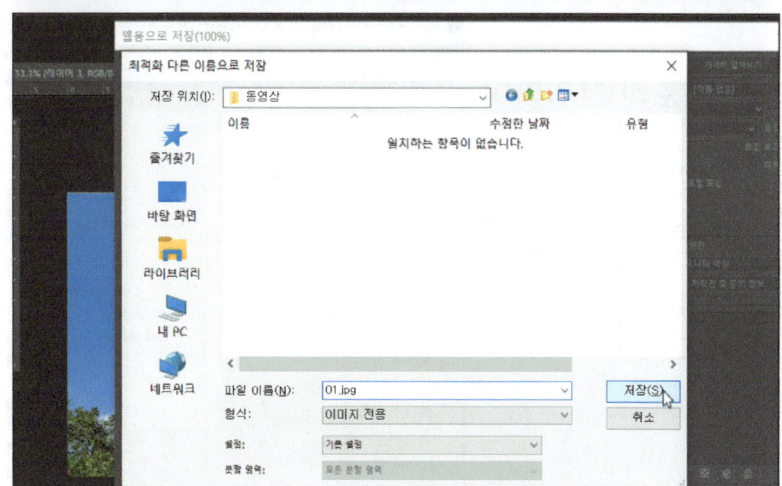

우측 화면 손가락이 가리키는 2번째 레이어의 눈을 뜨고 다시 [Shift + Ctrl + Alt + S]를 누르면 다시 저장 화면이 나타나며, 이번에는 앞에서 저장한 방법을 참조하여 02.jpg로 저장을 합니다.

이런 식으로 3번 레이어까지 눈을 뜨고 저장을 하여 우측에 보이는 것과 같이 01.jpg, 02.jpg, 03.jpg, 이렇게 3개의 이미지를 만듭니다.
프리미어에서 동영상으로 만들 소스를 포토샵에서 만든 것이고요, 이 책은 포토샵 책이 아니므로 그냥 자세한 설명없이 사진 3개를 만들었습니다.

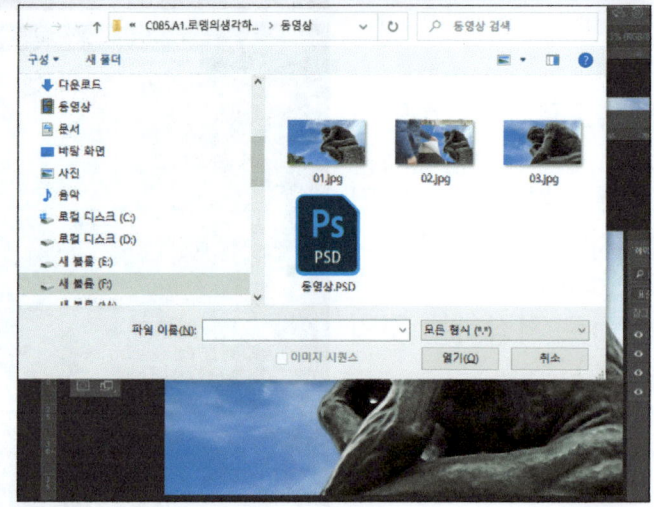

이제 어도비 프리미어 프로 CC 화면에서 우측에 보이는 것과 같이 메뉴 [파일] - [새로 만들기] - [프로젝트]를 클릭하면 다음 화면이 나타납니다.

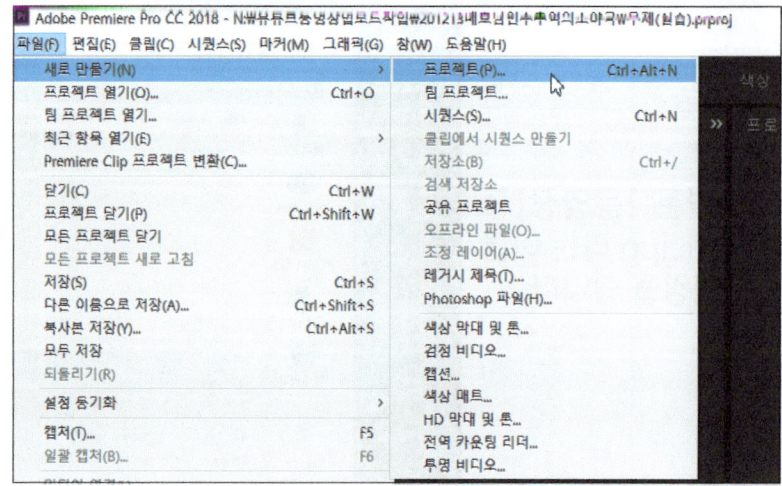

프로젝트 파일이 저장될 경로를 묻는 것입니다.

아까 만든 [동영상] 폴더가 있는 경로를 지정하고 [폴더 선택]을 클릭합니다.

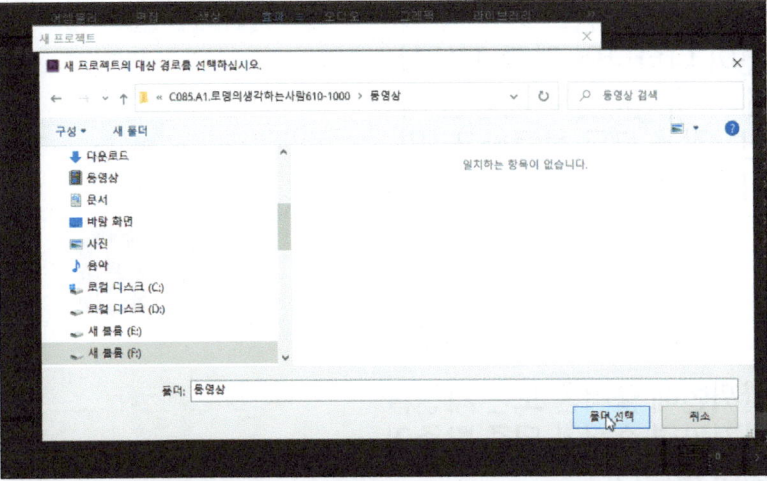

[확인]을 클릭하면 다음 화면이 나타납니다.

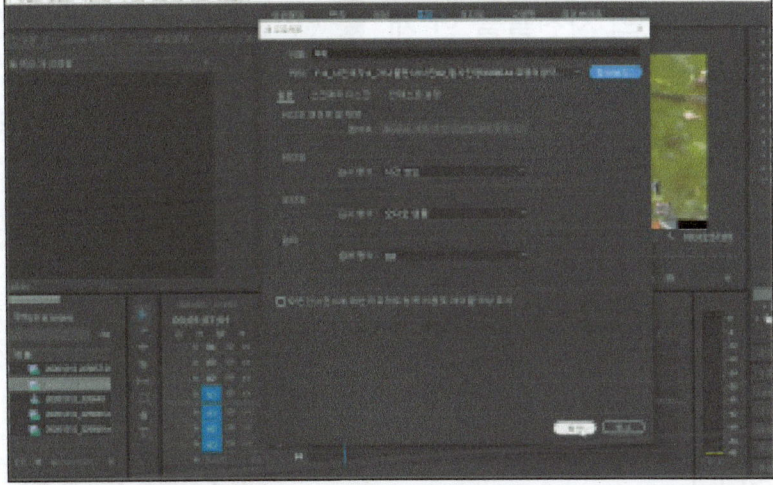

아까 작업하던 프리미어 화면이므로 우측과 같이 나타나는 것이고요, 우측에 보이는 트랙들은 필요가 없으므로 모두 선택하고 삭제를 합니다.

[Ctrl + I]명령으로 우측 화면이 나타나면 아까 포토샵에서 .jpg파일로 저장한 사진 3장을 모두 선택하고 [열기]를 클릭합니다.

한꺼번에 불러온 모든 사진을 가져가면 순서가 뒤죽 박죽이 되어 버립니다.
따라서 ①의 사진들을 한 개씩 클릭 드래그하여 ②와 같이 트랙에 가져다 놓으면 ③의 미리보기 화면에 나타나는데요..
지금 불러온 사진들을 기본값으로 트랙에 가져온 것이고요, 이것을 그대로 동영상으로 만들면 사진 한 장을 보여주는 시간이 길어서 동영상을 보는 사람이 지루해질 수 있습니다.

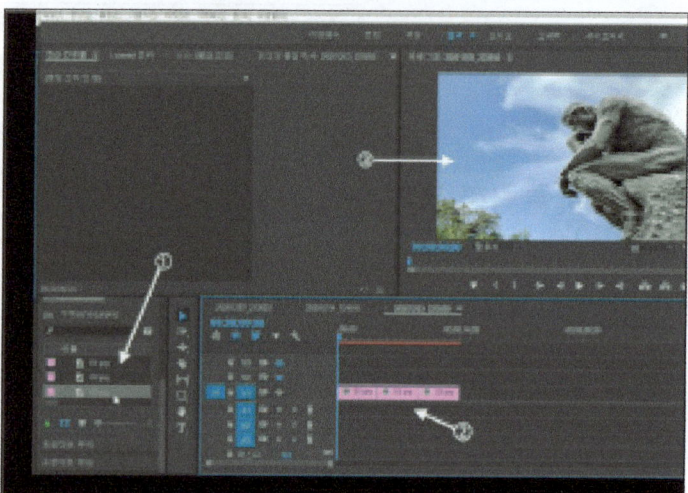

따라서 트랙으로 가져온 사진들을 다음 방법으로 재생 시간을 축소를 합니다.
첫번째 방법 : 트랙을 선택하고 마우스 우측 버튼을 클릭하여 재생 속도를 %로 지정하는 방법.

두번째 방법 ; 마우스로 클

릭하여 조절하는 방법..

어떠한 방법을 사용하든 우측과 같이 불러온 모든 사진을 절반 정도로 축소를 합니다.

그리고 모든 트랙을 좌측으로 이동을 합니다.

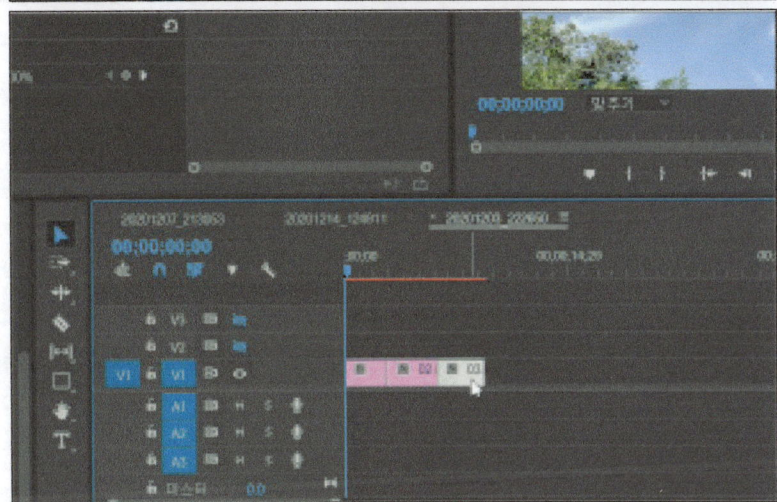

우측 ①의 [문자 도구]를 선택하고 ②를 클릭하고 '로댕의 생각하는 사람' 이라고 입력합니다.

만일 잘 안 되면, ③을 한 번 클릭한 다음 시도하면 됩니다.

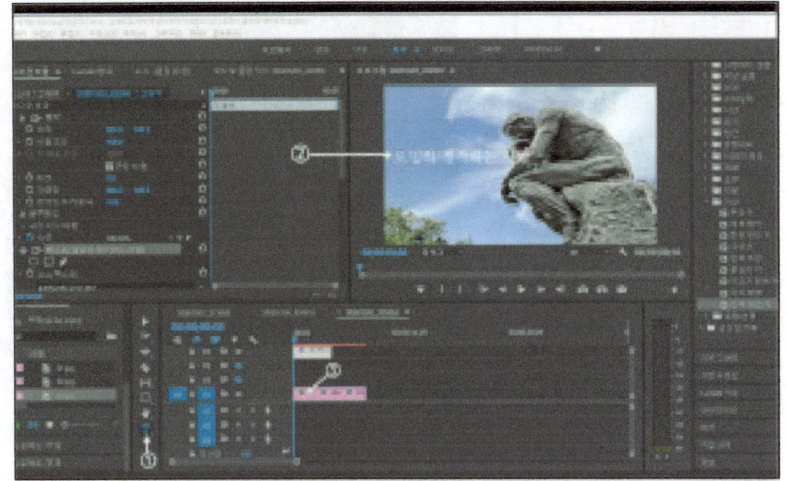

필자는 글꼴 개발 업체들로부터 하도 많은 시달림을 받아서 지금은 무조건 네이버에서 무료로 배포하는 나눔글꼴만을 사용합니다.

여러분도 유튜브 등에 동영상을 올려서 수익을 창출하려고 한다면 참고하시기 바랍니다.

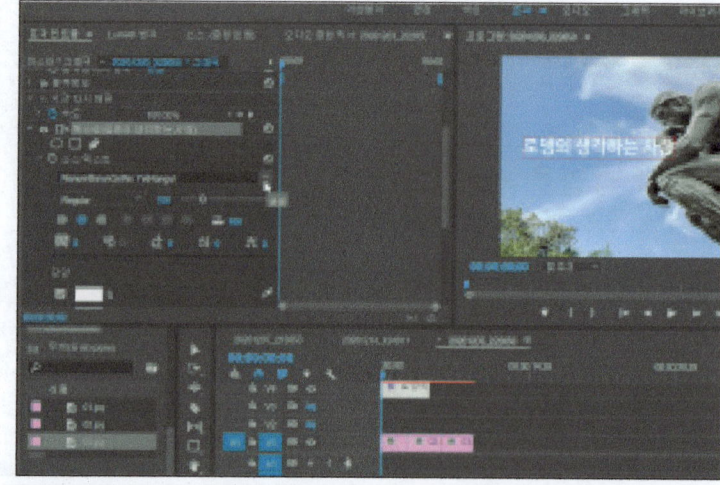

우측화면 ①에 체크를 하고 ②를 클릭하여 나타나는 컬러 픽커에서 ③의 검정색을 선택하고 ④확인을 클릭합니다.

우측의 마우스가 가리키는 곳을 클릭 드래그를 하든지, 그냥 클릭하고 수치를 써 넣으면 우측 화면에 보이는 것과 같이 흰색 글씨 주변으로 검정색이 나타나서 동영상이 밝거나 어둡거나 동일하게 글씨가 잘 보이게 됩니다.

우측 화면 ①의 [이동툴]을 선택하고 ②와 같이 글씨의 크기를 조절하는데요, 반드시 ②를 먼저 클릭하고, 클릭한채로 키보드의 [Shift]키를 그 다음에 누르고 드래그를 해야 가로 세로 비율이 맞게 조절이 되는데요.. 초보자는 매우 헷갈리게 작동을 합니다.
③을 중심으로 커지기 때문입니다.

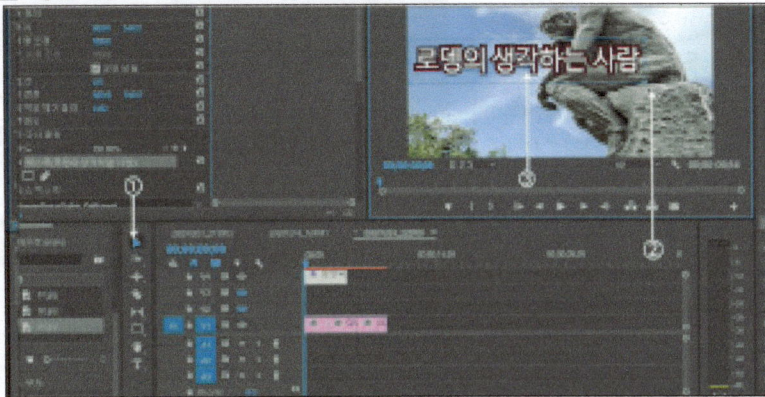

우측 확대 화면을 보세요.
우측 ①과 같이 클릭하고 조절을 해야 하며 반드시 ①을 먼저 클릭하고 [Shift]키를 누르고 조절을 해야 하며, ②를 자세히 보면 작은 동그라미가 있고요, 이것을 중심으로 작동을 합니다.
따라서 ②의 작은 원을 중앙으로 이동하면 작업하기에 편리합니다.

우측 화면은 이렇게 가운데 작은 원을 글씨의 상하좌우 정가운데로 위치하고 글씨 크기도 크게 조절하고 화면의 가운데 위치하게 조절한 것입니다.

방금 조절한 문자를 회전시키는 애니메이션을 실행할 것인데요, 그래서 문자 가운데의 작은 동그라미가 상하좌우 정가운데 위치해야 하는 것입니다.

이제부터 머리에 쥐가 나지만, 정신 바짝 차리고 익혀야 합니다.

우측 동영상은 ①의 위치에 있고요, ②의 [이동툴]로 ③의 문자를 한 번 클릭해서 선택을 하고 ④의 슬라이더를 맨 밑으로 이동하고 ⑤의 애니메이션 실행자를 좌측으로 이동하고 ⑥을 클릭하면 ⑦에 키프레임이 삽입됩니다.
즉 ⑦에 키프레임이 있다는 것은 이곳에 무언가 이벤트가 있다는 뜻입니다.

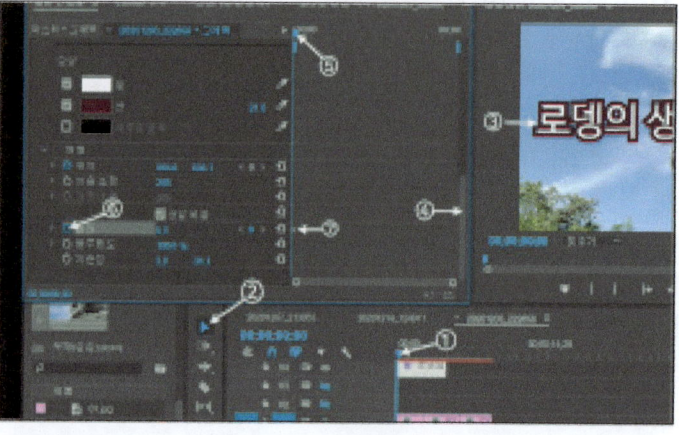

이번에는 우측 ①의 애니메이션 실행자를 우측으로 이동하고 ②의 문자를 다시 한 번 클릭하여 선택을 하고, 이번에는 ③을 클릭하면 ④에 키프레임이 삽입됩니다.

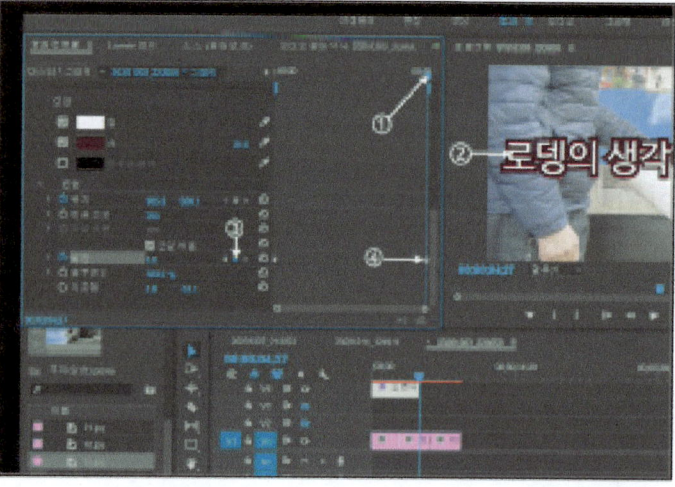

2-11. 애니메이션 작업의 개요

일단 현재 작업하는 애니메이션의 개요는, 좌측에 삽입한 키프레임에서 회전을 시작하여 우측에 끝나는 지점에 삽입한 키프레임에서 회전을 멈추는 애니메이션입니다.

다시 더 복잡한 애니메이션을 만들 예정입니다만, 일단 지금 설명한 애니만 간단히 실행해 보시기 바랍니다.

현재 우측 ①의 지점에 있고요, ②의 문자가 선택된 상태이고요, ③을 클릭하고 숫자 360을 입력합니다.

즉, 360도 회전을 하라는 뜻입니다.

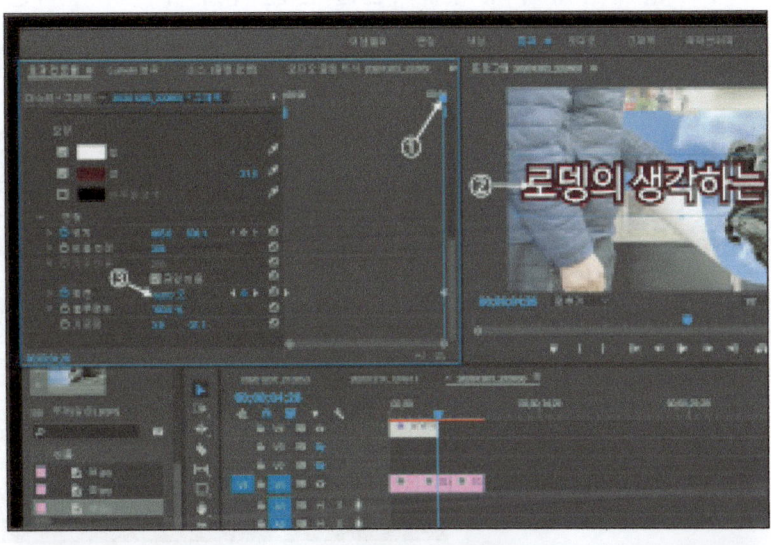

이제 우측 ①의 애니메이션 실행자를 클릭하고 움직이든지, ②의 지점으로 이동하고 키보드의 [스페이스바]를 누르면 ③과 같이 문자가 회전하는 애니메이션이 실행됩니다.

지금 실습하는 애니메이션은 지금 실습하는 어도비 프리미어 프로 CC 버전이기 때문에 이렇게 쉽게 애니메이션을 만들 수 있는 것이고요..
프리미어 이전 버전에는 이런 기능이 없습니다.
그래서 프리미어 이전 버전에서는, 필자의 경우 플래시.. 지금은 마이크로소프트 사에서 인수를 하여 결국 마이크로소프트 플래시입니다만, 필자는 옛날의 매크로미디어 플래시를 지금도 사용하고 있으므로 2D 애니메이션 프로그램인 매크로미디어 플래시에서 애니메이션을 만들어서 프리미어로 가져와서 이런 애니메이션을 구현하였습니다.
따라서 이전 버전의 프리미어에서는 이런 애니메이션은 아예 불가능하고요, 굳이 이런 애니메이션을 구현하기 위해서는 필자와 같이 마이크로소프트, 혹은 매크로미디어 플래시에서 애니메이션을 만들어서 가져와서 사용해야 했습니다.

2-7. 애니메이션 변형

이번에는 방금 만든 애니메이션을 변형을 하여 독특한 효과를 만들어 보겠습니다.
좌측에서 우회전하다가 중간에서 반대로 회전하는 애니메이션입니다.

우측 화면은 ①의 지점에 키프레임을 삽입한 모습인데요, ②의 키프레임을 삭제를 해야 합니다.

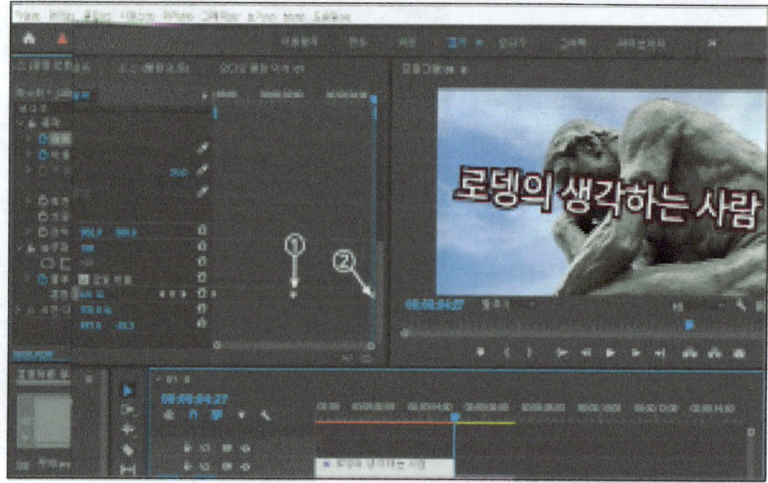

우측 확대한 화면을 보세요.
현재 우측 ①의 키프레임을 보면 약간 이상한 모습입니다.
이 때 ②를 클릭하면 ①의 모습이 바뀌면서 마지막 삽입한 키프레임이 제거됩니다.

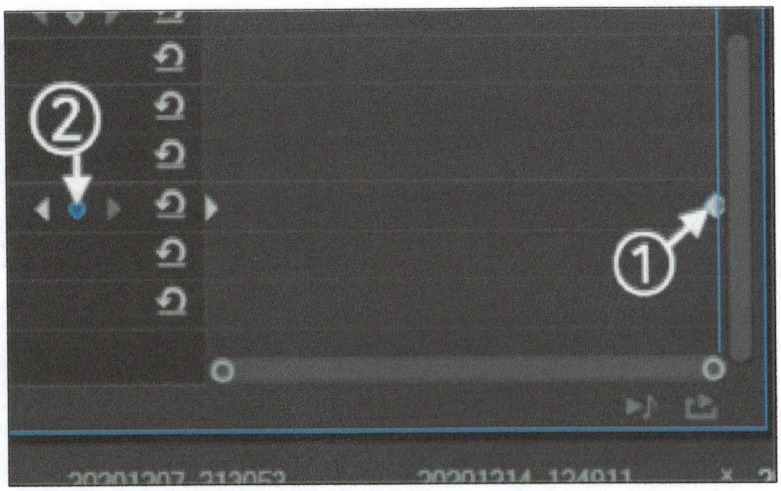

2-12. 키프레임 제거하는 방법

키프레임을 제거하는 방법은 여러가지가 있습니다.
방금 위에서 설명한 방법도 있고요, [Ctrl + Z]명령을 계속 내려서 원하는 지점까지 되돌아가는 방법도 있고요..
그리고 우측과 같이 원하는 키프레임을 선택하고 마우스 우측 버튼을 클릭하여 지우기를 선택하는 방법도 있고요..
우측 화면에 보이는 것과 같이 양쪽 키프레임 사이를 클릭하여 모든 키프레임 지우기를 하고 처음부터 다시 키프레임을 삽입하는 방법도 있고요..
그리고 또 한 가지 방법은 다음 방법이 있습니다.

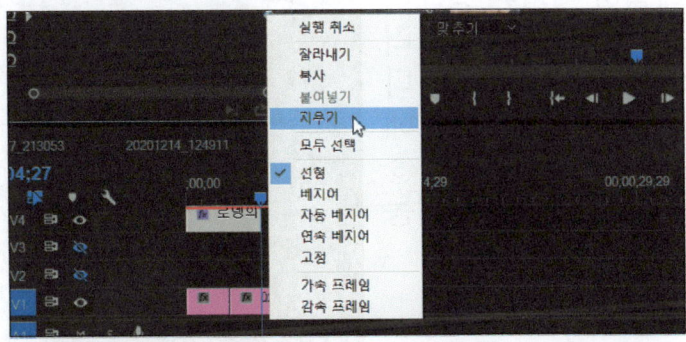

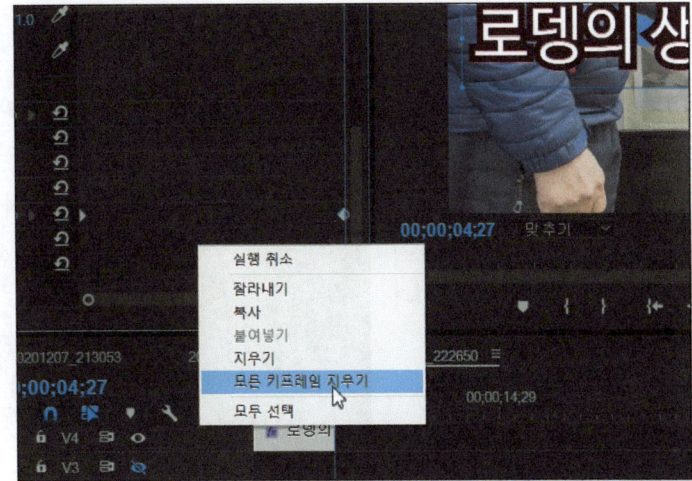

우측과 같이 원래 삽입했던 [회전] 애니메이션의 [회전]을 다시 클릭하면 우측 화면에 보이는 메시지가 나타나서 원래 삽입한 키프레임을 모두 지우겠냐고 물어옵니다.
이 때 예를 선택하면 키프레임이 모두 삭제됩니다.
이것은 현재 선택한 애니메이션 키프레임만 삭제됩니다.

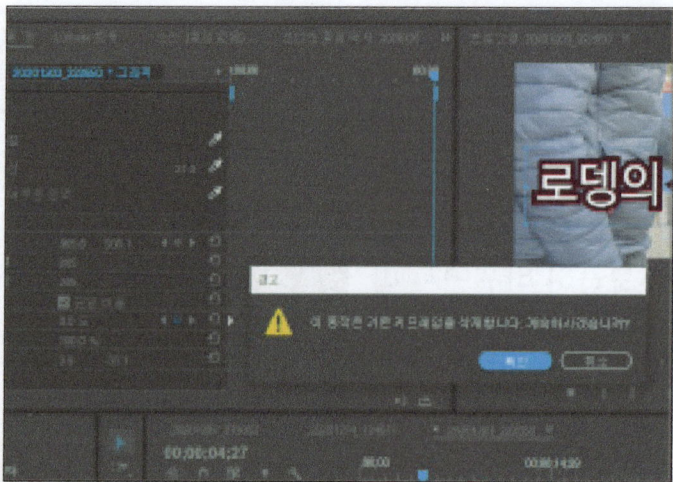

현재 우측 ①의 360도 회전 애니메이션 키프레임이 제거된 상태이고요, 다시 ②를 눌러서 ③에 키프레임을 다시 삽입을 하고 ④의 애니메이션 실행자를 ⑤의 중간 지점으로 이동을 합니다.

우측 ①과 같이 애니메이션 실행자를 중간쯤으로 이동했고요, 여기서 ②를 클릭하여 ③의 키프레임을 삽입합니다.

현 상태에서 우측 화면의 ①을 클릭하고 360을 입력합니다.

이렇게 하고 애니메이션을 실행을 하면, 문자가 우측으로 회전을 하다가 중간 지점에서는 다시 좌측으로 회전을 하는 애니메이션이 실행됩니다.

2-13. 크기가 변하는 애니메이션

애니메이션은 여러가지 효과를 중첩 사용할 수 있고요, 현재 우측으로 회전을 하다가 다시 좌측으로 회전을 하는 애니가 만들어졌고요, 여기에 글씨가 작아지다가 다시 커지는 애니 효과를 줄 것입니다.

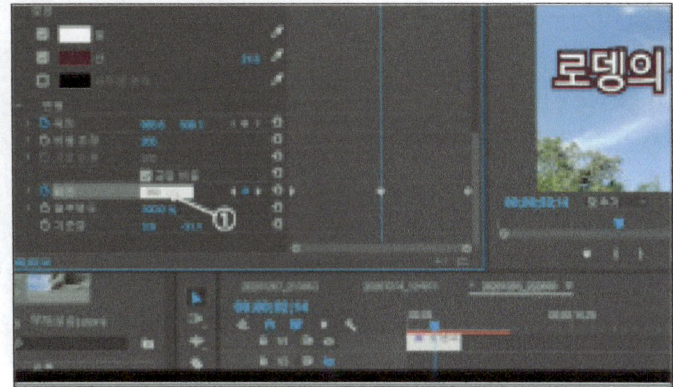

현 상태에서 우측 화면의 ①의 애니메이션 실행자를 좌측으로 이동을 하고 ②를 클릭하면 ③과 같이 비율조정 키프레임이 삽입됩니다.

이번에는 우측 화면의 ①의 애니메이션 실행자를 우측으로 옮기고 ②의 문자를 한 번 클릭하여 선택을 하고 ③을 클릭하면 ④에 키프레임이 삽입됩니다.

이번에는 우측 화면의 ①의 애니메이션 실행자를 중간으로 옮기고 ②의 문자를 한 번 클릭하여 선택을 하고 ③을 클릭하면 ④에 키프레임이 삽입됩니다.

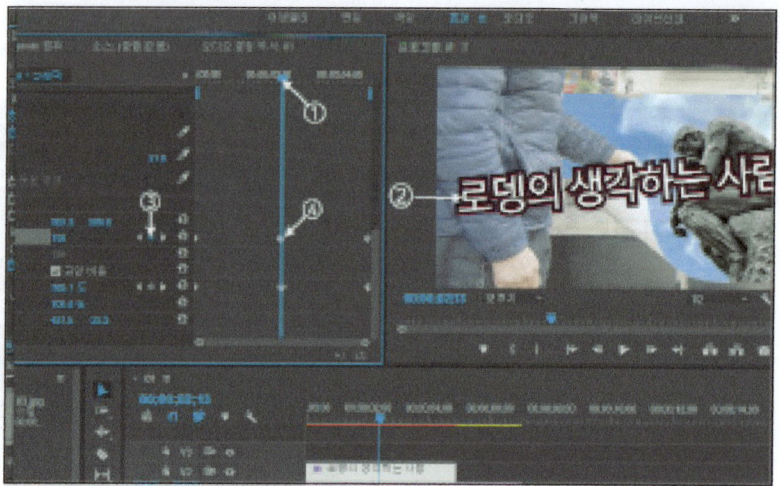

현 상태에서 우측 화면의 ①을 클릭하고 50을 입력하면 ②와 같이 문자가 작게 축소됩니다.

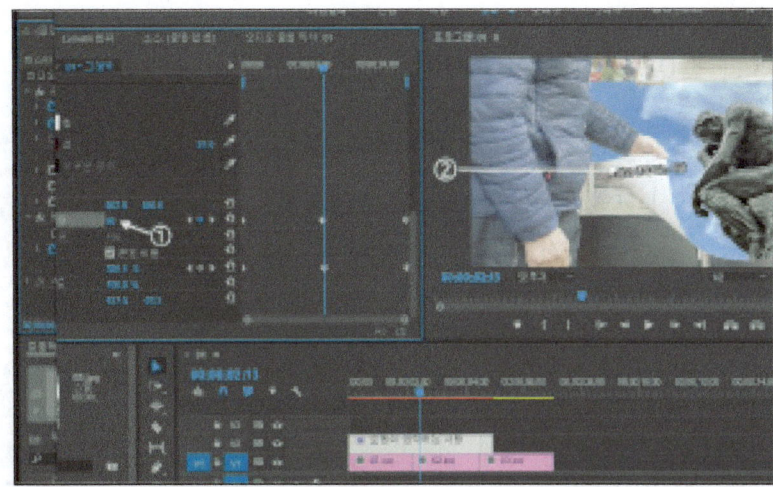

이렇게 하고 애니메이션을 실행을 하면 문자가 우측으로 회전을 하면서 작아지다가, 중간 지점에서 다시 반대로 회전을 하면서 문자가 다시 커지는 애니메이션이 실행됩니다.

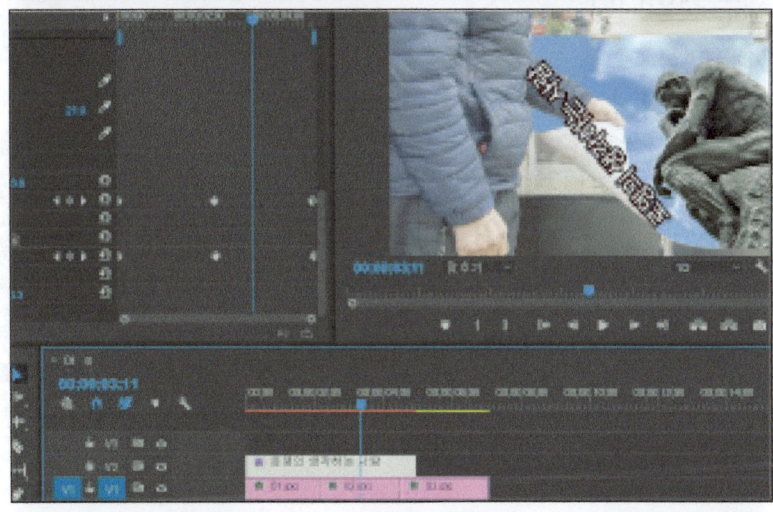

이번에는 우측 화면에 보이는 것과 같이, 문자가 아닌, 아래쪽의 그림 1, 2, 3을 바깥쪽에서 클릭 드래그하여 선택을 하고 [Ctrl + C] 명령으로 클립보드에 복사를 합니다.

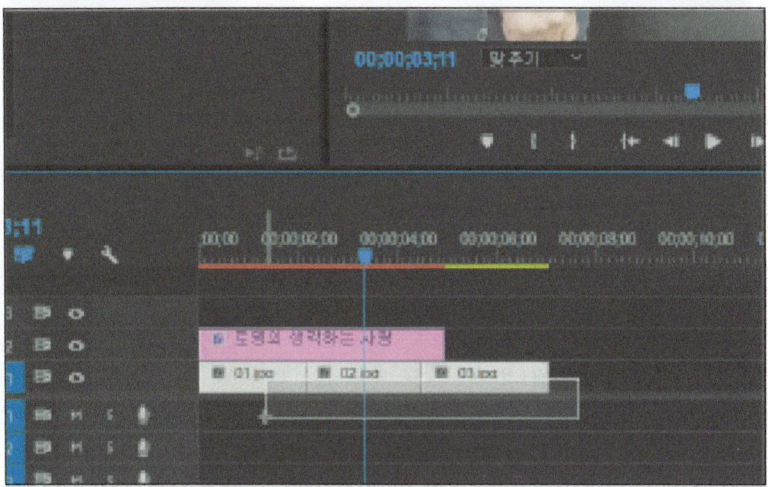

그리고 우측에 보이는 것과 같이 우측 화면의 ①의 동영상 실행자가 ②의 끝지점으로 가도록 하고 [Ctrl + V]명령을 2번 정도 내려서 그림 1, 2, 3이 모두 더블로 복제되도록 합니다.
동영이 너무 짧으므로 그만큼 반복 실행되게 하는 것입니다.

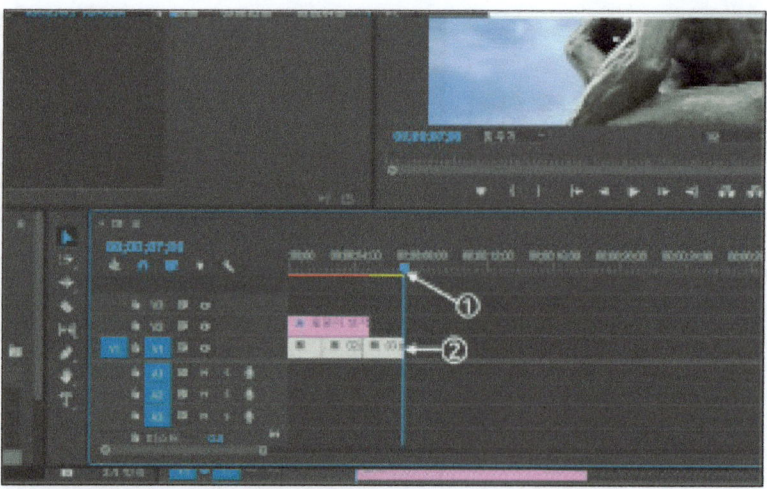

이번에는 우측 화면의 ①의 동영상 실행자를 이동을 하는데요, 키보드의 +를 눌러서 트랙을 충분히 확대를 하여 ②의 눈금자가 가장 크게 해 놓고 이동을 해야 정확하게 ③의 지점으로 이동할 수 있습니다.

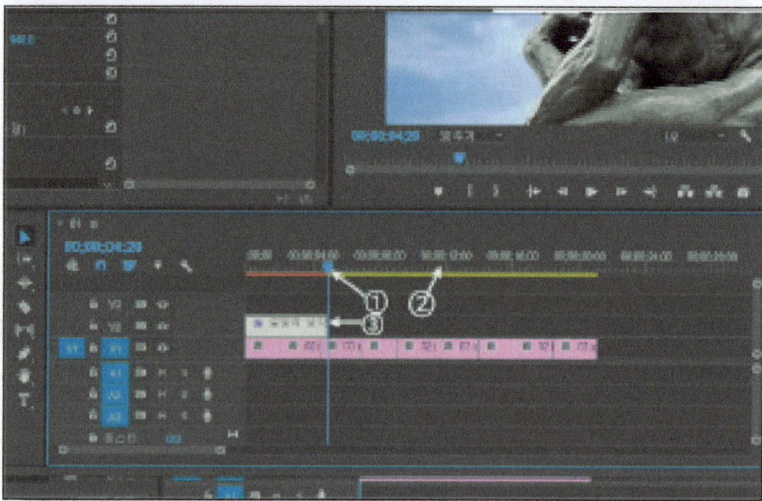

①의 동영상 실행사를 ②의 위치에 정확하게 가져다 놓고, ③을 복제를 하여 계속 여러개 붙여 넣을 예정인데요, 그냥 붙여 넣으면 이미지에 붙여넣어지므로 ④를 클릭하여 자물쇠를 잠가놓고 붙여넣기를 해야 합니다.

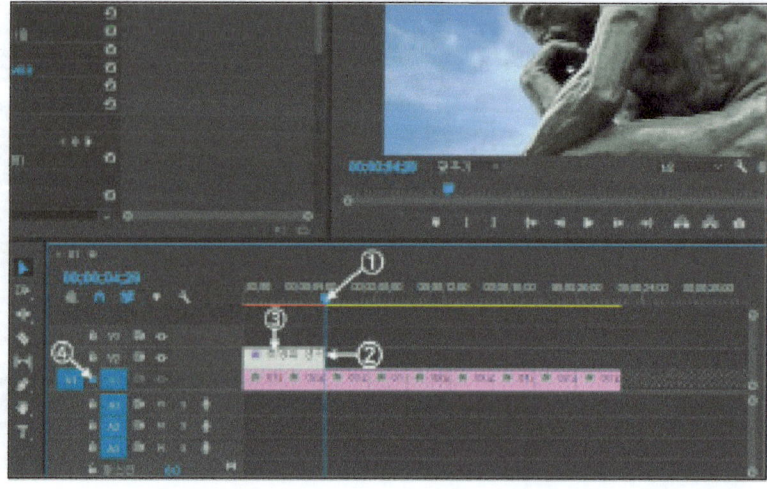

우측과 같이 되면 성공입니다.

①의 비디오트랙 1번에 자물쇠가 채워져 있으므로 우측과 같이 되는 것입니다.

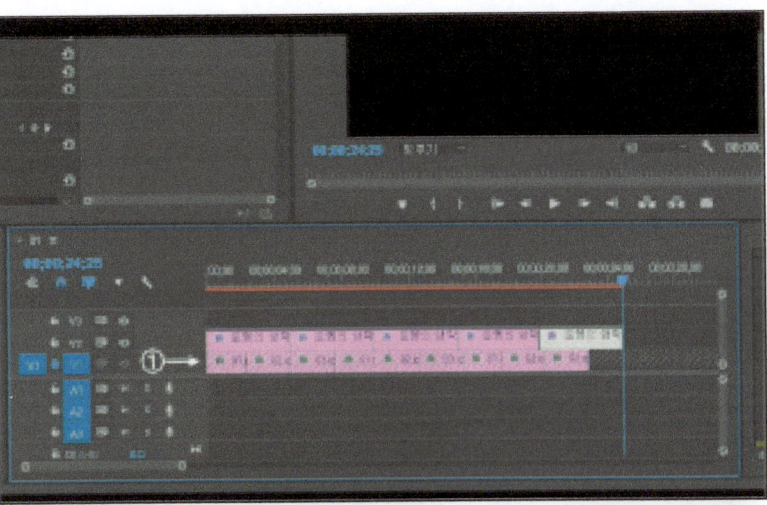

이제 우측 화면의 ①의 동영상 실행자를 ②의 위치로 이동을 하고 ③을 잘라내면 되지만, 이렇게 하면 마지막 애니메이션이 이상하게 끝나므로 ④의 자물쇠를 풀고 ⑤의 이미지를 복제를 하여 ⑥에 붙여 넣는데요, 이 때에는 ⑦의 자물쇠를 잠가놓고 복제를 해야 합니다.

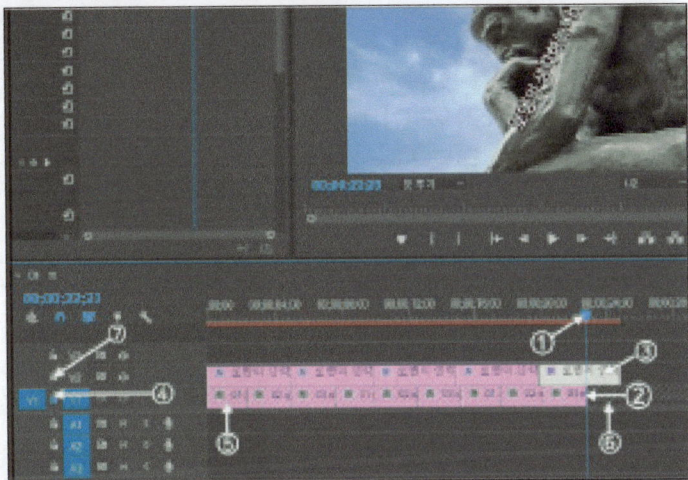

우측과 같이 되면 성공입니다.

이제 우측 화면의 ①의 동영상 실행자를 ②의 위치로 이동을 하고 ③을 잘라내야 하는데요, 우측과 같이 트랙이 작게보이면 작업을 할 수 없습니다.

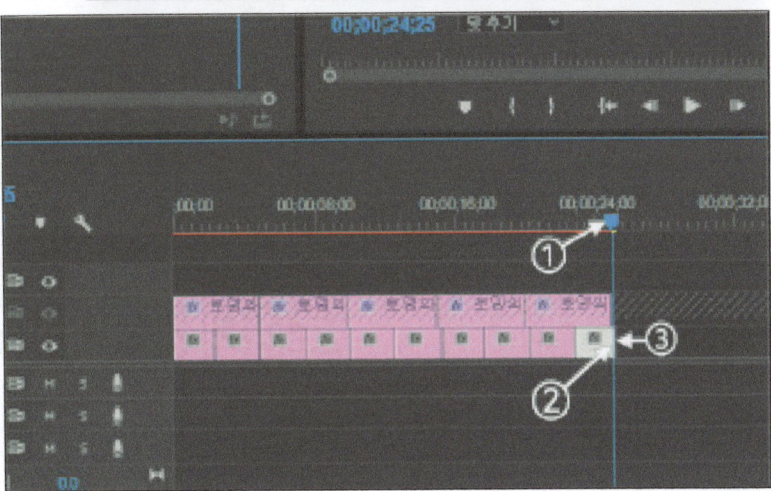

키보드의 + 키를 계속 눌러서 우측 ①과 같이 트랙을 가장 크게 확대를 하고 ②의 위치에 정확하게 동영상 실행자를 위치하고 [Ctrl + K]명령으로 트랙 자르기를 하고 ③을 잘라서 삭제를 하면 됩니다.

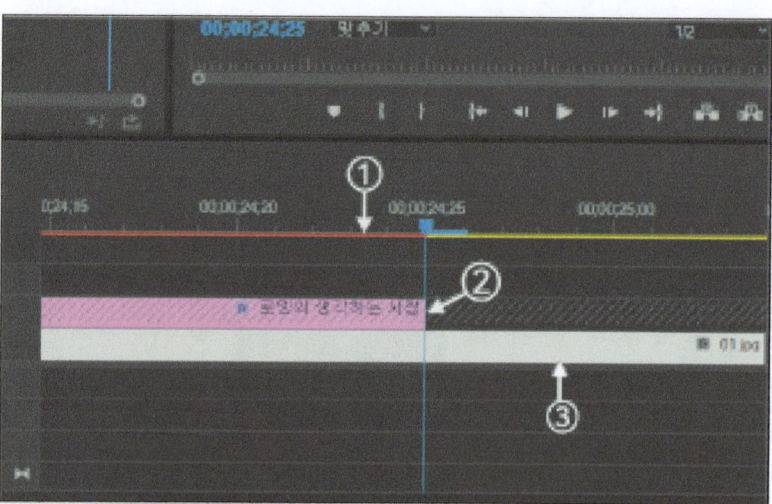

이제 동영상은 완성이 되었지만, 우측 화면의 ①, ②, ③,... 등과 같이 이미지와 이미지가 바뀌는 곳에서 동영상 실행시 장면 전환이 이상하게 바뀌는 동영상이 됩니다.
그래서 이곳에 여러가지 특수 효과를 넣어서 동영상이 부드럽고 보기좋게 실행되도록 하는 것이 좋습니다.

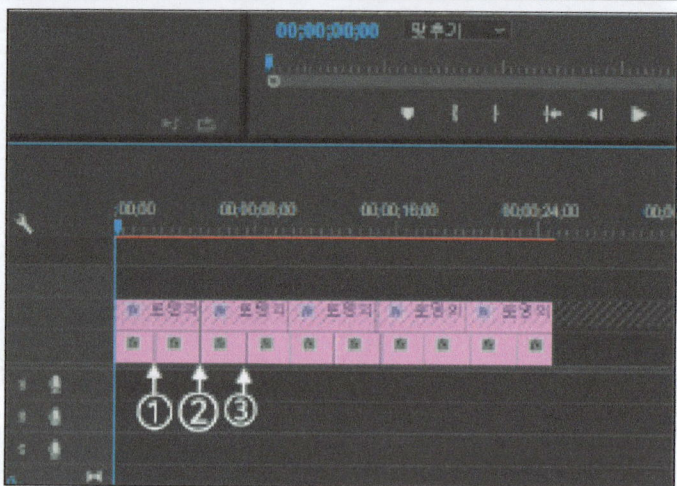

2-14. 비디오 효과

프리미어에서는 동영상에 여러가지 특수 효과를 줄 수가 있는데요, 그 많은 특수효과를 여기서 다 다룰 수는 없으므로 일단 지면이 허락하는대로 실습을 해 보겠습니다.
우측 화면 우측 마우스가 가리키는 [효과]를 클릭합니다.

2-15. 비디오 전환 효과

우측 화면 ①의 [효과] 탭에서 ②의 [비디오 전환]을 클릭하고 ③의 [조리개]를 클릭하고 ④의 효과를 ⑤의 지점으로 클릭 드래그하여 가져다 놓습니다.

우측 화면에 보이는 것과 같이 모든 이미지와 이미지 사이에 모든 비디오 전환 효과를 가져다 놓습니다.

이제 동영상을 실행해 보면 우측에 보이는 것과 같이 비디오 효과를 삽입한 곳에서 해당 비디오 효과가 나타나게 됩니다.

2-16. 흐르는 애니메이션

현재 문자 애니메이션은 문자가 회전을 하면서 작아졌다 커졌다 반복하는 단조로운 애니메이션 입니다.
이것을 문자가 위에서 밑으로 혹은 밑에서 위로 흐르는 듯한 애니메이션을 만들어 보겠습니다.

우측 화면 ①의 자물쇠를 풀고 ②의 이미지를 한 번 클릭하여 선택을 하고 ③의 문자를 한 번 클릭하여 선택을 하고 ④의 슬라이더를 밑으로 내리면 이곳에 삽입되어 있는 모든 키프레임들이 보이게 됩니다.

우측 화면 ①의 지점에서 마우스 우측 버튼을 클릭하여 나타나는 팝업 메뉴에서 ②의 [모든 키프레임 지우기]를 선택하고 모든 키프레임을 지웁니다.

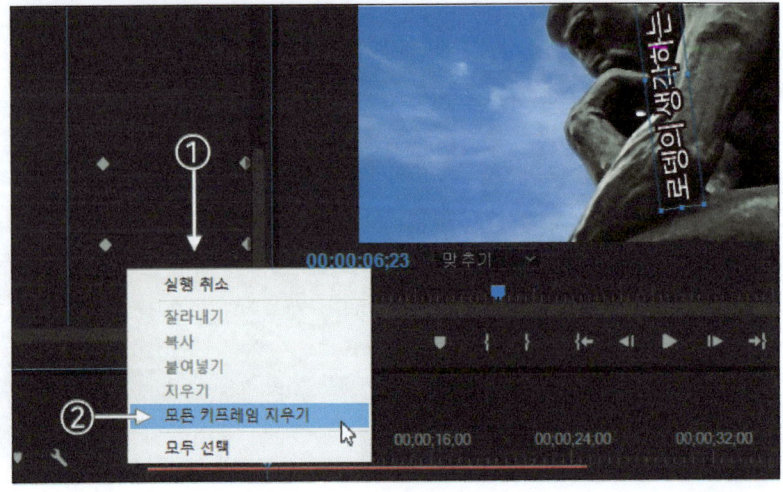

우측 화면 ①의 애니메이션 실행자를 왼쪽으로 옮기고 ②의 문자를 아래쪽으로 이동을 하고 ③을 클릭하면 ④에 위치 키프레임이 삽입됩니다.

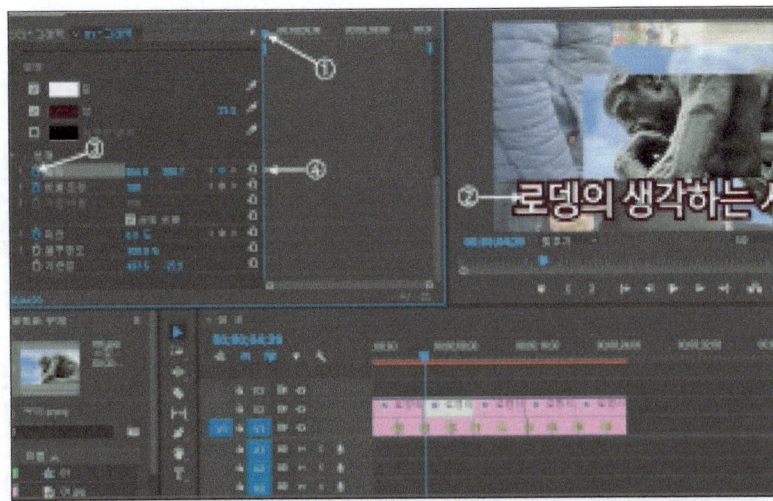

현 상태에서 우측 화면 ①의 애니메이션 실행자를 우측으로 옮기고 ②를 클릭하면 ③에 키프레임이 삽입되며, ④의 문자를 클릭하고 키보드의 [Shift]키를 누른채로 위로 이동하면, ⑤의 경로가 나타납니다.
즉, 이곳에 이동하는 위치 애니메이션이 들어 있다는 표시가 나는 것입니다.

이렇게 하고 애니메이션을 실행을 해 보면 문자가 밑에서 위로 흐르듯이 이동하는 애니메이션이 실행됩니다.

이런 식으로 문자를 위에서 아래로 혹은 좌에서 우로.. 등등 여러가지 방법으로 응용하여 멋진 문자 애니메이션을 만들 수 있습니다.

2-17. 프레임 애니메이션

지금까지 문자를 가지고 애니메이션을 만드는 방법을 알아 보았는데요, 동영상에 자막을 넣는 것이 바로 이 방법입니다.
이번에는 문자가 아닌 그림, 즉, 사진에 애니메이션을 구현하는 프레임 애니메이션 방법입니다.

2-18. 트랙 위치 이동

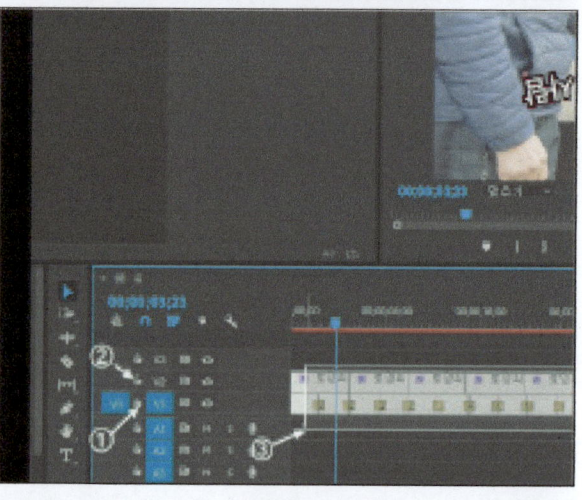

프레임 애니메이션을 위하여 그림의 크기를 축소하면 가장자리는 검정색으로 채워지므로, 프레임을 복제를 하기 위하여 모든 트랙을 위로 한 칸 이동할텐데요, 우측 ①과 ②의 자물쇠를 모두 풀고 ③과 같이 전체 선택을 하거나 [Ctrl + A]명령으로 전체선택을 합니다.

우측 화면에 보이는 것과 같이 모든 트랙을 위로 한 칸 이동을 하여 밑에 빈 트랙(비디오 트랙)이 생기게 합니다.

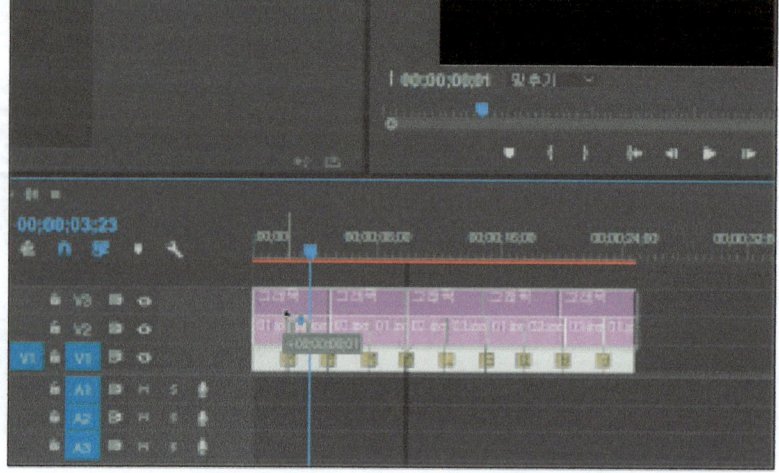

우측 화면 ①과 같이 화면의 빈 공간을 한 번 클릭하여 모든 선택을 해제하고 ②를 클릭하여 2번째 프레임(그림)을 선택하고 [Ctrl + C]명령으로 클립보드에 복사를 합니다.

그냥 붙여넣기를 하면 기존의 작업한 트랙에 붙여넣어지므로 우측 ①, ②를 클릭하여 자물쇠를 채우고 [Ctrl + V]명령으로 붙여넣기를 하면 ③에 붙여넣어집니다.

화면을 충분히 확대를 하고 우측에 보이는 것과 같이 복제한 원본 이미지와 동일한 곳에 위치하도록 이동을 합니다.

작업을 확실하게 하기 위하여 우측 ①, ②를 클릭하여 자물쇠를 채우고 ③을 클릭하고, 다시 ④를 클릭하여 선택한 다음, ⑤의 애니메이션 실행자를 ⑥의 프레임의 좌측으로 이동을 하고 ⑦을 클릭하면 ⑧에 [비율 조정] 키프레임이 삽입됩니다.
상당히 복잡하지만, 천천히 따라 해 보시기 바랍니다.

현 상태에서 우측 화면의 ①의 애니메이션 실행자를 ②의 이미지의 우측으로 이동을 하고 ③을 다시 클릭하여 선택을 하고 ④를 클릭하면 ⑤에 [비율 조정] 키프레임이 삽입됩니다.

그리고 ①의 애니메이션 실행자를 가운데로 옮기고 이곳에도 [비율 조정] 키프레임을 삽입합니다.

현 상태에서 우측 화면의 ①을 클릭하고 수치 50을 입력하면 ②와 같이 프레임(이미지)의 크기가 줄어듭니다.

물론 비율을 다르게 할 수 있습니다.

이제 동영상을 실행해 보면 문자 애니메이션과 함께 프레임 애니메이션이 실행되어 그림이 줄어들었다가 다시 커지는 애니메이션이 실행됩니다.

이런 식으로 여러가지 애니메이션과 여러가지 효과를 중첩 사용할 수 있으나 이렇게 여러가지 효과가 추가될수록 점점 시스템의 부하가 커지게 됩니다.

만일 시스템의 사양이 딸리는 컴퓨터라면 점점 버벅거리게 되며, 이 경우 필자의 다른 저서 'PC정비사 교본 - 컴퓨터 고장 수리 조립 업그레이드' 책을 반드시 참고하셔야 합니다.

컴퓨터는 설사 돈이 많아서 천만원짜리 컴퓨터를 만든다 하여도 튜닝을 하지 않으면 단돈 10만원짜리 컴퓨터보다도 느려진다는 것을 아셔야 합니다. 필자의 책을 보시면 이러한 모든 상황에 대처할 수 있는 각종 튜닝 방법을 보실 수 있고요..

인터넷창, 웹브라우저 주소표시줄에 '가나출판사.kr' 입력하고 엔터를 쳐서 필자의 홈에 오시면 필자의 블로그 혹은 유튜브 등으로 갈 수 있는 링크가 있고요, 해당 링크를 클릭하여 필자의 블로그나 유튜브에 접속하시면 메모리에 관한 동영상 설명을 시청 하실 수 있습니다.

필자의 블로그에 오시면 무려 6,000 여 개의 엄청난 포스트가 있고요, 필자의 [유튜브 채널]에 오시면 컴퓨터 메모리 관련, 네트워크 관련, 기타,.. 엑셀 강좌, 포토샵 강좌, 일러스트 강좌, 인디자인 강좌, 카메라 강좌 등등.. 수 많은 동영상이 있습니다.

특히 이 책은 유튜브에 동영상을 올리려는 유튜버들이 볼 수 있도록 저술하는 책이 므로 필연적으로 동영상 편집은 물론 이에 앞서 요즘 누구나 가지고 있는 스마트 폰, 그리고 필자의 저서에서 다루는 DSLR 등으로 동영상을 촬영하는 방법 등을 올려 두었습니다.

이제 동영상을 실행해 보면 문자 애니메이션과 함께 프레임 애니메이션이 실행되 어 그림이 줄어들었다가 다시 커지는 애니메이션이 실행됩니다.

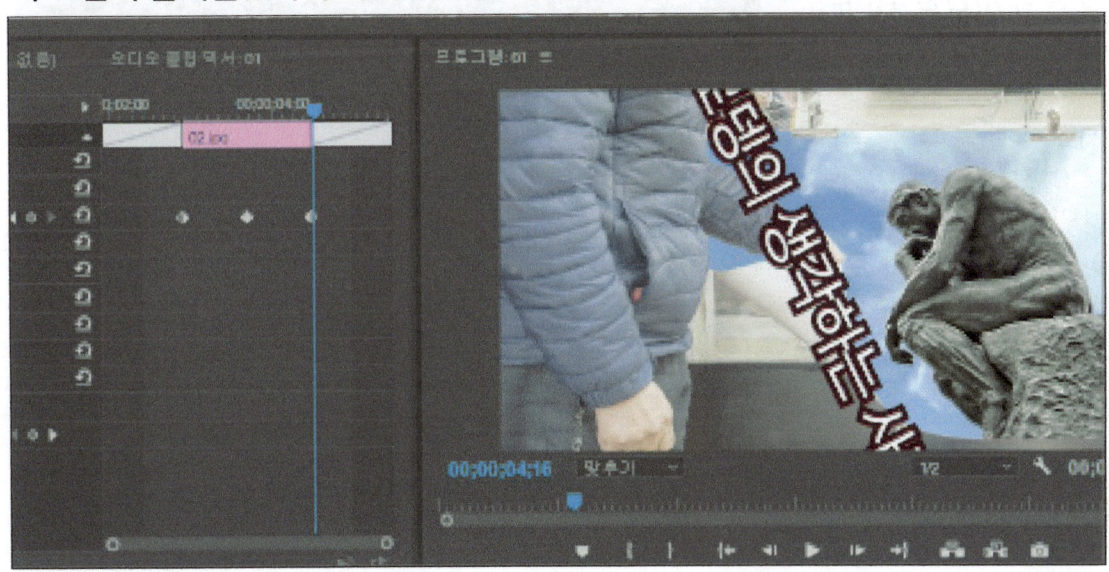

2-19. 원형 안에 동영상 나타내기

이번에는 사각형이 아니라 원형 안에 동영상이 나타나게 하는 방법입니다.
우측 화면에 보이는 것과 같이 맨 위의 사각형 트랙을 클릭하여 선택을 하고 키보드의 [Del] 키를 눌러서 삭제를 합니다.

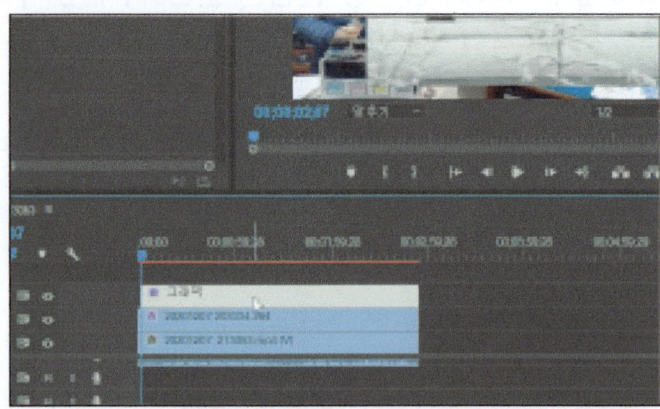

우측 화면에 보이는 ①은 노래방 영상이 아니라 필자의 모습이 들어 있는 영상입니다.
이 트랙을 선택하고 ②의 위치로 올리는데요, 이 트랙에는 ③의 소리 트랙이 딸려 있지만, 상관이 없습니다.
그래도 소리 트랙을 염두에 두고 이동을 합니다.

①의 트랙을 위로 올려도 화면은 여전히 ②의 노래방 영상이 보입니다.
이는 ③의 노래방 트랙과 ①의 비디오 트랙을 모두 한 칸 아래로 내려서 ④의 위치로 이동을 하면 필자의 모습이 보이게 됩니다.
현재 트랙매트키가 삭제되지 않았기 때문입니다.

우측 화면 ①의 트랙을 선택하고 ②의 [트랙 매트키]를 선택하고 마우스 우측 버튼을 클릭하여 ③의 [지우기]를 선택하여 트랙 매트키를 삭제를 합니다.

우측 화면 참조하여 마우스가 가리키는 [타원 도구]를 선택합니다.

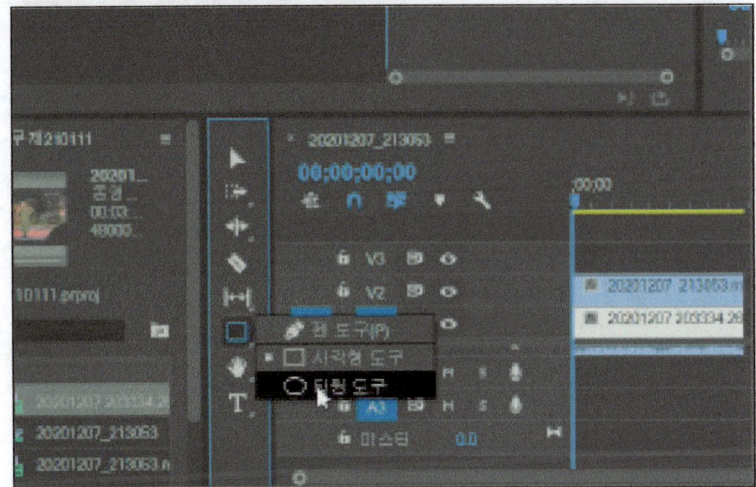

현재 [타원 도구]가 선택된 상태이고요, 우측 화면에 보이는 것과 같이 타원을 그립니다.

원을 그리는 위치는 어디라도 상관이 없으며 일단 우측에 보이는 것과 같이 그려줍니다.

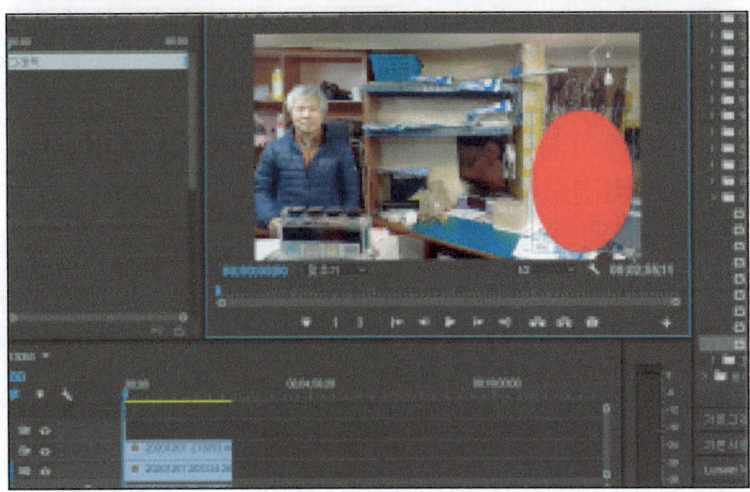

우측 화면 ①과 같이 방금 그린 원형 트랙의 우측에 마우스를 가져가서 마우스 포인터가 우측 화면에 보이는 것과 같이 변했을 때 클릭 드래그하여 우측 끝까지 이동하여 다른 트랙과 길이를 같게 해 줍니다.
화면을 적당히 확대 및 축소를 해야 이렇게 작업을 할 수 있습니다.

우측 화면 ①의 [트랙 매트키]를 클릭 드래그하여 ②의 트랙 위에 가져다 놓습니다.

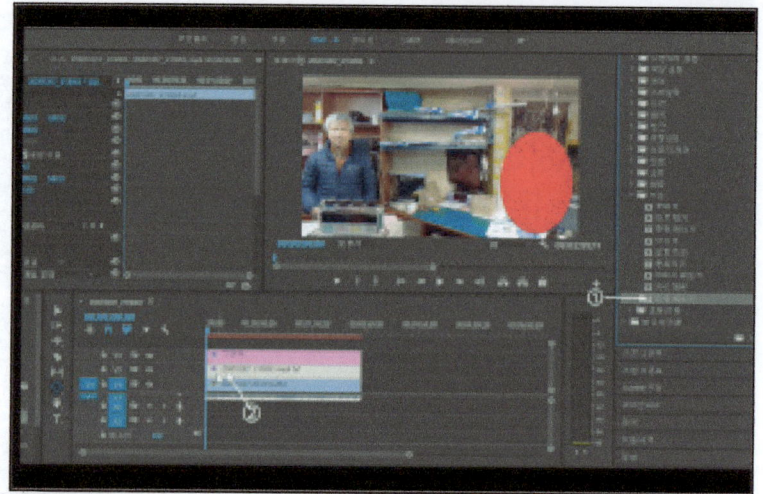

우측 화면 ①의 [원형 트랙]은 ②의 [비디오 트랙 3]이고요, ③의 [트랙 매트키]를 찾아서 ④를 클릭하고 [비디오 트랙 3]을 선택하면 화면 우측 미리보기 화면에 그린 원형 안에 필자의 모습이 들어 있는 비디오 화면이 나타납니다.

혹시 프리미어 정품을 사용하지 않고 크랙 버전을 사용한다면 여기 설명과 같이 되지 않을 수도 있습니다.
최악의 경우 프리미어를 사용할 수 없는 경우도 있는데요, 이 때는 어쩔 수 없이 포맷을 하고 윈도우즈 운영체제를 새로 깔고 프리미어를 새로 설치하는 수 밖에는 없는데요,

설사 윈도으즈 정품 사용자라 하더라도 일단 마이크로소프타사에 로그인을 하면 마이크로소프타사에서 자신의 컴퓨터를 샅샅이 뒤져서 만일 불법 프로그램이 있다면 컴퓨터를 어떻게 하든지 사용하지 못하게 해 버립니다.

따라서 현재 프리미어가 실행되고 있다면 약간 오류가 나더라도 그냥 사용하시기 바랍니다.

우측 화면 ①의 트랙이 원형 안에 나타난 영상입니다.
이것은 ②를 클릭해 보면 알 수 있고요, ③를 클릭한 채로 우측으로 드래그하면 ④와 같이 움직입니다.

이 정도로 이동한 다음,...

이번에는 우측 ①의 트랙, 즉, 트랙 매트키가 적용된 원형을 선택하고 ②를 클릭한채로, 이번에는 좌측으로 이동하여 ③과 같이 우측으로 이동했던 타원을 좌측으로 이동시킵니다.

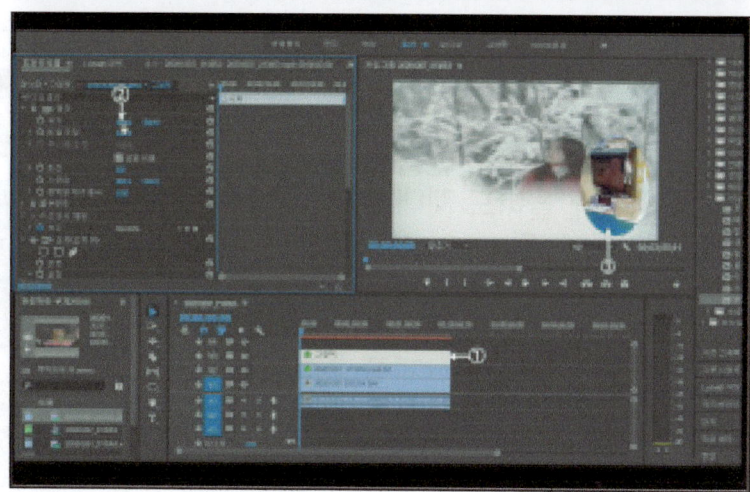

이런식으로 ①의 트랙과 ②의 트랙을 ③의 좌우(X좌표), ④,의 상하(Y좌표)를 적절히 조절하여 ⑤와 같이 나타나게 합니다.
처음에는 잘 안 될 수도 있을 것입니다.
그러나 여러번 반복해서라도 이 기능을 익히셔야 합니다.

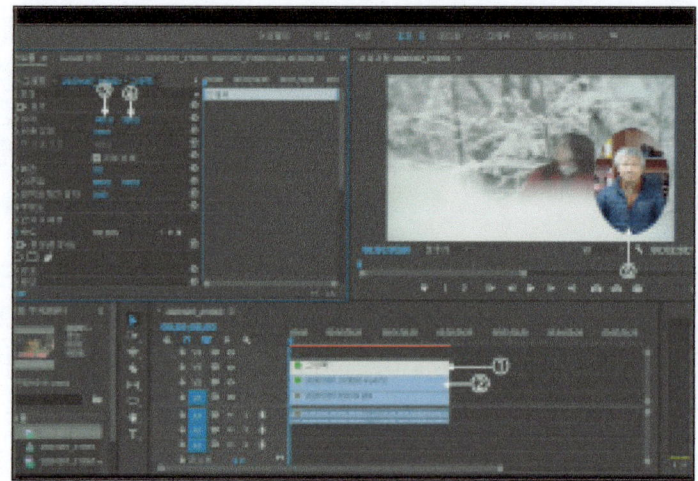

2-20. 하트 안에 동영상 나타내기

이번에는 펜툴로 하트 모양을 그려서 하트 안에 동영상이 나오도록 해 보겠습니다.
우측 화면에 보이는 것과 같이 우측 마우스가 가리키는 맨 위의 원형 트랙을 선택하고 키보드의 [Del] 키를 눌러서 삭제를 합니다.

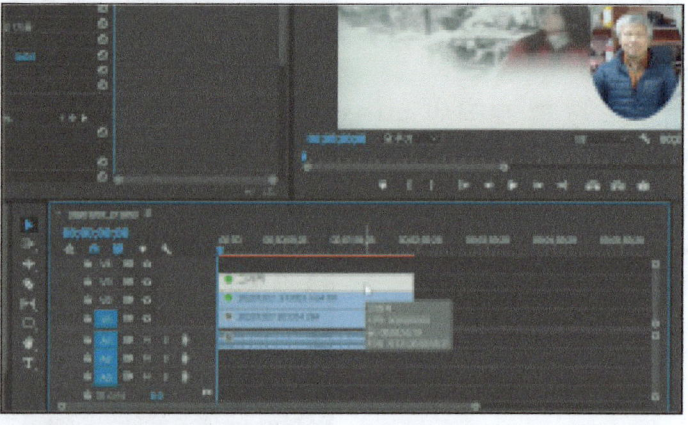

현재 앞에서 실습한 사각형 모양에 노래방 영상이 나오도록 하는 여러가지 효과들이 적용되어 있기 때문에 펜툴로 하트 모양을 만들어도 제대로 나타나지 않습니다.
따라서 우측 화면에 보이는 것과 같이 필자의 모습이 보이는 영상도 선택하고 삭제를 합니다.

그리고 다시 우측 ①의 동영상(필자의 모습이 있는 동영상)을 클릭 드래그하여 ②에 가져다 놓습니다.

동영상에는 ③의 소리 트랙이 붙어 있기 때문에 아까 삭제할 때도 소리 트랙도 같이 삭제되었고요, 지금 새로 가져와도 소리 트랙이 같이 나타납니다.

이번에는 우측에 보이는 [펜 도구]를 선택하고..

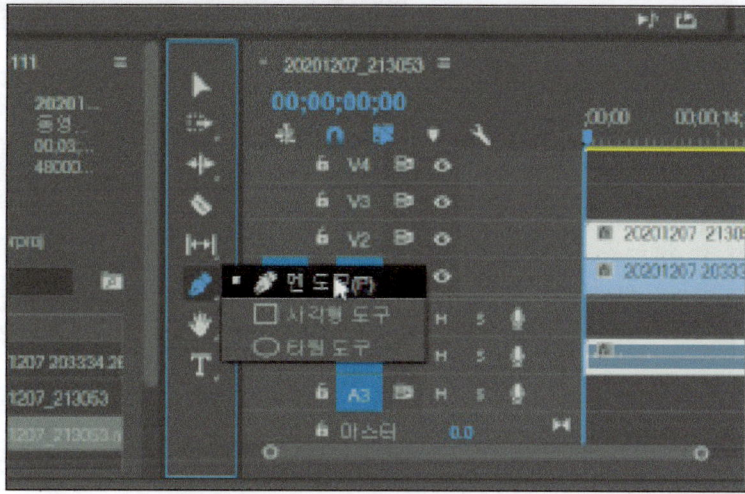

우측과 같이 그려주는데요..
아직 펜툴을 잘 모르는 사람이라면 포토샵이나 일러스트에서 펜툴 연습을 해야 하고요..

프리미어에서의 펜툴은 포토샵이나 일러스트의 펜툴과는 약간 다릅니다.

따라서 프리미어에서는 펜툴을 정교하게 그릴 수는 없습니다.

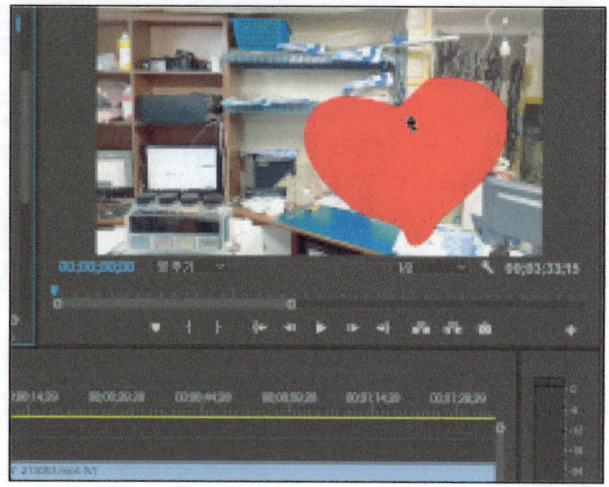

이 때 우측 ①의 [선]에 체크를 하고 ②를 클릭하고 우측으로 드래그를 해 보면 ③과 같이 선의 색이 칠해지며 굵기도 변하는데요, 어차피 선은 필요가 없으므로 우측과 같이 확인만 하고 ①의 [선]의 체크를 지웁니다.

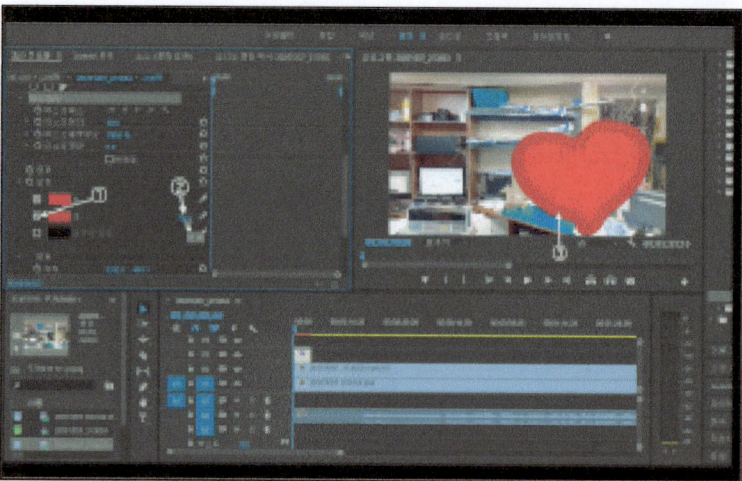

그리고, 일단 우측 ①과 같이 방금 그린 하트 모양 트랙의 우측에 마우스를 가져가서 우측과 같은 모습으로 바뀌었을 때 클릭 드래그하여 우측으로 끝까지 확장을 해 줍니다.

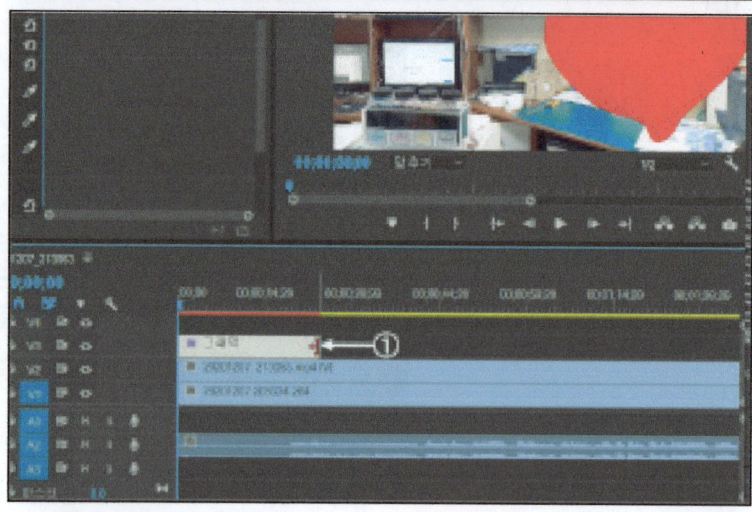

우측 화면 ①의 [트랙 매트키]를 클릭 드래그하여 ②의 트랙 위에 가져다 놓습니다.

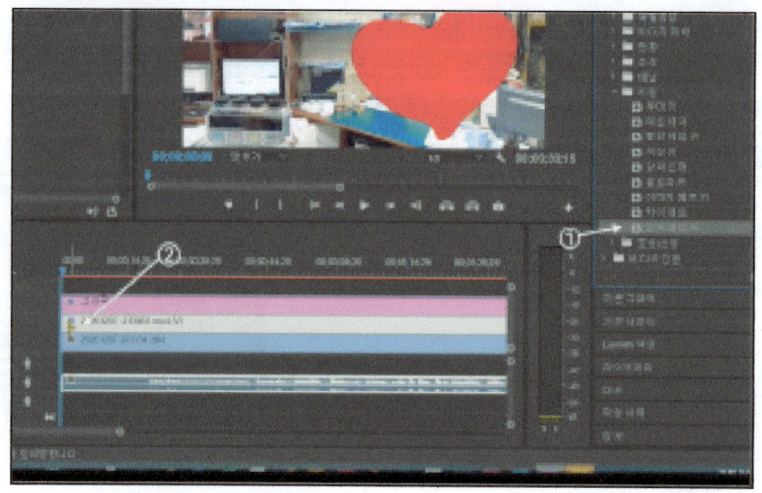

우측 화면 ①의, 방금 그린 하트 모양의 트랙은 [비디오 트랙 3]입니다.

②의 [트랙 매트키]를 선택하고 ③을 클릭하고 [비디오 트랙 3]을 선택하면 프리미어 화면 우측 미리보기 화면의 방금 그린 하트 모양 안에 비디오가 나타나게 됩니다.

우측 화면 ①의 하트 모양 트랙과 ②의 필자의 모습이 담긴 동영상 트랙을 번갈아 선택을 하고 ③의 가로, ④의 세로 위치를 조절하여 ⑤와 같이 하트 안에 필자의 모습이 나오도록 합니다.
처음에는 좀처럼 안 됩니다만, 우측과 같이 되므로 여러 번 반복해서 실행해 보시기 바랍니다.

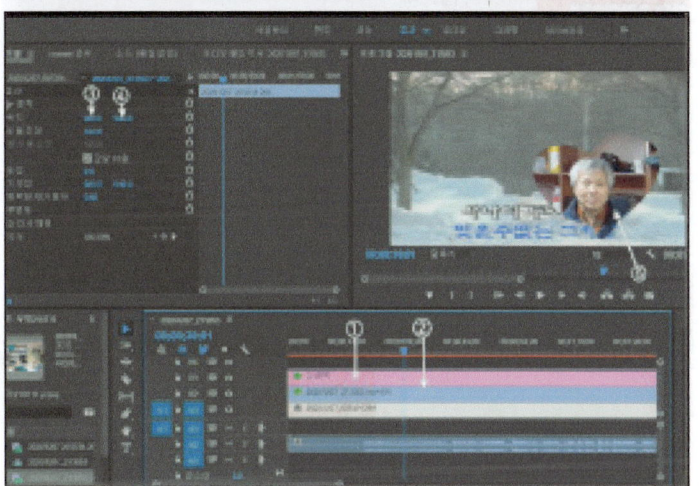

2-21. 유튜브 인트로 영상 만들기

이 책은 요즘 광풍이 일고 있는 유튜버를 꿈꾸는 분들을 위하여 유튜브 동영상 편집 및 촬영에 관한 책입니다만, 어차피 동영상이란 유튜브 뿐만이 아니고 현대 생활을 하면서 수없이 접하는 분야입니다.
따라서 지금부터 설명하는 유튜브 동영상 인트로 영상 만들기는 다른 모든 동영상에 해당되는 내용이고요, 이 책에서 동영상 편집에 사용하는 프로그램은 어도비 프리미어 CC 프로그램이므로 이 프로그램으로 다루는 어떠한 동영상에도 해당된다고 할 수 있습니다.
인트로 화면이라고 따로 특별한 것은 없습니다.
동영상의 오프닝 과정으로서 시청자의 시선을 한 눈에 집중시키면서도 지루하지 않게 짧고도 강력한 인상을 줄 수 있는 영상이 필요합니다.

그리고 아래는 필자의 유튜브 채널에 올린 동영상의 하나인데요, 동영상을 만들 때 따로 인트로 화면을 제작하지 않고 동영상의 앞 부분에 그냥 인트로 화면을 넣은 것인데요, 유튜브에 노출될 때는 동영상의 중간 부분의 엉뚱한 화면이 나왔습니다.

이것은 네이버나 유튜브 등의 SNS에 동영상을 올리면 해당 동영상에 들어 있는 영상 중에서 몇 개가 추출되어 보여지며 여기서 원하는 영상을 선택해야 하는데 자동으로 올려서 그런 것입니다.

유튜브의 경우 아래 화면에 보이는 것과 같이 3개의 영상이 기본으로 추출되며 따로 정지 화상을 선택해서 넣을 수도 있습니다.

위의 화면은 필자의 다른 저서인 '카메라 교본' 책에 소개한 니콘 D90 DSLR 카메라를 가지고 DSLR 촬영기법 니콘 D90편 그리고 사진 보정이라는 타이틀로 올린 동영상이며 동영상의 앞 부분에 빨간색 바탕에 글씨를 써 넣고 약간의 애니메이션을 넣은 것입니다.

이러한 인트로 영상 뿐만이 아니고, 동영상의 전체적인 크기 및 용량(동영상 재생 시간)도 매우 중요합니다.

동영상의 크기는 필자의 경우 모두 1920*1080 사이즈의 영상에 30프레임을 기준으로 하는데요,

요즘 4K 등의 동영상에는 뒤지지만, 필자와 같이 각종 강좌 등을 올리는데는 충분하고도 남는 영상이고요, 4K 영상은 사실 제대로 다루기 위해서는 장비에 상당한 투자를 해야 합니다.

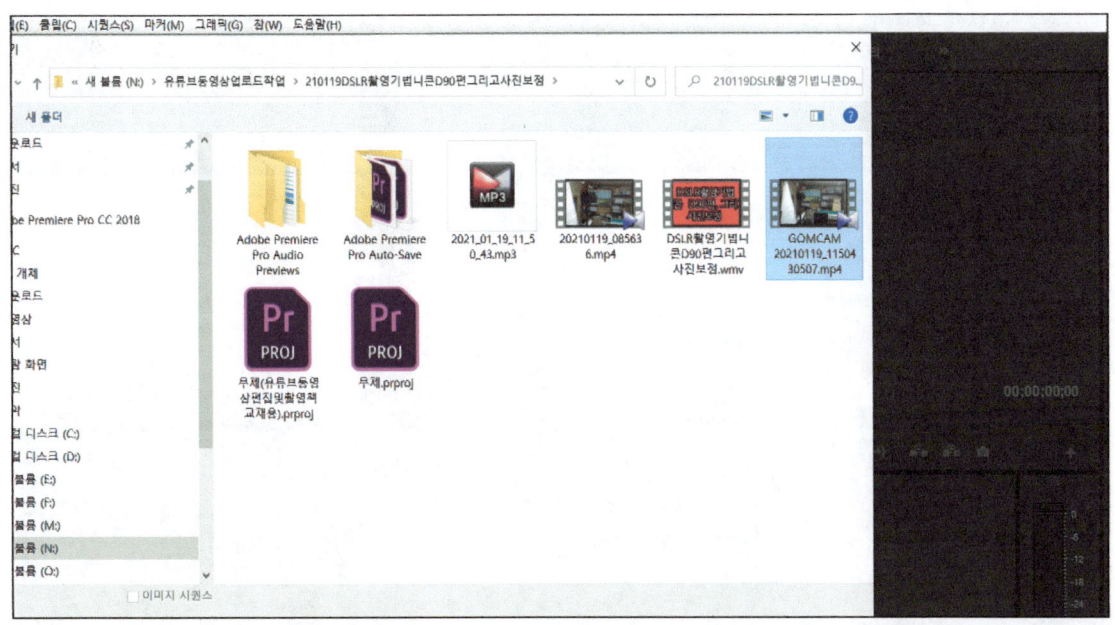

어도비 프리미어 프로 CC 버전의 이전 버전에서는 프리미어에서 처음에 동영상의 크기를 꼭 지정해 줘야 했습니다만, 어도비 프리미어 프로 CC 버전에서는 이 과정이 없습니다.

위와 같이 일단 프리미어를 실행을 하고 불러온 동영상의 크기에 맞게 프로젝트가 생성되며 나중에 렌더링을 할 때 다시 내보낼 영상의 크기를 지정할 수 있습니다.
그래서 위의 화면에서 우선 동영상을 불러와야 합니다.
프리미어를 실행하고 위의 화면 하단 좌측을 더블 클릭하든지, 단축키 [Ctrl + I]명령을 내리면 위의 화면이 나타나며 불러오기 화면입니다.

대부분의 프로그램에서 불러오기 단축키는 [Ctrl + O] 입니다만, 프리미어에서는 독특하게 [Ctrl + I] 입니다.

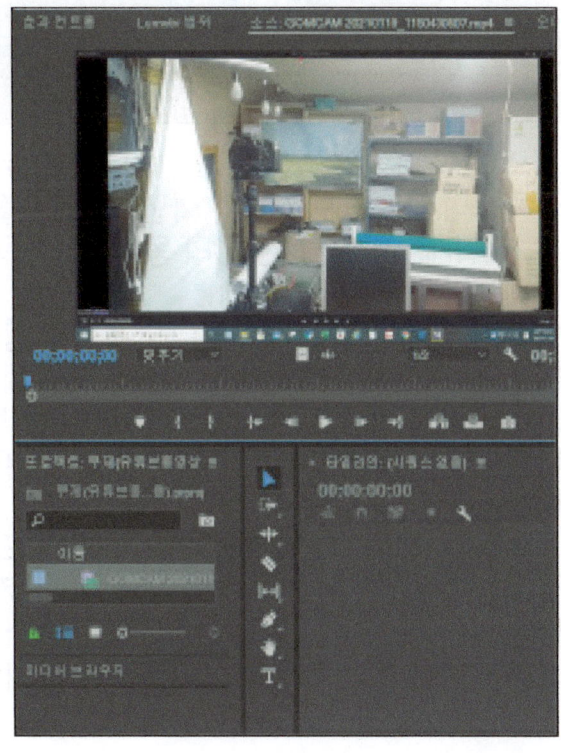

위의 ①의 화면은 방금 [Ctrl + I]명령으로 불러온, ②의 동영상 소스 파일을 더블 클릭하여 나타난 미리보기 화면이고요, 불러온 동영상이 맞는지 확인하는 것이고요, 이렇게 방금 불러온 ①의 동영상을 클릭 드래그하여 ③에 가져다 놓으면 ④의 미리보기 창에 나타납니다.
이 때 불러온 동영상에는 비디오 트랙과 함께 소리 트랙이 딸려 있습니다.
이 소리 트랙은 잡음만 들어 있으므로 삭제하는 것이 좋습니다.
소리 트랙 혹은 위 ③의 비디오 트랙을 선택하고 마우스 우측 버튼을 클릭하여 나타나는 부메뉴에서 [연결 해제]를 클릭하여 동영상 트랙과 소리 트랙을 분리를 합니다.
그리고 화면의 빈 공간을 한 번 클릭하여 모든 선택을 해제를 하고 다시 소리 트랙만 클릭하여 선택을 하고 키보드의 [Del] 키를 눌러서 삭제를 합니다.
만일 잘못하여 모든 트랙이 지워졌다면 다시 [Ctrl + Z] 명령으로 이전 명령을 취소하고 다시 소리 트랙만 삭제를 하면 됩니다.

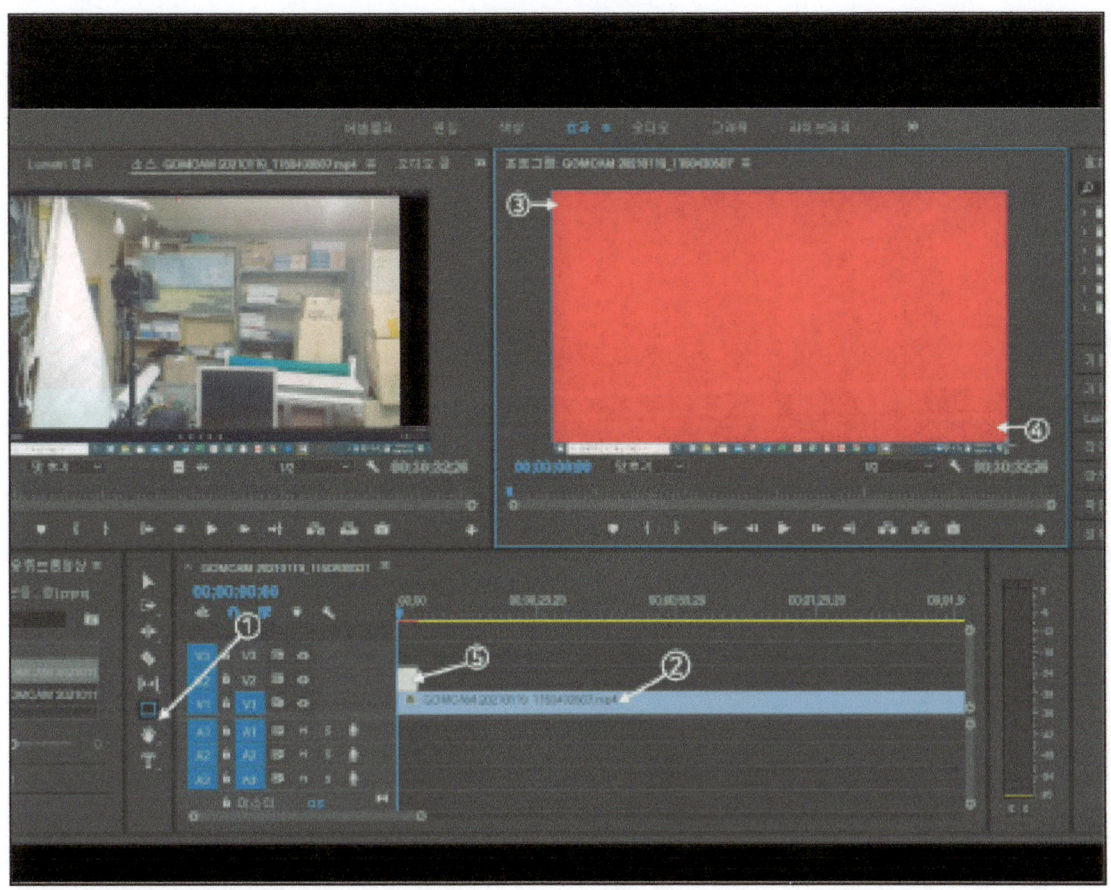

위의 ①의 지점을 클릭하여 나타나는 화면에서 [사각형 도구]를 선택하고 ②의 트랙을 한 번 클릭하고, ③의 지점을 클릭한채로 ④의 지점까지 드래그하면 ⑤의 비디오 트랙에 그래픽이 만들어집니다.
방금 그린 빨간색의 사각형은 적당히 그려도 됩니다.
화면에 꽉 맞게 그릴 의도입니다만, 사각형 도구로 원래부터 이렇게 정확하게 사각형을 그릴 수가 없습니다.
포토샵과 같이 바깥에서부터 그리면 좋겠습니다만, 프리미어에서는 그렇게 안 되므로 위의 화면에 보이는 것과 같이 적당히 그리고 좌측 [효과] 탭에서 적당한 크기로 확대를 하면 됩니다.
만일 위의 화면에 여기 보이는 화면과 틀리거나 프리미어 화면 좌측 상단에 효과 탭이 보이지 않을 때는 프리미어의 [창] 메뉴를 살펴보고 [창]메뉴의 하위 메뉴인 [작업 영역]을 살펴보아서 필요한 메뉴를 선택하면 됩니다.
위의 화면은 작업영역이 [효과]로 되어 있는 화면이지만 다른 메뉴를 선택할 수도 있습니다.

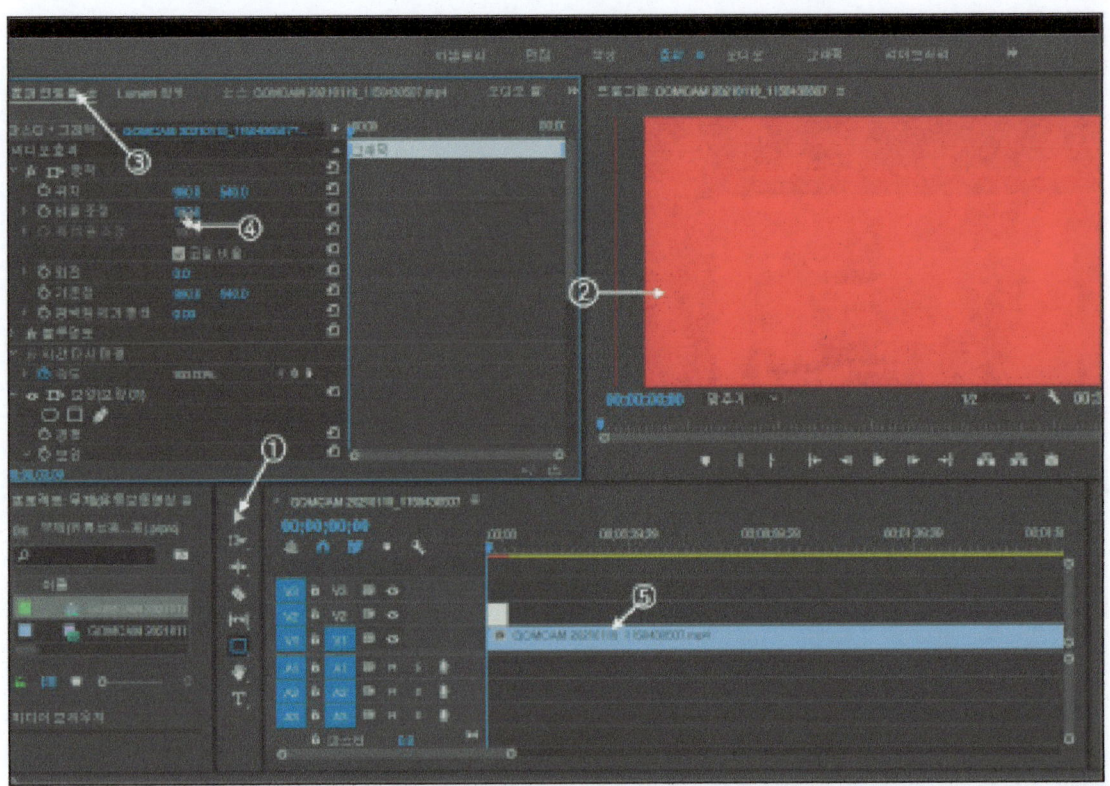

위의 ①의 [이동툴]을 선택하고 ②의 사각형을 클릭해서 선택을 하고 ③의 [효과 컨트롤]탭을 클릭하고 ④의 지점을 클릭 드래그하여 ②의의 사격형을 적당히 확대하여 화면에 꽉 차게 합니다.
이 때 잘 안 되거나 [효과 컨트롤]이 나타나지 않을 때는 ⑤의 트랙을 한 번 클릭해주고 다시 시도를 해 봅니다.
위의 화면 좌측 상단에 보이는[효과 컨트롤]은 프리미이 화면 우측 상단에 나타나는 [효과]와는 다릅니다.
[효과], [효과 컨트롤], 비슷하면서도 프리미어에서는 완전히 다르므로 위의 화면에서는 [효과 컨트롤]탭을 클릭해야 하며 만일 [효과 컨트롤] 탭이 보이지 않을 때는 프리미어 메뉴 [창]-[효과], 혹은 [효과 컨크롤]에 체크되어 있는지 확인을 해 봅니다.
처음에 프리미어 공부를 하다보면 이러한 패널들이 뒤죽박죽이 되어 이 책에서 설명하는대로 안 될 때는 다시 프리미어 메뉴 [창]-[작업 영역]에서 조절을 할 수 있습니다만, 이것도 저것도 안 될 때는 심각한 수준입니다.
프리미어는 워낙 복잡하고 무거운 프로그램이기 때문에 기본적으로 컴퓨터가 오류가 없이 쾌적하게 작동을 해야 하는데요, 이 책은 동영상 편집에 관한 책이고요, 동영상을 원활하게 편집을 하기 위해서는 필자의 다른 저서 '컴퓨터 조립 및 업그레이드' 책을 반드시 보셔야 합니다.
이는 비단 PC정비사가 되는 것이라기보다는 자신의 컴퓨터가 쾌척하게 돌아가도록 만들줄 알아야 그래픽 프로그램들을 원활하게 돌릴 수 있기 때문입니다.
만일 컴퓨터가 버벅거려서 도저히 사용할 수 없을 지경이라면, 인터넷창, 웹브라우저 주소표시줄에 '가나출판사.kr' 을 입력하고 엔터를 쳐서 필자의 홈페이지에 오셔서 [출판사]를 클릭하여 '컴퓨터조립 및 업그레이드' 책을 클릭하여 내용을 살펴보시기 바랍니다.

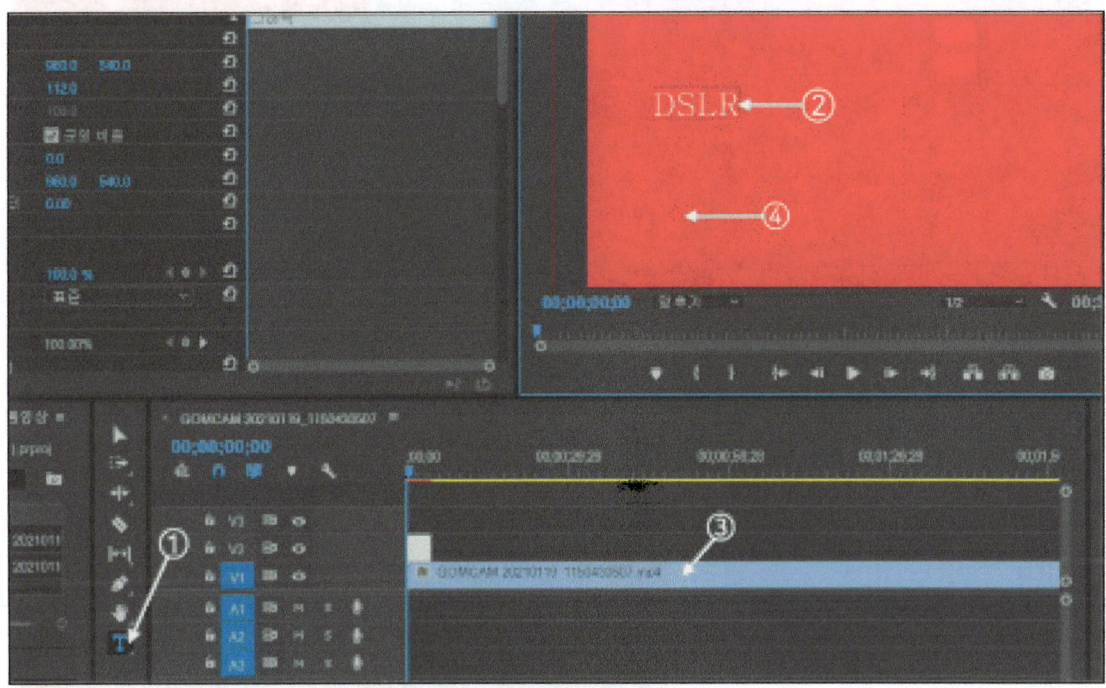

위의 ①의 [문자도구]를 선택하고 ②와 같이 일단 간단한 텍스트를 입력합니다.
먼저 글씨를 타자하고 바로 수정할 것이므로 짧게 입력하면 됩니다.
만일 글씨가 타자되지 않으면 ③의 트랙을 한 번 클릭해 주고, 그래도 글씨가 타자가 되지 않으면 다시 ③의 트랙을 클릭하고 다시 ①의 [문자도구]로 ④의 지점을 클릭해 봅니다.
이렇게 하여 화면에 커서가 나타나면 타자를 하면 되지만, 그래도 커서가 나타나지 않을 때는 위에 보이는 메뉴에서 [그래픽] 탭을 클릭하고 다시 시도를 해 봅니다.

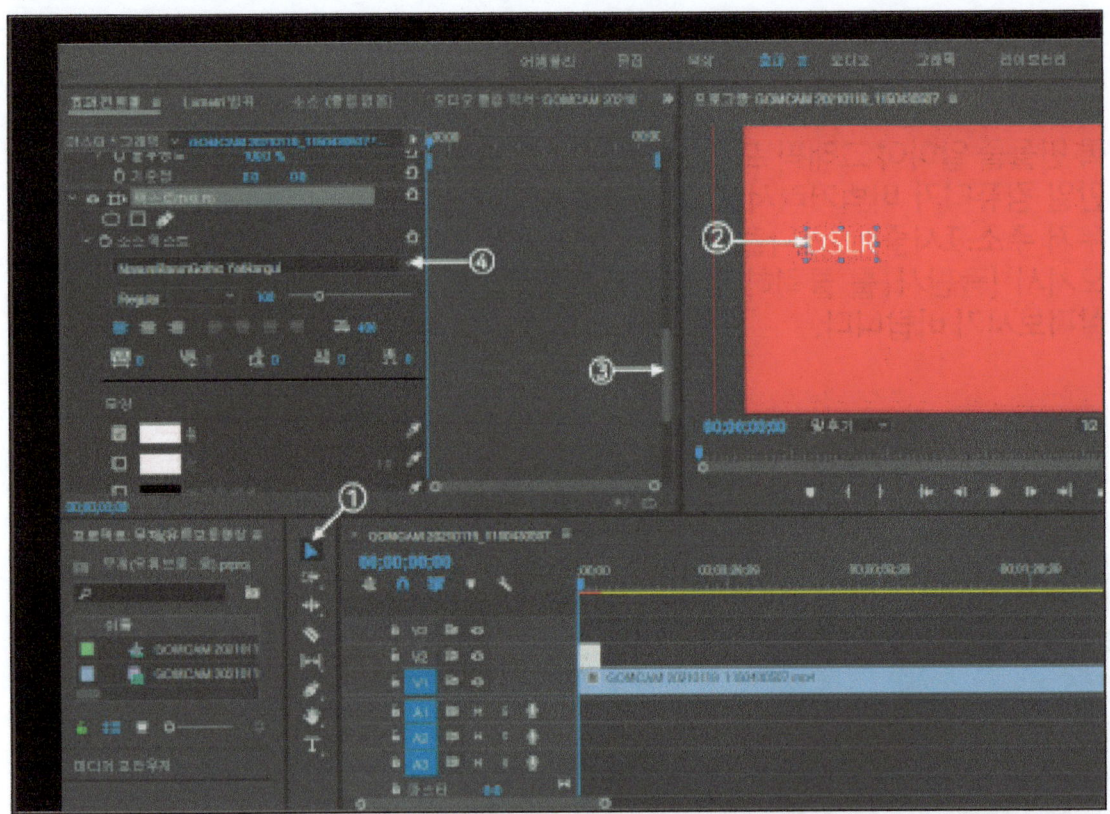

위의 ①의 [이동툴]을 선택하고 ②의 문자를 클릭하여 선택을 하고 ③의 슬라이더를 밑으로 내리면 ④가 보이며, ④를 클릭하고 원하는 글꼴로 바꾸어줍니다.

그리고 우측 ①에 체크를 하고 ②를 클릭하여 나타나는 대화 상자에서 ③의 검정색을 클릭하여 선택을 하고 ④의 [확인]을 클릭합니다.

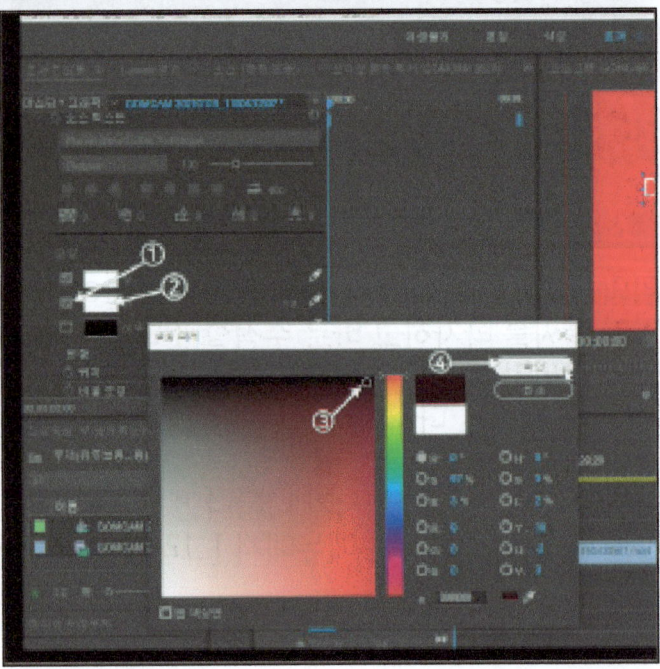

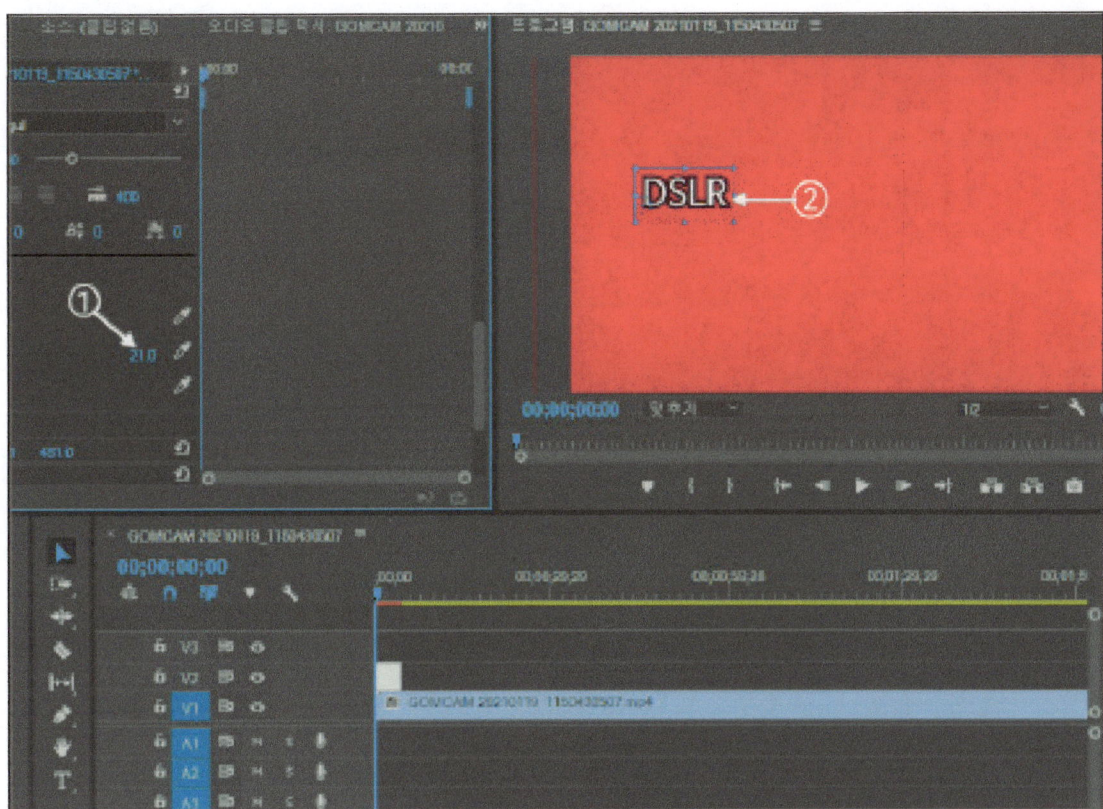

위의 ①을 클릭하고 여기에 숫자 21을 입력하면 ②의 문자에 방금 선택한 색상의 테두리가 생깁니다.
물론 수치는 원하는대로 입력 가능합니다.

이제는 글씨와 테두리에 속성이 생겼으므로 우측 ①을 클릭하여 글씨의 색상을, ②를 클릭하여 테두리의 색상을 원하는대로 변경할 수가 있습2니다.
③과 같이 바꿀 수도 있습니다.

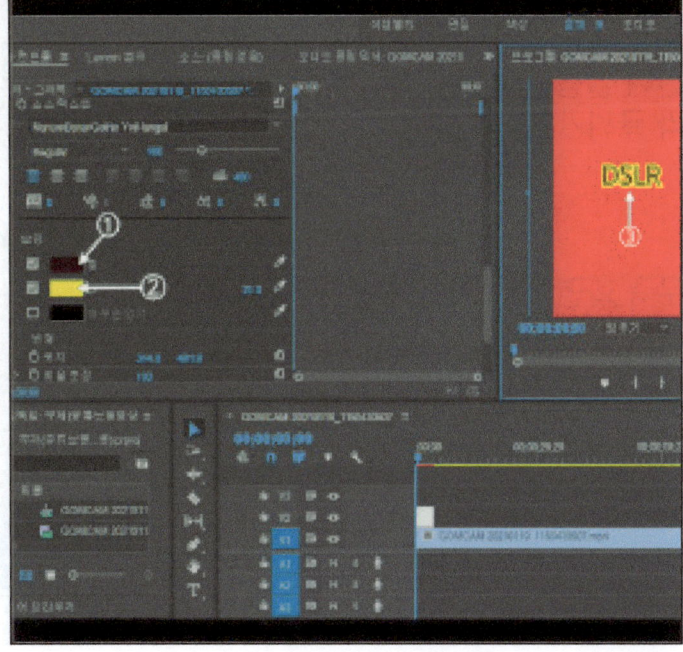

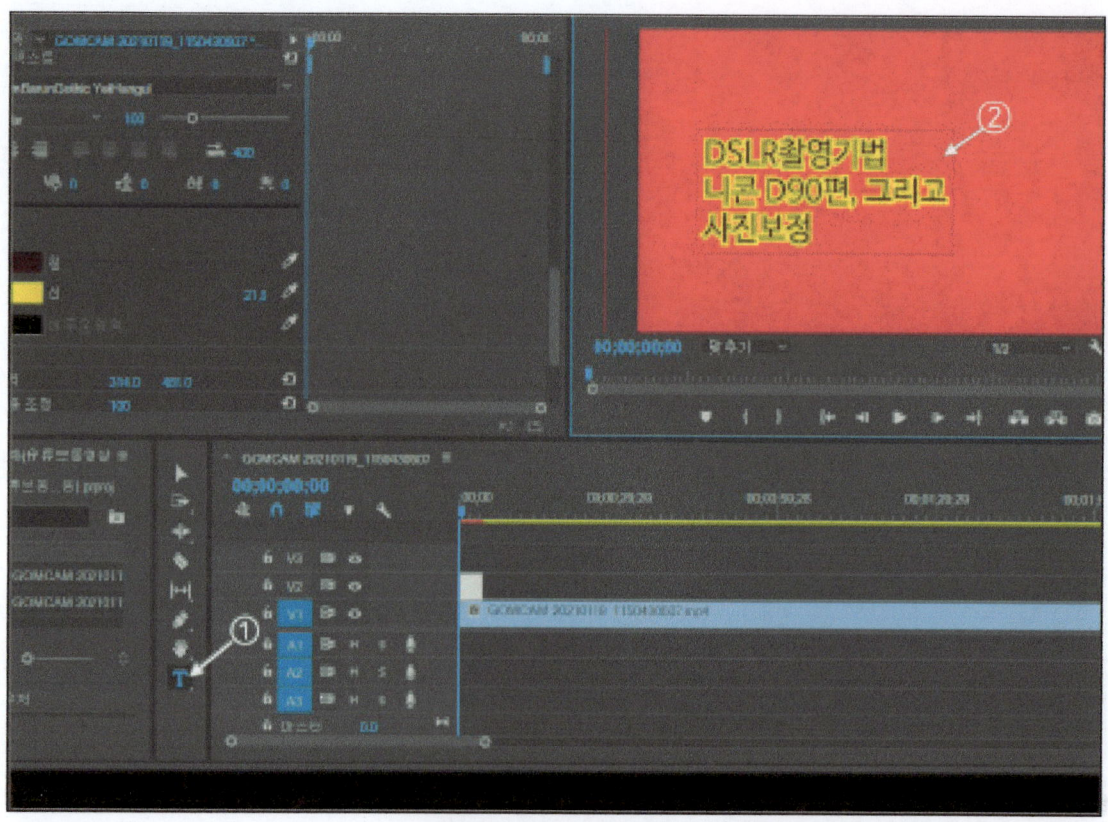

이제 위의 ①의 문자도구로 글씨를 타자하면 ②와 같이 조금 전에 설정한 글씨의 속성에 따라 글씨가 써 집니다.

우측 화면 ①의 가운데 정렬을 클릭하면 ②와 같이 글씨 자체는 가운데 정렬이 되지만, 좌측으로 이동을 해 버립니다.

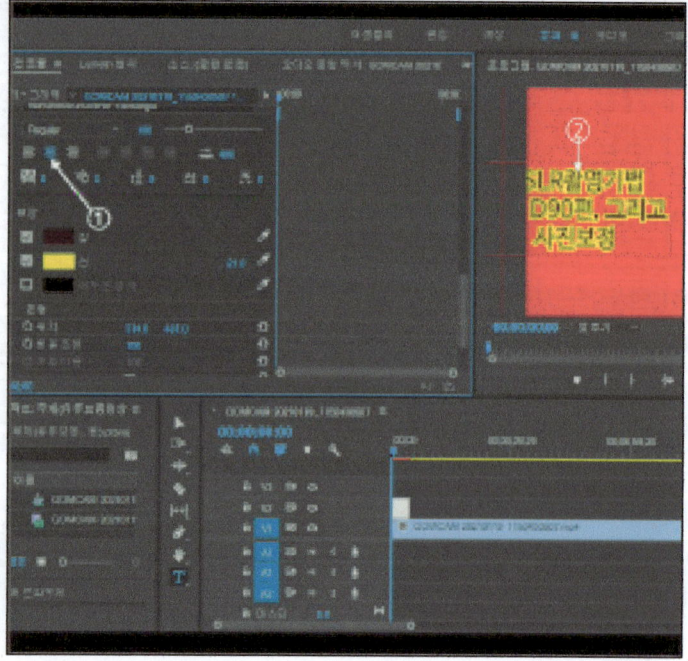

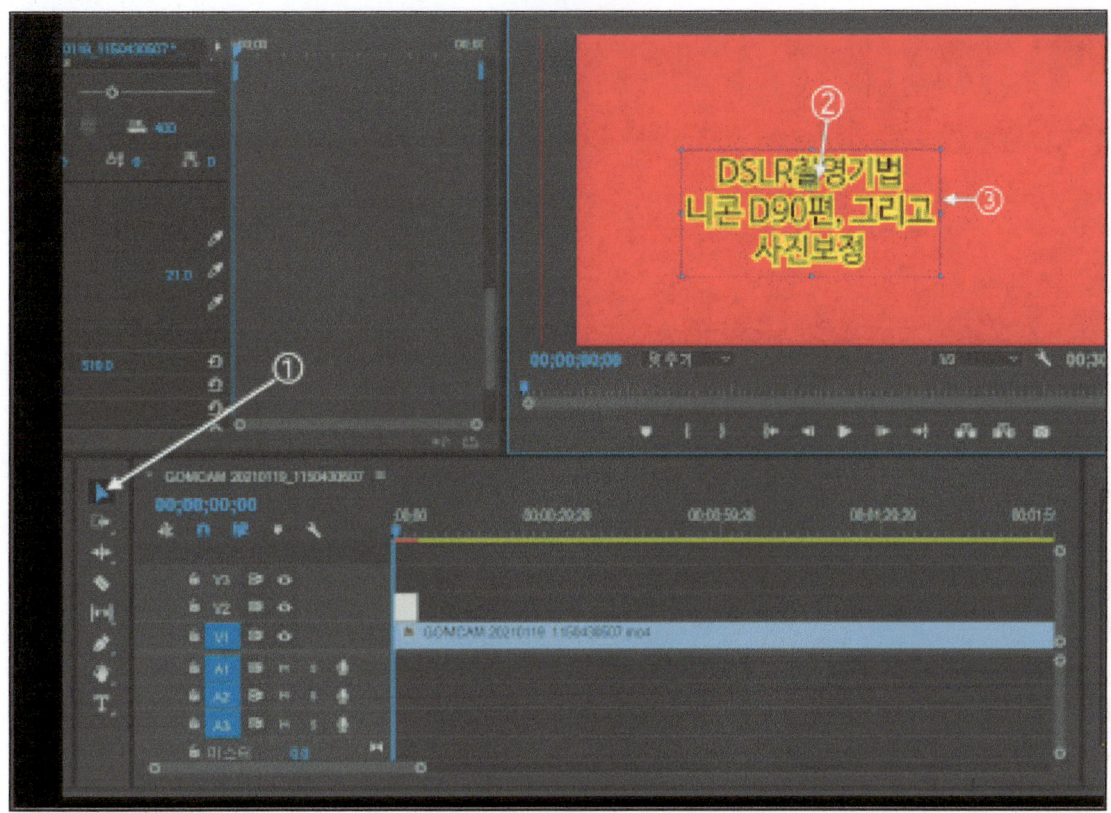

위의 ①의 [이동툴]를 사용하여 ③의 문자를 가운데로 옮기고, 문자를 잘 살펴보면 ②의 중심점이 있습니다.
②의 중심점을 클릭 드래그하여 문자의 가운데로 이동을 해야 문자가 한쪽으로 치우치지 않습니다.

우측과 같이 조절하고 글씨체도 바꾸어 보았습니다.

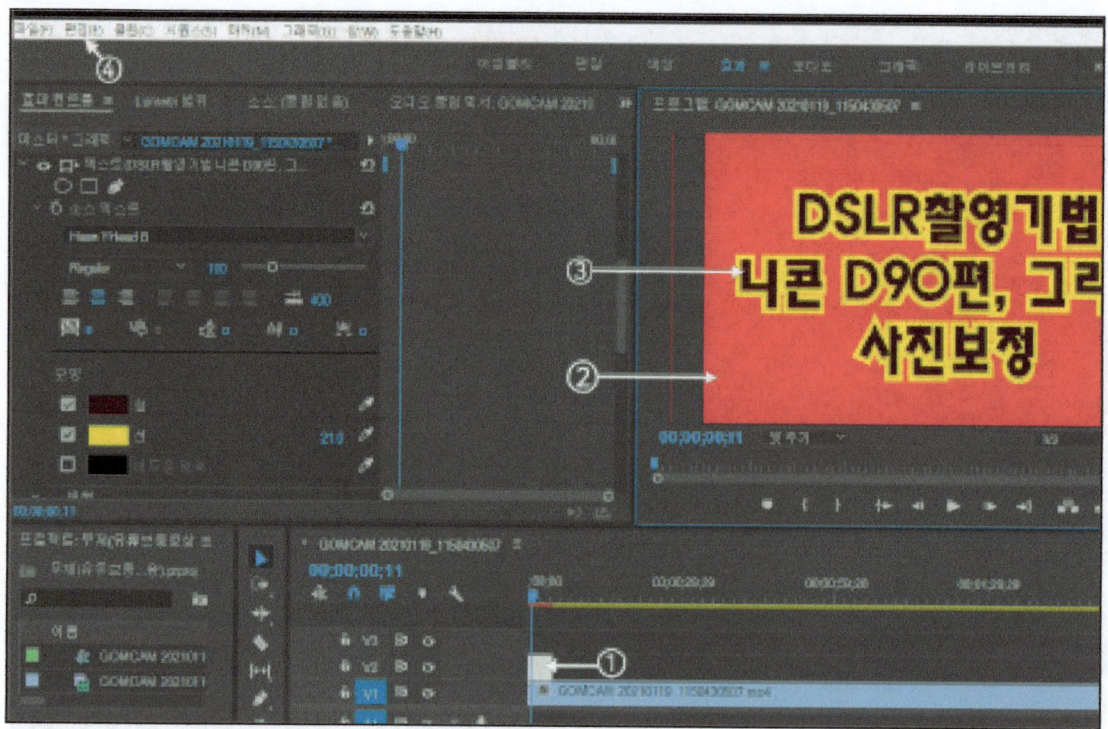

현재 위의 ①의 비디오 트랙, 즉, ②의 빨간 그래픽 위에 ③의 글씨가 타자되어 있습니다.

이 상태에서는 문자 애니메이션을 만들 수 없습니다.
③의 글씨를 클릭하여 선택을 하고 [Ctrl + X]명령으로 잘래내기를 하거나, ④의 메뉴 [편집]-[잘라내기] 명령으로 문자만 잘라내서 클립보드로 저장을 하고 다시 붙여 넣기를 해야 하는데요, 이것이 이렇게 말처럼 쉽지 않습니다.

여러가지 편집을 사용해야 하는데요, 프리미어는 포토샵과 다르기 때문입니다.

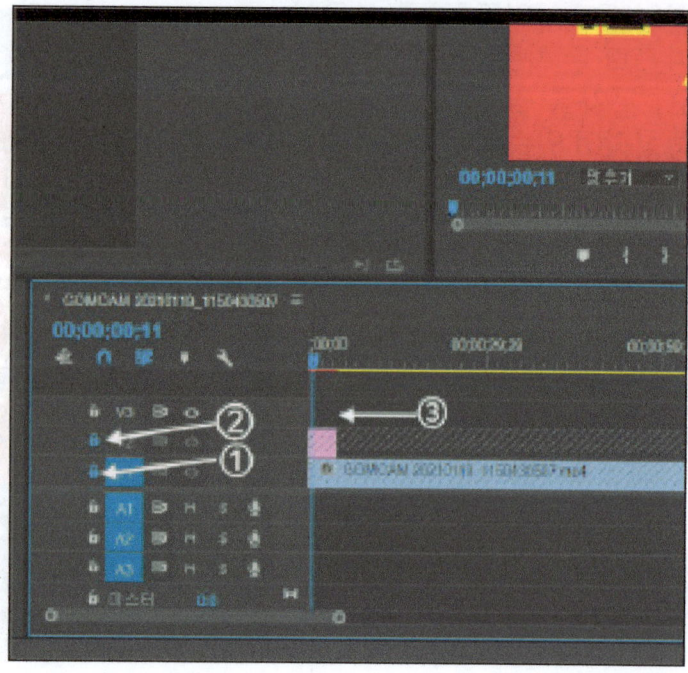

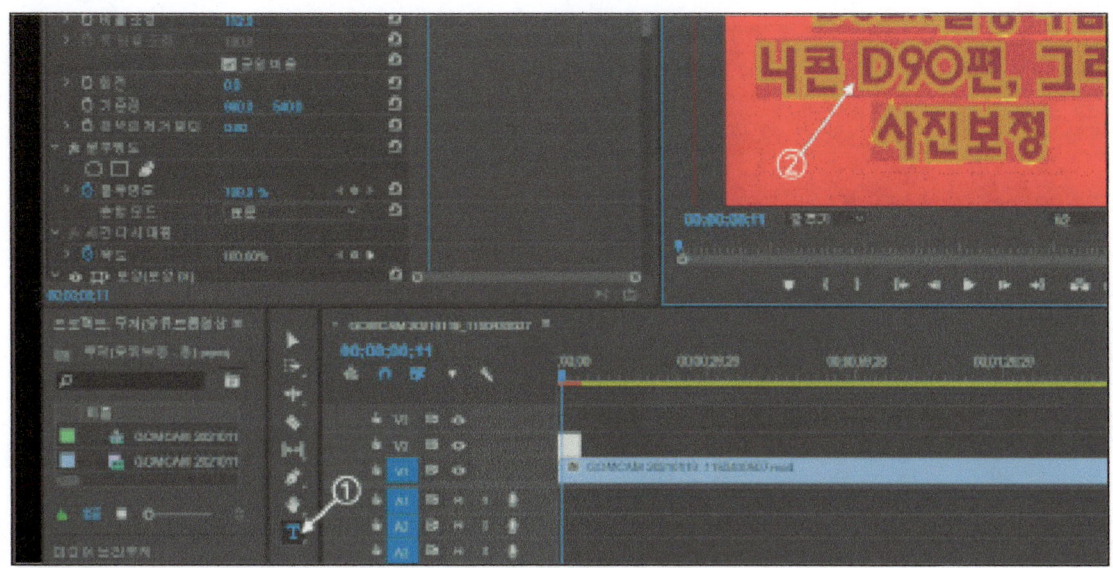

현 상태에서 글씨를 잘라내서 붙여넣기를 하는 방법은 여러 방법이 있으며 우선 위의 ①의 [문자도구]로 ②와 같이 글씨에 블록을 씌웁니다.
그리고 [Ctrl + X]명령으로 잘라내기를 한 다음, 우측 화면의 ①과 ②를 클릭하며 모두 자물쇠를 잠그고, 그리고 나서 [문자도구]를 미리보기 화면의 빨간 그래픽을 클릭하여 커서가 나타나게 하고 [Ctrl + V]명령으로 붙여 넣기를 하면 ①과 ②는 모두 자물쇠가 잠가져 있으므로 어쩔 수 없이 저절로 ③의 새로운 트랙에 붙여 넣어지는 것입니다만, 이는 빨간 그래픽을 클릭하여 커서가 나타나게 하고 [Ctrl + V]명령으로 붙여 넣기를 하면 ①과 ②는

모두 자물쇠가 잠가져 있으므로 어쩔 수 없이 저절로 ③의 새로운 트랙에 붙여 넣어지는 것입니다만, 이는 완전히 편법입니다.

왜냐하면 ②의 트랙에는 여전히 글씨 속성이 남아 있기 때문입니다.

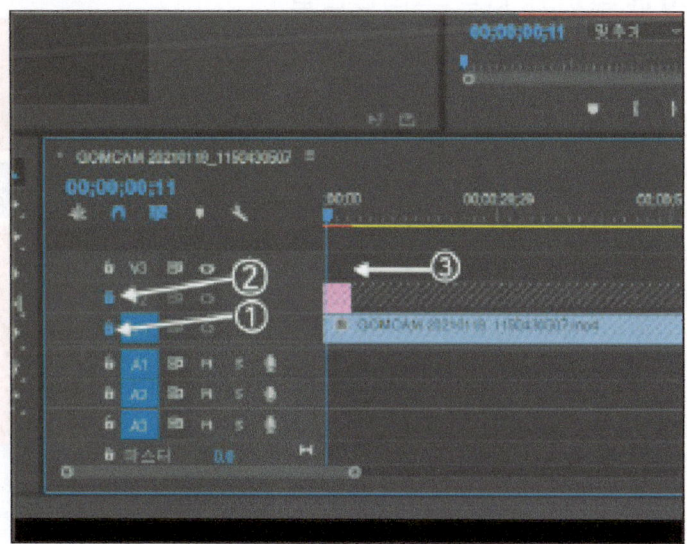

그래서 다른 방법을 사용하는 것이 정석입니다.
위의 ①을 선택하고 [Ctrl + C]로 복사를 하고, ②의 실행자를 ③의 공간 어디에나 두고 [Ctrl + V] 명령으로 붙여넣기를 하면 ②의 실행자 뒤에 붙여넣어지며 실행자는 ④로 이동합니다.
그리고 새로 붙여 넣은 곳에는 ⑤와 같이 빨간 그래픽과 글씨가 하나의 개체로 붙여 넣어진 것을 알 수 있습니다.

픽과 글씨가 모두 클립보드로 복사가 됩니다.
그리고 ②의 실행자를 ③이 공간 어디에나 두고 [Ctrl + V] 명령으로 붙여넣기를 하면 ②의 실행자 뒤에 붙여넣어지며 실행자는 ④의 위치로 이동합니다.
그리고 새로 붙여 넣은 곳에는 ⑤와 같이 빨간 그래픽과 글씨가 하나의 개체로 붙여 넣어진 것을 알 수 있습니다.

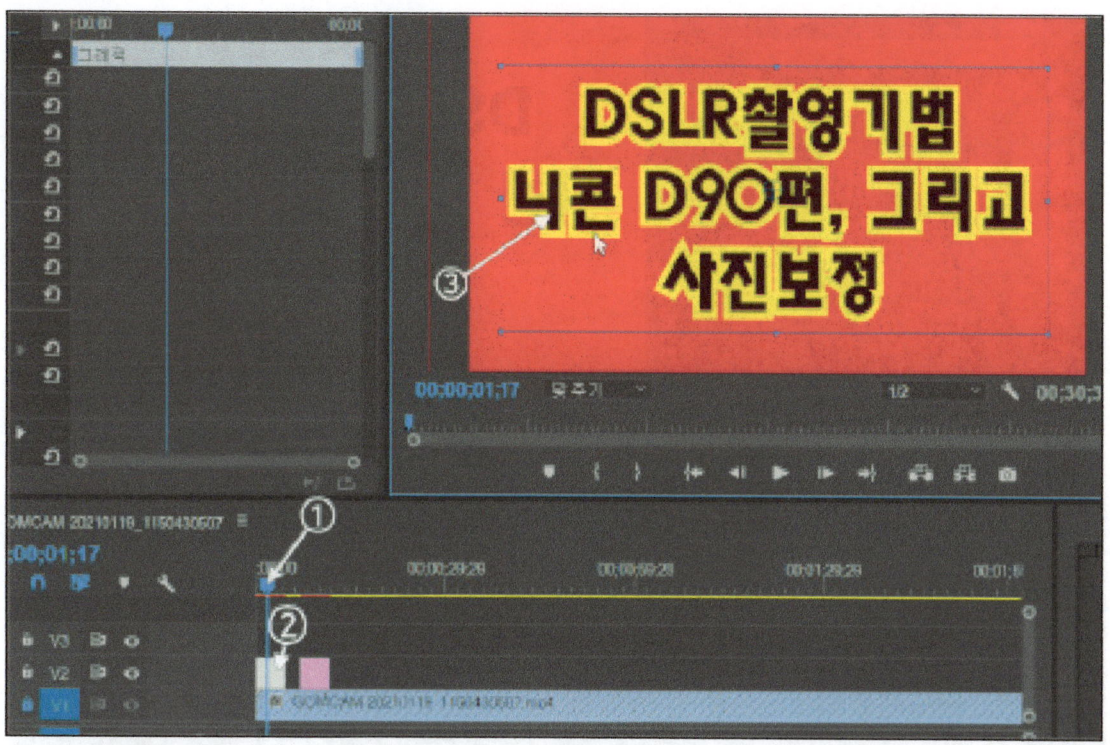

이제 복제가 되었으므로 위의 ①의 애니 실행자를 ②로 이동하여 미리보기 화면에 나타나게 하고 ③의 글씨만 클릭하여 선택을 하고 키보드의 [Del]키를 눌러서 삭제를 합니다.

그리고 이번에는 우측 화면 ①의 위치에 있던 복제된 개체를 클릭 드래그하여 ②의 트랙으로 옮기고, 이번에는 ③의 빨간 그래픽을 클릭하여 선택을 하고 키보드의 [Del]키를 눌러서 삭제를 합니다.

처음에는 헷갈리는 사람도 있겠지만, 지금 하는 작업의 개요를 완전히 이해를 해야 합니다.

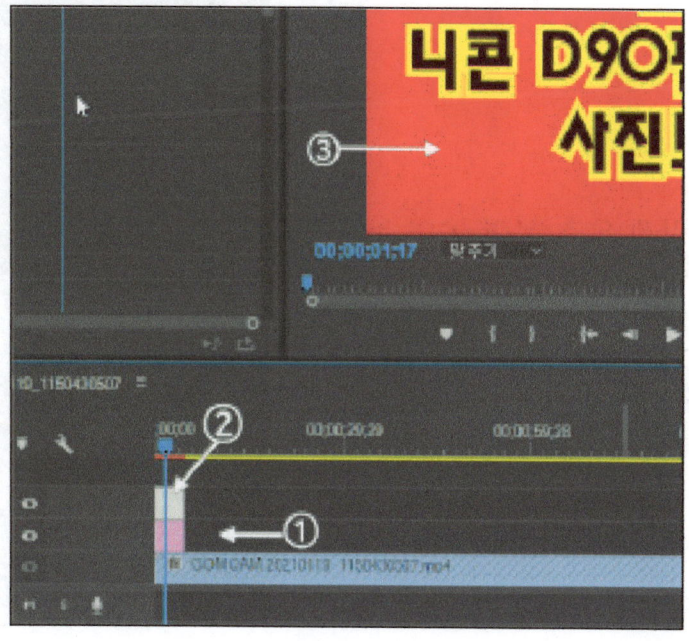

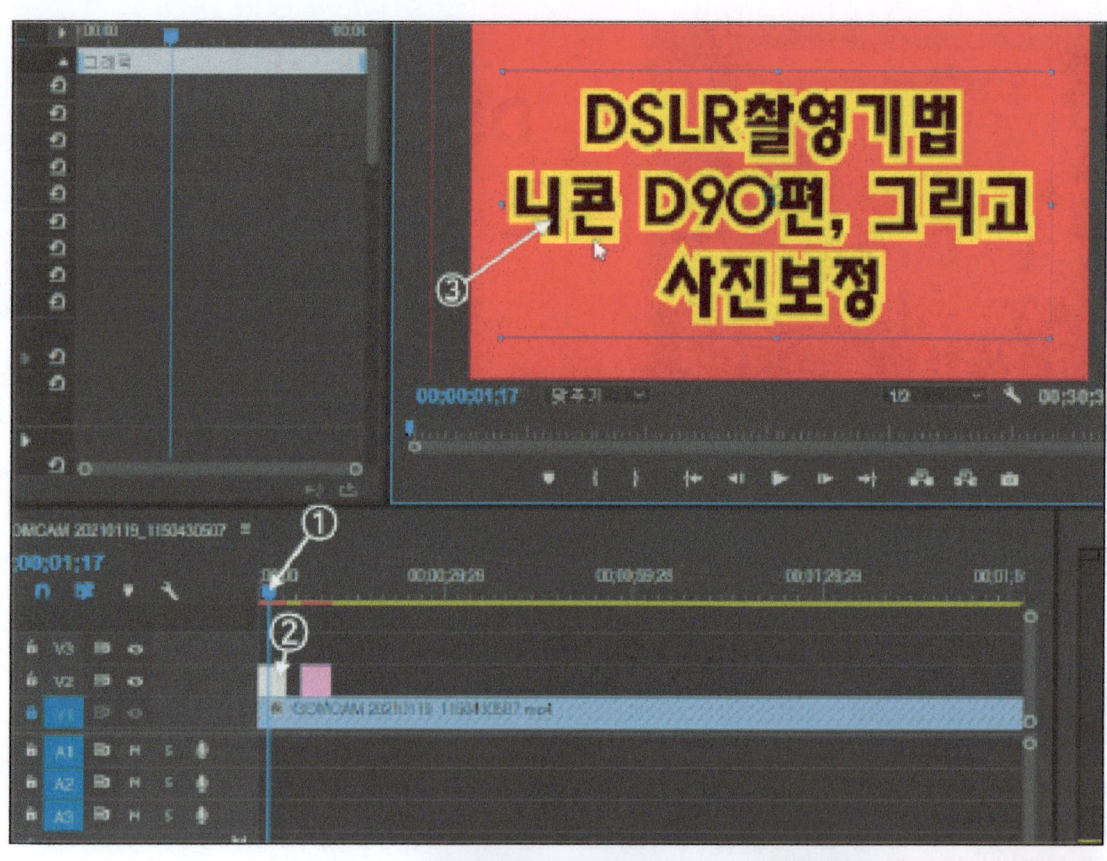

이제 우측 화면 ①의 눈을 클릭하여 눈을 감으면 ②의 그래픽에는 ③과 같이 글씨가 사라지고 빨간 그래픽만 보이게 됩니다.

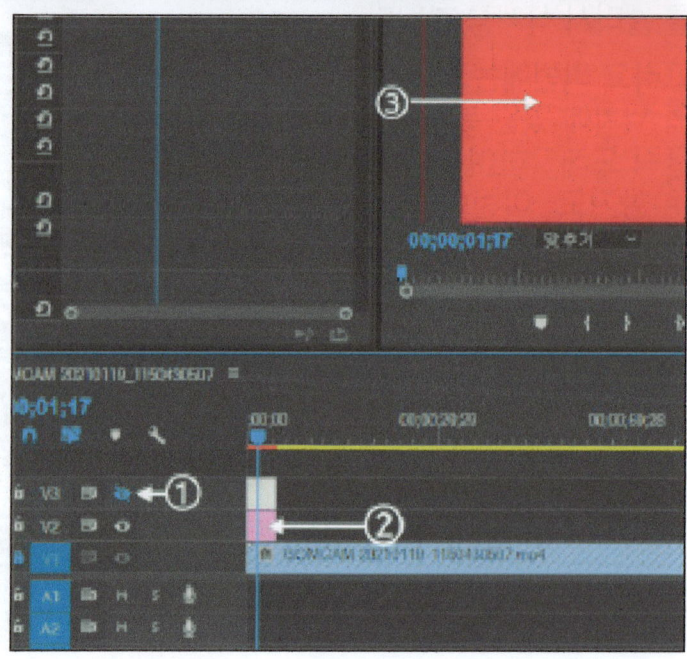

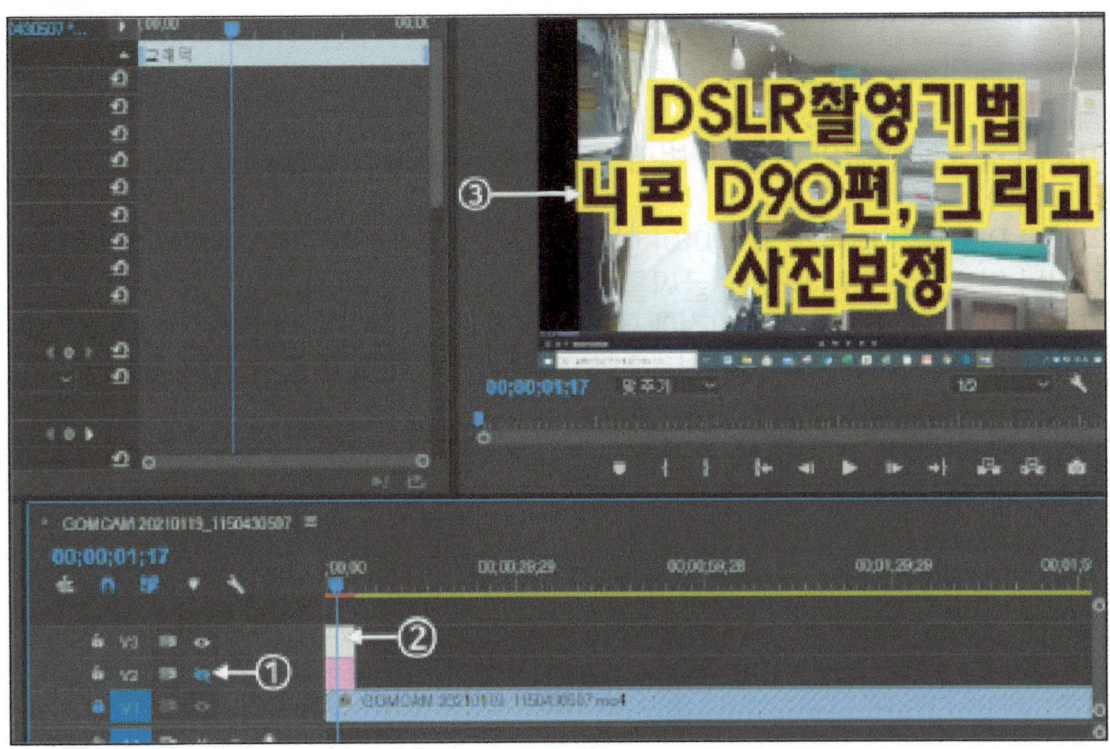

반대로 위의 ①의 눈을 감으면 ②의 트랙에는 ③과 같이 빨간 그래픽은 사라지고 글씨만 남아 있다는 것을 알 수 있습니다.

이렇게 되지 않았다면 다시 처음부터 다시 실행하여 이렇게 만들어야 합니다.
그래야 문자에 텍스트 애니메이션을 실행할 수 있습니다.
일단 우측 ①의 애니 실행자를 좌측 시작 지점으로 옮기고 키보드의 [Space]키를 눌러서 동영상을 실행을하여 ②의 지점까지 진행을 하여 ③의 글씨를 읽을 수 있을 정도의 시간이 되는지 확인을 합니다.

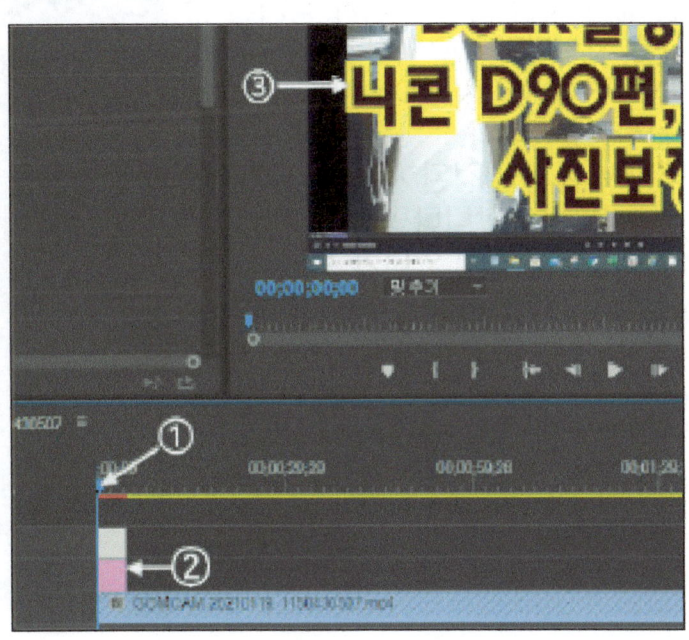

아무리 좋은 동영상이라도 동영상이 너무 길면 시청자가 끝까지 보지 않습니다. 특히 지금 만드는 인트로 영상은 적당한 길이가 아니면 시청자가 금방 싫증을 내게 됩니다.
따라서 동영상 편집의 가장 첫 번째 요소는 동영상을 길게 만들지 않아야 한다는 점입니다.
그리고 인트로가 너무 길지 않아야 한다는 점입니다.
그러나 인트로 화면에 나오는 글씨를 읽을 수 있을 정도의 시간은 돼야 합니다.
그래서 지금 동영상의 시작 지점에서부터 동영상을 실행을 하여 현재 생성된 그래픽의 길이만큼 동영상이 실행되는 동안 글씨도 충분히 읽을 수 있으며 지루하지 않을 정도의 시간인지 확인을 하는 것입니다.
현재 설정된 시간 정도면 현재 입력한 인트로 장면의 타이틀을 충분히 읽을 수 있을 정도의 적당한 시간입니다.
인트로 화면은 정해진 틀이 없으므로 어떠한 방법을 사용해도 무방하며 여러분 중에는 필자보다 더욱 멋진 인트로 영상을 만드는 사람도 있을 것입니다.
여기서는 일단 필자의 방식대로 현재 설정된 시간 동안 인트로 화면이 지속되다가 시청자가 글씨를 충분히 읽을 수도 있고 지루하지 않을 정도라는 것

이 확인 되었고요, 그리고 현재 설정된 짧은 시간 동안 글씨가 정지된 상태로 지속되다가 글씨가 한 바퀴 회전을 하면서 사라지는 애니메이션을 만들어 보겠습니다.
따라서 현재 설정된 시간이 2배 정도로 늘어나야 합니다만, 글씨가 짧은 시간 동안 가만히 있다가 회전하면서 사라지는 인트로 화면이므로 현재 시간보다 2배 정도 더 늘어나더라도 여전히 짧은 시간이며 결코 지루하지 않게 됩니다.
이와 같은 점을 염두에 두고 우측 화면의 ①을 복제를 해야 하는데요..

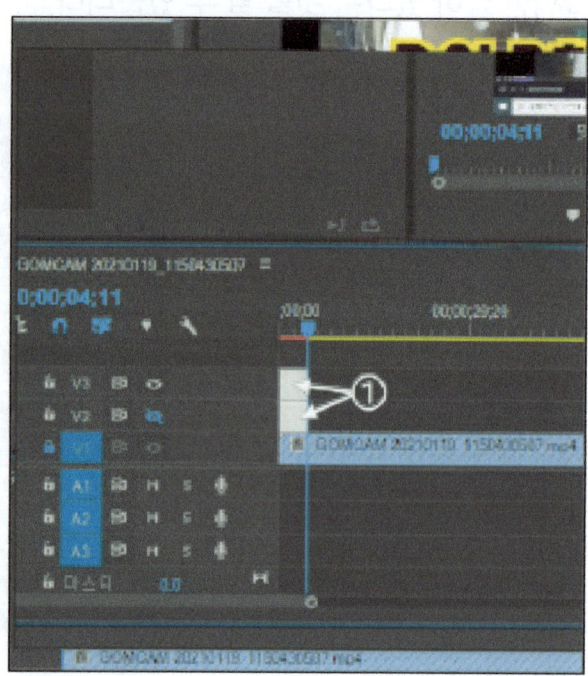

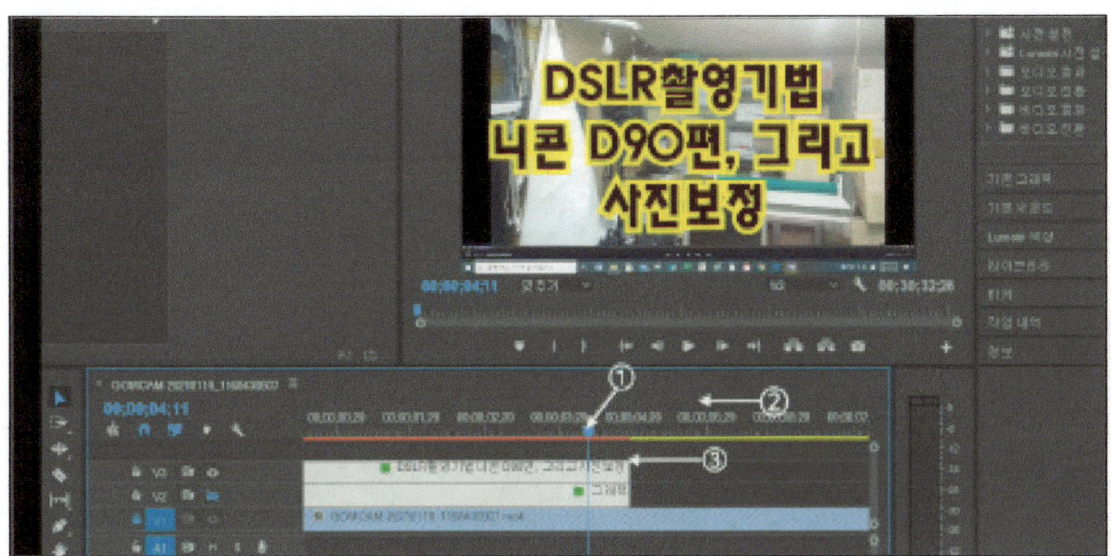

앞쪽의 화면에서는 동영상 실행자가 맨 뒤에 있는 것처럼 보이지만, 위의 화면,.. 키보드의 + 키를 눌러서 트랙을 충분히 확대를 해 보면 동영상 실행자가 ①의 위치에 있다는 것을 알 수 있습니다.
위와 같이 트랙을 충분히 확대를 하고 ①의 실행자를 ③의 끝 부분으로 이동을 하고 복제를 해야 우측 화면에 보이는 것과 같이 정확하게 복제가 됩니다.
우측 화면과 같이 되는 것도 다시 보충 설명이 필요합니다.다음 화면, 확대

화면 및 설명을 읽어보고 나서 실습을 계속합니다.
위와 같이 트랙을 충분히 확대를 하고 ①의 실행자를 ③의 끝 부분으로 이동을 하고 복제를 해야 우측 화면에 보이는 것과 같이 정확하게 복제가 됩니다.
우측 화면과 같이 되는 것도 다시 보충 설명이 필요합니다. 다음 화면, 확대 화면 및 설명을 읽어보고 나서 실습을 계속합니다.

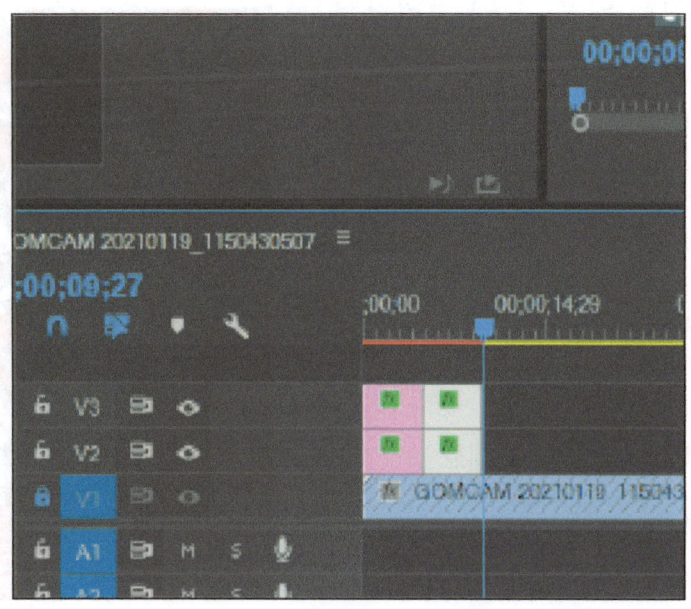

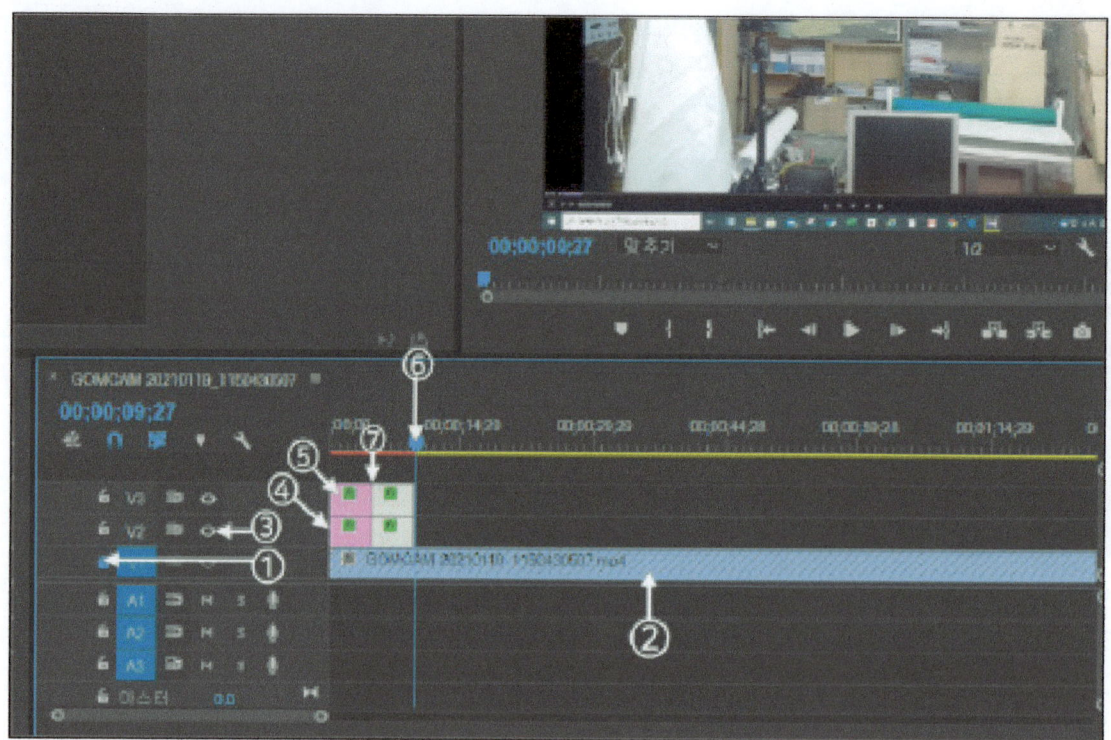

현재 위의 ①의 자물쇠는 잠겨 있어서 ②의 트랙은 고정되어 있고요, ③의 눈은 떠 있어야 하며, ④를 클릭하여 선택을 하고 키보드의 [Shift]키를 누르고 ⑤를 클릭하여 복수로 선택을 하고 [Ctrl + C] 명령으로 클립보드에 복제를 하고, ⑥의 실행자를 ⑦의 위치에 놓고 [Ctrl + V] 명령으로 붙여넣기를 한 것입니다.

이제 우측과 같은 애니메이션을 만들어야하는데요, 우측 화면은 유튜브에 있는 필자의 채널에 올린 동영상입니다.

다음 설명을 보세요..

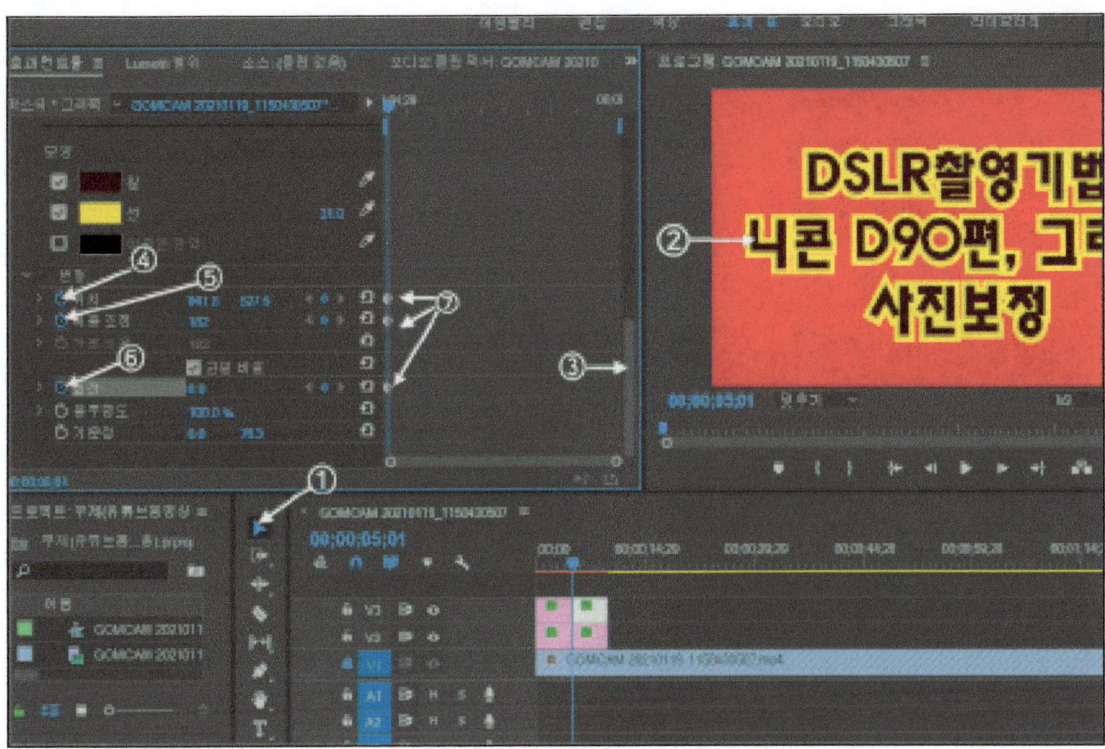

위의 ①의 [이동툴]로 ②의 텍스트를 한 번 클릭해서 선택을 한 다음, ③의 슬라이더를 맨 밑으로 내리고, ④, ⑤, ⑥을 차례로 한 번씩 클릭하면 ⑦과 같이 이 곳에 각각의 키프레임이 삽입됩니다.

그리고 우측 화면의 ①의 실행자를 우측으로 옮기고 ②, ③, ④를 차례로 한 번씩 클릭하면 ⑤와 같이 이 곳에 각각의 키프레임이 삽입됩니다.

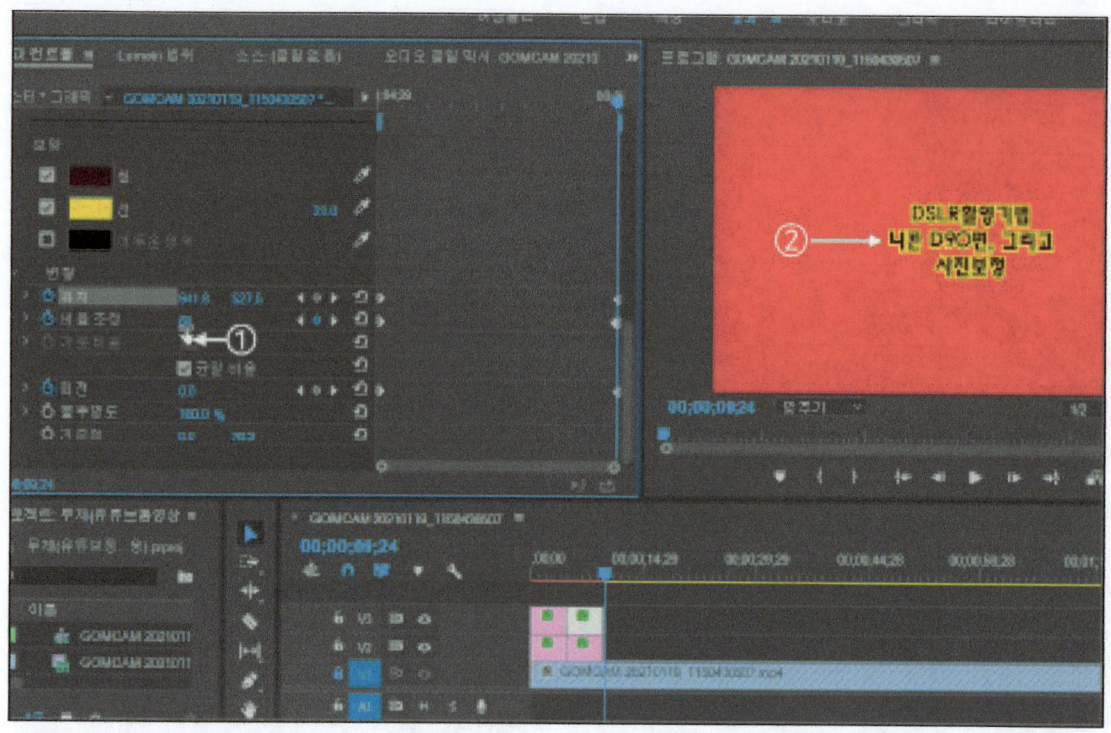

위의 ①의 숫자를 마우스로 클릭 드래그하여 ②와 같이 텍스트의 크기를 적당한 크기로 축소합니다.

우측 ①의 지점을 클릭하고 이곳에는 숫자 360을 입력합니다.

즉, 이곳에 삽입된 키프레임에, 화면에 보이는 텍스트가 360도 회전하는 애니메이션을 만드는 것입니다.

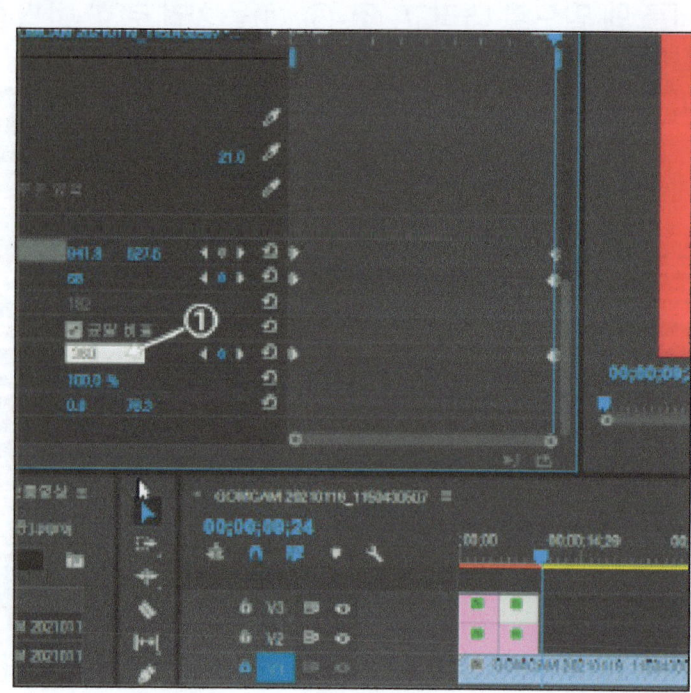

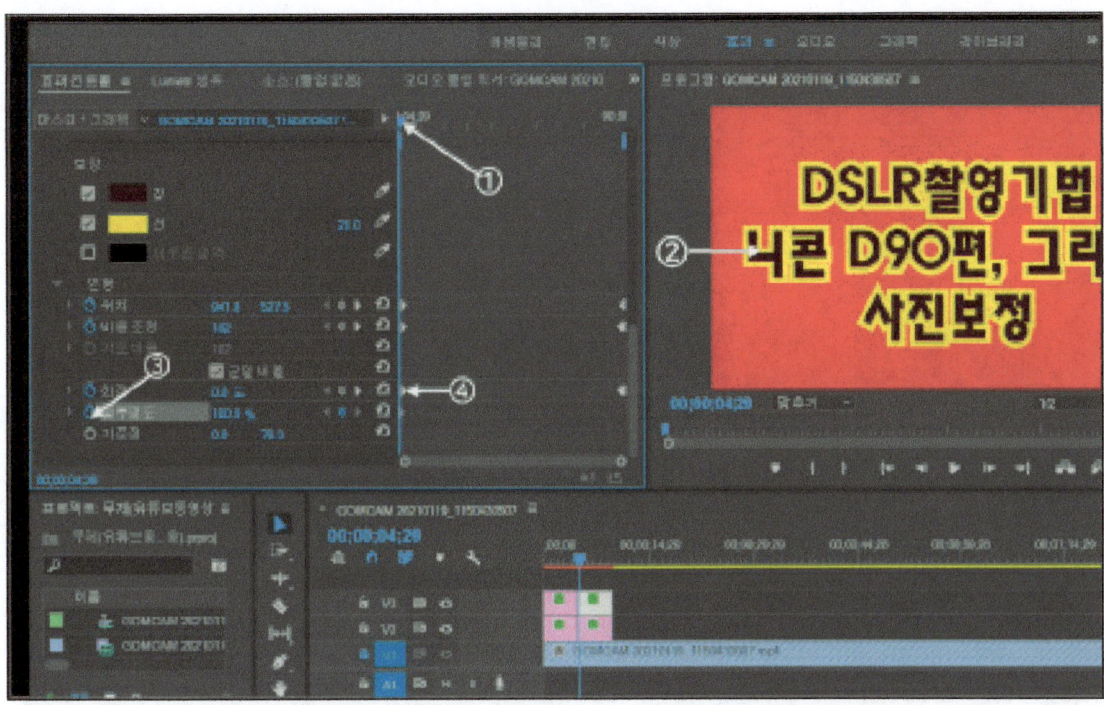

2-22. 글씨가 서서히 사라지는 애니메이션

글씨가 애니메이션이 실행되면서 서서히 사라지는 효과를 줄 것인데요, 위의 화면 ①의 실행자를 좌측으로 옮기고 ②을 한 번 클릭하여 선택을 하고 ③을 클릭하면 ④와 같이 이곳에 키프레임이 삽입됩니다.

그리고는, 우측 ①의 실행자를 우측으로 옮기고 ②를 클릭하면 ③에 키프레임이 삽입됩니다.

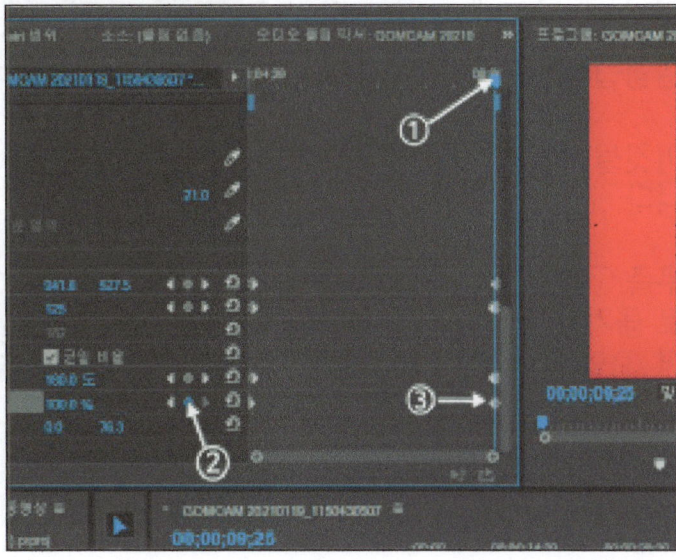

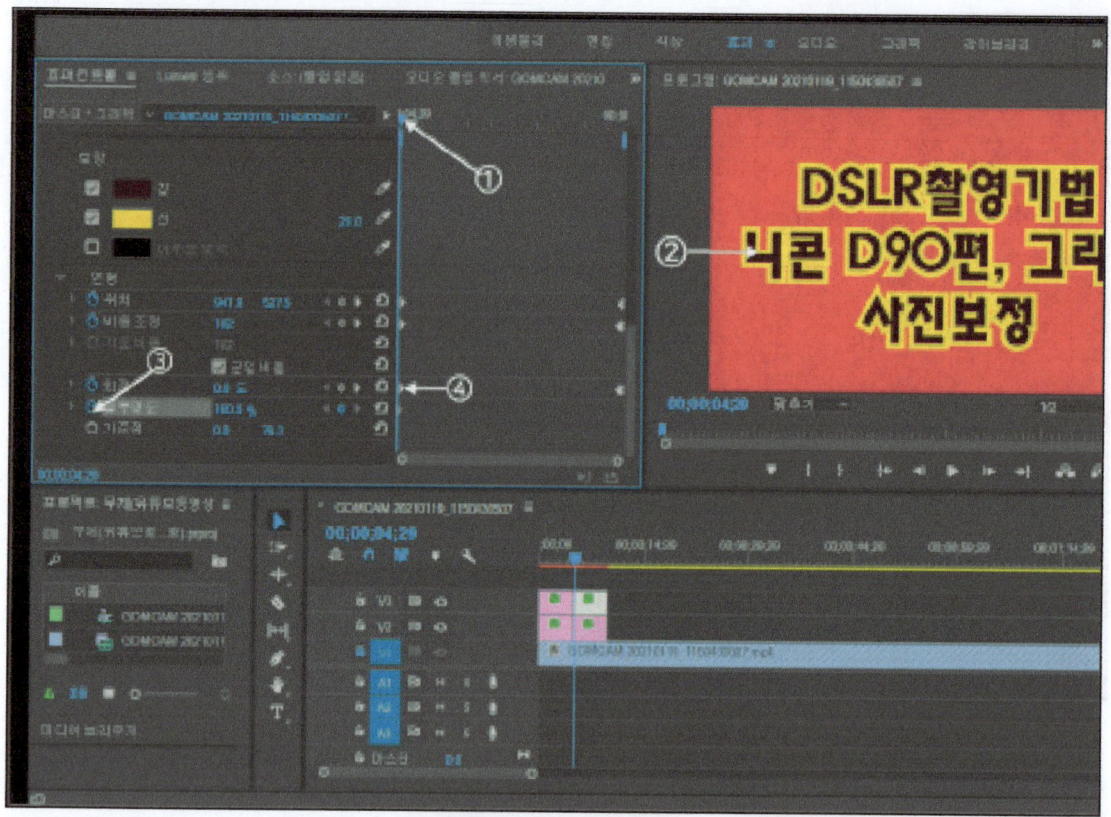

이제 키보드의 [스페이스바]를 눌러서 동영상을 실행해 보면 위의 화면에 보이는 것과 같이 단조로운 애니메이션이 실행됩니다.

이것을 간단히 보정해 보겠습니다.

우측 ①의 실행자를 중간 쯤으로 옮기고 ②, ③, ④를 클릭하면 ⑤와 같이 이곳에 각각의 키프레임이 삽입됩니다.

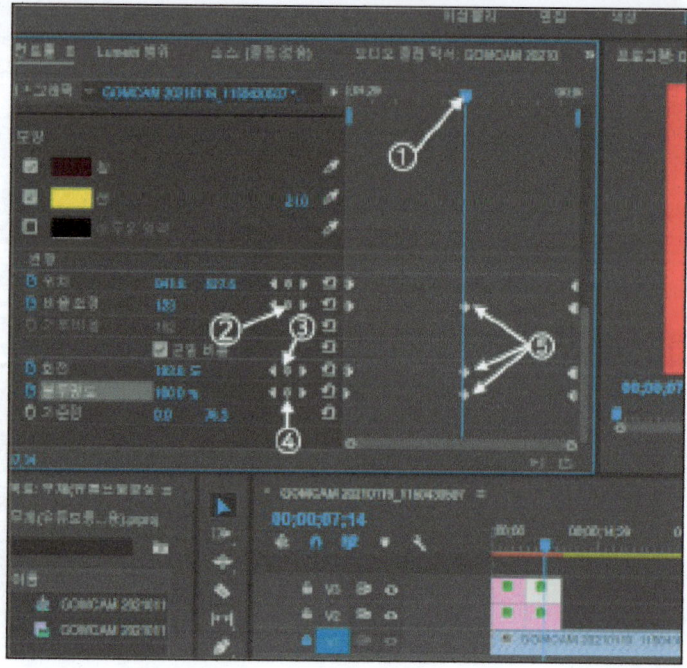

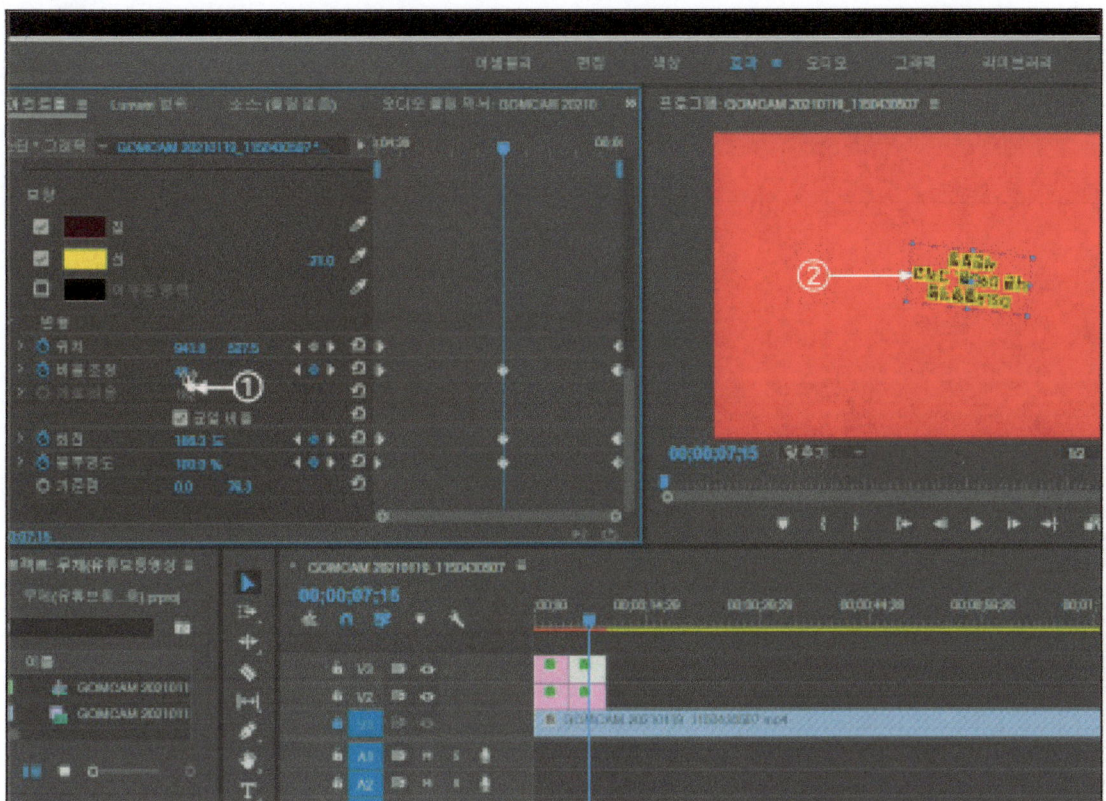

위의 ①의 지점으로 마우스를 가져가서 마우스 모양이 변할 때 클릭 드래그하여 ②와 같이 글씨의 크기를 작게 조절합니다.

이번에는 우측 화면 ①의 실행자를 우측으로 옮기고 ②의 텍스트를 한 번 클릭하여 선택을 하고, 확인을 위하여 ③의 키 프레임을 다시 한 번 클릭하여 선택을 하고 ④의 지점에 마우스를 가져가서 마우스 모양이 변할 때 클릭 드래그하여 글씨의 크기를 원래 크기로 확대합니다.

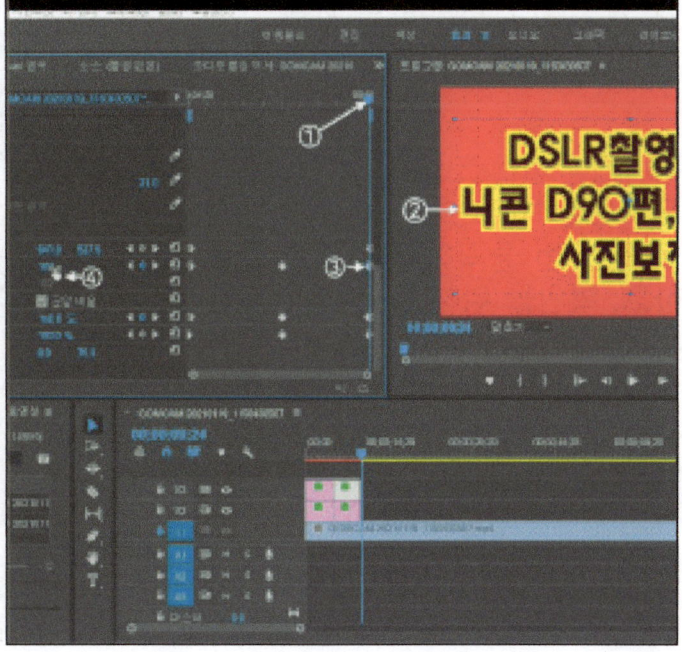

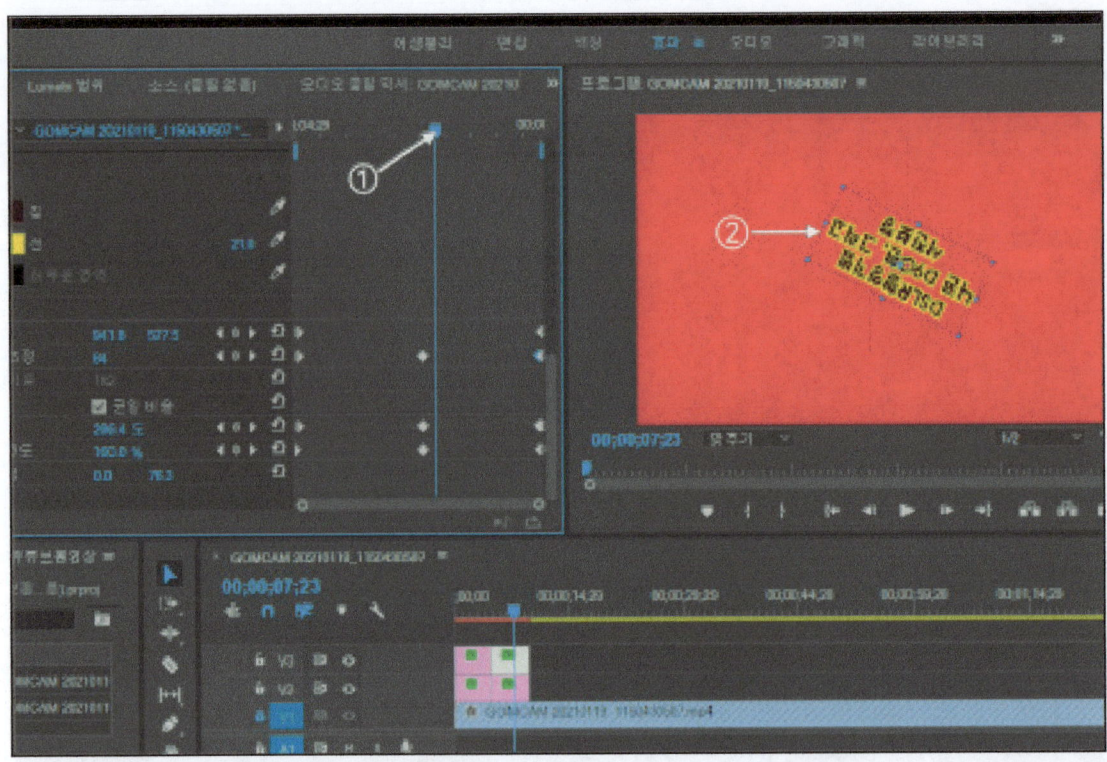

이제 키보드의 [스페이스바]를 눌러서 동영상을 실행을 하거나 위의 화면 ①의 실행자를 클릭하고 이동을 해 보면 글씨가 회전하면서 작아졌다가 다시 커지는 애니메이션이 실행되는 것을 알 수 있습니다.

이번에는 우측 ①의 실행지를 우측으로 이동하고 ②의 텍스트를 한 번 클릭하여 선택을 하고, 확인을 위하여 다시 ③의 키프레임을 한 번 클릭하여 선택을 하고 ④의 지점에 마우스를 가져가서 마우스 모양이 바뀔 때 클릭 드래그하여 글씨의 투명도가 거의 안 보일 정도로 투명하게 해 줍니다.

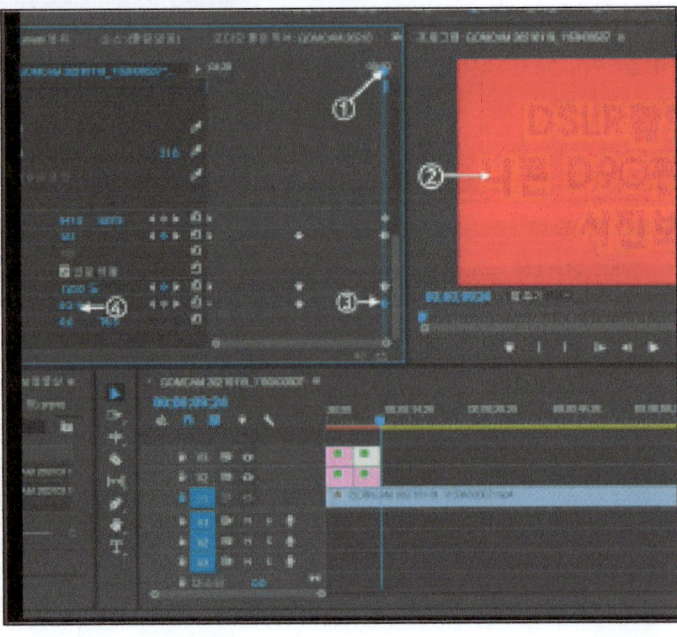

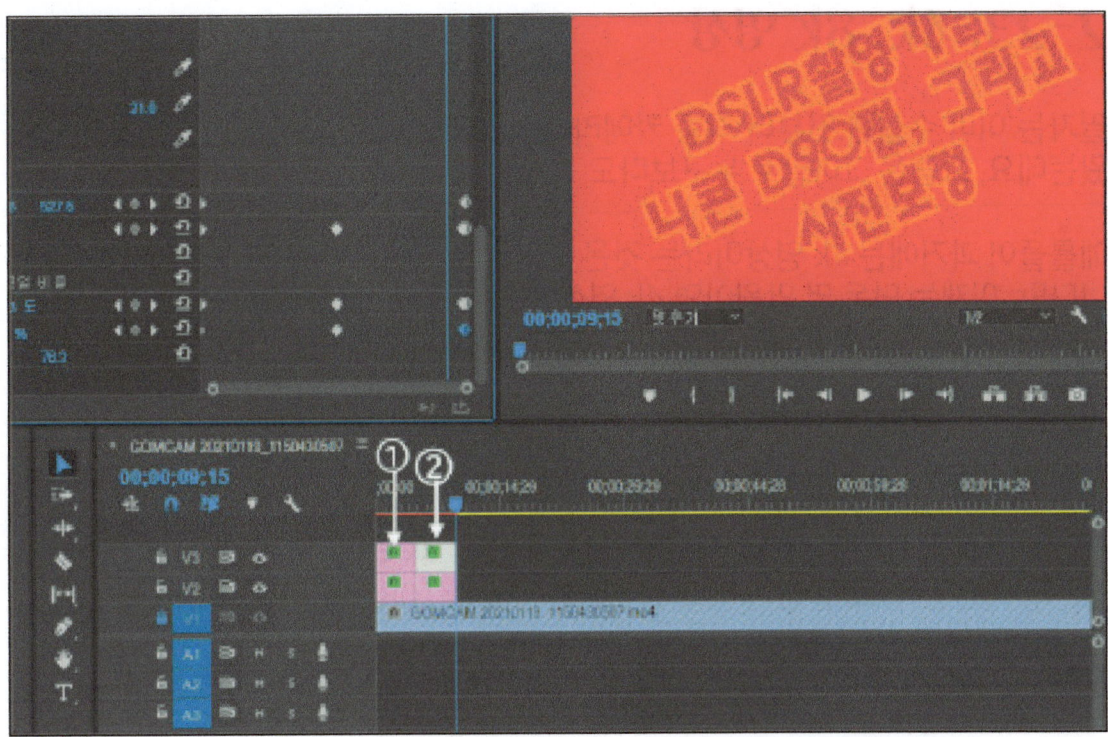

이제 애니메이션을 실행을 해 보면 위의 ①의 지점에서는 시청자가 글씨를 읽을 수 있도록 글씨가 가만히 잇다가 ②의 지점에서는 회전하면서 사라지는 애니메이션이 실행되게 됩니다.

만일 글씨의 위치까지 이동하는 애니메이션을 만들고 싶다면 우측 ①의 슬라이더를 적당히 옮기고 ②를 클릭하여 새로운 키프레임을 삽입하고 글씨의 위치를 이동하거나 양쪽 처음과 시작의 위치에서 텍스트가 이동하는 애니메이션을 만들 수 있으며 이것은 여러분 각자 실습을 해 보시기 바랍니다.

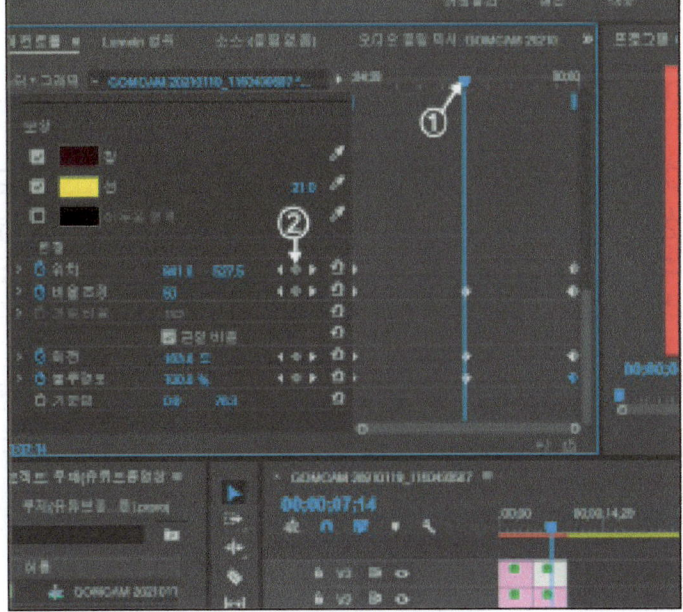

2-23. 4k, 8k 영상

필자는 이미 수십년 전부터 각종 카메라 및 캠코더 등으로 사진 및 영상을 촬영해 왔는데요, 요즘은 그야말로 누구보다도 격세지감을 심하게 느끼고 있습니다.

예를들어 과거에는 4k 영상이라는 것은 그야말로 꿈에서나 볼 수 있는 영상이었습니다만, 이제는 단돈 몇 만원이면 4k 영상을 촬영할 수 있게 되었기 때문입니다. 4k 라는 것은 영상의 가로 픽셀이 4,000 픽셀 이상인 영상을 의미하는데요, 십진법에 의해서 동그라미 3개를 생략하고 4,000 대신에 4k 혹은 8k 라고 부르는 것입니다.

요즘 중국산 저가형 액션캠들이 홍수처럼 쏟아지고 있는데요, 일부 제품은 뛰어난 화질에 놀라운 입을 다물 수 없고요, 일부 제품은 4k 라고 광고를 하지만, 정지화상, 즉, 사진만 4k로 촬영이 되고 동영상은 1920*1080 FullHD를 지원하는 제품도 있기 때문에 잘 알아보고 구입을 해야 합니다.
사진만 4k로 촬영되는 것은 도무지, 도대체, 아무런 의미가 없기 때문입니다.

필자가 4k 동영상을 촬영할 수 있는 중국산 저가형 액션캠을 구입해서 테스트를 해 보았습니다만, 실제 촬영을 해 본 결과 4k 동영상은 안 되고요, 2k(2304 * 1296 사이즈) 동영상은 촬영이 되지만, 1920*1080 FHD 동영상과 조금도 화질 차이가 나지 않습니다.

어차피 큰 기대를 하지 않았지만, 실망이 큽니다.

이렇듯 중국의 도약은 하루가 다르게 변모하고 있으며 우리나라에서는 그 동안 삼성에서 삼성 카메라가 유일하게 명맥을 유지하였습니다만, 이제는 삼성에서 카메라 사업을 접어서 필자 생각에 아마도 앞으로 100년 이내에는 우리나라에서 카메라 사업을 하는 업체는 나오지 않을 것 같습니다.

필자가 이번에 단돈 몇 만원짜리 중국산 저가형 액션캠으로 4k은 안 되지만, 2k 동상을 촬영해 보았더니 중국의 도약이 매우 빠르다는 것을 실감할 수 있었습니다.

제 3 장

카메라(Camera)

3-1. 카메라 선택

필자는 책을 쓰는 것이 직업이지만, 소설을 쓰는 것이 아니고요, 대부분 컴퓨터 관련, 그리고 카메라 교본, 에어스프레이건 사용법, 인쇄술 - 프린터 1대로 100만장 인쇄하는 방법 등 주로 기술 서적이 대부분이고요, 그래서 아주 오랜 옛날부터 필자가 집필하는 저서에 사용할 삽화를 촬영하기 위하여 옛날 필름 카메라 시절부터 사진을 찍어왔고요, 결국 카메라 교본 책까지 펴내게 된 것인데요,..

이렇게 필자는 주로 기술 서적을 집필하는 것이기 때문에 카메라가 아주 중요했습니다.
책의 삽화에 사용하는 사진이 알아볼 수 없는 사진이라면 안 되기 때문에 가능한 사진이 잘 나오게 촬영할 수 있는 장비만 찾다보니 그 비싼 DSLR이 무려 10대도 넘고요, 그리고 어떠한 장비보다 더욱 중요한 것은 사진을 잘 찍어야 하므로 끊임없이 사진 잘 찍는 방법을 연구를 하다보니 카메라 교본 책까지 펴 내게 된 것이고요,..
여기에 유튜버까지 하게 되니 카메라의 중요성은 더더욱 커졌습니다.

그러나,..
그러나..

필자가 최근 집필한, 아직 출간은 되지 않은 '디지털 인쇄술 - 프린터 1대로 100만장 인쇄하는 방법' 이라는 책에 기술한 내용을 인용하자면, '천상천하 유아독존 이 세상에 오로지 필자만이 프린터 1대로 100만장을 인쇄할 수 있는 노하우를 가지고 있다' 고 기술을 했는데요,..
실제로 이 세상 어떠한 사람도, 어떠한 용 빼는 재주가 있는 사람도, 설사 무한 프린터를 개발한 천재라 할지라도 프린터 1대로 100만장은 어림 반품어치도 없는 일입니다.
그런데 필자는, 그것도 불과 약 2년 반 이전에는 대부분의 여러분들보다 무한 프린터에 대해서 더 모르던 완전 무지리, 무한 프린터의 문외한에서 불과 2년 반 만에 프린터 1대로 100만장 인쇄를 할 수 있는, 하늘도 놀라고 땅도 놀랄 기술을 터득했는데요.. 카메라 역시 전세계의 수 많은, 특히 일본의 기라성 같은 카메라 메이커를 모조리 평정을 하고 삼성 갤럭시 스마트폰이 천하 통일을 했습니다.

필자가 비교적 최근에 집필한 또 다른 저서 '에어스프레이건 사용법' 책 역시 불과 1년 만에 에어스프레이건 사용법을 터득하고 책까지 펴 냈는데요, 이 정도 실력을 쌓으려면 용빼는 재주가 있는 사람도 최소한 5년~30년은 해야 터득 할 기술을 단 1년만에 터득한 사람이 바로 필자입니다.

그렇다고 필자가 천재라는 얘기를 결코 아닙니다.
오로지 필자가 잘 하는 것만 그렇습니다.
그 외에는 일반인 평균보다 못한 형편없는 사람이지만, 필자가 잘 하는 일은 그야 말로 천재 중의 천재보다 훨씬 더 잘합니다.

그래서 필자가 집필한 에어스프레이건 사용법 책에 기술한 내용을 인용하자면, 시쳇말로 뻥끼쟁이 40년을 내세우는 페인팅의 고수들이 많이 있습니다만, 필자가 보기에는 그야말로 뻥끼쟁이 40년만 내세우지 정작 기술은 고작 1년 밖에 안 된 필자보다 못하면서 뻥끼쟁이 40년만 내세운다고 기술을 했는데요,..

필자는 에어스프레이건에 대해서 전혀 모르는 상태에서.. 필자는 중년 이후에 컴퓨터 공부를 시작했아도 40대~거의 50대에 이르러 컴퓨터 자격증을 약 10개나 취득하고 관련 서적을 수십권 집필했으며 조립 PC를 무려 수 천 대를 조립하고 이 밖에 산소용접, 전기용접, 그리고 지금 언급하는 에어스프레이건 사용법까지 어느 것 하나 단 한 가지도 어디에서도, 누구한테서도 배운적이 결코 없습니다.

필자가 일상 생활을 하는데는 지장이 없지만, 듣기에 문제가 좀 있습니다.
필자는 젊은 시절 군대생활을 하면서 사격을 잘 하여 국가대표 사격 선수 출신이기도 하고요, 군 시절 너무나 사격을 많이 해서, 그 때 귀를 막고 사격을 했어야 하지만, 젊은 혈기에 그냥 사격을 너무 많이 해서 고막이 상해서, 젊었을 때는 몰랐지만 나이가 들어가면서 점점 청각이 무뎌져서 지금은 스마트폰으로 통화를 하는 것은 스마트폰을 귀에 대고 통화를 하기 때문에 전혀 지장이 없지만, 상대방과 마주보고 대화를 하는 것은 불가능할 정도로 남의 말을 잘 알아듣지 못합니다.

이렇게 청각 시각 등 신체 일부에 장애가 있는 사람들이 다른 분야에서 천재적인 소질을 보이는 것을 보실 수 있는데요,.
필자도 남의 말을 잘 못 알아듣기 때문에 남의 강의를 들어서는 도저히 공부를 못 하기 때문에 오로지 책만 보고 혹은 인터넷 검색만 해서 All 100% 필자 스스로 독학으로 깨우친 기술들입니다.

물론 필자는 남다른 눈썰미와 손재주를 선천적으로 타고 나기는 하였으나 청각에 문제가 있다보니 다른데 천재적인 소질을 보이는 것이라고 생각합니다.

이렇게 장황하게 필자의 근황을 이야기 하는 것은 카메라 설명을 하기 위해서입니다.

필자는 방금 언급했다시피 옛날부터 손재주는 타고 났지만, 예를 들어 프린터 1대로 100만장 인쇄하는 기술이나 에어스프레이건 사용법, 카메라 기술 등은 그야말로 최근 약 2~3년 안에 익힌 기술들입니다.

다시 말해서 에어스프레이건 사용법에는 당연히 페인트에 대한 지식도 포함되고요, 필자는 오로지 필자 스스로 독학으로 깨우쳤기 때문에 필자가 습득한 지식은 대부분 최신 정보를 기반으로 하는 최첨단 기술들입니다.

그런데 뻥끼쟁이 40년만 내세우는 그야말로 뻥끼쟁이 40년 기술자는 40년 전의 기술로 평생을 먹고 살면서 새로운 기술을 배우려는 의지도 능력도 없다는 것이 참으로 가슴이 아픈데요,.

필자는 페인팅에 관해서는 완전 문외한이므로 최신 기술만 접하다가 무언가 의문 사항이 있어서 그야말로 페인팅의 전문가라는 뻥끼쟁이 40년 기술자에게 물어보면, 뻥끼쟁이 40년에 그런 말은 들어본 적도 없다며 자기 앞에서는 그런 말을 까내지도 말라고 하니 필자가 이렇게 표현을 하는 것입니다.

아무리 뻥끼쟁이 40년이라도 40년이면 강산이 4번 변했을 세월인데 요즘 1년만 지나면 1년 전의 모든 인류의 역사의 2배씩 새로운 정보가 생겨나는 세상인데 뻥끼쟁이 40년만 고집을 하고 있으니 얼마나 답답한가 이 말입니다.

다행히 필자는, 필자도 나이가 꽤 있는 사람이지만, 다행히 필자는 그렇게 꽉 막힌 사람이 아니어서 이 나이에도 매일 학교에 다니는 학생보다 더 열심히 공부를 하기 때문에 이 짧은 시간에 그토록 많은 성과를 이룬 것입니다.

다시 말해서 불과 1~2년 전만 해도, 필자의 유튜브 채널이나 필자의 네이버 블로그에서 검색을 하다보면 필자가 불과 1~2년 전에 올린 동영상이나 포스트를 보면 유튜브에 올리는 동영상도 스마트폰으로 촬영하면 안 된다고, DSLR, 필자는 DSLR만 많은 것이 아닙니다.

DSLR 카메라 기준 최대 2,000mm 망원이 되는 니콘 쿨픽스 P900도 가지고 있는데요, 일종의 하이엔드 카메라이며 DSLR 닮은 캠코더입니다.

그래서 필자의 [유튜브 채널]에는 지금 관점에서 본다면 그야말로 구석기 유물에 지나지 않는 여러 종류의 DSLR 설명 및 그러한 DSLR로 촬영한 동영상을 많이 올렸는데요, 지금 생각하면 참으로 웃기는 짬뽕같은 일입니다.

이렇게 불과 몇 개월 ~ 1년 전만 하여도 필자는 스마트폰은 거들떠 보지도 않았습니다.

카메라 교본 책을 펴 낸 필자가 카메라의 지존으로 불리는 DSLR이 열대나 되는데 스마트폰으로 촬영할 일이 없다는 생각 때문이었습니다.

그래서 이전에 올린 동영상은 대부분 열악하기 그지 없는, 그야말로 삼성의 발 뒤꿈치에 붙은 터럭만도 못한 일제 카메라를 가지고 촬영해서 올렸고요, 지금은 대부분 삼성 갤럭시 스마트폰, 그것도 앞에서 누누히 설명한 최저가형 보급형도 못 되는, KT에서 무료로 교체해준 삼성 갤럭시 점프로만 촬영을 하며, 사진이고 동영상이고 4K 영상이고 이보다 좋은 카메라는 아직 본 적이 없습니다.

그래서 이전에 집필한 책에서는 수 많은 카메라 설명, 렌즈 설명 등등 엄청난 지면을 할애했습니다만 지금 이 순간 모든 카메라 모조리 접어 버리고 유튜브 동영상은 삼성 갤럭시 스마트폰이면 충분하도 남는다고 감히 장담합니다.

물론 방송용 캠코더나 전문적인 용도라면 당연히 자신이 알아서 할 일이고요, 일반적인 촬영은 사진이든 동영상이든 갤럭시 스마트폰이면 됩니다.

위는 필자의 [유튜브 채널]에 올린 동영상을 검색한 화면이고요, 필자가 사용하는 최저가형, 단돈 20만원대 초반의 스마트폰, 필자는 그나마 돈을 주고 산 것도 아닌, KT에서 무료로 교체해 준 폰을 가지고 전문가 모드, 즉, 프로 모드로 촬영하는 방법을 동영상으로 올린 것이고요,..

다음 화면은 위의 필자의 [유튜브 채널]에 올린 동영상과 같이 촬영한 사진 원본을 올려 놓은 필자의 [네이버 블로그] 화면입니다.

다음 사진은 필자의 블로그에 올릴 때 사진을 축소하지 않고 원본 그대로 올렸으므로 다음 사진을 클릭하고 다시 [원본 보기]를 클릭하여 실제 원본 사이즈로 크게 확대를 해서 보셔야 정확한 화질을 확인할 수 있고요, 일제 1,000만원짜리 DSLR 보다 더 잘 나온 놀라운 화질에 감탄을 금할 수 없을 것입니다.

필자는 물론 삼성과는 일면식도 없는 사람이지만, 이로 미루어 삼성에서 왜 카메라 사업을 접었는지 조금은 알 것 같습니다.

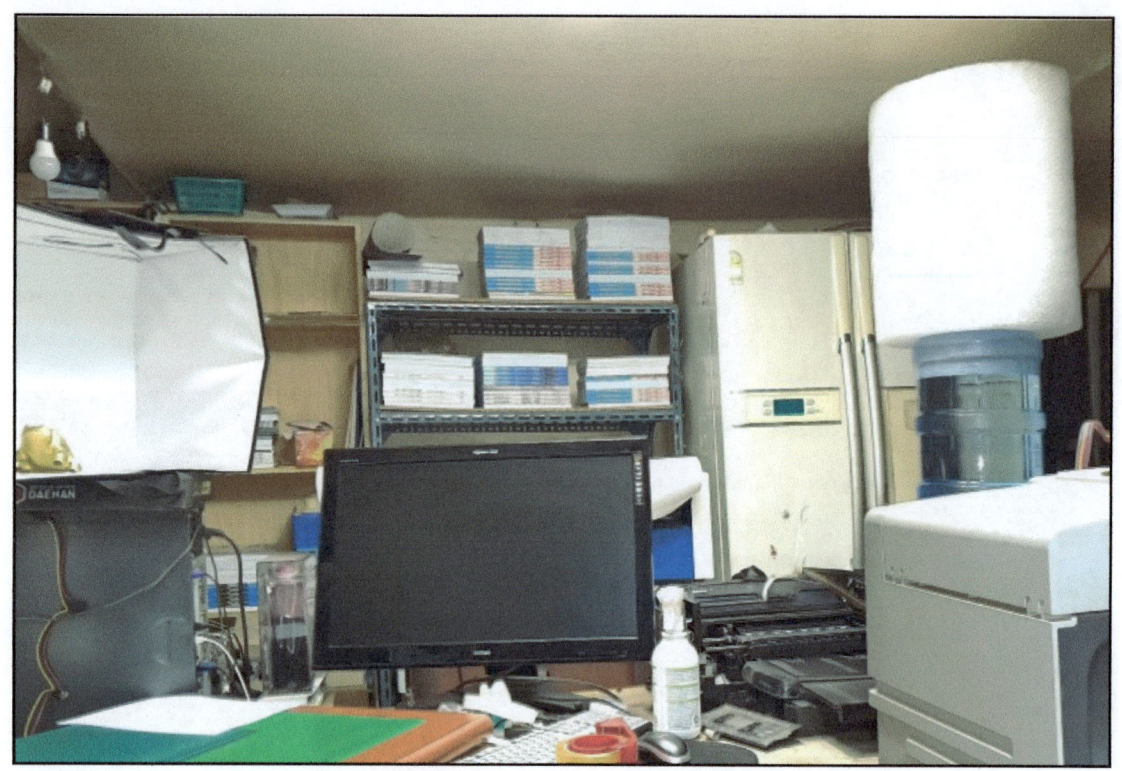

위는 필자가 현재 이 책을 집필하고 있는 필자의 사업장 내부를 삼성 갤럭시 점프 (필자는 점프1, 점프2 스마트폰을 모두 가지고 있고요, 모두 KT에서 무료로 교체해 준 폰입니다.)로 촬영한 사진이고요, 위의 사진을 보아서는 그리 특이한 것이 없을 것 같지만, 위의 사진을 클릭하고 다시 [원본 보기]를 클릭하여 실제 원본 사이즈로 크게 확대를 해서 보면 필자가 왜 삼성 갤럭시 스마트폰의 화질이 세계 최고라고 하는지 금방 아실 수 있을 것입니다.

참고로 필자는 통신사를 KT를 이용하고 있고요, KT에서 무조건 스마트폰을 무료로 교체를 해 주는 것이 아니고요, 일정 기간 높은 요금제를 사용해 주는 조건이지만, 요금이 별 차이가 있는 것도 아니고요, 필자는 이런 식으로 삼성 갤럭시 1, 2, 3, 4, 5, 6, 그리고 점프1, 점프2, 그리고 엘지 폰도 2번이나 교체를 했지만, 단 한 번도 스마트폰을 돈을 주고 구입한 적이 없습니다.

필자가 사업을 해서 그런지 모르겠지만, 항상 어디선가 전화가 와서 무료로 교체를 해 준 것이고요, 물론, 무료는 아니고요, 단말기 가격이 요금에 합산되고요, 그래서 필자는 현재 스마트폰이 여러 대 됩니다.

이것을 보면 우리나라가 선진국이라는 것이 실감이 나는데요, 스마트폰이 여러 대가 있다는 것이 이해가 되세요..

물론 구형 기종은 지금은 거의 사용 불가이고요, 현재 사용 가능한 기종은 3~4대 뿐이지만, 삼성 갤럭시 노트5만 하더라도 4K 영상 기가 막히게 나오며 삼성 갤럭시 노트5 스마트폰으로 촬영한 4K 영상도 필자의 [유튜브 채널]에 올려 놓았고요, 지금 사용하고 있는 삼성 갤럭시 점프1, 점프2, 최저가형, 단돈 20만원대 초반의 스마트폰으로 촬영한 4k 영상도 올려 놓았습니다.

앞의 필자의 사업장을 촬영한 사진을 클릭하고 다시 [원본 보기]를 클릭하여 원본 사이즈로 크게 확대해서 보면 다음과 같이 보입니다.

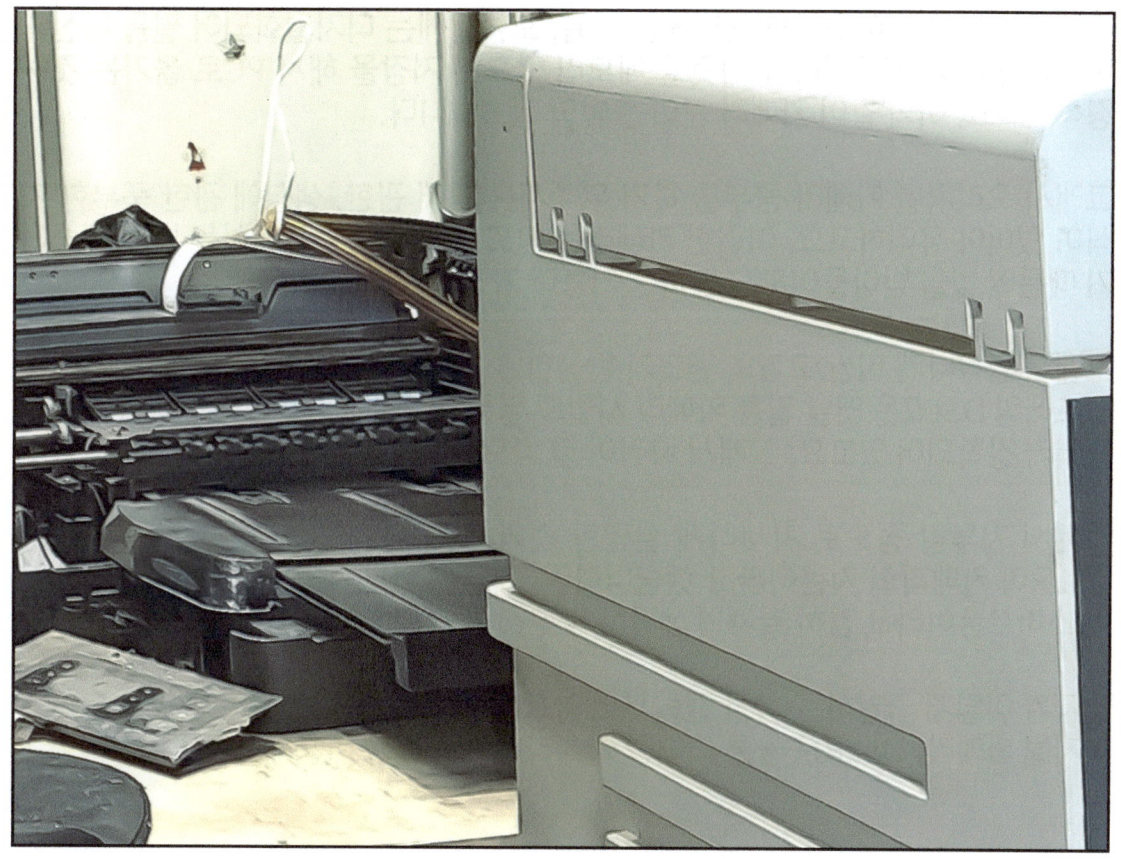

필자는 카메라 교본 책을 펴 낸 사람이고요, 그래서 카메라를 가지고 여기 저기 다니면서 촬영한 각종 사진을 인쇄를 하여 여러 규격으로 판매를 하기도 하는데요,..

이런 필자가 사진을 보는 관점은 가장자리 극주변부 화질과 노이즈입니다.

그런데 지금 보시는 화면은 사진의 극주변부 모서리 코너 부분 가장자리 화질인데도 왜곡도 없고, 화질 저하도 없고, 무엇보다 그리 밝지 않은 실내에서 촬영한 사진인데도 노이즈도 거의 없다는 점입니다.

3-2. 카메라의 3대 요소

카메라는 빛을 받아들여서 옛날에는 필름, 오늘날에는 디지털화되어 필름 대신에 이미지 센서에 기록했다가 이것을 메모리 카드에 저장을 해서 PC로 옮기는 것이 정석이고요, 이와 같이 카메라 분야는 빛의 예술입니다.

그래서 오리지널 카메라 공부를 하기 위해서는 빛에 관한, 생상에 관한 풍부한 지식이 있어야 유리하고요, 이러한 카메라는 빛으로 이미지를 표현하는 빛의 예술이기 때문에 빛을 받아들이고 조절하는 기능이 가장 큰 기술입니다.

그래서 엄청나게 비싼 고가의 렌즈가 탄생한 것이고요, 필자가 주력으로 사용하는 풀프레임 DSLR은 옛날 필름 카메라 시절의 필름 한 칸에 해당하는 아주 큰 이미지 센서가 장착되어 있고요, 그래서 사진이 잘 나오는 것입니다만,.. 음..

앞에서 지루할 정도로 자세하게 설명한 것과 같이 필자도 불과 몇 개월 전에는 DSLR이 카메라의 지존이라고 했습니다만, 지금은 카메라의 지존이란 삼성 갤럭시 스마트폰이라고 감히 필자의 생각을 바꾸겠습니다.

필자가 이렇게 극찬하는 삼성 갤럭시 스마트폰이든, 아직도 사용하고 있을 디카 - 디지털 카메라, DSLR은 물론 어떠한 카메라이든지 빛을 이용해서 이미지를 표현하는 빛의 예술이기 때문에 어떠한 카메라이든지 카메라의 3대 요소는 동일합니다.

즉 이렇게 필지가 이렇게 강조하는 카메라의 3대 요소는 바로 조리개(F값), ISO, 셔터속도입니다.

가장 먼저 렌즈에서 빛을 받아들이며 이 빛이 들어오는 양을 조절하는 것이 조리개이며 F 값으로 표현을 하며 F 값이 낮으면 낮을 수록 밝은 렌즈, F값이 높으면 높을 수록 어두운 렌즈입니다.

보통 카메라는 밝은 렌즈는 F1.2~1.4 정도이며 엄청나게 가격이 비싸며, 보급형 렌즈는 최소 조리개값이 대개 F3.5 이상입니다.

따라서 어두운 곳에서는 F 값이 낮은 밝은 렌즈를 사용해야 하며, 밝은 주간에는 밝은 렌즈나 어두운 렌즈나 거의 차이가 없습니다.

참고로 삼성 갤럭시 스마트폰은 고가의 DSLR과 비교하자면 상당히 비싼 고급형 렌즈라야 가능한 F1.4~1.8 렌즈로 상당히 밝은 렌즈입니다.

참고로 필자가 사용하는 삼성 갤럭시 점프 2 스마트폰의 경우 워낙 최저가형 모델이라 최소 조리개값이 F1.8입니다만, 이 정도만 하여도 DSLR 렌즈로는 상당히 고가의 밝은 렌즈입니다.

이렇게 1차적으로는 렌즈에서 직접 조리개를 조절하여 빛의 양을 적절히 조절하여 받아들 일 수 있고요, 그 다음 항목으로 ISO가 있습니다.

ISO는 Intenational Standard Organization의 약자로서 빛에 대한 민감도로이고요, ISO를 올리면 어두운 곳에서도 밝게 촬영되지만, 입자가 굵고 거칠어지며 필연적으로 노이즈가 발생을 합니다.

따라서 부득이한 경우가 아니면 가능한 ISO는 낮게 설정을 해야 사진이 깨끗이 나옵니다.

다음에는 앞에서 설명한 조리개와 ISO로 빛의 양을 조절하고 마지막으로 셔터 속도를 조절하여 빛의 양을 조절할 수 있습니다.

즉, 셔터 속도가 빠르면 빠를 수록 셔터가 열려 있는 시간이 짧아서 그만큼 빛을 덜 받아들이게 되며, 셔터 속도가 느리면 느릴 수록 셔터가 열려 있는 시간이 길어져서 빛을 많이 받아들이게 됩니다.

그래서 DSLR 촬영 기법 중에 아주 깜깜한 밤에 벌브 촬영 기법이 있는데요, 어두운 곳에서도 셔터를 눌렀을 때 바로 찰칵하고 촬영되는 것이 아니라 카메라에서 설정한 값으로, 보통 벌브 촬영을 하면 셔터 속도를 1/30초가 아니라 반대로 30초 정도로 아주 느리게 설정을 하고 촬영을 하는데요, 그래서 셔터를 누른 후에 무려 30초가 지난 후에 촬영이 되기 때문에 30초 동안 어두운 곳에서도 미약한 빛을 받아들여 사진이 대낮처럼 밝게 촬영되는 특수한 촬영 기법입니다.

아쉽게도 필자가 아는 한, 스마트폰에는 야간 촬영 모드, 별이나 은하수 등을 촬영하는 모드는 있지만, 이러한 벌브 촬영 기능은 없습니다.

그리고 필자는 DSLR 렌즈로 보통 대포라고 부르는 엄청나게 큰 탐론 AF 150-600mm F5~6.3 장망원 렌즈가 있고요, 이와는 다른 종류이지만, 니콘 쿨픽스 P900 이 있는데요, DSLR 카메라로 환산하면 무려 2,000mm 망원이 되는 어마어마한 초망원 카메라로서 특히 동영상에 특화된 하이엔드 카메라이기 때문에 캠코더로 망원 촬영을 할 수 있는데요..

그러나 사실 필자의 경우 요즘은 거의 대부분 사진이든 동영상이든 스마트폰으로만 촬영하므로 그 많은 DSLR이나 하이엔드 카메라 등은 사용하지 않는데요, 이렇게 방금 거론한 특수한 망원 렌즈나 특수한 카메라의 기능은 스마트폰에는 없습니다.

다만 스마트폰에도 디지털 줌이 있으므로 웬만큼은 망원 촬영이 가능하고요, 또 스마트폰에 장착하여 망원 촬영을 할 수 있는 렌즈들도 시중에서 구할 수 있기 때문에 필자와 같이 전문적으로 촬영을 하거나 사진관 등이 아닌 바에야 일반인은 스마트폰 하나만 있으면 유튜버로서 충분하고도 남는다고 할 수 있습니다.

특히 필자는 삼성 갤럭시 점프1, 점프2, 갤럭시 진2 등의 최신 스마트폰이 여러 대 있으므로 활용도가 매우 큽니다.
주 스마트폰은 전화를 받아야 하므로 업무 시간에는 스페어 스마트폰으로 촬영을 하고 주 스마트폰은 항상 주머니에 있으므로 즉석에서 필요한 촬영을 하는 용도로 사용하고 있습니다.

아래는 필자가 현재 주 스마트폰으로 사용하는 삼성 갤럭시 점프2 스마트폰으로 촬영한 제품 사진인데요, 필자의 유튜브 채널에 제품 촬영 기법으로 동영상을 만들어서 올릴 예정이고요, 또한 필자의 쇼핑몰에 올려서 판매를 하려고 촬영한 돼지, 금돼지 조각상 황금돼지 인형입니다.

3-3. 삼성 갤럭시 점프2 스마트폰 화질

여기 사진만 보아서는 이 사진이 잘 나온 것인지 그렇지 않은 것인지 판단이 서지 않는 사람도 있을 것입니다.

그러나 이 사진은 그야말로 일본의 1,000만원짜리 일제 카메라보다 더 잘 나온 사진이라는 것을 알아야 합니다.

카메라 교본 책을 펴 냈고, 지금 현재 DSLR을 10대나 가지고 있는 필자가 이렇게 얘기를 하는 것이므로 다른 사람은 카메라는 따로 구할 필요도 없습니다.

아래 확대 사진을 보세요.

필자의 유튜브 채널에 올린 대부분의 동영상은 예전에 DSLR이나 액션 캠 등으로 촬영해서 올린 일부 동영상을 제외하고는 거의 대부분 삼성 갤럭시 점프1, 그리고 점프 2 스마트폰으로 촬영한 영상입니다.

필자가 현재 주 스마트폰으로 사용하는 기종은 삼성 갤럭시 점프2이며 스마트폰 중에서는 그야말로 최저가폰이기 때문에 이보다 성능이 좋은 스마트폰이라면 당연히 사진이나 동영상이 더 잘 나온다고 할 수 있지만, 사실 이론상의 수치일 뿐이고요, 필자는 카메라 교본 책을 펴낸 사람으로서 이 정도 화질만 나와도,..

또 한 가지 부연 설명을 할 것은 스마트폰이든 DSRL이든 카메라는 오로지 사진을 찍는 도구일 뿐입니다.

이렇게 단지 사진을 찍는 도구일 뿐인, 아직 사진이라고 말 할 수 없는 사진 원본을 찍는 것은 카메라이며, 이것을 사진으로 만드는 것은 두말할 것도 없이 포토샵입니다.

따라서 사진과 포토샵을 뗄레야 뗄 수 없는 필수 불가결한 요소이며, 동영상도 마찬가지입니다.

필자가 지금 상당한 지면을 할애하여 다른 카메라 눈독 들이지 말고 그냥 스마트폰으로 촬영하면 된다고 강력하고 강조를 하고 있는데요, 동영상 역시 필자가 현재 사용하고 있는 주력 스마트폰인 삼성 갤럭시 점프 2, 보급형도 못 되는 최저가형 스마트폰도 4k 영상 기가 막히게 촬영됩니다.

그리고 이렇게 스마트폰으로 촬영한 동영상도 사진 못지 않게 잘 나오지만, 동영상 역시 스마트폰 등의 카메라로 촬영한 동영상 원본은 2D 그래픽인 포토샵과 마찬가지로 동영상은 어도비 프리미어를 거쳐야 진짜 동영상으로 탈바꿈을 합니다.

따라서 유튜버라면 프리미어는 선택이 아니라 필수입니다.

다음 설명은, 지금 이 책은 이전에 집필한 원고를 재편집하면서 내용을 가감하는 것이므로 다음 내용은 이전 원고에 들어 있는 내용이므로 지금, 카메라는 스마트폰만 사용하면 된다고 했으므로 참고만 하시기 바랍니다.

그리고 삼성 갤럭시 스마트폰은 사진이나 동영상만 잘 나오는 것이 아닙니다.

필자가 고가의 일제 고성능 DSLR 및 고가의 하이엔드 카메라와 수십번 비교를 했습니다만, 삼성 갤럭시 스마트폰의 녹음 기능은 필자의 주장대로라면 1,000만원짜리 외장 마이크보다 더 성능이 좋습니다.

생방송을 주로 하는 유튜버는 고가의 방송용 캠코더와 역시 고가의 외장 마이크를 사용하는 것이 필수로 되어 있는데요, 사실 그냥 삼성 갤럭시 스마트폰의 녹음 기능이 이렇게 고가의 방송용 캠코더에 사용하는 역시 고가의 외장 마이크보다 성능이 더 좋다는 것을 아시기 바랍니다.

그런 고가의 방송용 캠코더 및 고가의 외장 마이크를 사용하는 사람은 웃기는 얘기라고 할 수도 있지만, 그런 얘기에 절대로 귀 귀울이지 마시기 바랍니다.

앞에서 필자가 청력에 문제가 있어서 남의 강의를 들어서는 도저히 남의 말을 못 알아듣기 때문에 필자는 수 많은 컴퓨터 자격증은 물론 필자가 현재 가지고 있는 남보다 열 배나 많은 기술들은 All 100% 독학으로 깨우친 기술들이라고 했습니다.

필자가 젊었을 때 군시절 사격을 잘 하여 국가대표 사격선수도 역임했고요, 사격할 때 귀를 막지 않고 사격을 하여 고막에 해를 입어서 점점 나이가 들어가면서 남의 말을 못 알아드는 것일 뿐 소리가 들리지 않는 것이 아닙니다.

단지 다른 사람의 말 소리가 말 소리로 들리는 것이 아니라 웅얼 웅얼 하는 소리로 들리기 때문에 무슨 말인지 못 알아듣는 것입니다.

다시 말해서 필자가 청력 검사를 받으면 100% 정상으로 나옵니다.

소리는 다 들리므로 이런 결과가 나오는 것이고요, 그래서 필자가 현재 거주하는 곳은 시골이고요, 산에 인접해 있기 때문에 각종 새소리, 부엉이 소리 작은 곤충들 소리로 24시간 내내 시끄럽지만, 평소에는 필자가 거의 듣지 못하는 이러한 동물들 소리를 스마트폰으로 녹화를 하면 아주 작은 낙엽 스치는 소리까지 들릴 정도이고요, 필자가 평소에 거의 듣지 못하는 산 새 소리, 부엉이 소리, 작은 곤충들 소리가 고스란히 녹음이 같이 되어 스마트폰으로 촬영한 동영상을 재생하면 필자가 평소에 듣지 못하는 이런 소리들이 고스란히 아주 잘 들을 수 있습니다.

필자가 갤럭시 노트 5 이후, 노트 9, 10 등의 상위 기종은 사용해 본 적이 없지만, 갤럭시 노트 5의 성능으로 미루어 이후 나온 상위 기종들의 성능은 당연히 훨씬 좋을 것으로 예상할 수 있습니다.

특히 삼성 갤럭시 스마트폰 고성능 제품보다 오히려 삼성 갤럭시 노트5의 녹음 기능이 가장 우수했습니다.

아쉽게도 필자가 가지고 있는 삼성 갤럭시 노트5는 초기화를 해도 사라지지 않는 악성 앱에 감염이 되어 삼성 A/S 센터에 가지고 갔지만, 당시 함량 미달의 아주 부적합한 삼성 A/S 직원 때문에 스트레스만 받고 그 A/S맨 지금도 삼성에 다니는지 모르지만, 삼성을 갉먹는 직원이므로 이런 직원은 진작에 해고를 해야 할 것입니다.

당시 초기화를 해도 사라지지 않는 악성 앱에 감염된 것 같다고 얘기를 하니 그 A/S 기사 왈, '그렇게 잘 알면 무엇하러 여기 가져왔냐고' 핀잔을 주기에 필자는 얼굴이 빨개져서 기다리다 수리가 되었다 해서 받아왔으나 초기화를 해도 사라지지 않은 악성 앱을 그런 엉터리 돌파리 A/S 기사가 고칠 수 있을 리가 없죠.

그 A/S 기사가 수리를 해 준 뒤에도 이전과 완전 똑같이 증상이 전혀 개선되지 않아서 당시 삼성 본사에까지 민원을 넣었지만, 결과적으로 아무것도 해결된 것은 없습니다.

따라서 아직 필자보다 낮은 레벨의 사람들은 카메라 욕심 낼 필요 1도 없고요, 녹음용 고성능 마이크 또한 욕심 낼 필요가 전혀 없습니다.

오로지 스마트폰만 있으면 중견 유튜버까지 무난히 패스할 수 있고요, 그 이후에는 필자보다 더 높은 레벨이 되어 있을 터이므로 그 때는 여러분이 스스로 선택하면 됩니다.

삼성의 기술력은 이미 일본을 크게 앞질렀다는 것을 여실히 알 수 있고요,..

필자가 스마트폰에 대해서 여러 페이지에 걸쳐서 강조했습니다만 아마도 대부분의 사람들은 스마트폰에 대해서는 오히려 필자보다 더 잘 알 것입니다.
필자는 아이러니하게도 스마트폰에 대해서는 평균 이하입니다.

3-4. 액션캠

필자는 현재 고가의 DSLR도 10대 넘게 가지고 있고요, 역시 고가의 고성능 하이엔드 카메라, 장망원 캠코더도 가지고 있습니다만, 유튜브에 올리는 동영상은 대부분 스마트폰으로 촬영한다고 하였습니다.
그러나 사람에 따라 사정도 다르고 선호하는 카메라가 있을 것이므로 그간 필자가 사용했던 카메라 일부를 소개하겠습니다.
필자가 가지고 있는 DSLR 중에서는 4k 영상을 촬영할 수 있는 카메라 중에서 중국산 저가형 샤오미 YI 액션캠이 있는데요,..
요즘 저가형 액션캠이 범람하고 있으며 이러한 저가형 액션캠 중에서도 상당한 화질을 보이는 제품들이 많이 있고요, DSLR을 주로 사용하는 필자로서는 그야말로 격세지감이 느껴집니다.
DSLR은 지금도 플래그쉽 바디는 1,000만원에 육박하며 중형 카메라는 바디 가격만 수 천만원이 넘기도 합니다.
이에 비하여 중국산 저가형 액션캠들은 불과 몇 만원만 주어도 놀라운 화질을 보여주는데요 일종의 혼란기라고 할 수 있습니다.
물론 이러한 액션캠과 오리지널 DSLR을 단순 비교할 수는 없습니다.
더우기 4k란, 현재 가장 많이 사용하는 1920*1080 동영상에 비하여 화소 대략 2배이지만, 화질은 4배가 좋은 것이 진정한 4k 영상이며, 이러한 오리지널 4k 동영상을 촬영할 수 있는 장비는 상당한 가격대를 형성하고 있습니다.

이에 비하여 좌측 화면에 보이는 것과 같이 단돈 몇 만원짜리 액션캠도 4k 촬영이 가능한 제품도 있습니다만, 사실 말이 4k지 진정한 4k 화질이 나오는 액션캠도 고프로 고가형은 상당히 비쌉니다.

현재 DSLR중에서 4k 영상을 촬영할 수 있는 기종도 많이 있고요, 우리나라의 삼성전자에서도 카메라 사업을 접기는 하였으나 삼성 카메라 중에 4K 촬영한 카메라도 몇 종 있습니다.

삼성전자,.. 삼성 카메라에서 만든 삼성 NX500과 삼성 NX1이 있는데요..

삼성 NX1은 크롭바디이지만, 풀프레임 바디보다 더 비싼 세계 최고의 카메라입니다만, 아쉽게도 삼성에서 카메라 사업을 접으면서 단종된 비운의 카메라입니다.
그래서 세계 최고의 카메라인 삼성 NX1은 중고로만 구입할 수 있고요, 중고 가격도 상당히 비싸게 형성되어 있습니다.
그러나 요즘 단돈 몇 만원이면 살 수 있는 액션캠도 4k가 나오는 마당에 이런 비싼 기종을 굳이 구입할 필요가 있는지 의문이며 그래서 이런 기종은 가격은 비싸게 형성되어 있지만, 매매가 거의 없는 것이 사실입니다.

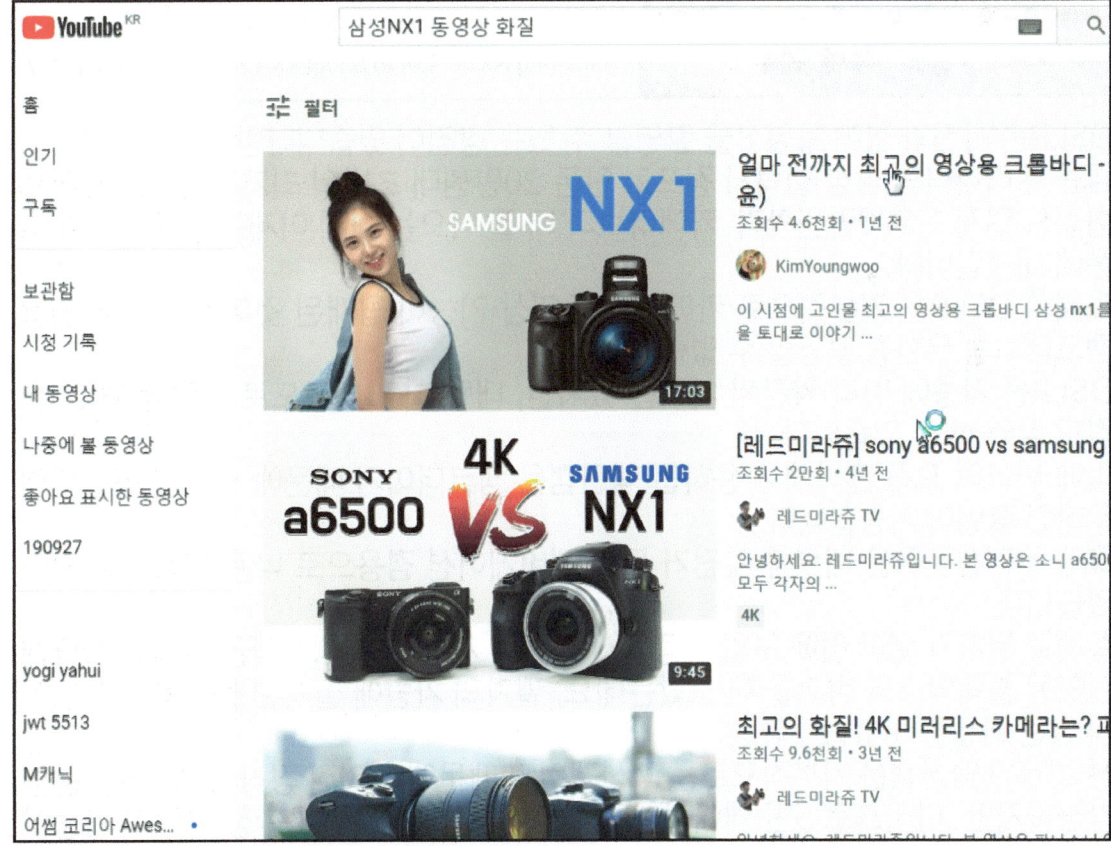

유튜브 접속하여 삼성 NX1 동영상 화질로 검색하면 위의 화면에 보이는 것과 같이 수많은 리뷰 동영상을 보실 수 있고요..
삼성 NX10, NX20, NX200 등에 대한 리뷰는 필자가 올린 동영상도 여럿 있습니다.

DSLR은 사진과 함께 동영상을 촬영할 수 있는 장점이 있습니다만, 필자의 경우 지금은 우리나라의 삼성 갤럭시 점프2, 단돈 20만원대 초반의 최저가형 스마트폰의 화질도 일제 1,000만원짜리 카메라보다 더 잘 나오는 판에 이제는 필자도 스마트폰에 대세입니다.

그리고 DSLR은 기본적으로 카메라에 동영상 기능이 탑재된 것이기 때문에 전용 캠코더처럼 무한정 촬영할 수 없습니다.

DSLR은 기종에 따라 약간씩 차이는 있지만, 대략 최고 해상도로 촬영할 때 20분 정도 촬영 할 수 있습니다.

이에 비하여 요즘 흔하게 사용하는 액션캠은 캠코더이기 때문에 전원만 공급되면 무한정 촬영이 가능합니다.

그래서 액션캠들은 대부분 자전거 등의 네비게이션 겸용으로 나온 제품들이 많이 있습니다.

실제로 필자가 얼마 전에 구입한 중국산 저가형 샤오미 YI 액션캠을 가지고 차량에 설치된 블랙박스와 비교를 해 보았는데요, 필자의 차량에 설치된 블랙박스에 뒤지지 않는 화질을 보였습니다.

샤오미 YI 액션캠은 기본적으로는 액션캠이기 때문에 배터리 장착시 약 40분 촬영 가능하지만, 마이크로 5핀 케이블에 usb 전원만 공급되면 무한정 촬영이 가능합니다.

그래서 필자는 필자의 차량에 있는 usb전원에 꽂고 블랙박스와 같이 녹화를 해서 비교를 해 보았는데요, 필자가 테스트에 사용한 블랙박스는 만도 SP300LE 모델이고요, 1920*1080 FHD 촬영 가능한 모델이고요..이미 오래 된 모델이지만, 차량 넘버 식별이 되는 고성능 블랙박스입니다.

필자가 가지고 있는 샤오미 YI 액션캠은 이렇게 생겼고요, 저가형이다보니 액션캠에 액정이 없습니다.
화면 없이 촬영도 가능하지만, 스마트폰과 연결하여 스마트폰 화면을 보고 조작하는 방식이고요, 필자의 경우 차량에 usb 전원이 있기 때문에 스마트폰이든, 액션캠이든 배터리 걱정을 하지 않고 촬영할 수 있습니다.

정지화상의 경우 4k 촬영이 가능하지만, 사실 요즘 누구나 가지고 있는 스마트폰은 웬만하면 4k가 아니라 6k~8k 혹은 그 이상의 해상도가 나옵니다.

따라서 여기 설명은 참조만 하시고요, 필자도 이제는 그 많은 카메라들 거의 사용하지 않고요, 대부분 스마트폰으로만 촬영을 하므로 여러분도 특별한 경우가 아니면 스마트폰만 있으면 무난합니다.

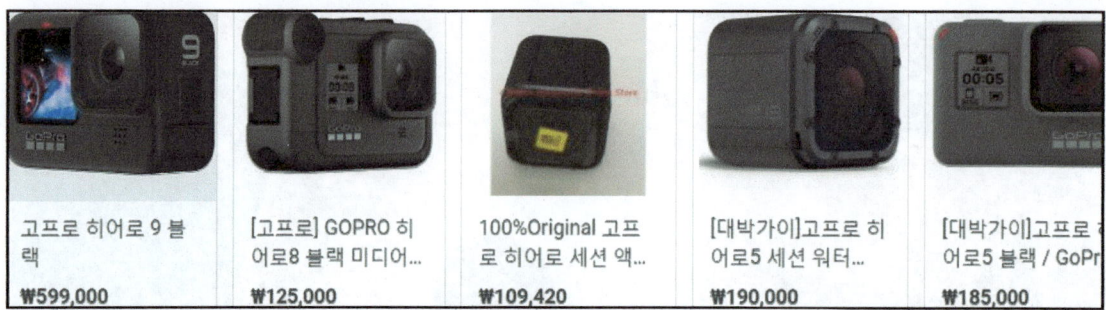

위의 화면 역시 필자가 방금 검색한 결과이므로 검색 시점이 다르면 가격도 다를 수 있고요, 고프로는 위와 같이 상당한 가격대입니다.

액션캠은 이 밖에도 고프로를 모방한 짭프로, 짭짭프로, 짭짭짭프로 등 수많은 기종이 있으므로 유튜브 등에 올라와 있는 리뷰 영상을 보고 선택하면 됩니다.
이러한 액션캠들은 중저가형의 경우 4k라고 광고는 하지만, 정지화상만 4k를 지원하고 동영상은 4k를 지원하지 않거나 4k 촬영이 가능하다 하여도 화질이 떨어지는 것이 보통입니다.

단돈 몇만원에서부터 가장 좋다는 고프로 고급형 조차 50만원~60만원대인데 수백만원짜리 오리지널 4k 캠코더와 비교하는 것부터 무리가 있는 것입니다.
액션캠은 문자 그대로 액션캠이므로 액션캠의 용도에 맞게 사용할 때 진정한 의미가 있고요, 그러나 액션캠도 상당한 화질을 보이므로 사용하기에 따라서는 아주 좋은 결과물을 만들 수 있습니다만 액션캠은 기기의 특성상 상당한 광각을 넘어 거의 어안 수준으로 촬영이 됩니다.

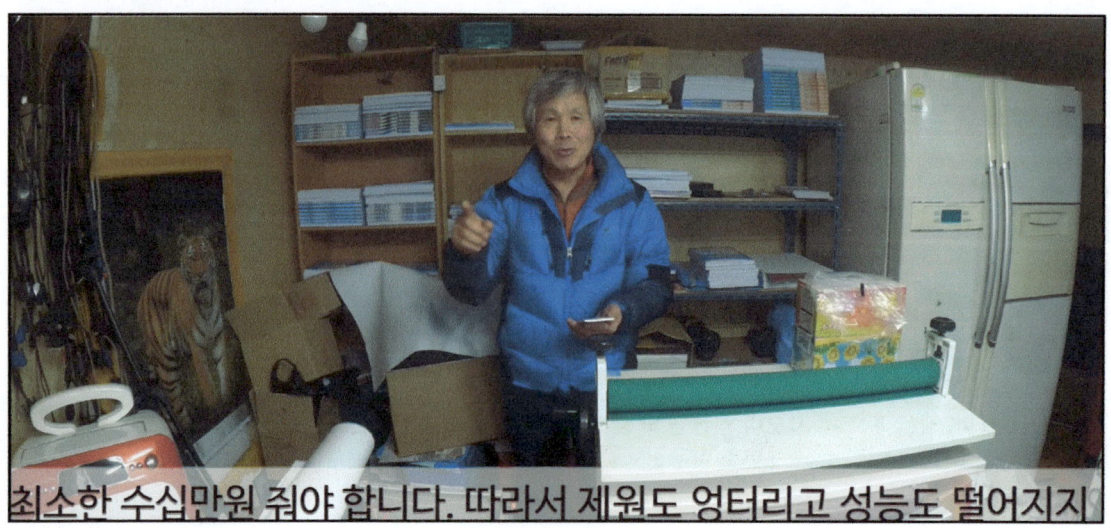

액션캠은 가까운 거리에서 촬영시 이 정도로 엄청난 왜곡을 보여줍니다.
그러나 야외에서는 이렇게 표시가 나지는 않습니다.

3-5. DSLR

필자가 현재 가지고 있는 DSLR 중에서, 동영상 촬영 기능이 있는 풀프레임 카메라는 니콘 D610인데요, 옛날에는 동영상 화질이 좋았다고 생각했지만, 지금은 삼성 갤럭시 스마트폰이 일본의 기라성 같은 전자 메이커만 평정을 한 것이 아니라 카메라도 모조리 평정을 했으므로 여러분도 이런 DSLR에 욕심 내지 마시고요, 스마트폰으로 촬영하시면 무난합니다.
참고로 니콘 D610은 2430만 화소 니콘의 보급형 풀프레임 바디입니다.
보급형 풀프레임 바디이므로 고급형 플래그쉽 바디에 비해서는 당연히 떨어지지만, 그 대신 니콘의 고급형 바디들은 대부분 동영상 기능이 없거나 미약한데 비하여 니콘 D610은 2430만 화소에 1920*1080 30프레임 FHD를 지원합니다.
그러나 여러번 강조합니다만, 여기 설명은 참조만 하시고요, 지금은 필자가 사용하는 최저가형 스마트폰인 삼성 갤럭시 점프 2 스마트폰이 이런 고가의 DSLR을 압도하므로 스마트폰으로 촬영하면 무난합니다.

니콘 D610은 오리지널 DSLR이므로 위와 같이 생겼고요, 2430만 화소 풀프레임 FX바디이고요, DSLR이란 렌즈 교환식 카메라이므로 렌즈는 따로 구입을 해야 하며, 렌즈에 따라서는 바디 가격보다 더 비싼 렌즈가 수두룩 합니다.
아래 사진에 보이는 렌즈는 니콘 AF 24-120mm F3.5-5.6G ED VR 렌즈입니다.

이 책은 카메라 교본이 아니기 때문에 동영상에 관한 내용만 설명을 하겠습니다.

① 니콘 AF24-120mm F3.5-5.6G ED VR 렌즐서 니콘의 최상급 N 렌즈보다는 아래지만 상당히 비싼 렌즈입니다.

② 셔터
③ 동영상을 촬영할 때는 이 버튼을 눌러야 하며 그 이전에 바디 앞에 있는 라이브뷰 모드를 눌러야 하며 그리고 위의 모드 다이얼을 ⑤의 위치에 놓고 완전자동으로 동영상을 촬영해야 합니다.
④ 모드 다이얼 (위의 사진에서 ④가 가리키는 곳이 M 모드입니다.)
⑤ 완전 자동 모드(플래시 없음)
⑥ 완전 자동 모드(플래시 터짐)

대충 이렇게 설명할 수 있고요, 만일 DSLR에 생소한 사람이라면 여기 보이는 니콘 D610은 풀프레임 바디로 가격이 비싸므로 가격이 저렴한 입문기로 공부를 하셔야 하며..

사실 필자는 카메라 교본 책을 펴 냈으므로 그 비싼 DSLR이 열 대도 넘습니다만, 지금은 이 흔한 스마트폰보다 못하니 참으로 격세지감이라고 하지 않을 수가 없습니다.

위는 필자가 유튜브에 올린 동영상의 하나이고요, 니콘 D610 바디에 니콘 AF 24-120mm F3.5-5.6G ED VR 렌즈를 물리고 촬영한 동영상입니다.
1920*1080 30프레임으로 촬영한 동영상이고요, 예전에 올린 영상입니다.

3-6. 삼성 NX1

위의 사진이 삼성 NX1이고요, 삼성의 걸작 중의 걸작 세계 최고의 카메라이지만, 삼성에서 카메라 사업을 접으면서 단종된 비운의 카메라입니다.
3,070만 화소 4K(4090 * 2160 24프레임), UHD(3840 * 2160 30프레임)의 동영상 촬영이 가능하며 NX1은 당시로서는 세계 최고의 초당 15매의 최고 연사

속도를 보이는 카메라로 특히 야구 경기에서 스틸 장면을 녹화하는 용도로 사용되기도 했던 엄청난 카메라입니다.
지금은 단종되어 중고로만 존재하며 지금도 동영상 화질은 그 어떤 카메라와 비교해도 전혀 손색이 없는 놀라운 화질을 보여줍니다.

위는 유튜브에서 방금 검색한 4k 영상 화면이고요, 위는 사진이 아닙니다.
동영상을 재생하는 도중에 화면 캡쳐를 한 것입니다.
동영상 화면인데요, 정지화상보다 더 잘 나옵니다.

이런 놀라운 카메라를 만든 삼성에서 카메라 사업을 접었으니 필자 생각에 앞으로 100년 이내에는 우리나라에서 카메라를 만드는 업체는 생겨나지 않을 것으로 보입니다.

위의 NX1은 출시 당시에는 밸류팩으로 무려 310만원 정도였으며 지금은 중고로만 존재하며 중고 가격도 상당히 비싸게 형성되어 있습니다만,..
요즘 가격이 저렴한 액션캠도 4k를 지원하는 마당에 이런 비싼 카메라를 사용할 사람이 있을지는 미지수입니다.
그러나 위의 영상에서 보듯이 오리지널 4k 영상을 촬영할 수 있는 최고급 카메라라는 것은 의심의 여지가 없는 좋은 카메라입니다.

앞의 NX1의 하위 기종인 삼성 NX500은 삼성 NX1보다는 못하지만, 삼성 NX500도 4k 동영상을 지원합니다.

3-7. 삼성 NX500

앞의 NX1은 너무 가격이 비싸므로 비교적 주머니 사정이 얇은 사람들은 이보다 하위 기종인 삼성 NX500을 사용하는 유저들도 많이 있습니다.
삼성 NX1보다는 못하지만, 삼성 NX500도 4k 동영상을 지원합니다.

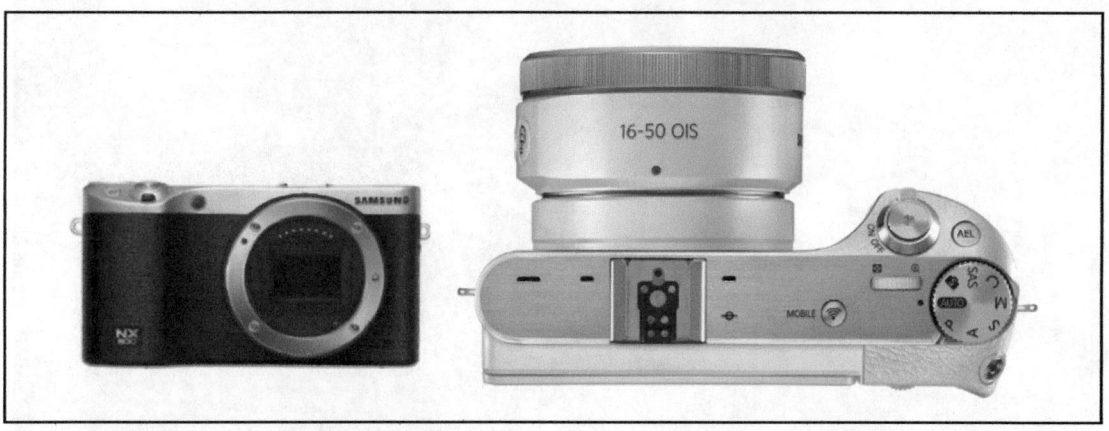

앞서 설명한 삼성 NX1을 포함하여 삼성 NX10, NX20, NX30은 삼성의 카메라 라인업에서 가장 위에 있는 고급형 모델들이고요, 오리지널 뷰파인더는 아니지만, 광학식 뷰파인더보다 훨씬 좋은 디지털 뷰파인더가 달려 있는 모델들입니다.
이에 비하여 여기 보이는 삼성 NX500, NS300, NX200, NS100 모델들은 디지털 뷰파인더도 달려 있지 않은 오리지널 미러리스 카메라입니다.
사진 촬영을 할 때 스마트폰과 같이 카메라를 들고 액정 화면을 바라보고 촬영을 해야 하며 하늘을 나는 비행기나 조류 등을 촬영할 때는 이 방식으로는 촬영할 수 없습니다.
카메라를 손으로 들고 사람의 눈과 카메라의 렌즈와 하늘을 나는 피사체를 일치시키기가 거의 불가능하기 때문입니다.
그러나 뷰파인더가 달려 있는 카메라는 뷰파인더를 보면 하늘을 나는 빠른 피사체나 빠르게 질주하는 경주용 자동차 등 가리지 않고 얼마든지 촬영할 수 있습니다.
따라서 DSLR에 입문을 한다면 미러리스보다는 뷰파인더가 달려 있는 모델을 선택해야 합니다.

위의 화면 역시 방금 유튜브에서 검색하여 삼성 NX500으로 촬영한 4k 동영상을 화면캠쳐를 한 것이고요, 삼성 NX1이 너무 비싸기 때문에 삼성 NX500을 구입한 유저들을 만족시킬만한 화질입니다.

3-8. 삼성 NX200

지금 설명하는 것들은 필자가 가지고 있는 카메라를 가지고 설명을 하기 때문에 필자가 가지고 있는 카메라만 다루는 것이고요, 이 카메라들이 가장 좋은 카메라라는 것이 결코 아닙니다.
오히려 시중에는 이보다 훨씬 좋은 카메라 혹은 캠코더가 즐비합니다.
이 점을 아시고요, 지금 소개하는 삼성 NX200, NX100, NX300, NX500 모델들은 삼성의 카메라 라인업에서 중간에 있는 중급기이며 공통적으로 뷰피인더가 없는 오리지널 미러리스 카메라들입니다.
어차피 이 책은 유튜브 동영상 편집 및 촬영 책이므로 유튜브 동영상 촬영이 가능한 카메라를 소개하는 것이므로 카메라를 손으로 들고 동영상을 촬영하면 되므로 미러리스도 충분한 것입니다.
삼성 NX200은 고급형인 삼성 NX20과 같이 2030만 화소 1:1.5 크롭 바디이며 방금 설명한 삼성의 고급형인 삼성 NX20과 같은 2030만 화소 카메라이지만, 고급형인 삼성 NX20에 비해서는 상당히 떨어지는 기종입니다.
그러나 동영상은 고급 기종인 삼성 NX10과 비교해도 거의 뒤지지 않는 화질을 보이므로 관심 있는 분들은 참고하면 좋겠습니다.

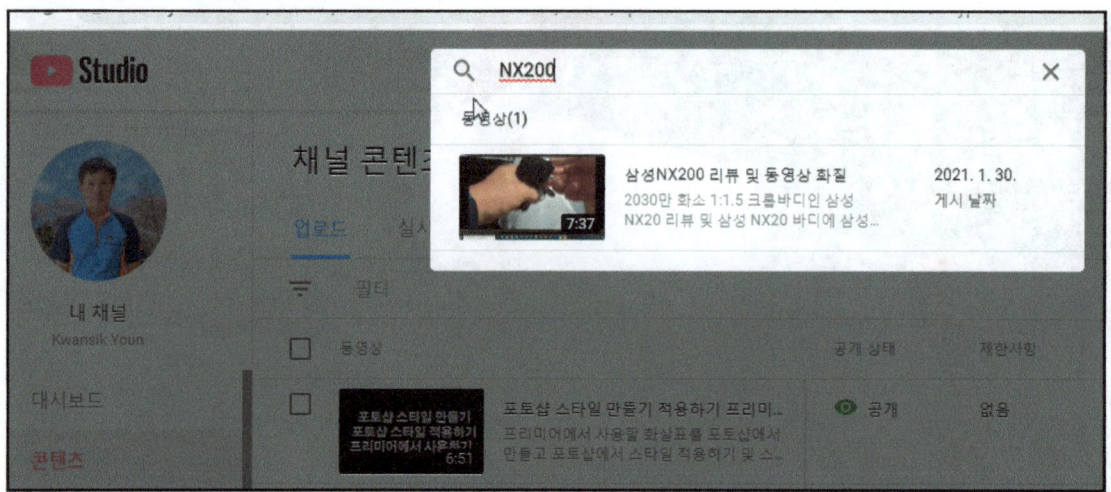

위의 화면은 유튜브에 있는 필자의 채널에 올려 놓은 삼성 NX200에 관한 동영상이고요, 아래 화면은 네이버에 있는 필자의 블로그에 올려 놓은 삼성 NX200에 대한 헤일 수 없이 많은 포스트인데요..
인터넷창, 웹브라우저 주소표시줄에 '가나출판사.kr' 입력하고 엔터를 쳐서 필자의 홈에 오시면 링크가 있습니다.

특히 위의 화면에 보이는, 네이버에 있는 필자의 블로그에 오시면 삼성 NX200에 관한 포스트가 헤일 수 없이 많이 있으므로 관심 있는 분들은 많은 도움이 될 것입니다.
삼성 NX200은 삼성의 중급기이고요, 뷰파인더가 없는 오리지널 미러리스이고요, 2030만 화소 1:1.5 크롭바디입니다.
요즘 관심이 뜨거운 4k 동영상 촬영 기능은 없고요, 1920*1080 30프레임 동영상 촬영 기능만 있습니다만, 사실 필자와 같이 동영상 강좌 등을 올리는 용도라면 거의 부족함이 없습니다.
그러나 여러 번 강조합니다만, 지금 설명하는 것은 여러분 중에 해당 되는 분 혹은 관심 있는 분들을 위한 설명일 뿐, 필자도 지금은 DSLR보다는 요즘 누구나 가지고 있는 스마트폰으로 촬영하므로 특별한 경우가 아니면 DSLR에 욕심 내지 마시고요, 스마트폰으로 촬영하시면 무난합니다.

위의 화면은 필자의 유튜브 채널에 올려 놓은 삼성 NX200으로 촬영한 동영상을 화면캡쳐한 것입니다.

3-9. 삼성 NX10

삼성 NX10은 삼성의 카메라 라인업에서 가장 위에 있는 고급형이지만, 이 중에서 가장 먼저 나온 구형 모델입니다.
그래서 1460만 화소로 화소도 부족하고 동영상도 1280*720 사이즈 밖에는 촬영할 수 없습니다.
그러나 삼성의 고급형 라인이기 때문에 디지털 뷰파인터가 달려 있는 모델이고요, 뷰파인더가 있기 때문에 빠르게 질주하는 자동차등 움직이는 피사체를 촬영하기에 아주 좋고요, 이렇게 움직이는 피사체를 촬영하기 위해서는 뷰파인터가 필수적으로 달려 있어야 하기 때문입니다.
이 밖에 파노라마 기능 기타 여러가지 기능들이 있습니다만, 여기서는 동영상에 관한 내용만 소개를 하는 것이므로 삼성 NX10 모델은 1280*720 30

프레임의 동영상을 촬영할 수 있는 기능이 있다는 것만 아시면 되겠습니다.

위의 화면은 유튜브에 있는 필자의 채널에 올려 놓은 동영상을 화면캡쳐를 한 것이고요, 아래 화면은 네이버에 있는 필자의 블로그에 있는 삼성 NX10 관련 수많은 포스트들입니다.
인터넷창, 웹브라우저 주소표시줄에 '가나출판사.kr' 입력하고 엔터를 쳐서 필자의 홈에 오시면 링크가 있습니다.

3-10. 삼성 NX20

삼성 NX20은 앞에서 소개한 삼성 NX200과 같은 2030만 화소 1:1.5 크롭바디 입니다만, 삼성 NX200과 달리 삼성 NX20은 디지털 뷰파인더가 달려 있는 삼성의 고급형 모델입니다.
삼성의 고급형 모델답게 우선 화질도 좋고 여러가지 향상된 기능들이 있습니다만, 여기서는 오로지 동영상에 관한 것만 다루므로, 삼성 NX20의 동영상 부분만 살펴보겠습니다.
아쉽게도 삼성 NX1과 삼성 NX500만 4k 동영상 촬영 기능이 있고요, 여기 소개하는 삼성 NX20은 1920*1080 30프레임 FHD 촬영이 최고 동영상 화질입니다.

위의 화면은 유튜브에 있는 필자의 채널에 있는 동영상을 실행하고 화면 캡쳐를 한 화면인데요, 필자가 삼성 NX20 동영상은 유튜브에 있는 필자의 채널에 여러개 올려 놓았습니다.
그리고 네이버에 있는 필자의 블로그에도 삼성 NX20 관련 포스트가 헤일 수 없이 많이 올라가 있으므로 관심 있는 분들은 필자의 유투브 채널이나 네이버에 있는 필자의 블로그에 오셔서 관련 포스트를 보시기 바랍니다.
인터넷창, 웹브라우저 주소표시줄에 '가나출판사.kr' 입력하고 엔터를 쳐서 필자의 홈에 오시면 유튜브에 있는 필자의 채널 및 블로그에 오실 수 있는 링크가 있습니다.

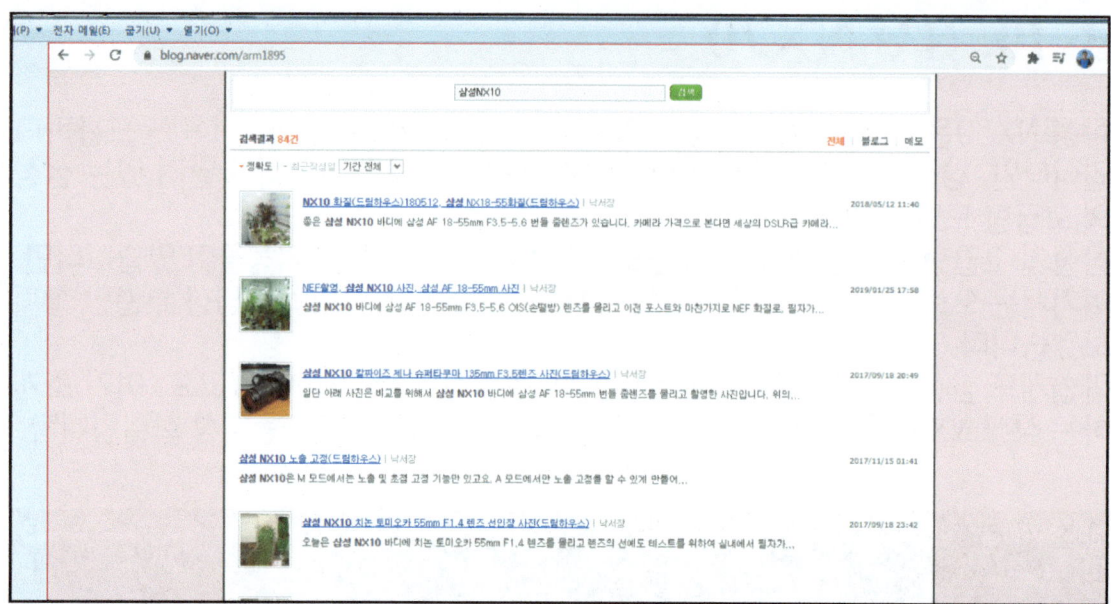

또한 필자의 유튜브 채널에는 삼성 NX20으로 촬영한 동영상을 여러개 올려 놓았으므로 관심 있는 분들은 큰 도움이 될 것입니다.

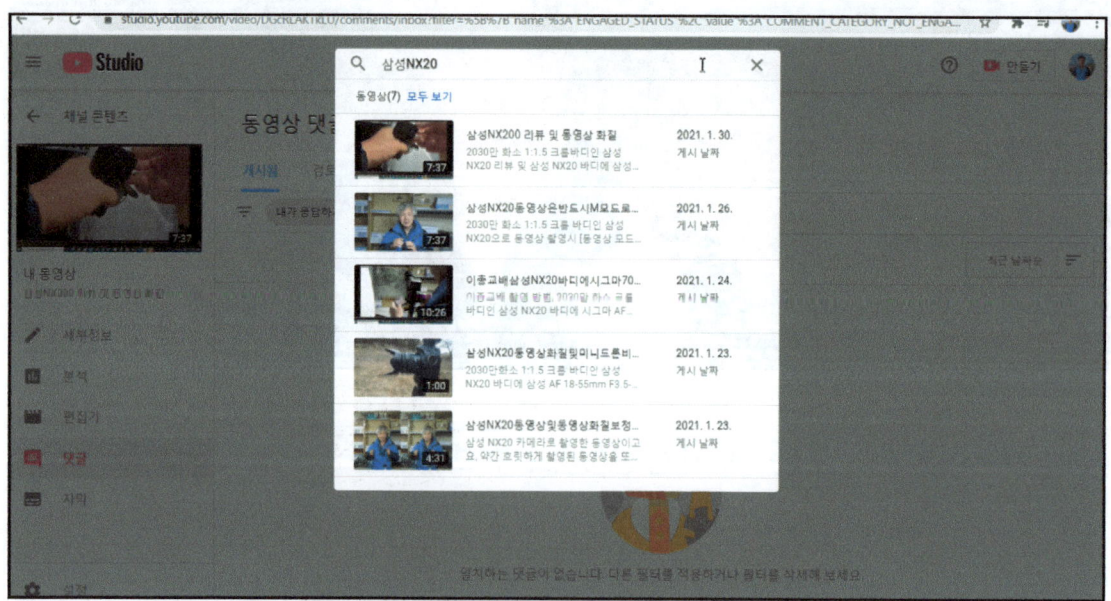

앞에서 소개한 2430만 화소 풀프레임 바디인 니콘 D610은 완전 자동 모드에서 동영상을 촬영해야 동영상이 잘 나왔지만, 지금 소개하는 삼성 NX20은 반대로 M 모드로 촬영해야 합니다.

삼성 NX20에도 완전자동 모드가 있기는 하지만, 삼성 NX20은 M 모드에 놓고 수동으로 설정을 잘 맞추고 iso auto에 놓으면 밝기는 자동으로 맞추어져서 동영상이 촬영됩니다.

또한 삼성 NX20은 틸트 액정이며 액정이 270도 회전을 하기 때문에 완전히 자유로운 앵글로 촬영을 할 수 있습니다.
아래와 같이 하늘에 있는 별 등을 촬영할 때 위를 쳐다보지 않고 오히려 아래를 쳐다보고 촬영을 할 수 있습니다.

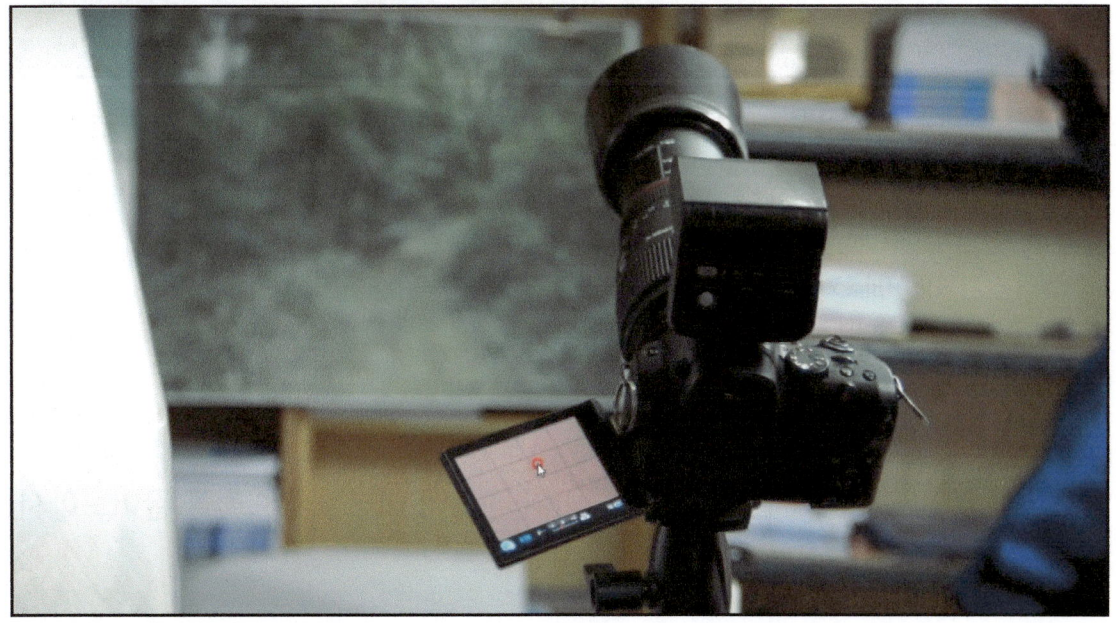

그리고 지금 보는 화면은 삼성 NX20 바디에 시그마 AF 70-300mm 망원 렌즈를 물린 모습인데요, 서로 다른 바디와 렌즈를 물리고 촬영하는 것이고요, 이렇게 하는 것을 이종 교배라고 합니다.

이렇게 촬영할 경우 특히 렌즈군이 빈약한 삼성 카메라에서 타사 렌즈를 물릴 수 있으므로 거의 렌즈에 대한 제약이 사라지는데요, 아쉽게도 이렇게 이종 교배를 할 때는 AF는 불가하고요, MF, 즉 수동으로 초점을 맞춰야 하는 불편함이 있습니다. 그러나 동영상 촬영의 경우 처음에 초점을 맞춰놓고 삼각대 거치하고 촬영할 경우 다시 초점을 잡을 필요가 없기 때문에 손으로 들고 이동하면서 촬영하는 동영상이 아닌 바에야 상관이 없습니다.

이 책은 카메라 교본이 아니기 때문에 카메라에 대해서 자세하게 설명할 수는 없습니다.

어차피 동영상에 관심이 있는 분이라면 카메라를 알아야 하므로 인터넷창, 웹브라우저 주소표시줄에 '가나출판사.kr' 입력하고 엔터를 쳐서 필자의 홈에 오셔서 [출판사]를 클릭하면 필자의 수많은 저서들을 보실 수 있고요, 이 중에서 '카메라 교본' 책을 클릭하여 보시기 바랍니다.

아무래도 제대로 공부를 하기 위해서는 종이로 만든 책이 있어야 제격입니다.
인터넷에 있는 정보는 단편적인 정보들이기 때문에 이러한 정보들을 끌어모아서 자신의 것으로 만드는 것이 결코 쉽지 않기 때문입니다.

액션캠의 캠은 캠코더를 의미하는 것이죠..
앞에서 진정한 4k 동영상을 촬영하기 위해서는 삼성의 NX1이나 NX1이 너무 비싸기 때문에 이보다 하급인 NX500 등을 사용해야 한다고 했는데요..
물론 삼성 카메라 뿐만이 아니고 니콘 D7500이나 기타 타 메이커도 4k 동영상 촬영 기능이 있는 카메라는 얼마든지 있고요 또한 오리지널 4k 동영상을 촬영할 수 있는 오리지널 캠코더도 얼마든지 있습니다.
그러니 이렇게 오리지널 4k 동영상을 촬영할 수 있는 장비는 가격이 비싸기 때문에 그 대안으로 떠오르는 것이 바로 액션캠입니다.

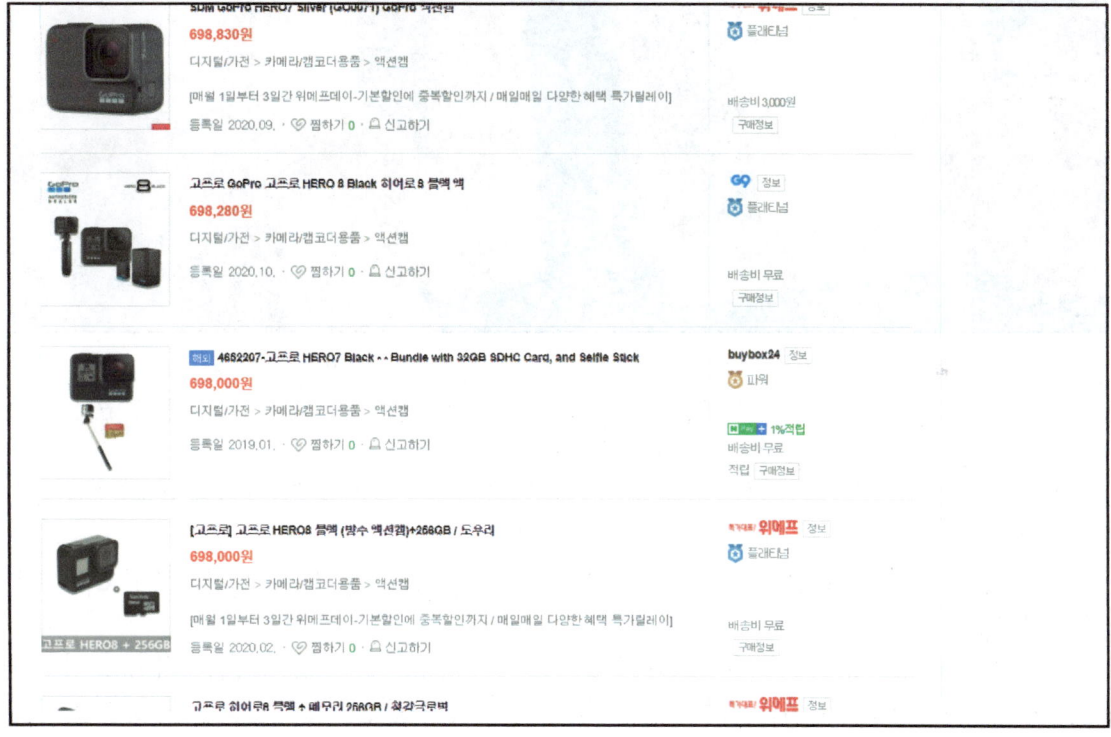

현재 액션캠으로 가장 선두에 있는 것은 고프로 액션캠인데요, 가격이 상당히 비쌉니다.

그래서 고프로를 모방한 짭프로, 짭짭프로, 짭짭짭프로 등이 나오기도 했는데요, 필자는 사실 정식 4k 영상 장비가 아니면 별로 관심이 없어서 구입을 하지 않았고요..
그러다가 중국산 샤오미 YI 액션캠을 구입하게 되었습니다.
가격이 너무나 저렴해서 구입을 했고요..
결과는 대 만족입니다. 물론 가격대비, 가성비에 만족한다는 뜻입니다.

필자가 구입한 샤오미 YI액션캠은 이렇게 포장되어 배송되어 왔고요,..
중국의 도약이 무척 놀랍습니다만, 사실 엉터리이고요, 이 제품이 엉터리라는 것이 오히려 필자의 가슴을 쓸어내리게 하기도 했습니다.
왜냐하면 중국이 우리나라를 앞지르고, 삼성을 앞지른줄 알았더니 아직은 아니라는 것을 알게 되었기 때문입니다.
그러나 가격만 두고 보았을 때는 세계 최고의 가성비를 가진 액션캠이라고 하지 않을 수가 없습니다.
처음 포장을 뜯고 베터리 끼우고 처음 촬영한 동영상은 참으로 실망스러웠습니다.
제원에는, 일단 명칭이 4k 액션캠입니다만, 4k라는 것은 정지화상, 즉 사진을 4k로 촬영할 수 있다는 뜻이고요, 동영상은 2k를 지원한다고 되어 있습니다만, 처음에는 1920*1080 30프레임의 동영상 밖에는 안 되었습니다.

사실 정지화상, 즉, 사진이 4k라는 것은 전혀 의미가 없습니다.
요즘 스마트폰도 보통 6k~8k가 넘어가는 마당에 액션캠의 4k는 그야말로 새발의 피이기 때문입니다.
동영상을 4k로 촬영할 수 있어야 진정한 4k인데, 처음에는 2k는 커녕 1920*1080 60프레임도 촬영이 되기는 하였으나 전혀 비정상적이었고

1920*1080 30프레임의 동영상 촬영만 제대로 되었습니다.
그래서 첫날에는 '샤오미 YI 액션캠 엉터리지만 합격입니다' 라는 동영상을 유튜브에 올렸고요, 그리고 잠시 후에..
필자가 가지고 앴는 샤오미 YI 액션캠은 액정이 없습니다.
스마트폰과 연결하여 스마트폰을 보고 설정 및 촬영을 하는데요, 사실 불편하지는 않고요 오히려 작은 액정보다 스마트폰을 보고 촬영하는 것이 필자로서는 더 낫은 환경이고요..

처음 동영상을 촬영하여 유튜브에 올린 직후에 스마트폰 화면에 '펌풰어 업데이트를 하시겠습니까" 이렇게 나와서 예라고 대답을 하고 화면의 안내에 따라 업데이트를 하고 났더니 1920*1080 60프레임 촬영이 되었습니다.

그리고 하루 더 지나가 이번에는 2k 촬영도 되었습니다만,.. 화질도 만족하고 필자로서는 모든 것이 만족스럽습니다만, 2k 혹은 4k나 8k로 동영상을 촬영하는 것은 높은 화질 때문입니다.

예를 들어 4k란 요즘 많이 사용하는 1080i, 혹은 1080p 등의 동영상에 비하여 화소는 2배이지만, 화질은 4배가 좋은 것이 진정한 4k인 것입니다.
(주의 : 여기서 설명하는 30프레임은 1080i, 60프레임은 1080p라고 표현합니다.)

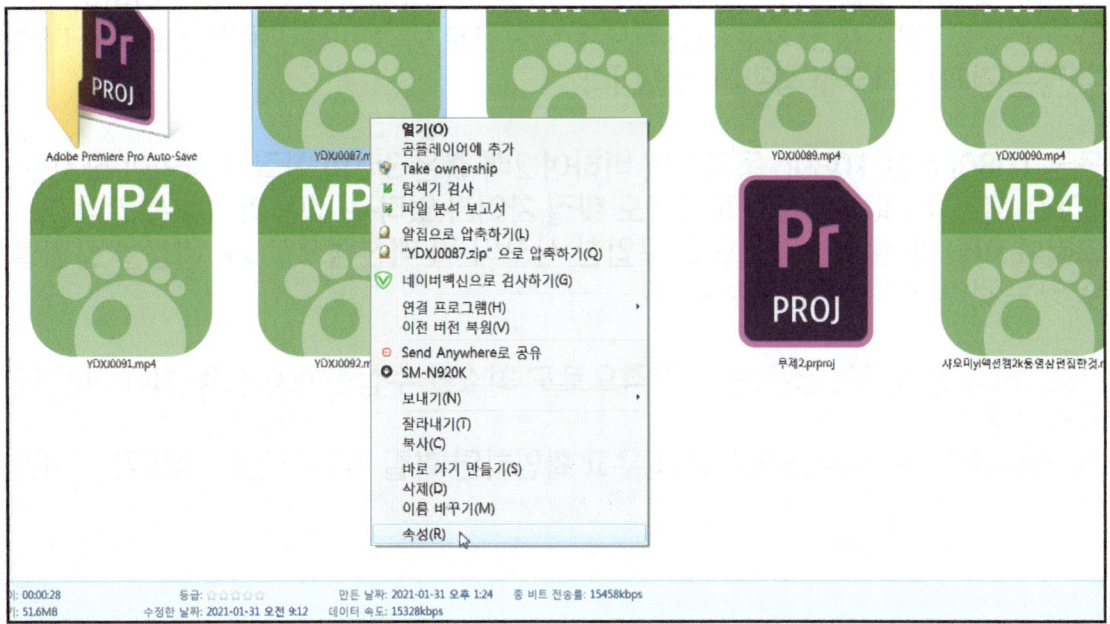

앞의 화면은 샤오미 YI 액션캠으로 2k 동영상을 촬영한 파일들인데요, 탐색기에서 보았을 때 동영상의 사이즈가 나타나지 않고요, 속성에 들어가보아도 동영상의 사이즈가 나타나지 않습니다.

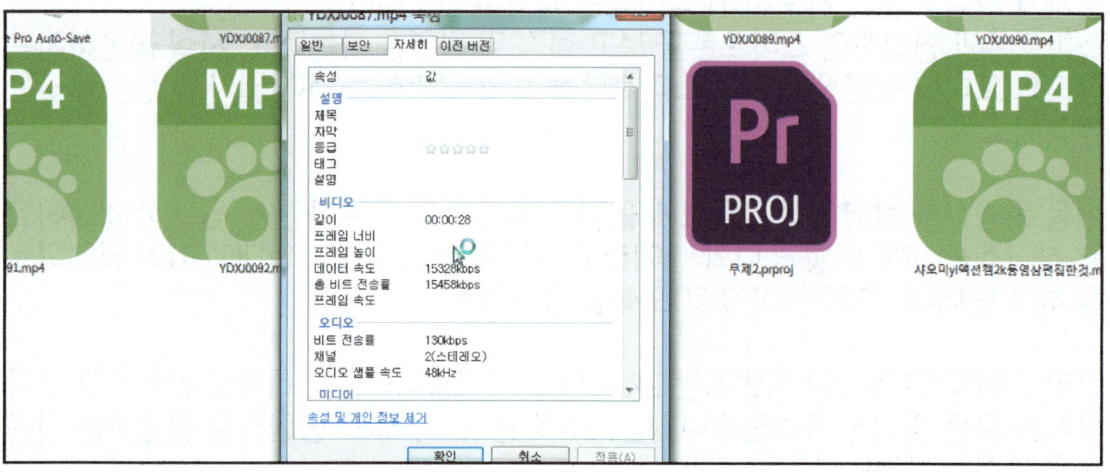

위의 마우스가 가리키는 동영상 사이즈 부분이 비어 있습니다.
그리고 샤오미 YI 액션캠으로 촬영한 2k 영상과 1920*1080으로 촬영한 영상을 동시에 실행하고 모니터에서 확인한 결과 화질 차이가 전혀 없습니다.
그러나 어도비 프리미어에서 불러들이면 2k동영상 화소가 나오므로 2k로 촬영한 것은 맞지만, 왜 탐색기에서는 제원이 나오지 않는지 필자도 알 수가 없습니다.
그러나 샤오미 YI 액션캠으로 2k 설정으로 촬영한 동영상을 어도비 프리미어에서 불러 들였을 때는 2k 크기로 정상적으로 나오므로 탐색기에서 동영상 크기가 나오지 않는 것과는 아무런 상관이 없습니다.

물론 1080i 혹은 1080p 동영상에 비하여 2배 혹은 3배의 화질이 나와야 하지만, 1080i 혹은 1080p 동영상과 조금도 화질 차이가 없다는 것이 아쉬울 뿐입니다.
그러나 이렇게 저렴한 가격으로 구입한 샤오미 YI 액션캠으로 2k 영상을 촬영할 수 있는 것이 신기하기만 합니다.

DSLR이나 캠코더의 경우 중고 가격으로도 최소한 수십만원 이상을 줘야 하기 때문입니다.
2k 영상과 1080 영상을 동시에 띄우고 확인하면 화질 차이가 전혀 차이가 없지만요..

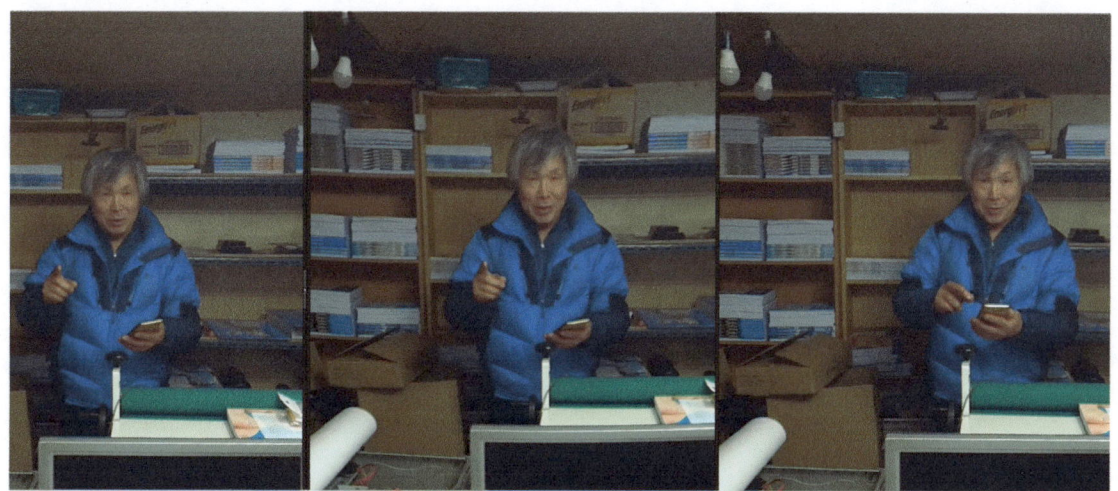

위는 모두 샤오미 YI 액션캠으로 촬영한 동영상인데요, 비교를 하기 위하여 필자가 직접 촬영한 것인데요..
좌측은 1920*1080 30프레임, 가운데는 1920*1080 60프레임, 우측은 2K 동영상입니다.

우선 위의 3개의 동영상의 화질은 전혀, 눈꼽만큼도 차이가 나지 않습니다.
문자 그대로 2K, 혹은 4K 영상이라면 1920*1080 FHD 동영상에 비하여 최소한 2배~4배로 화질이 좋아야 하지만, 기본적으로 화질 차이가 눈꼽만큼도 없습니다.
그러나 필자가 면밀하게 테스트를 한 결과 2k로 촬영을 하는 것이 그나마 초광각 왜곡을 어느정도 해소할 수 있습니다.
아마도 동영상의 크기를 크게 촬영을 하기 때문에 왜곡이 조금이라도 줄어드는 것 같습니다.

그리고 프리미어에서 확인을 하면 위의 화면 맨 우측 2K 영상은 동영상 크기는 맞지만, 동영상의 화질은 위에 보이는 것과 같이 전혀, 눈꼽만큼도 차이가 없습니다.
2K 영상이면 더 좋은 화질이 나와야 하지만, 전혀, 눈꼽만큼도 화질 차이가 나지 않습니다.

결국 중국산 저가형 액션캠인 샤오미 YI 액션캠의 경우 그냥 1080i 혹은 1080p로 촬영하는 것이나 2k로 촬영하는 것이나 화질 차이는 없다는 결론인데요..
그러나 앞에서 설명한 것과 같이 기본적으로 액션캠으로 촬영하는 영상은 거의 어안에 가까운 광각으로 심한 왜곡을 보이는데요, 2k로 촬영하면 그나마 왜곡을 약간은 줄일 수가 있습니다.

제 4 장

프리미어 고급 과정

4-1. 인제스트

이번 장은 프리미어 고급 기능으로 인제스트 기능인데요,..

인제스트 기능은 사양이 딸리는 저사양 PC에서 4K, 8K 영상을 편집할 수 있도록 일종의 편법을 사용하는 기능인데요, 필자의 경험상 이는 어도비사의 실수라고 할 수 있습니다.

물론 프로그램을 만든 이유는 충분히 납득이 가고 프로그램 자체는 참으로 훌륭하고 기발한 발상임에 틀림이 없습니다.

그러나 오늘날의 관점에서 본다면 사실 요즘 필자가 현재 사용하는 PC보다 저사양의 PC를 사용하는 사람은 아마 거의 없을 것입니다.

일반 사무실 등에서 간단한 워드나 작성하는 용도로 사용하는 PC가 아니라면, 특히 이 책으로 적어도 유튜버가 되기 위하여 이 책으로 공부를 하는 사람이라면 최소한 필자와 같거나 이보다 높은 사양의 PC를 사용하는 사람이 대부분일 것입니다.

필자는 현재 인텔 i7-870, 인텔 i7-G2140 셀러룬 시피유를 장착한 PC, 그리고 인텔 i7-2세대 시피유를 장착한 PC 등을 사용하고 있고요, 모든 PC 램은 8Gb에 불과합니다.

요즘 추세로 본다면 확실히 저사양 PC입니다만, 이런 PC를 가지고도 프리미어 프록시 설정, 인제스트 설정을 하지 않더라도 4k 영상은 전혀 무리 없이 실행됩니다.

혹시 필자와 비슷한 사양의 PC에서 4K 영상 편집이 불가하다면 PC 자체에 문제가 있는 것입니다.

문제는 이보다 더 사양이 낮은 PC에서 4k 영상을 편집할 때 인제스트 기능을 이용하여 프록시 설정을 해서 4k 영상을 우선 미디어 인코더로 용량이 작은 크기의 동영상으로 인코딩을 해야 하는데요, 그 시간이 상상을 초월할 정도로 오래 걸립니다.

또한 4k 혹은 8k 영상을 변환하는 미디어 인코더 프로그램이 있어야 하는데요, 일반적으로 사용하는 흔한 유틸리티가 아니기 때문에 정품이 아니면 구하기도 어렵습니다.

그리고 어렵게 어도비 프리미어 프로 CC 버전을 인스톨하고 여기에 미디어 인코더까지 인스톨을 했다 하더라도 PC가 쾌적하지 않다면 셋팅이 거의 불가능할 정도로 어렵습니다.

어차피 유튜버가 되어 자신의 유튜브 채널에 동영상을 올리기 시작하면 당연히 PC도 비교적 사양이 높아야 하며 PC는 요물과도 같아서 튜닝을 하지 않으면 1,000만원을 들여서 컴퓨터를 조립을 해도 단돈 10만원짜리 컴퓨터보다 느립니다.

그래서 필자의 다른 저서 PC정비사 교본 책도 곁들려 공부를 해야 하는 것이고요,..

그러나 이 모든 것을 한꺼번에 해결할 수는 없습니다.

따라서 프리미어 프로그램을 공부하는 입장에서 테스트로 인제스트를 활성화시키고 프록시 설정을 하여 4k, 8k 영상을 편집해 볼 수는 있겠지만, 실제로 유튜브에 동영상을 올리기 위한 편집은 거의 불가능에 가깝다는 것을 아시기 바랍니다.

다시 한 번 강조하지만, 적어도 필자가 현재 사용하는 정도의 PC라면 인제스트 기능을 이용하지 않고 그냥 편집하더라도 8k 영상은 무리겠지만, 4k 영상은 전혀 무리 없이 편집이 됩니다.

필자의 [유튜브 채널]에 올린 4k 영상은 모두 이렇게 필자가 현재 사용하고 있는 비교적 저사양 PC로 인제스트 기능을 이용하지 않고 모두 다이렉트로 편집해서 올린 동영상들입니다.
따라서 다음에 나오는 프록시 설정은 공부하는 차원에서 공부를 하는 것은 좋지만, 저사양 PC에서는 거의 사용이 어렵다는 것을 아시고 공부를 하시기 바랍니다.

8k 영상은 유용하겠지만, 인코팅하는데 엄청난 시간이 걸리므로 하루 혹은 이틀 혹은 그 이상 엄청난 시간 동안 인코딩을 해서 편집할 사람이 있을지 모르겠습니다.

4K 영상만 해도 아직은 보편적이지 않고요, 특히 8K 영상은 아마도 상당한 시일이 경과해야 널리 보급될 것입니다.

참고로 8K 영상을 렉없이 편집할 수 있는 PC는 사실상 아직은 없다고 보는 것이 맞고요, 방송국에서 사용할 정도의 장비라면 억대는 가져야 합니다.

하드웨어 편집 보드를 사용하면 조금 수월하기는 하지만, 어차피 8k 영상은 아직은 PC에서는 무리이고요, 4k 영상 정도에서 만족하는 것이 좋습니다.

따라서 8k는 현재로서는 사실상 욕심이고요, 4K 영상도 인터넷 검색해 보면 어마어마한 견적이 나옵니다만, 필자의 경험상 필자가 현재 사용하는 정도의 사양만 가져도 되므로 이보다 낮은 사양의 PC가 아니라면 굳이 프리미어 인제스트 기능은 사용하지 않는 것이 스트레스를 받지 않는 방법입니다.

여기 보이는 화면은 1년 전에 필자의 [유튜브 채널]에 올린 4K 영상인데요, 당시 인텔 i7-2세대 CPU를 장착하고 8Gb 램을 장착한 PC로 프리미어 인제스트 기능을 사용하지 않고 다이렉트로 편집하여 올린 동영상입니다만, 전혀 무리없이 편집해서 올렸고요, 다음 확대 화면도 확인해 보세요.

4k 영상이고 워낙 고퀄리티로 촬영한 동영상이다보니 위와 같이 왕창 확대를 해도 아주 잘 나옵니다.

이 때만 해도 필자는 스마트폰은 거들떠보지도 않던 때이고요, 니콘 쿨픽스 A1000 하이엔드 카메라로 촬영한 4k 영상이고요, 참고로 니콘 쿨픽스 A1000은 DSLR 닮은 캠코더로 DSLR 환산 최대 840mm 망원이 되는 카메라이고요, 이후 필자는 더욱 장망원이 되는 최대 2,000mm 망원 촬영이 되는 어마어마한 니콘 쿨픽스 P900을 또 구입했고요, 당시 125만원이나 주고 구입했지만, 지금은 오히려 이런 고가의 고성능 카메라는 거의 사용하지 않고 대부분 스마트폰으로 촬영을 합니다.

4-2. 하이엔드 카메라 소개

여기 보이는 카메라가 니콘 쿨픽스 P900 하이엔드 카메라이고요, DSLR 환산 광학 최대 2,000mm 디지털 4배줌이 있으므로 디지털까지 사용하면 최대 8.000mm 망원이 되는 어마어마한 하이엔드 카메라입니다.

다음은 필자가 이 카메라로 슈퍼문 촬영을 하여 필자의 [유튜브 채널]에 올린 동영상입니다.

유튜버로서 스마트폰만 있으면 충분하다고 했습니다만, 여기 보이는 니콘 쿨픽스 P900은 지금은 가격이 많이 내려서 80만원 이하로 구입할 수 있을 것입니다.

따라서 여유가 있으신 분들은 스마트폰과는 별개로 이런 고성능 하이엔드 카메라도 고려해 볼만하다 하겠습니다.

참고로 니콘 쿨픽스 A1000은 4k 영상이 지원되지만, 훨씬 비싼 고급형인 니콘 쿨픽스 P900은 4k를 지원하지 않습니다.

4-3. 프록시 설정

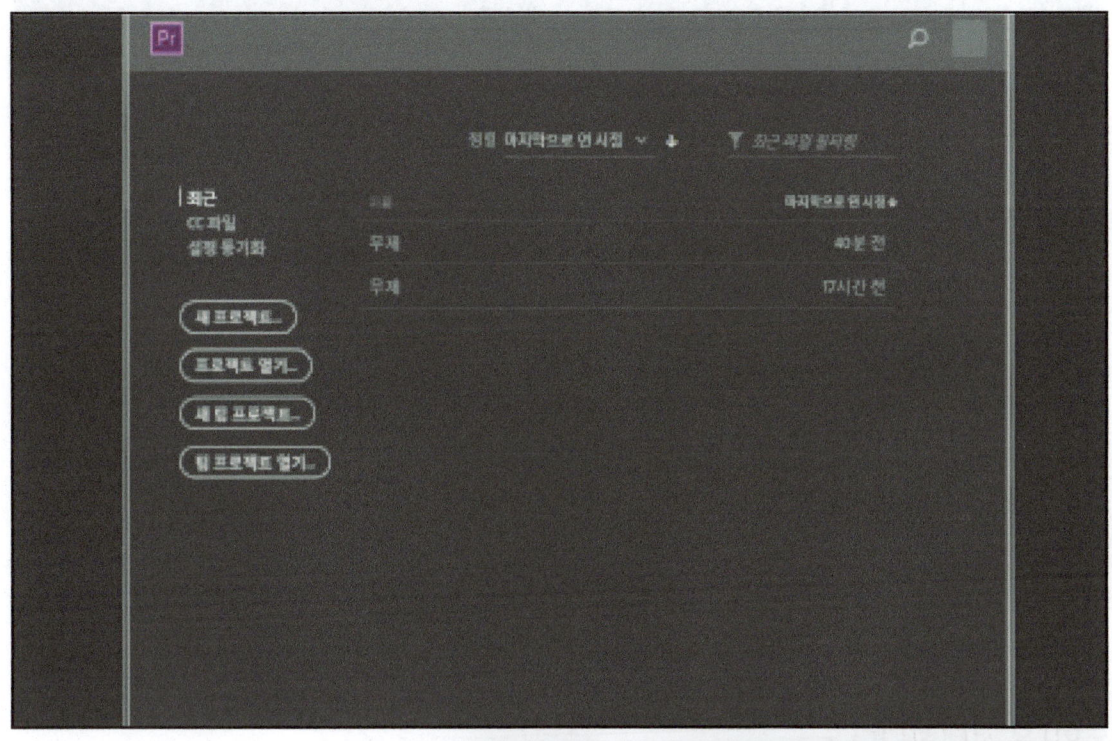

프리미어를 실행하고 원하는 경로를 지정해서 새 프로젝트는 여는데요..

위의 화면에서 우측 화면의 ①이 가리키는 [인제스트 설정]을 클릭하면 다음 화면이 나타납니다.

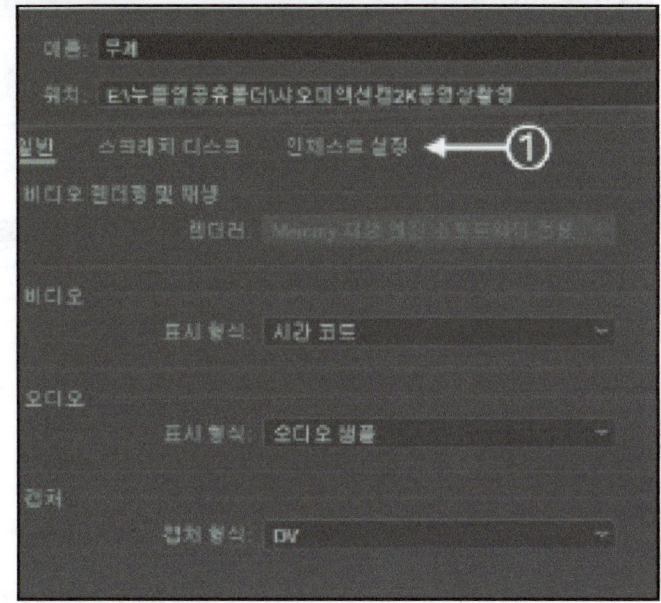

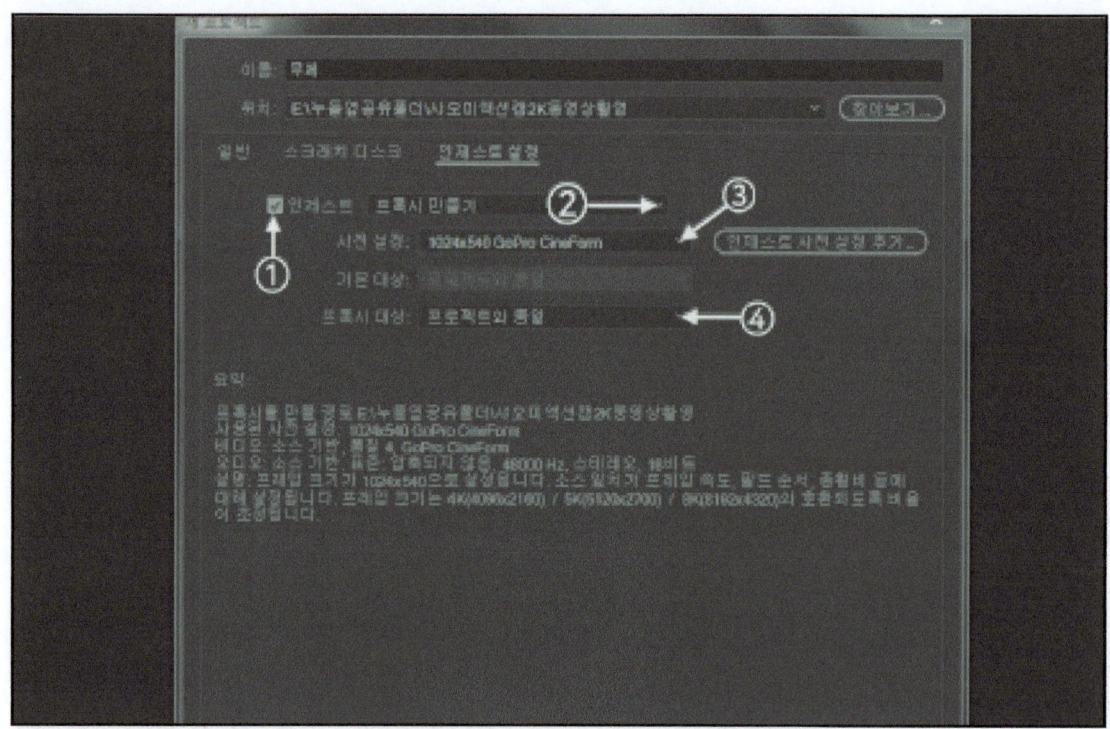

위의 화면에서 ①의 [인제스트]에 체크를 하고 ②를 클릭하여 [프록시 만들기]를 선택하고 ③은 큰 의미가 없으므로 기본값으로 두고 ④를 클릭하여 [프로젝트와 동일]을 선택합니다.

이 설정은 현재 프리미어에서 편집하는 화면을 설정하는 것으로 모든 편집을 끝내고 나중에 원하는 크기로 내보내면 됩니다.

우측과 같이 편집할 동영상을 불러옵니다.

위의 화면에서 ①의 불러온 동영상을 클릭 드래그하여 ②의 트랙에 가져다 놓으면 ③의 미리 보기 화면에 나타나는데요, ④의 토글 버튼이 없으면 안

되므로 이 버튼이 보이지 않는 사람은 ⑤를 클릭합니다.

우측 화면에서 ①의 버튼(프록시 켜기/끄기 버튼)을 클릭 드래그하여 ②의 지점으로 가져가면 됩니다.

이것의 의미는 이 버튼을 눌러주지 않으면 원본 크기로 편집이 되어 프리미어에서 미리보기가 되지 않으므로 편집을 할 수 없습니다.

그래서 이 버튼을 눌러줘야 합니다.

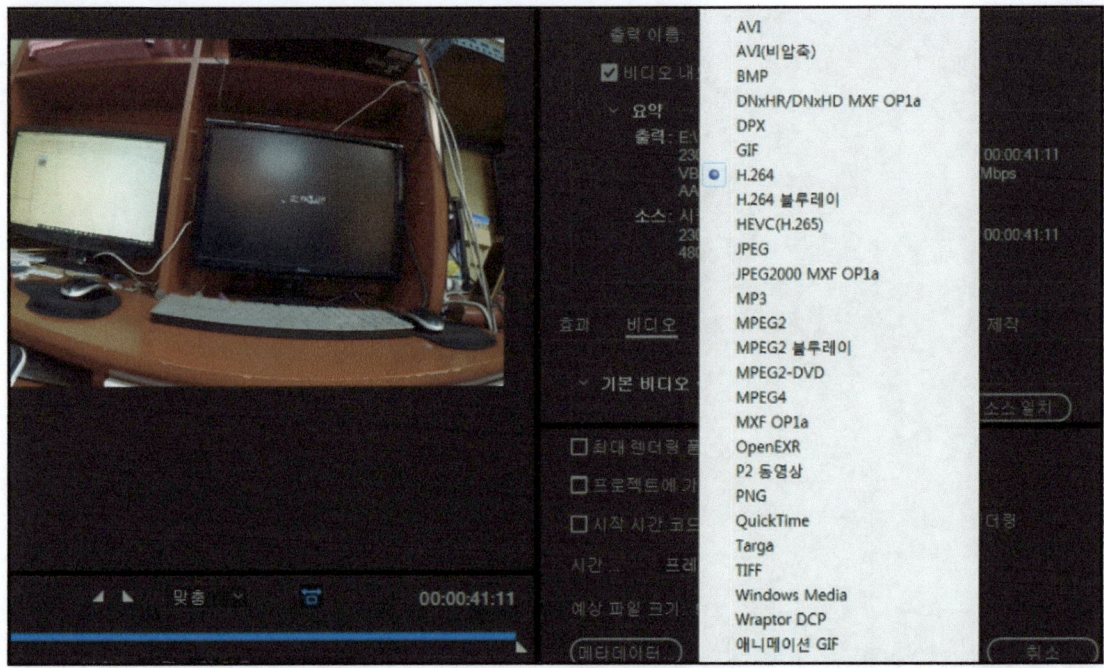

편집하는 과정은 일반 동영상 편집하는 과정과 동일하며 모든 편집을 끝내고 [Ctrl + M] 명령으로 내보내기 화면에서 위의 마우스가 가리키는 곳을 클릭하고, 필자는 H.264를 선택했습니다.,

4k로 내보내기 위해서입니다.

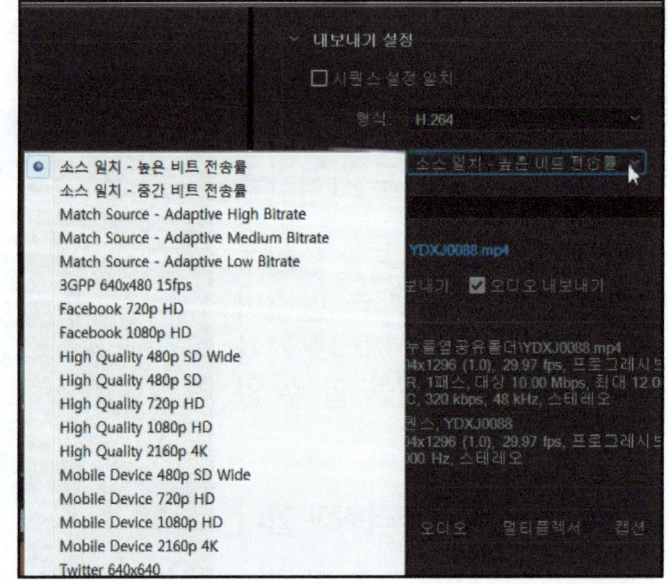

그리고 우측 화면에서는 마우스가 가리키는 곳을 클릭하여 맨 위의 [소스일치-높은 비트 전송률]을 선택했습니다.

동영상이 길다면 중간 비트 전송률을 선택하는 것이 좋습니다만, 필자의 경우 지금 짧게 촬영한 동영상이기 때문입니다.

이제 내보내기를 하면 원래 소스 동영상 크기와 동일한 2k 동영상으로 내보내지며 확장자는 mp4 확장자를 가진 동영상으로 만들어집니다.

4k 혹은 8k 동영상도 동일한 방법으로 편집을 할 수 있으며 역시 동일한 방법으로 4k 혹은 8k 동영상으로 내보낼 수 있습니다.

이와 같은 방법으로 고화질, 고해상도 동영상 편집이 가능하며 우측 화면에 보이는 것과 같이 방금 샤오미yi 액션캠으로 촬영한 2k 동영상을 프리미어에서 편집해서 내보낸 파일이 생성되었습니다.

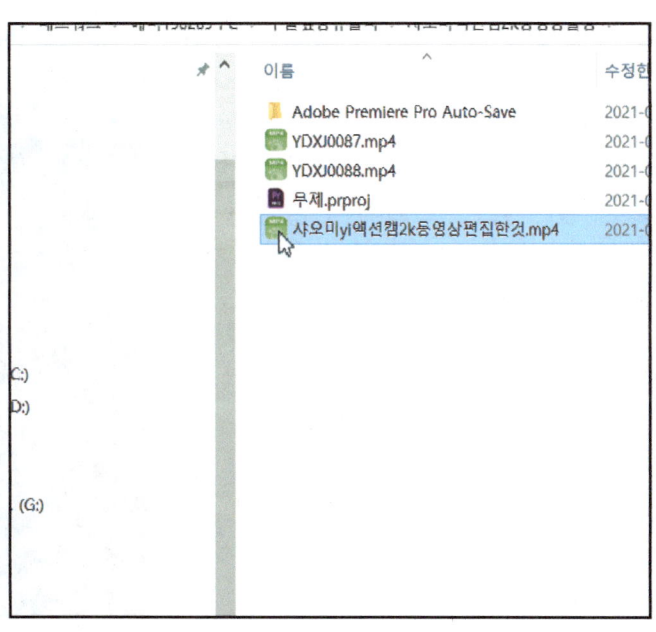

여기 보이는 것은 밖에 나가서 드론을 날리는 영상을 촬영한 동영상으로 일반 1920*1080 동영상에 비하여 훨씬 큰 2k 동영상입니다.

여기 보이는 것은 4k 모니터가 아닌 일반 1920*1080 해상도의 모니터 입니다.
따라서 정격 4k 모니터로 본다면 이보다 훨씬 높은 고퀄리티 영상을 볼 수 있습니다만, 굳이 4k가 아니더라도 현재 2K, 엄밀하게 말하면 2.5k 이고요, 이 정도만 하여도 화질 차이는 충분히 인식할 수 있습니다만 샤오미 YI 액션캠의 2k는 아무래도 조작인 것 같습니다.
화질 차이가 전혀 나지 않습니다.

여기 보이는 영상은 유튜브에 올려 놓았습니다.
인터넷창, 웹브라우저 주소표시줄에 '가나출판사.kr 입력하고 엔터를 쳐서 필자의 홈에 오시면 필자의 유튜브 채널로 연결되어 지금 올린 동영상을 보실 수 있습니다.

여기 보이는 영상을 올린 후에도 지속적으로 테스트를 해 보았는데요, 샤오미 YI 액션캠의 경우 1920*1080 30프레임이나 60프레임이나 심지어 2k 영상까지 눈꼽만큼의 화질 차이도 나지 않고 2k 영상은 영상 정보조자 확인이 안 됩니다.

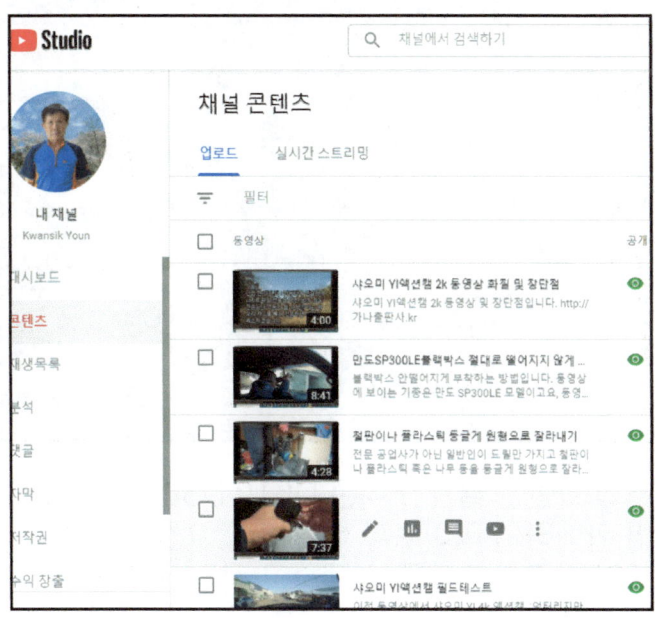

4-4. 프리미어에서 화살표 만들기 사용하기

이책은 유튜브 동영상 편집 및 촬영 기법에 관한 책이고요 그래서 유튜브에서 수익을 올리기 위한 조건 등을 알아보았고요, 그러나 이책을 일단마스터하여 동영상 편집 및 촬영 방법을 통달을 해야합니다.
이번에는 프리미어에서 화살표를 그리는 방법 및 사용하는 방법인데요, 기본적으로 프리미어에서는 화살표 기능이 없습니다.
어도비사에서 이처럼 무지막지한 엄청난 프로그램인 프리미어에서 화살표를 그리는 기능을 넣지 않았는지 모르지만, 앞으로 더욱 더 업그레이드가 되면 화살표 기능이 추가될 수도 있겠지만, 지금은 없습니다.
그래서 편법으로 펜툴로 그리던지, 사각형 도구를 사용해서 그리는 방법 외에는 없는데요, 다행히 어도비 프리미어, 어도비 포토샵, 어도비 일러스트레이터, 어도비 인디자인 등은 모두 동일한 어도비 프로그램 군이기 때문에 서로 호환이 됩니다.
즉, 다시 말해서 외부 프로그램에서 화살표를 만들어서 가지고 와서 사용할 수 있다는 뜻입니다.

일단 프리미어에서 화살표를 그리는 방법입니다.

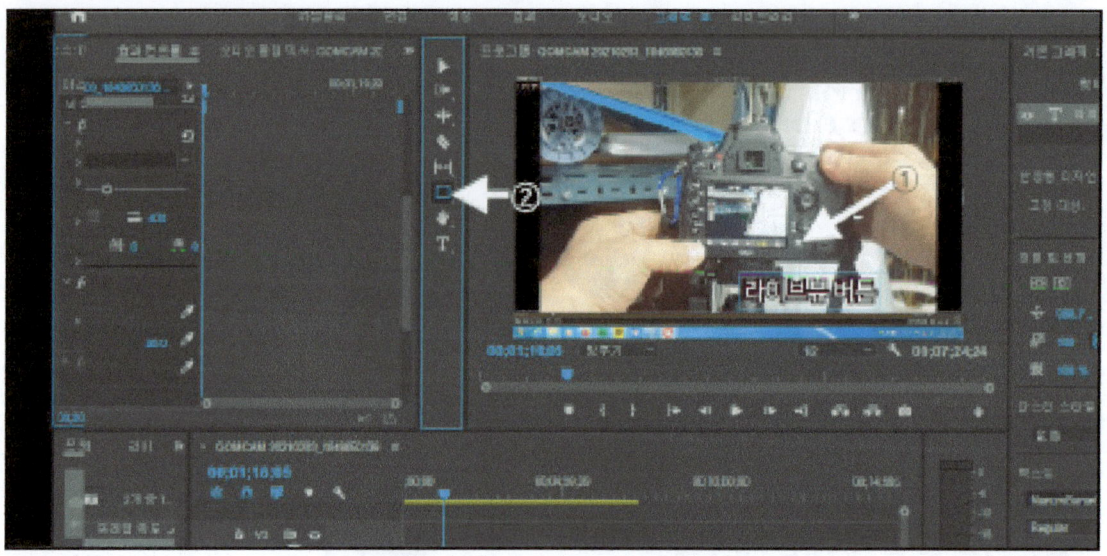

위의 화면은 필자가 니콘 D610 DSLR 카메라의 설명을 하는 화면인데요, 위의 ①이 카메라의 리이브뷰 버튼이며, 이렇게 화살표로 표시를 하려고 하는 것이고요, ②의 사각형 도구를 선택하고 사각형을 좁게 그려서 선과 같이 그릴 수도 있습니다.

다음 화면을 보세요..

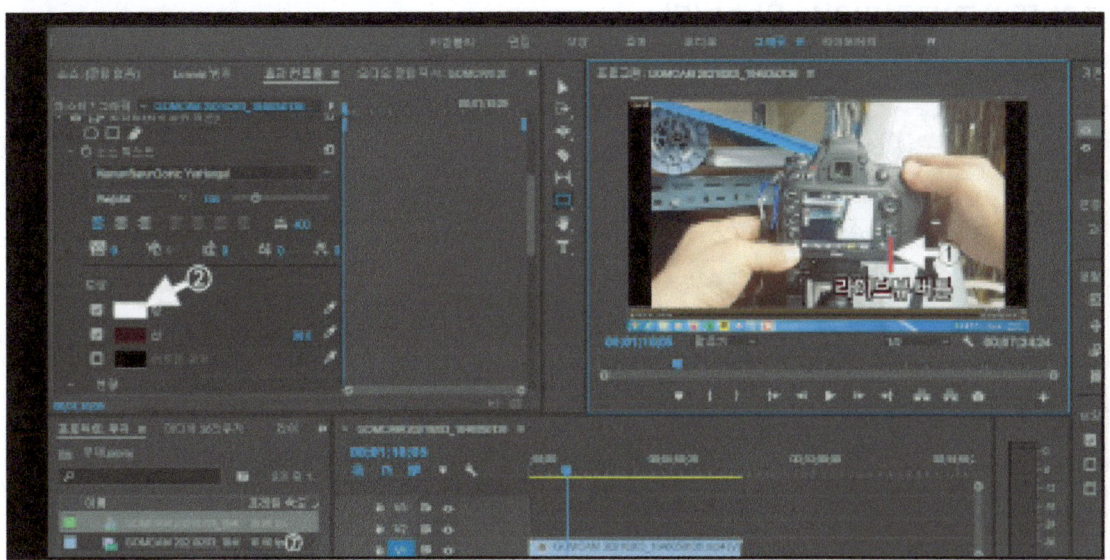

위의 ①과 같이 사각형을 좁게 그리고 ②에서 색상 등을 지정할 수 있고요..
그리고 여기에 펜툴로 화살표를 그려넣을 수도 있습니다.
다음과 같이요..

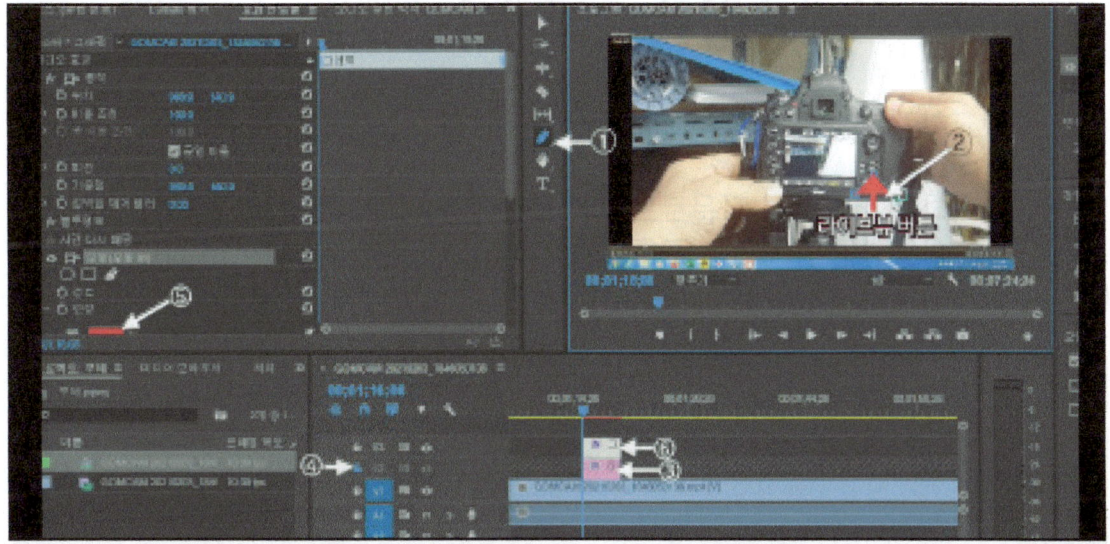

위의 ①의 펜툴로 ②와 같이 화살표를 그리고 ⑤에서 선과 면의 색상을 지정할 수 있고요, 이 때 먼저 사각형 도구로 그린 선은 이미 비디오 트랙이 형성되어 있으므로 ④를 클릭하여 자물쇠를 잠그고 펜툴로 화살표를 그려야 ③의 트랙에 그려지지 않고 ⑥의 트랙이 형성되면서 그려집니다.

그러나 아무리 조심스럽게 작업을 하고 공을 들인다고 하여도 마우스로 그린 화살표가 똑바로 그려지지는 않습니다.
아래 확대 화면을 보세요..

위는 그나마 매우 정교하게 작업을 했기 때문에 그나마 이렇게라고 보이는 것입니다만, 이렇게 화살표를 그려서는 정확하게 그릴 수가 없습니다.

4-5. 포토샵에서 화살표 그리기

그래서 정교하게 화살표를 그려야 한다면, 외부 프로그램에서 가져오는 수 밖에는 없는 것입니다.
인터넷 검색하여 화살표를 다운로드할 수도 있습니다만, 파워 유튜버라면, 그리고 프리미어를 사용하는 유저라면 포토샵은 기본으로 사용할 줄 알아야 합니다.
따라서 포토샵에서 화살표를 그려서 가져오면 간단히 해결이 됩니다.

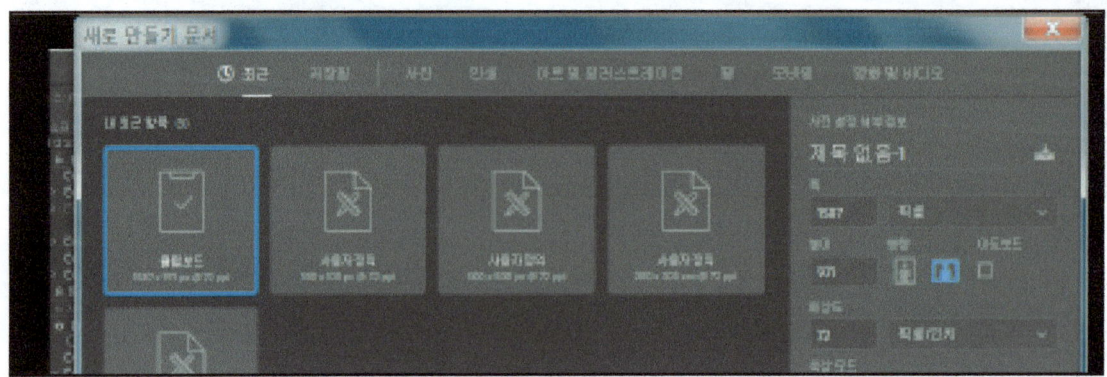

포토샵을 실행하고 [Ctrl + N] 명령으로 새 창을 엽니다.
새 창의 크기는 중요하지 않으므로 적당한 크기로 열면 됩니다.

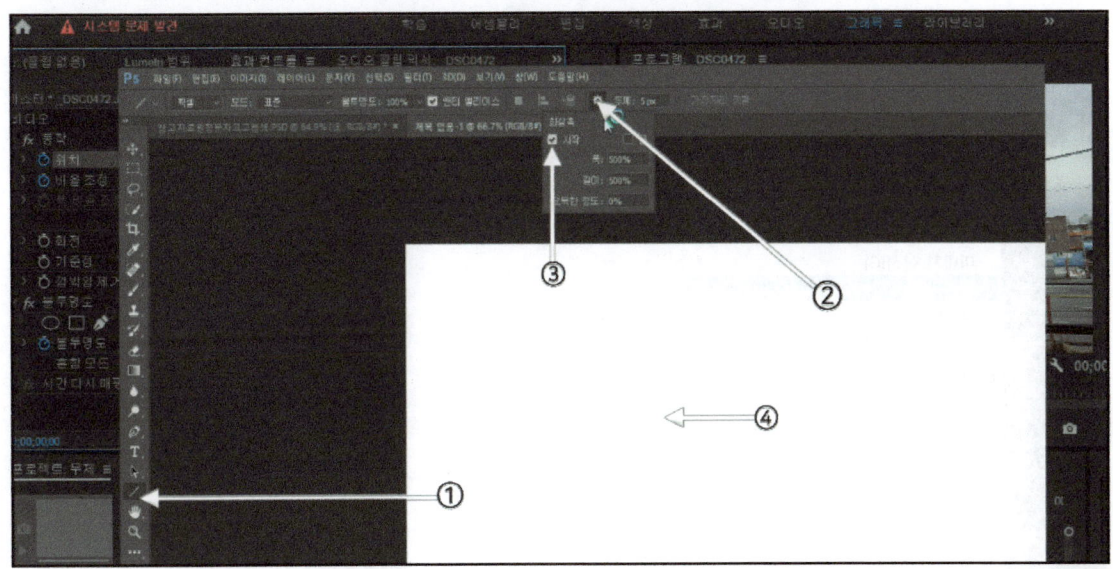

위의 ①의 선그리기 툴을 선택하고 ②를 클릭하여 ③에 체크를 하고 ④의 새로 만든 창에 화살표를 한 개 그립니다.
이 때 수직 혹은 수평으로 그리는 것이 좋습니다.
키보드의 [Shift] 키를 누르고 그리면 수직 혹은 수평으로 그릴 수 있습니다.

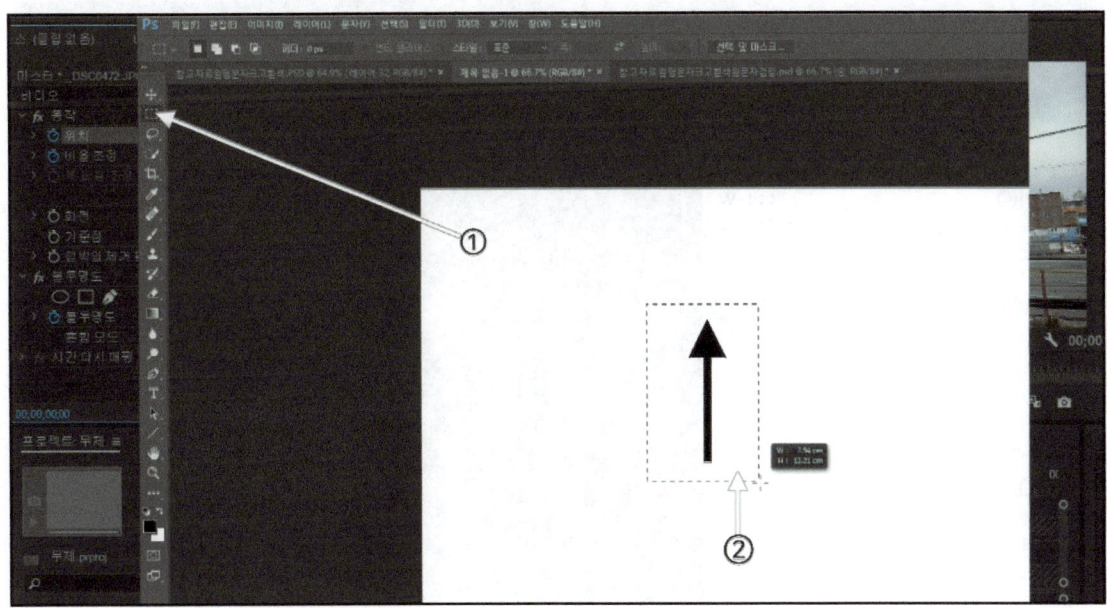

앞의 화면 ①의 [사각형 도구]를 사용하여 ②와 같이 사각형 주변을 드래그하여 사각형 모양으로 선택합니다. (이것을 셀렉션이라고 합니다.)

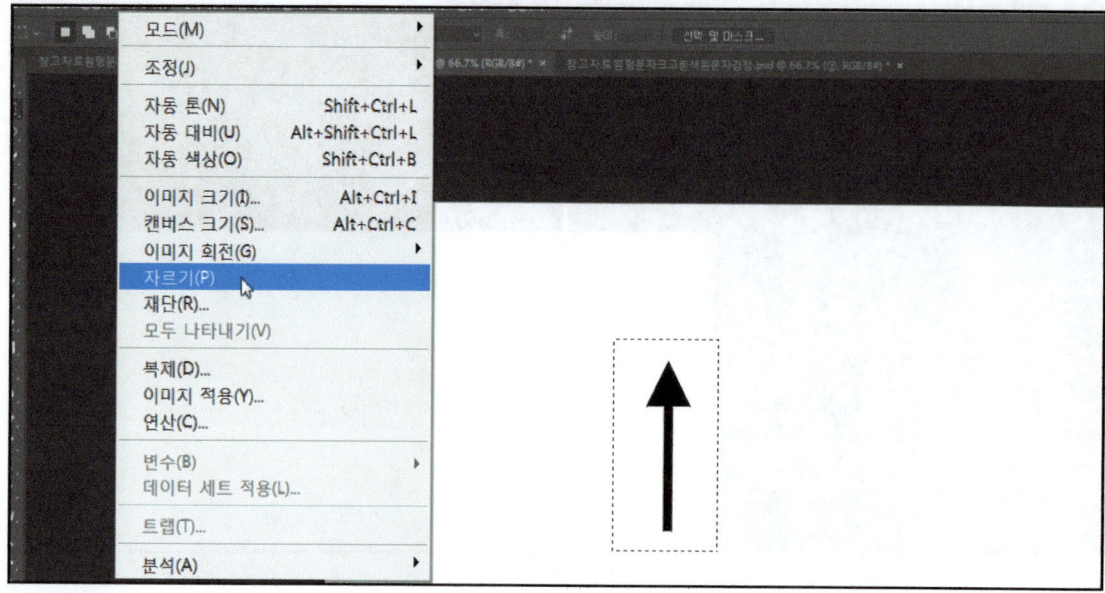

그리고 위의 화면에 보이는 포토샵의 메뉴 [이미지]-[자르기]를 클릭합니다. 영문 버전이라면 [image]-[Crop] 입니다.
아래와 같이 사각형 바깥쪽이 잘라져 나가고 화살표 부분만 남습니다.

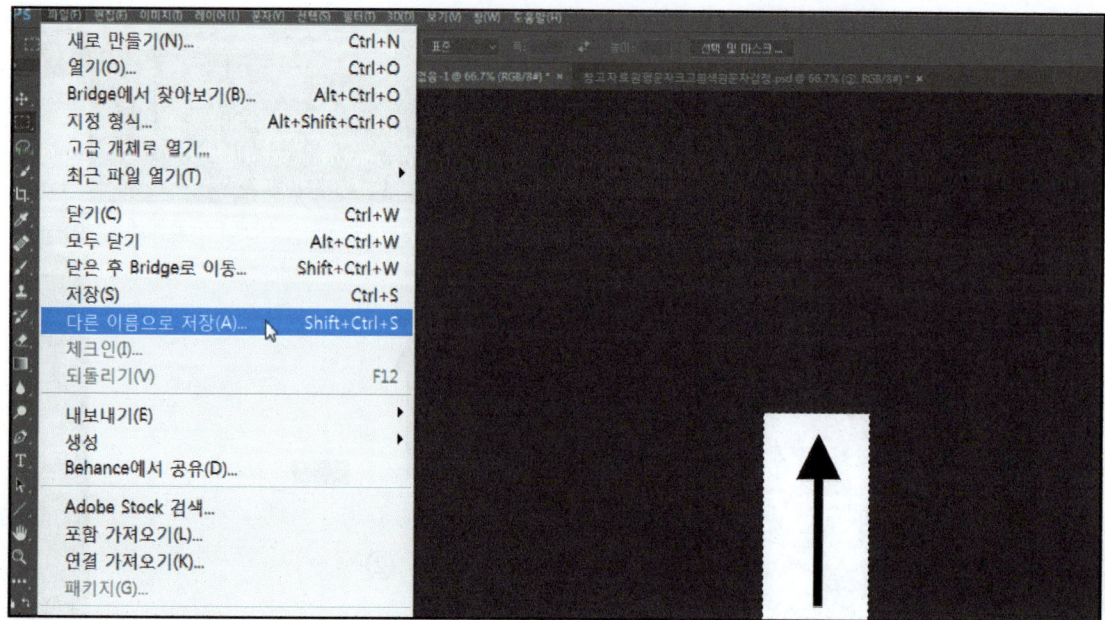

앞의 화면에 보이는 것과 같이 포토샵 메뉴 [파일] – [다른 이름으로 저장]을 클릭합니다. 단축키는 [Shift + Ctrl + S] 입니다.

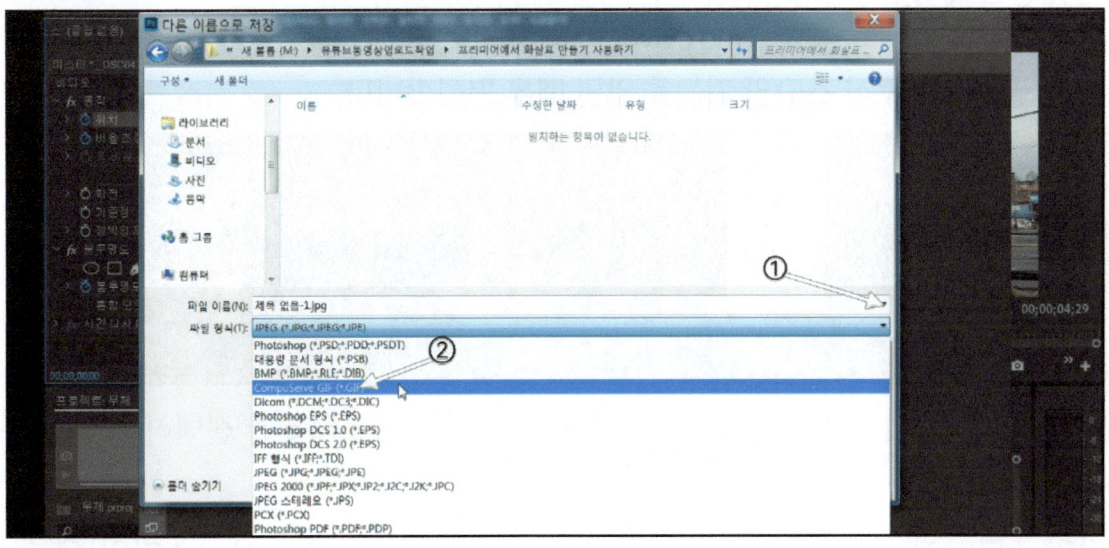

파일이 저장될 경로를 지정하고 위의 ①을 클릭하여 ②의 [GIF]를 선택하고 저장을 하면 다음 화면이 나타납니다.

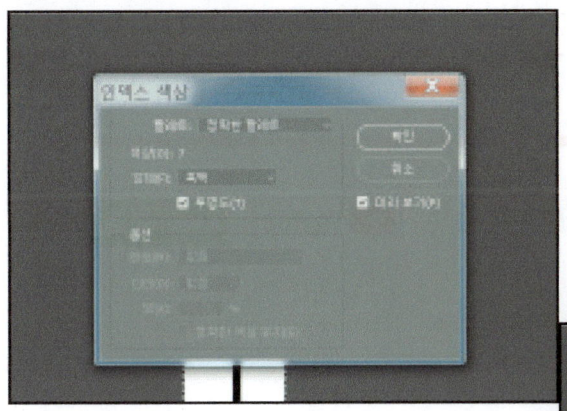

좌측 화면 옵션을 잘 보고, 여기와 틀리면 좌측 화면과 같이 설정을 하고 [확인]을 클릭하면 다음 화면이 나타납니다.

우측 화면 역시 잘 살펴보고 우측과 틀리면 우측 화면에 보이는 것과 같이 설정하고 [확인]을 클릭하면 배경이 투명한 그림파일로 저장됩니다.

이 때 저장을 하기 전에 한 가지 알아야 할 사항이 있습니다.
지금 포토샵에서 만든 화살표는 검정 화살표이고 프리미어 화면에서 불러 들였을 때 어두운 배경에 검정 화살표이므로 잘 보이지 않습니다.
따라서 화살표를 잘 보이게 만들 필요가 있습니다.
이 때 필요한 포토샵 스타일 기능을 알면 매우 편리합니다.

위의 화면 우측 [스타일 패널]에서 손가락이 가리키는 스타일을 선택하면 화살표가 즉시 위의 화면에 보이는 모습으로 바뀝니다.

만일 스타일 패널이 보이지 않으면 포토샵 메뉴 [창(Window)]-[스타일]을 선택하면 나타나고요, 위에 보이는 스타일은 필자가 따로 만들어 넣어둔 스타일들이고요, 이 책은 포토샵 책이 아니므로 여기서 스타일 만드는 것까지 설명할 수는 없고요, 필자의 유튜브 채널에 올려 놓겠습니다.

만일 스타일 패널이 보이지 않으면 포토샵 메뉴 [창(Window)]-[스타일]을 선택하면 나타나고요, 위에 보이는 스타일은 필자가 따로 만들어 넣어둔 스타일들이고요, 이 책은 포토샵 책이 아니므로 여기서 스타일 만드는 것까지 설명할 수는 없고요, 필자의 유튜브 채널에 올려 놓겠습니다.
인터넷창, 웹브라우저 주소표시줄에 '가나출판사.kr' 입력하고 엔터를 쳐서 필자의 홈에 오시면 필자의 유튜브 채널에 갈 수 있는 링크가 있습니다.

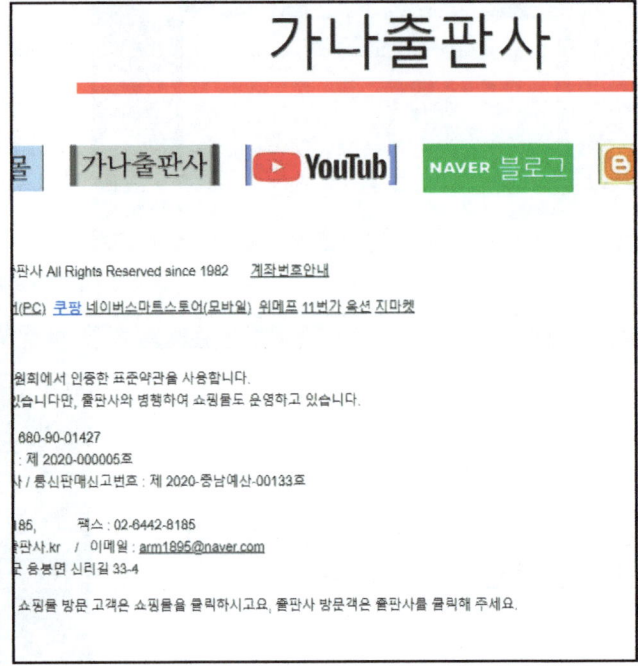

4-6. 포토샵에서 만든 화살표 가져오기

이제 포토샵에서 만든 배경이 투명한 화살표를 프리미어에 불러옵니다.

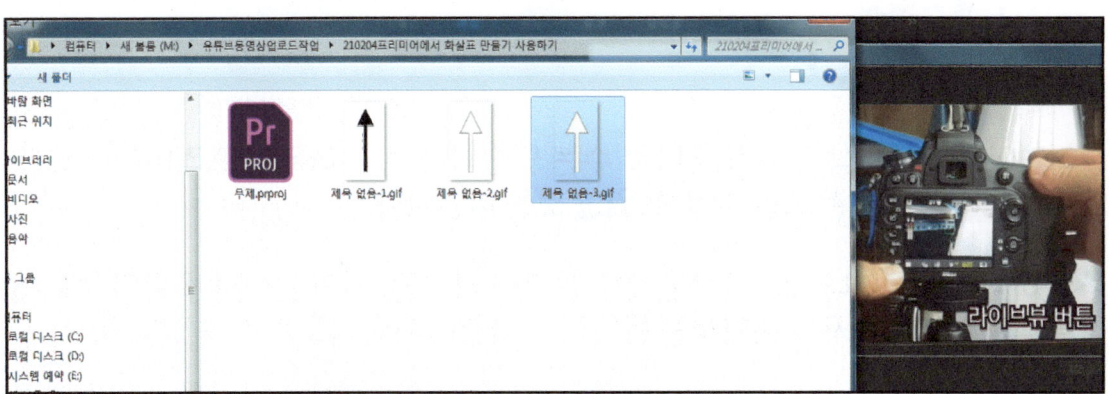

위의 화면 참조하여 프리미어에서 [Ctrl + I]명령으로 포토샵에서 만든 배경이 투명한 화살표를 선택하고 [확인]을 클릭합니다.

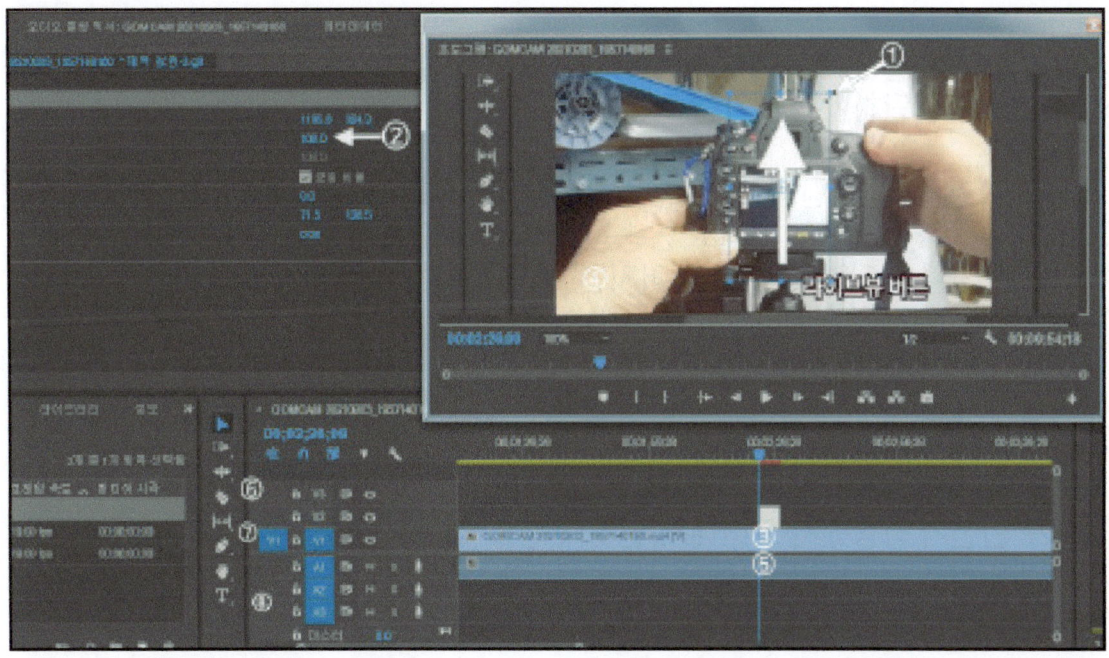

프리미어 화면에 불러온 화살표는 위의 ①과 같이 불러온 화살표를 선택하고 가장자리에 마우스를 가져가서 마우스 모양이 변했을 때 클릭 드래그하여 크기를 조절하거나, 옮길 수 있습니다.

화살표는 마우스로 조절은 안 되므로 위의 ②를 클릭 드래그하여 크기를 조절하거나 바로 위의 좌표를 클릭 드래그하여 조절해서 화살표를 움직여야 합니다.

4-7. 크로마키

프리미어에서 동영상의 배경을 바꿀 수는 있습니다만, 제아무리 프리미어라고 해도 동영상의 배경을 무조건 바꿀 수 있는 것은 아닙니다.

물론 아무 동영상이나 배경을 약간 편집은 가능하지만, 거의 완벽하게 동영상의 배경을 삭제하거나 바꾸기 위해서는 동영상의 배경을 파란색으로 해야 합니다.

다른 색상도 안 되는 것은 아니지만, 파란색 배경이라야 동영상의 배경 치환이 가장 완벽하게 되므로 가능한 파란색을 촬영해야 파란색 배경을 삭제하고 다른 배경을 넣을 수가 있으며 이것을 크로마키라고 합니다.

사실 마술과도 같은 크로마키 작업은 사실 아래와 같이 매우 간단합니다.
물론 실제로 간단하지는 않지만요..

그리고 또 한 가지 파란색 배경에서 촬영한 동영상은 배경 치환이 되기는 하지만, 최소한 4k 동영상 정도, 그리고 방송용 카메라 정도로 촬영한 동영상이라야 거의 완벽하게 치환이 되며, 장비가 떨어지면 프리미어에서 배경 치환을 하더라도 완벽하게 치환이 되지 않습니다.

완벽하게 치환이 되지 않는다기 보다는 동영상의 화질 저하가 일어난다는 말입니다.

필자도 언젠가 방송에서 도심에서 전봇대 등을 타고 활개치는 원숭이 무리의 천방지축 동영상을 본 적이 있는데요, 이 동영상이 사실은 파란색 배경에서 연출된 동영상이라는 것을 알고 허탈한 적이 있습니다.

이렇듯 방송용 카메라로 촬영하면 시청자가 알아챌 수 없을 정도로 완벽하게 배경 치환이 되지만, 일반적인 장비로는 그 정도로 작업하기는 어렵다는 것을 아시기 바랍니다.

마치 전문가용 고성능 카메라와 일반용 카메라를 비교하는 것과 같은 이치입니다.

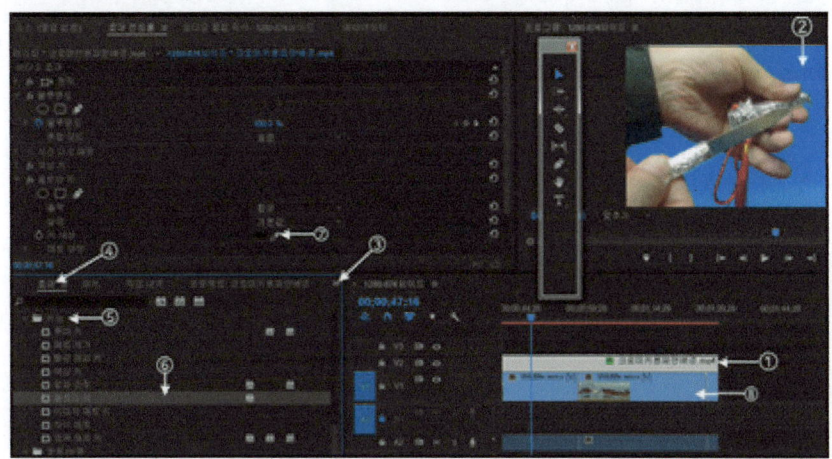

위의 ①은 크로마키를 위하여 파란색 배경으로 동영상을 다시 촬영한 것입니다.
②와 같이 동영상의 배경이 파란색입니다.
이렇게 파란색 배경이라야 동영상을 배경을 거의 완벽하게 삭제하거나 바꿀 수가 있습니다.
위의 ③을 클릭하고 ④[효과]를 선택하면 좌측과 같이 나타나며 여기서 ④[효과] 탭의 ⑤[키잉] 메뉴가 크로마키 메뉴이고요, 여기는 여러 가지 키가 있습니다만, 여기서는 위와 같이 ⑥의 [울트라키]를 클릭 드래그하여 ①의 파란 배경의 동영상 트랙 위에 가져다 놓습니다.
참고 : 위의 ⑧은 아래쪽 설명 참조하여 배경으로 사용할 동영상을 불러다 놓은 것입니다. 아래쪽 설명을 반드시 참고하세요.
위의 화면에서 ⑦의 [스포이드 - 색상을 빨아들이는.. 즉, 클릭하면 클릭한 곳의 색상이 선택됨)]툴을 선택하고 ②의 파란색 배경을 클릭하면 ⑦의 색상이 방금 스포이드 툴로 클릭한 곳의 색상으로 바뀌면서 동영상의 배경이 사라집니다.

4-8. 동영상 배경 바꾸기

현 상태에서 [Ctrl + I]명령을 내리면 아래 화면이 나타납니다.
아래의 불러오기 화면에서 윈도우에 기본으로 내장된 동영상.. 위의 화면에 보이는 야생.wmv 파일을 선택하고 [열기]를 클릭합니다.

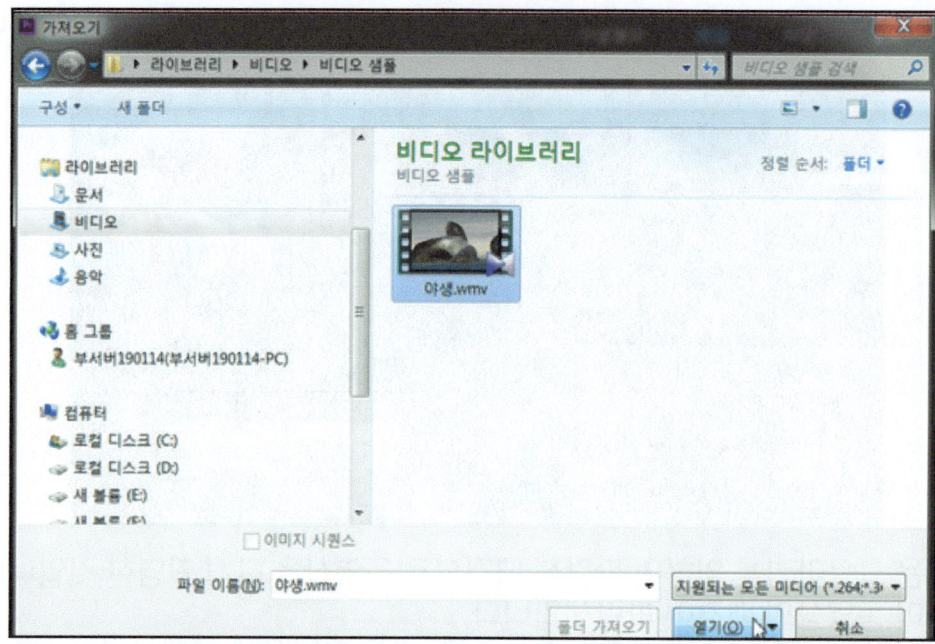

아래에서 가장 중요한 것은 트랙 추가 및 위치 변경입니다.

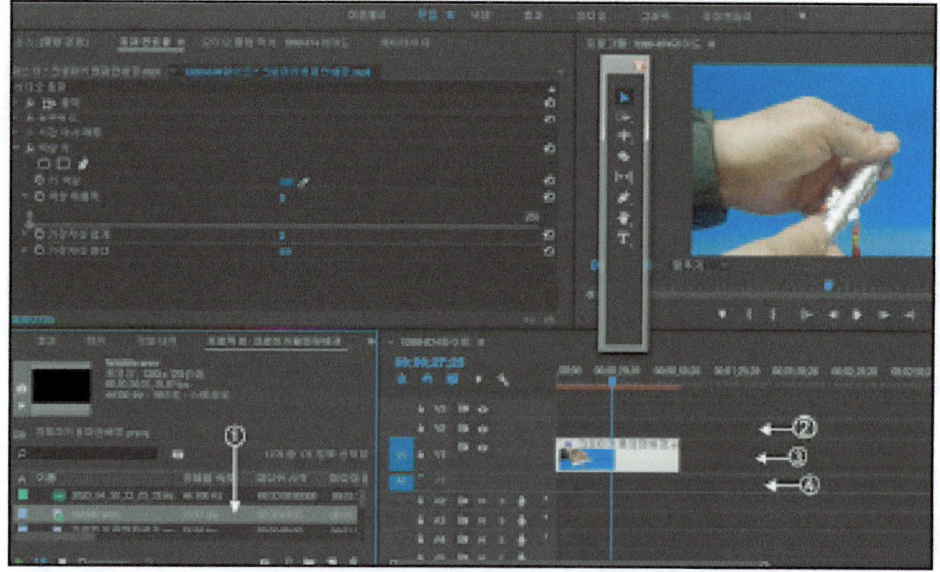

현재 위의 ①이 방금 불러온 윈도우 운영체제에 내장된 야생.wmv 동영상이고요, 이것을 우측의 타임라인에 가져다 놓아야 하는데요, 위의 ③이 현재 편집중인 은장도 동영상이고요, 이 동영상의 배경을 방금 불러온 ①의 동영상으로 치환을 해야 하기 때문에 ①의 동영상이 ③의 동영상 트랙의 밑으로 가야 합니다.

그러나 위의 ④는 오디오 트랙이기 때문에 동영상 트랙이 갈 수가 없습니다.
그래서 위의 ③의 은장도 동영상을 위로 한 칸 올리고 위의 ①의 동영상을 ③의 자리에 가져다 놓아야 합니다.
또한 위의 ②, ③, ④ 등의 비디오 혹은 오디오 트랙을 선택하고 마우스 우측 버튼을 클릭하여 트랙 삭제 혹은 추가를 하여 제한 없이 트랙을 늘릴 수도 있습니다.
이것은 포토샵 등에서 레이어와 같은 기능으로 사용할 수 있습니다만, 실전에서는 가능한 트랙이 적어야 하므로 무한정 트랙을 많이 사용할 일은 거의 없습니다.
여기서 중요한 것은 트랙의 위치 변경 및 트랙 추가 및 삭제 기능이라고 할 수 있습니다.
여기서는 아래와 같이 작업을 했는데요, 문제가 있습니다.

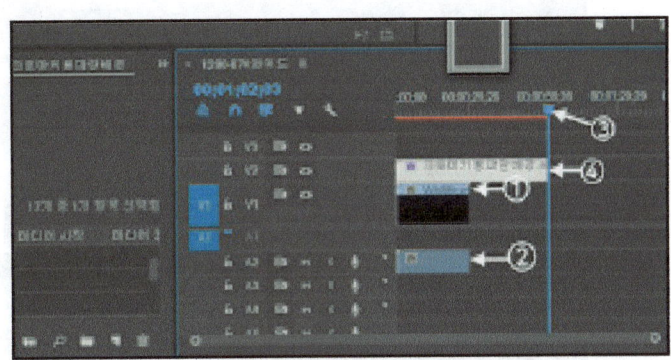

우측 화면 ①이 방금 불러온 동영상인데요, 길이가 짧습니다.

그래서 위의 원래의 은장도 동영상을 끝까지 실행하면 ④의 위치에서 멈춥니다.
이 때 ①의 새로 불러온 동영상의 우측에 마우스를 가져가면 마우스 모양이 바뀌며 우측으로 확장하는 모습이 되었을 때 클릭 드래그하여 ④의 지점까지 늘려도 됩니다만, 만일 이렇게 하면 ②의 오디오 트랙은 붙어 있으므로 자동으로 같이 늘어나지만, 원래의 동영상을 강제로 잡아 늘리는 것이므로 포토샵에서 사진을 강제로 잡아 늘리는 것과 같이 동영상이 이상하게 됩니다.
프리미어에서는 사진이라도 영상이기 때문에 사진이라면 이렇게 잡아 늘려도 되지만, 동영상을 잡아 늘리면 동영상이 심하게 느리게 실행이 되므로 동영상은 잡아 늘리는 것이 아니라 위 ①의 동영상 트랙을 선택하고 복사를 한 다음 붙여 넣기를 하면 위의 ④의 동영상 실행 라인의 뒤로 붙여 넣어집니다.

그래도 길이가 짧아서 위와 같이 2번을 붙여 넣었습니다.

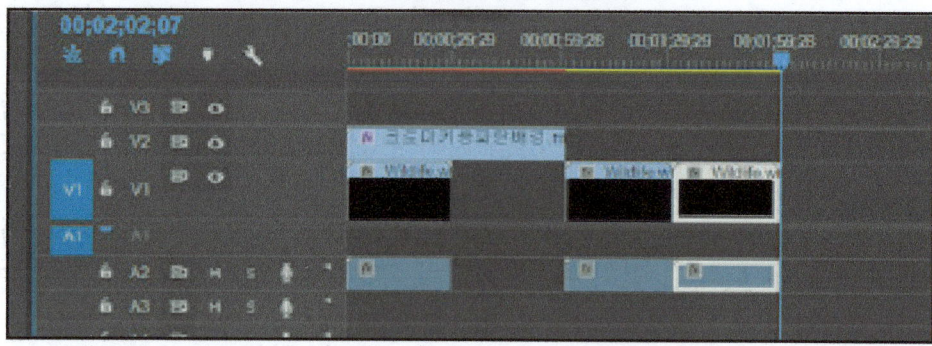

그리고 새로 복제한 동영상 트랙을 좌측으로 이동합니다.
아래 화면 참조하세요..

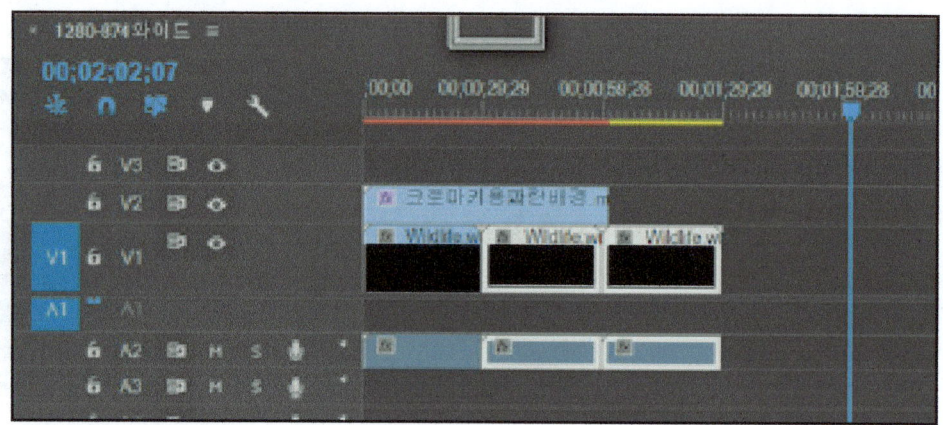

이제 위의 원래 동영상 즉, 맨 위의 은장도 동영상의 끝에 맞도록 새로 붙여 넣은 동영상 트랙을 잘라야 하는데요, 정확하게 자르기가 쉽지 않습니다.
이 때는 트랙을 크게 확대를 해서 자르면 쉽게 자를 수 있습니다.

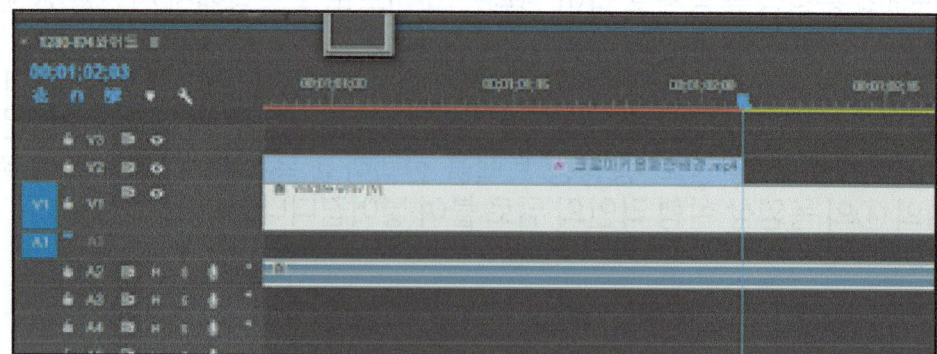

4-9. 트랙 자르기

위와 같이 자를 부분에 동영상 실행 세로 라인을 위치하고 키보드의 [Shift + Crtrl + K] 명령을 내리면 트랙이 잘라집니다.

K는 Knife(나이프)의 약자로 자르다는 뜻입니다.

이전 버전에서는 메뉴 방식으로도 트랙을 자를 수 있었습니다만, 이 책에서 다루는 어도비 프리미어 프로 CC 버전에서는 메뉴 방식으로는 트랙을 자를 수 없는 것으로 보입니다.
그러나 상관없습니다.
아래 설명대로 하면 됩니다.

현재 [Shift + Ctrl + K] 명령으로 위의 ①의 비디오 트랙과 ②의 오디오 트랙이 동시에 잘라진 상태입니다.
이것은 위의 ③의 자르기 도구로 잘라도 됩니다.
이렇게 잘라진 위의 ④의 트랙을 선택하고 마우스 우측 버튼을 클릭하여 지우기를 하면 오디오 트랙은 붙어 있는 상태이므로 필요 없는 우측 트랙은 삭제됩니다.

지금까지의 설명을 참조하여 동영상을 싱행하면 아래와 같이 원래 동영상의 파란 배경이 사라지고 대신 새로 삽입한 동영상의 바탕에서 은장도 동영상이 실행됩니다.
이것이 크로마키입니다.
이 동영상 역시 네이버에 있는 필자의 블로그에 오셔서 '은장도'로 검색하면 보실 수 있습니다.

4-10. 사운드

프리미어의 사운드 기능은 그야말로 가히 압권입니다.
필자는 사운드에는 별로 재주가 없어서 프리미어의 사운드 기능을 제대로 사용하지 못합니다만, 음악에 소질이 있거나 취미가 있는 사람이라면 프리미어를 이용하여 수 백만원짜리 신디사이조 못지 않은 현란한 작업을 할 수 있습니다.
여기서는 필자가 즐겨 사용하는 사운드 편집 및 페이드 인 아웃 정도만 다루겠습니다.

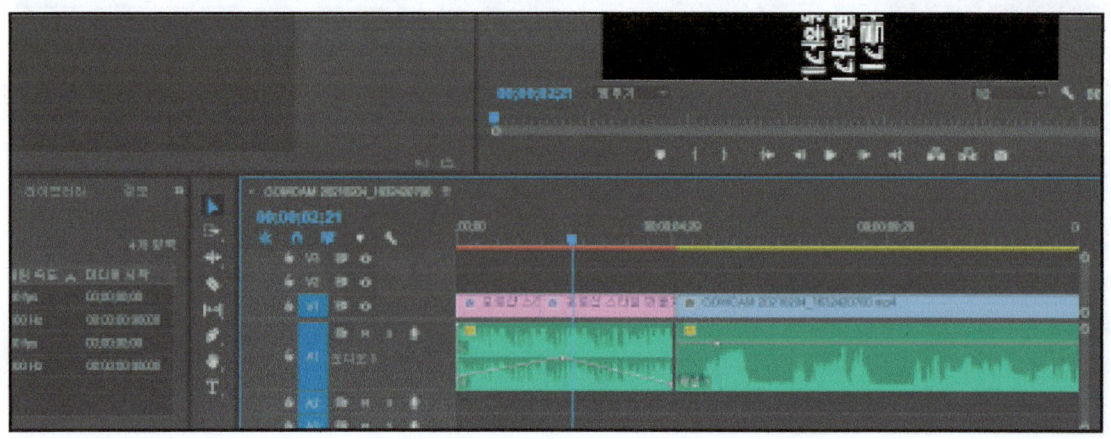

4-11. 무료 음원(배경음악)

이 책으로 공부를 하여 유튜브 등의 SNS에 동영상 등을 올리기 시작하면 동영상에 삽입하는 각종 배경 음악 등에 관심을 갖게 되는데요..
그보다 먼저 동영상이든 음악이든 일체의 저작권에 저촉되지 않아야 합니다.
저작권 문제는 매우 복잡하고 골치아픈 문제이므로 가능한 피하는게 상책입니다.
동영상에 배경 음악 등으로 사용하는 음원은 자신이 음악에 재질이 있어서 직접 만들어서 사용하면 상관이 없지만, 그렇지 않으면 저작권 없이 사용할 수 있는 무료 음원 사이트를 이용하는 것이 좋습니다.

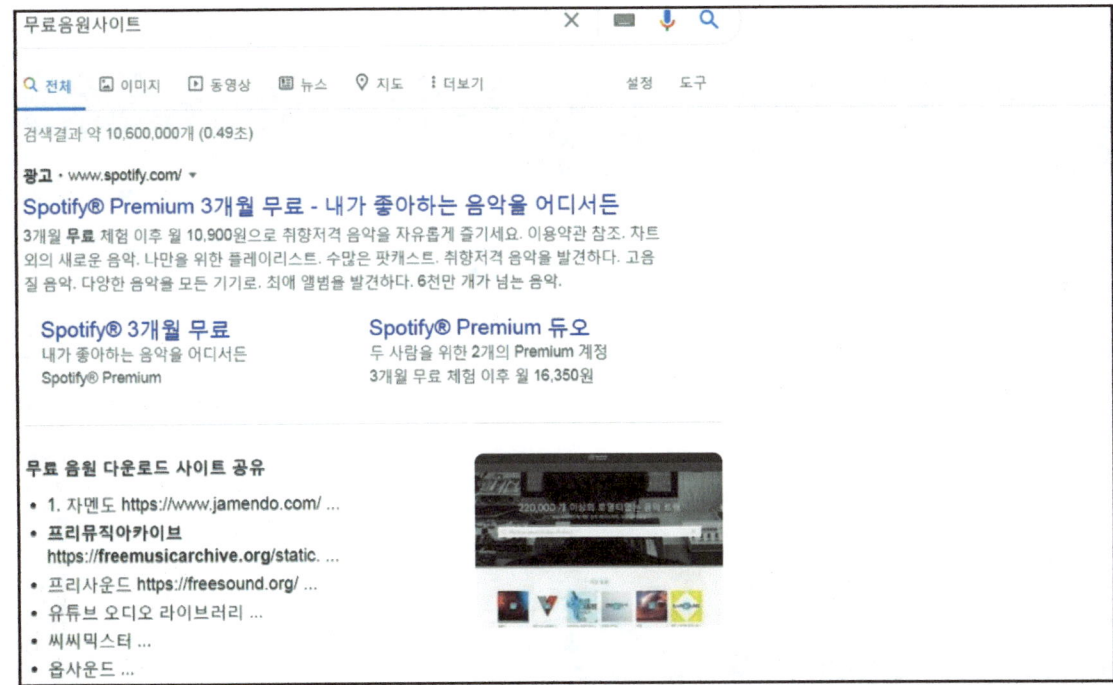

무료 음원 사이트는 생각보다 상당히 많습니다.
요즘은 어떠한 아이템이라도 구독자를 늘리면 되기 때문에 무료 음원을 소재로 구독자를 늘리는 사이트도 있기 때문입니다.
그러나 필자는 우리나라의 문화관광부에서 제공하는 무료 음원 - 이것은 반드시 출처를 명시하도록 하기 때문에 귀찮아서 필자의 경우 대부분 유튜브 무료 음원을 사용하는데요..

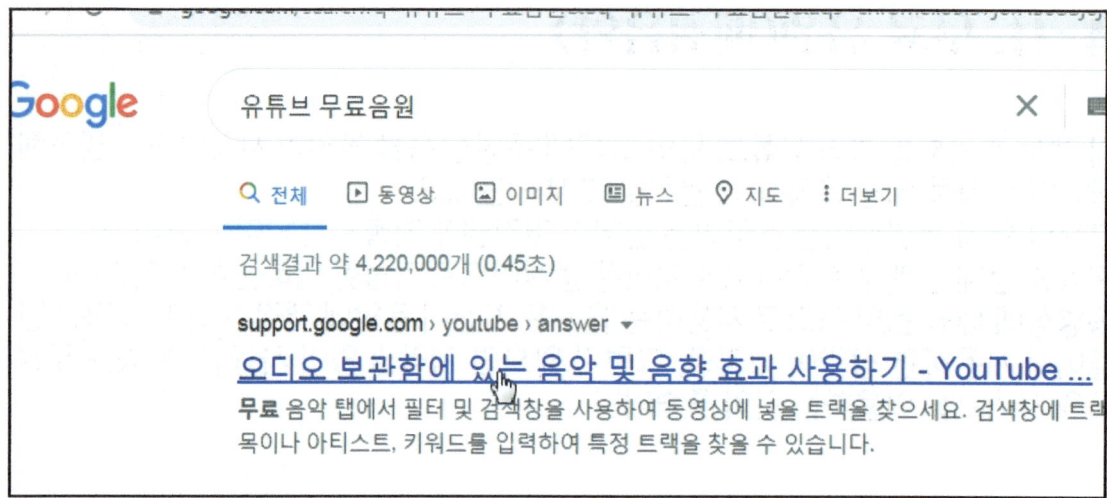

위의 화면에 보이는 것과 같이 유튜브 무료음원이 가장 먼저 검색됩니다.

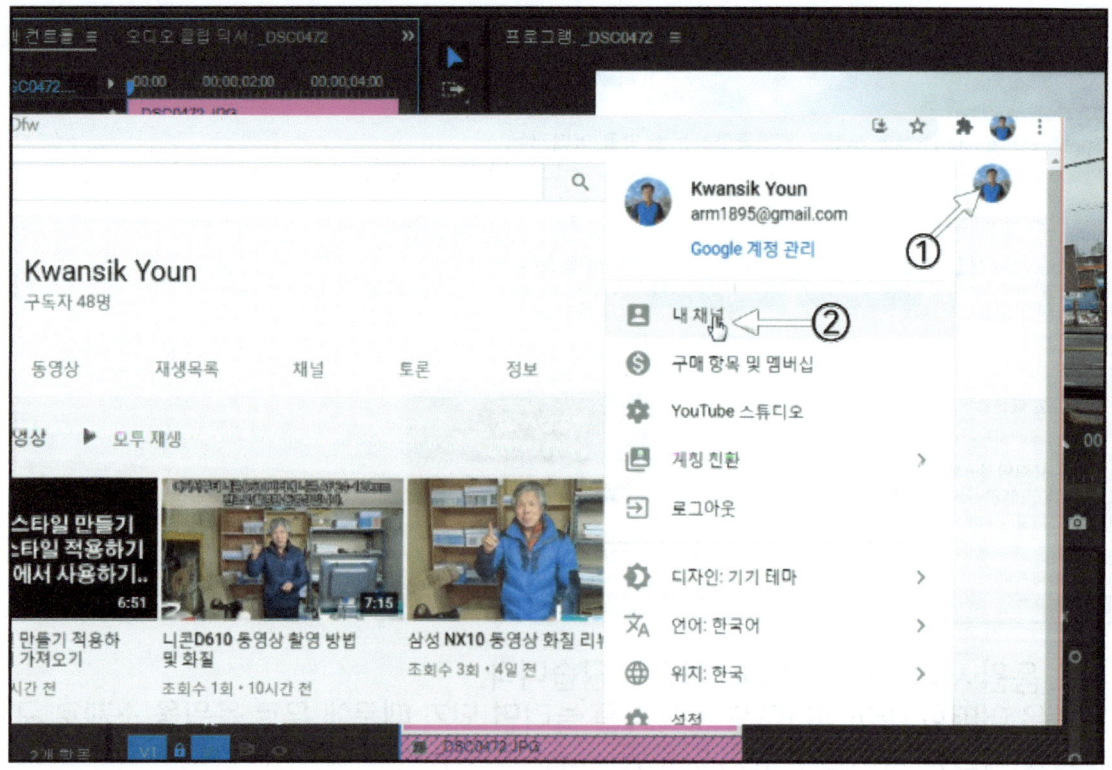

먼저 유튜브에 로그인이 되어 있어야 합니다.
유트브에 로그인이 되어 있는 상태에서 위의 ①의 자신의 계정을 클릭하고 ②의 [내 채널]을 먼저 클릭하여 내 채널로 먼저 들어가야 합니다.

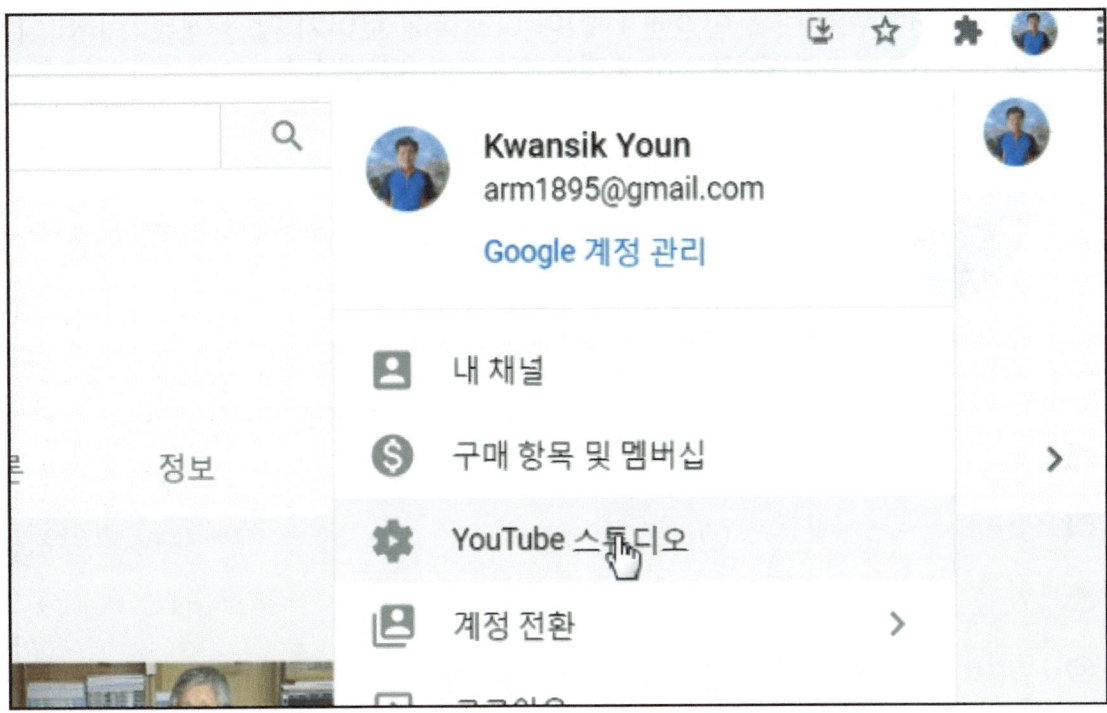

위의 [YouTube스튜디오]를 클릭하면 다음 화면이 나타납니다.

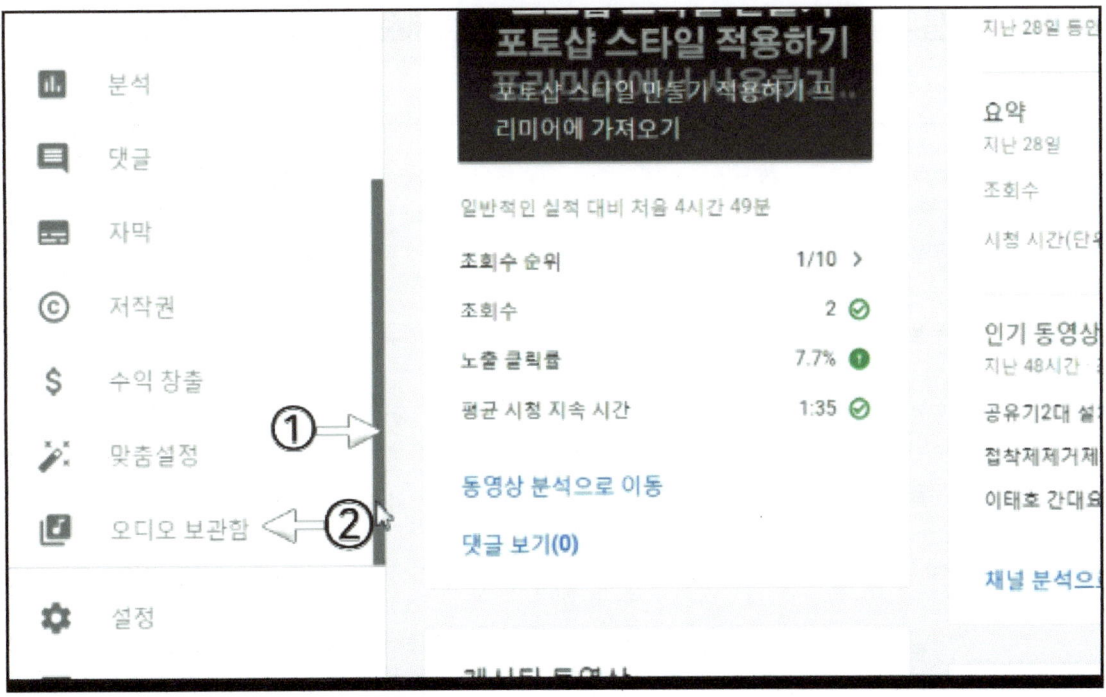

앞의 화면 ①의 슬라이더를 밑으로 내리면 아래쪽에 보이지 않던 메뉴가 나타나고, ②의 [오디오 보관함]을 클릭하면 다음 화면이 나타납니다.

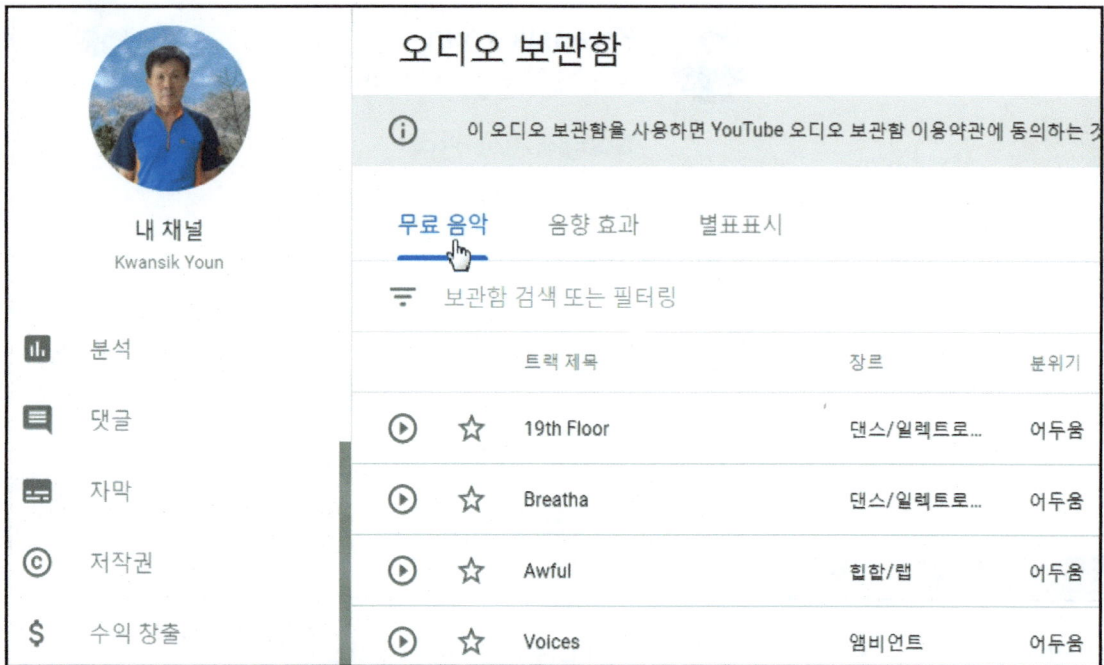

위의 [무료 음악]을 클릭하여 원하는 음원을 검색해서 다운로드하여 사용하면 되는데요..

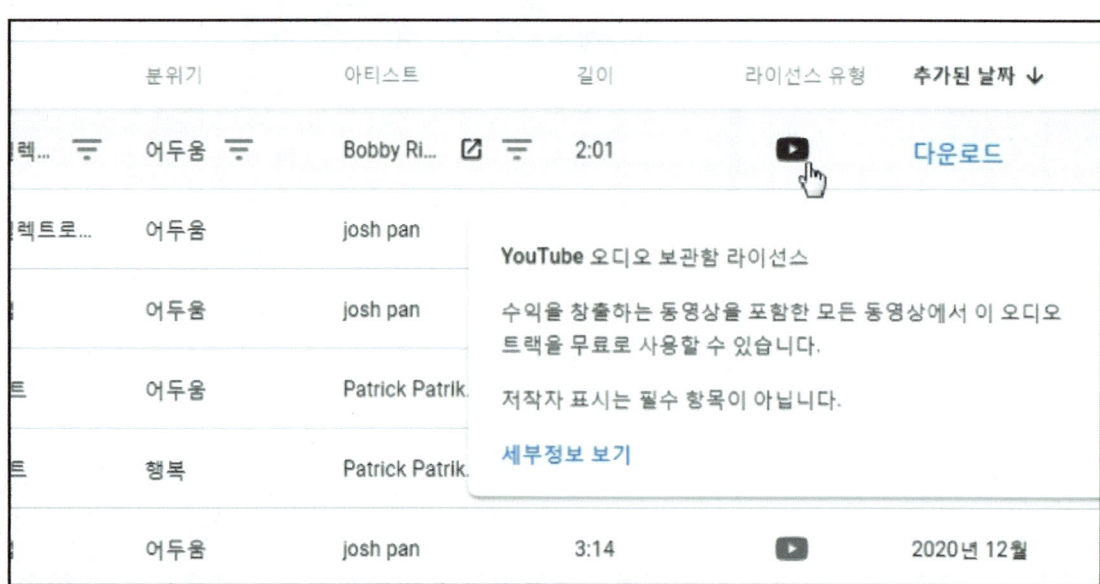

4-12. 배경 음악 / 페이드인 / 페이드 아웃

이제 동영상에 배경음악을 넣고 조절하는 방법입니다.

프리미어의 사운드 편집 기능은 수 백만원짜리 신디사이저와 비교해도 손색이 없을 정도로 막강하고요, 여기서 그 많은 사운드 기능을 모두 다룰 수는 없으므로 간단하게 몇 가지만 실습을 해 보겠습니다.

우선 페이드인, 아웃 기능을 사용해 보겠습니다.

아래 화면은 필자가 유튜브에 올린 동영상 중에서 인트로 부분에 페이드인, 페이드 아웃 효과를 넣은 모습입니다.

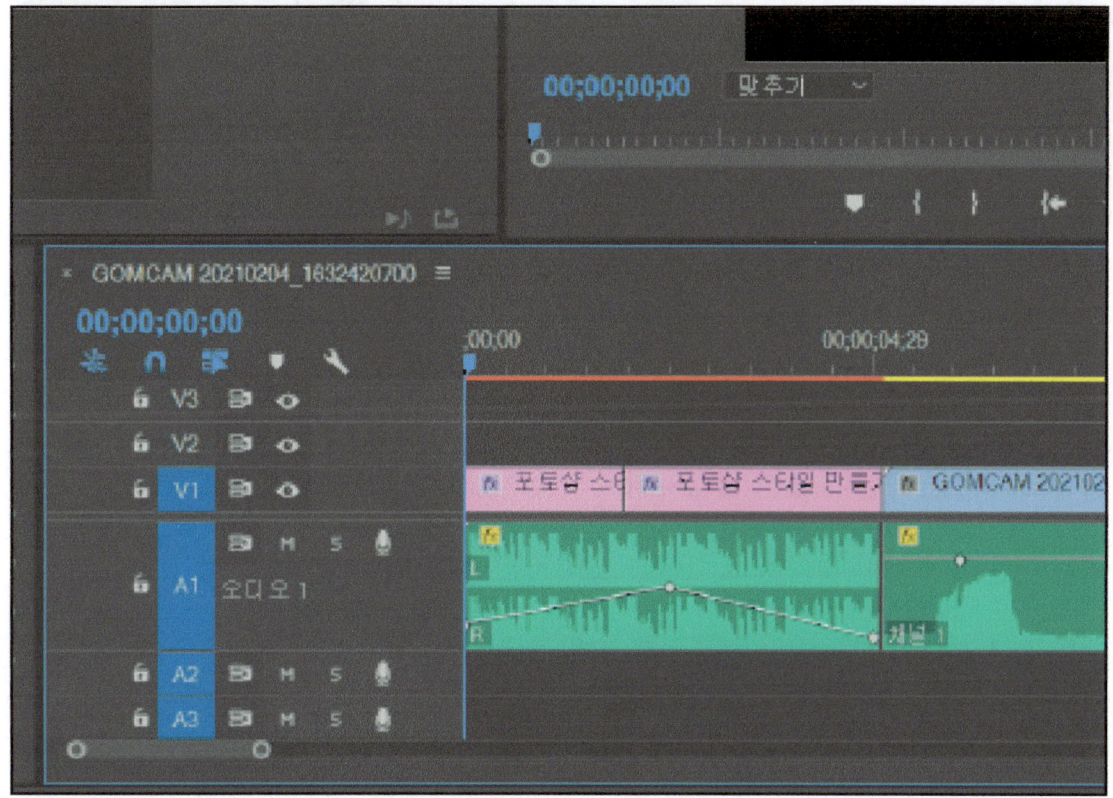

위와 같이 효과를 넣으면 배경 음악이 낮은 소리로 시작해서 최고 음이 되었다가 다시 점점 작아지면서 사라지는 효과를 얻을 수 있고요..

이 효과 역시 유튜브에 접속하여 필자가 올린 동영상을 보시면 금방 이해가 됩니다.

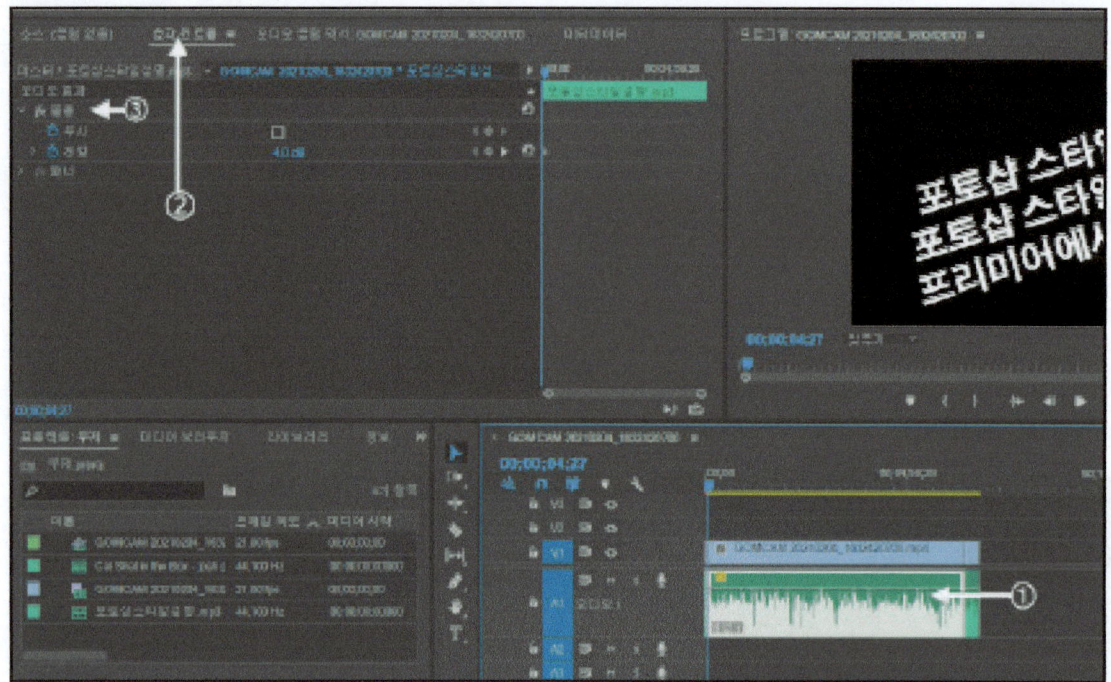

단순히 소리의 볼륨을 조절하는 것은 위의 ①의 소리 트랙을 클릭하여 선택을 하고 ②의 [효과 컨트롤] 탭에서 ③의 볼륨을 조절하여 소리를 작게 혹은 크게 조절할 수 있습니다.
기본으로 6dB(데시벨)까지 조절할 수 있고요, 최대값은 제한이 없고요, 한 번에 최대 24dB까지 조절이 가능하며 이러한 효과를 여러번 중첩 사용할 수 있으므로 결국 최대값은 제한이 없는 셈입니다.

이는 단순히 소리를 볼륨을 조절하는 것이지만, 경우에 따라서는 대단한 효과를 볼 수가 있습니다.
예를들어 필자는 하루종일 컴퓨터를 하므로 팔다리, 어리, 어깨,.. 안 아픈 곳이 없는데요, 그래서 가끔씩 노래방을 틀어놓고 노래를 부르고, 이것을 녹화하여 편집을 해서 유튜브 등의 각종 SNS에 올리곤 하는데요..

노래방을 틀어놓고 노래를 하다보면 원래 작곡을 그렇게 한 것인지 노래방의 문제인지 반주가 너무 크게 나오거나, 반대로 너무 작게 나와서 최종 결과물에 반주와 노래의 언밸런스가 나타납니다.

만일 노래방의 반주 소리가 너무 크게 나면, 실제 노래방이 아니고 그냥 실내에서 켠 노래방이기 때문에 쿵쿵 울리는 것이 아니라 완전 깨지는 소리가 납니다.
이렇게 귀청이 깨지는 소리가 나는 동영상을 그대로 올렸다가는 어떠한 시청자도 동영상을 열자마자 닫아 버릴 것입니다.
이 때 이 동영상을 프리미어에서 편집을 하면서 고음 감소를 해 주면 깨지는 소리를 줄일 수 있고요, 이러한 고음 감소들의 효과는 여러번 중첩 사용 가능하고요, 한 번에 최대 24dB까지 줄이거나 크게 할 수 있습니다.
이 기능은 잠시 후에 알아보고요, 지금은 페이드인, 아웃 효과를 넣어 보겠습니다.

단순히 볼륨을 조절하는 것은 위의 ①의 [이동툴]로 ②를 클릭하고 위 아래로 조절하여 소리의 음량을 조절하거나 ③에서 조절할 수 있고요, ④의 페이드인, 페이드 아웃 효과는 ①의 [이동툴]로는 안 됩니다.

④의 페이드인, 페이드 아웃 효과는 ⑤ 펜툴을 사용해서 클릭 드래그하여 원하는 곳에 원하는 만큼의 페이드인, 페이드 아웃 효과를 줄 수 있습니다.

프리미어에서의 펜툴은 그릴 수도 있지만, 이렇게 소리를 조절하는 용도로도 사용됩니다.

여기 보이는 페이드인, 페이드 아웃 효과를 주기 위해서는 소리 트랙이 작으면 마우스로 클릭하기가 어렵습니다.

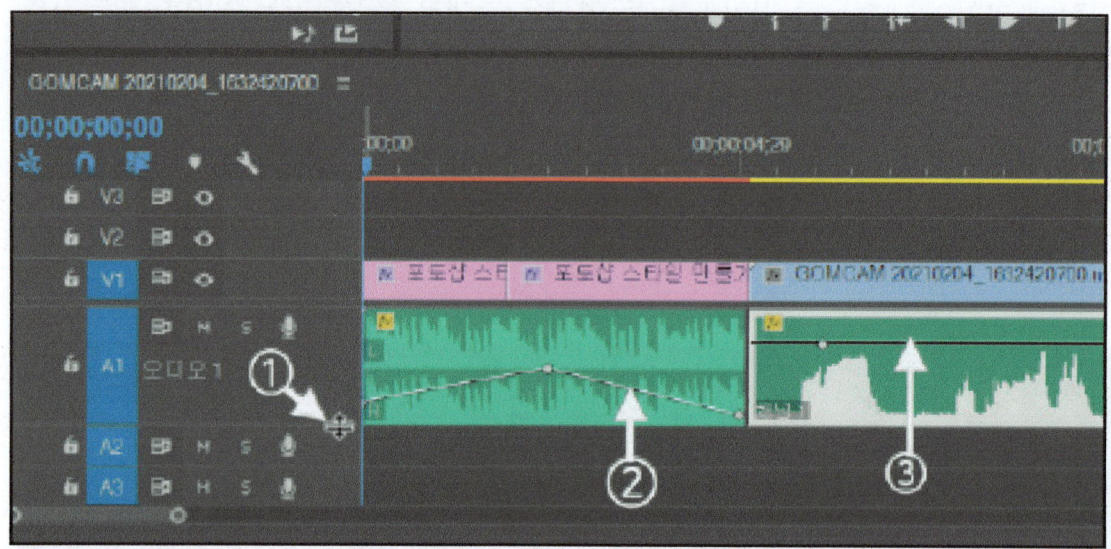

이 때는 위의 ①의 위치, 즉, 트랙과 트랙 사이에 마우스를 가져가서 위와 같이 변했을 때 클릭 드래그하여 트랙을 넓혀주면 ②와 ③과 같이 크게 보여서 소리를 조절하기가 쉽습니다.

4-13. 소리 효과(사운드 편집)

앞에서 잠깐 설명을 했습니다만, 프리미어의 사운드 편집 기능은 수 백만원짜리 신디사이저에 비해서도 결코 뒤지지 않는 막강한 기능을 가지고 있습니다.
필자는 음악에는 문외한이라 제대로 활용을 하지 못하고 있습니다만, 음악에 재능이 있는 사람이라면 수 백만원짜리 신디사이저를 사지 않고 프리미어의 사운드 편집 기능만으로도 훌륭한 소리 편집을 할 수 있습니다.
필자는 음악에는 문외한이라 프리미어의 소리 편집 기능의 고급 기능은 거의 사용하지 않고요, 예를 들어 필자가 노래방을 틀어놓고 노래를 부르고 이것을 녹화하여 편집한 동영상을 유튜브 등의 각종 SNS에 올리곤 하는데요..
필자가 노래를 부르는 장소는 전문 녹음실이 아니라 그냥 일반 실내이므로 각종 잡음 등이 같이 섞여서 녹음이 됩니다.

필자는 음악의 전문가가 아니기 때문에 보통 스마트폰으로 녹음을 많이 하며 DSLR을 이용하여 녹음 및 녹화를 하기도 하는데요..
스마트폰이나 DSLR 등으로 녹음 및 녹화를 할 때는 물론 잡음을 감소시키는 기능이 있기는 합니다만, 극히 미약합니다.
그러나 어떠한 경우이든 일안 녹음된 소리에서 잡음을 프리미어에서 상당히 제거할 수 있습니다.

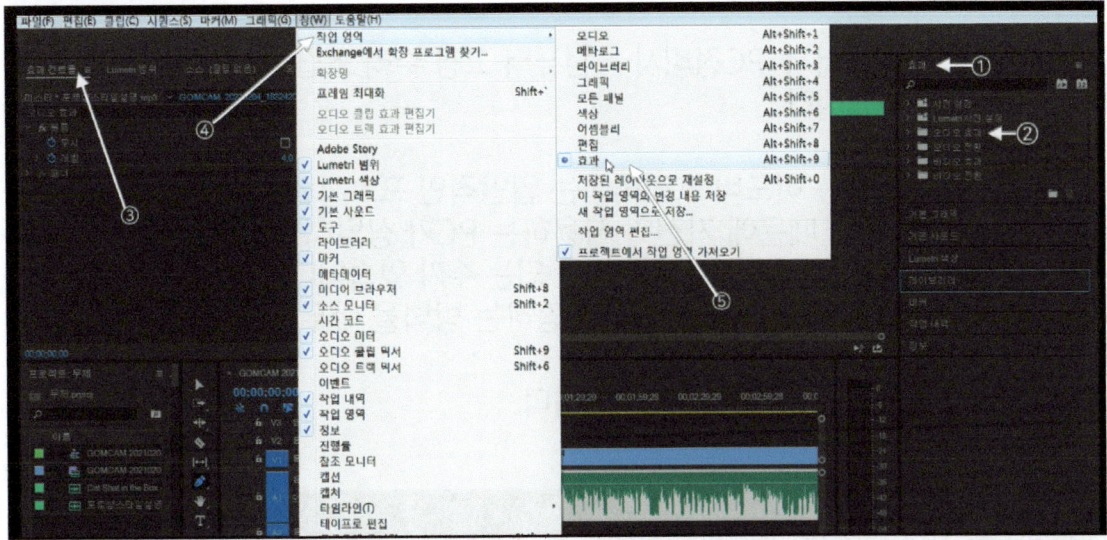

앞에서 단순히 소리의 볼륨을 조절하는 것은 간단히 설명을 했습니다만, 이러한 볼륨 조절 역시 위의 ①의 효과에서 여러번 중첩 사용할 수가 있는데요..

위의 ①의 효과 탭은 ③의 [효과 컨트롤]과는 완전히 다르며, 만일 위의 ①의 효과 탭이 보이지 않을 때는 위의 프리미어 메뉴 ④의 [작업 영역]-⑤의 [효과]를 클릭하면 나타납니다.

또한 프리미어로 작업을 하다보면 어느 순간 자주 사용하던 패널들이 사라져서 난감한 경우가 왕왕 나타나는데요, 이 때마다 위의 프리미어 메뉴 ④의 [작업 영역]의 하위 메뉴들을 클릭하여 나타나게 할 수 있습니다.

만일 패널들이 완전히 뒤죽박죽이 되어 엉망일 때는 위의 프리미어 메뉴 ④의 [작업 영역]의 하위 메뉴 중에서 [모든 패널]을 선택하면 모든 패널이 나타납니다만, 프리미어를 다시 깔았더니 지금 사용하는 시스템에서는 이 메뉴가 먹지 않습니다.

사실 프리미어는 일반적인 PC 소프트웨어 중에서 가장 오류가 많은 프로그램이기도 합니다.

그래서 인터넷 검색하면 프리미어 오류 일람을 만들어서 올려 놓은 사이트도 있는데요, 근본적으로는 클린 PC, 이상이 없는 컴퓨터, 튜닝이 제대로 된 컴퓨터는 거의 이런 문제가 발생을 하지 않습니다.

그래서 필자의 다른 저서 'PC정비사 - 컴퓨터 고장 수리 조립 업그레이드' 책을 같이 보셔야 하는 것입니다.

특히 이 책에서 다루는 어도비 프리미어는 일반적인 프로그램 중에서 가장 무거운 헤비급 프로그램이기 때문에 자신이 사용하는 PC가 상당히 고사양 PC임에도 불구하고 프리미어가 오류가 나서 실행이 안 되는 수가 있습니다.
이 경우 인터넷에 있는 프리미어 오류 수정하는 방법을 아무리 해도 해결이 안 됩니다.
근본적으로 PC가 완벽해야 하기 때문입니다.

필자의 경우 방음 처리된 전문 녹음실이 아니라 일반 실내에서 녹음을 하는 것이므로 여러가지 잡음이 섞여서 녹음이 되는데요 위의 ①과 ②의 노이즈 제거 혹은 노이즈 감소 기능을 사용할 수 있고요, 특히 노래방 반주가 깨지는 듯이 들리는 소리는 고음 감소를 통해서 조절할 수 있습니다.

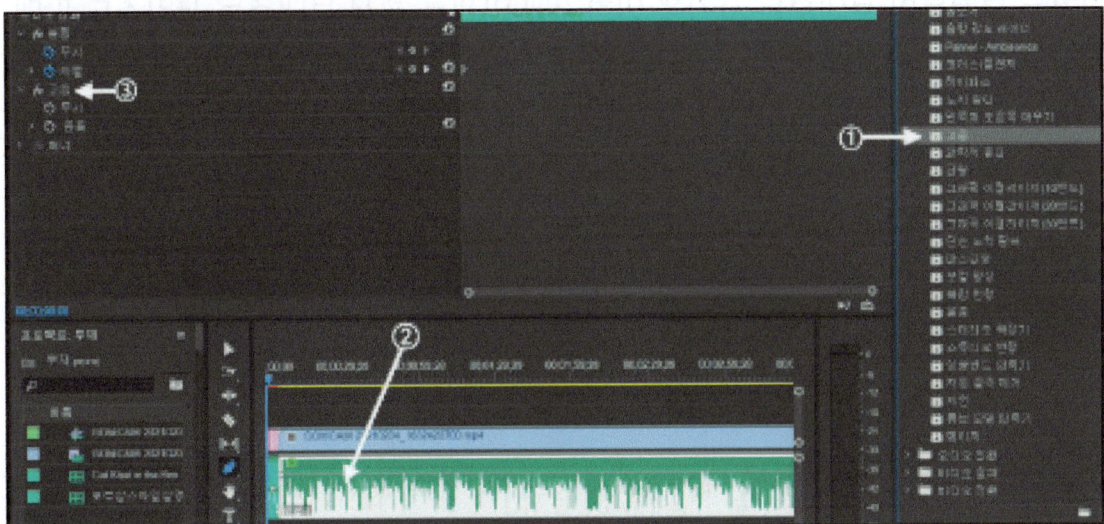

위의 화면에 보이는 것과 같이 최대 -24~+24까지 조절할 수 있는데요, 처음에 -24 dB로 조절을 했다가 그래도 깨지는 소리가 크게 난다면 동일한 작업을 반복해서 다시 효과 탭에서 고음 필터를 클릭 드래그하여 소리 트랙에 가져다 놓으면 아래 화면에 보이는 것과 같이 또 효과 컨트롤 패널에 나타납니다.

위와 같이 고음 감소 필터를 2번 사용할 수도, 또 더 많이 사용할 수도 있습니다만, 어떠한 경우에도 사진이든, 동영상이든 소리든, 과도하게 사용하면 역효과가 납니다.

필자는 고객들이 보내오는 사진을 인화지에 인쇄를 해서 보내주는 서비스도 판매를 하며 특히 증명사진을 인화지에 인쇄를 하여 보내주는 서비스도 판매를 하는데요..

어떤 사람은 자신의 얼굴을 너무 과도하게 보정을 하여 마치 사진이 아니라 그림인 것 같이 만들어서 보내는 사람도 있는데요, 이렇게 과도하게 보정한 사진은 증명사진으로 인정되지 않는다는 것을 알아야 합니다.

프리미어 역시 과도하게 보정하여 너무 많은 효과를 적용하면 원본이 훼손되어 오히려 이상하게 되고 맙니다.

따라서 고음 감소 필터 역시 과도하게 사용하면 역효과가 나므로 적당히 적용하여 소리를 들어보가 조절하기를 반복해야 합니다.

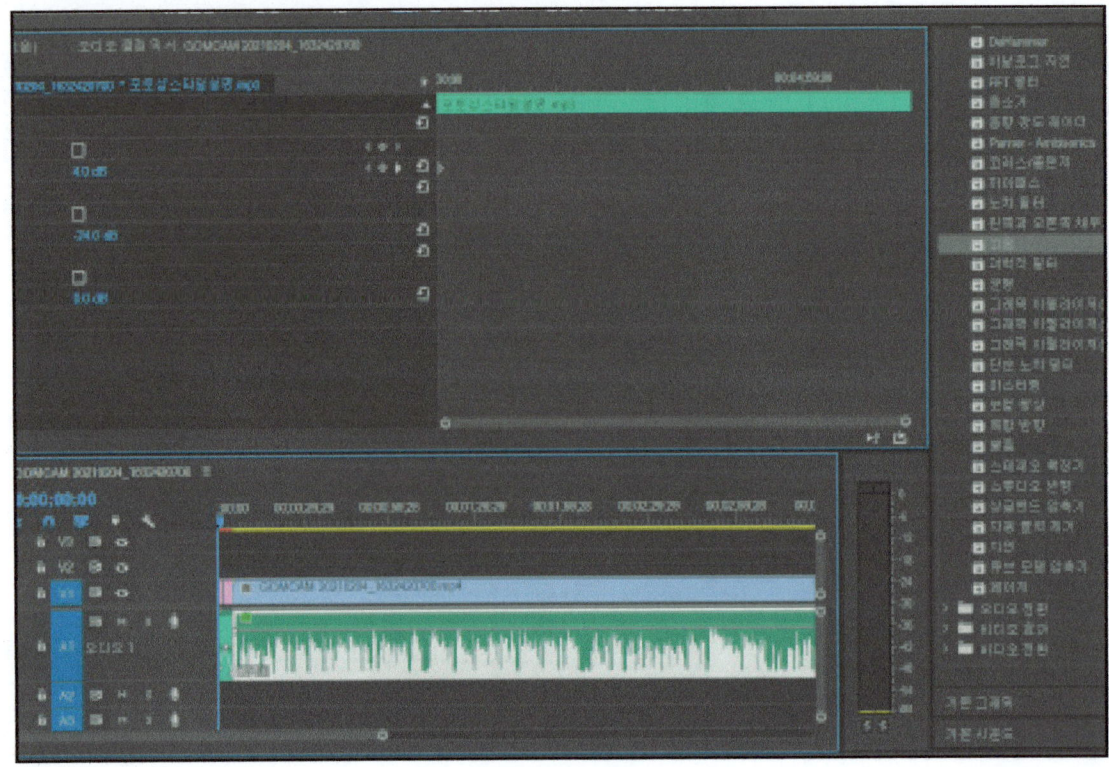

여기서는 소리의 페이드인 아웃, 그리고 잡음 제거 및 고음 감소 등의 간단한 기능만 알아 보았는데요, 위의 화면에 보이는 것과 같이 프리미어의 사운드 편집 기능는 매우 많으므로 모두 클릭하여 어떤 기능이 있는지는 여러분 각자 실습을 해 보시기 바랍니다.

1-14. 2K, 4K, 8K 영상 편집 보충 설명

앞에서 고화소 동영상 편집 방법을 설명했습니다만, 이 단원에서는 추가 보충 설명입니다.
요즘 관심이 뜨거운 4K 영상이란 동영상의 크기가 4,000 픽셀 이상되는 동영상을 말합니다.

4,000픽셀 이상 되므로 십진법에 의해서 동그라미 3개는 빼고 그냥 4K라고 부르는 것이며, 이는 크기가 큰 동영상 편집헤 해당되므로 요즘 가장 많이 사용하는 1080P 동영상은 1920*1080 사이즈이고요, 이보다 큰 동영상이므로 2K, 4K, 8K 모두 해당되는 내용입니다.

우선 픽셀의 개념부터 알아야 하는데요, 요즘 누구나 가지고 있는 스마트폰도 웬만하면 7k~8K가 나옵니다.

따라서 사진의 크기가 8K라는 것은 전혀 의미가 없고요, 동영상의 크기가 4K를 의미하며 또한 단순히 4K 크기의 동영상은 또 의미가 없습니다.

진정한 4K 영상이란 픽셀은 약 2배로 늘어나지만, 화질은 4배가 좋은 동영상을 말하는 것입니다.

따라서 요즘 범람하는 중국산 저가형 4K 액션캠 등으로 촬영한 동영상은 진정한 의미에서의 4K 영상이 아닙니다.

필자가 얼마전에 구입한 중국산 샤오미 YI 액션캠이 있는데요, 이 액션캠은 2K(2304*1296) 동영상이 촬영이 되기는 됩니다만, 화질은 1920*1080 동영상에 비하여 눈꼽만큼도 나아지지 않고 동영상의 제원도 알아 볼 수가 없습니다.

사양이 낮은 컴퓨터에서 크기가 큰 동영상을 편집하는 원리는 이렇습니다.
프리미어에서 크기가 큰 동영상을 편집하면 부하가 걸려서 편집을 할 수가 없습니다.
그래서 프리미어에서는 일종의 편법으로 크기가 큰 동영상을 프리미어에서 편집하는 동안 크기가 작은 동영상으로 줄여서(이것을 인코딩이라고 합니다.) 편집을 하며 모든 편집이 끝난 후 동영상을 내 보낼 때는(이것을 렌더링이라고 합니다.) 원래 크기의 동영상 크기로 내보내는 원리입니다.

이 과정에서 어도비 프리미어와 함께 반드시 깔려 있어야 하는 어도비 미디어 인코더가 자동으로 실행되며 크기가 큰 동영상을 프리미어의 프록시 설정에서 지정한 크기로 인코딩을 합니다.
이 과정에서 인코딩을 하는 시간이 상당히 깁니다.
동영상의 용량이 큰 경우 가히 상상을 초월할 정도로 많은 시간이 걸리므로 만일 상업적으로 동영상을 편집한다면 고가의 하드웨어 편집 장비를 사용하든지 어도비 프리미어와 같은 소프트웨어적으로 렌더링을 한다면 시스템의 사양이 거의 중형 컴퓨터에 가까운 최고 성능의 컴퓨터를 사용해야 합니다.

그러나 일반 개인이 이렇게 고가의 중형 컴퓨터를 사용할 수 없으므로 어쩔 수 없이 프리미어의 인제스트 설정에서 프록시 기능을 사용하여 2k, 4k, 8k 동영상을 편집할 수 밖에 없으며 이 경우 상당히 오랜 시간이 필요하므로 2k, 4k, 8k 동영상은 가급적 최대한 짧게 촬영하는 것이 좋습니다.
지금부터 이렇게 하는 방법을 알아보겠습니다.
프리미어가 실행되어 동영상을 편집하는 도중에도 설정을 할 수 있습니다만, 여기서는 처음 프리미어를 실행하는 단계부터 시작하겠습니다.

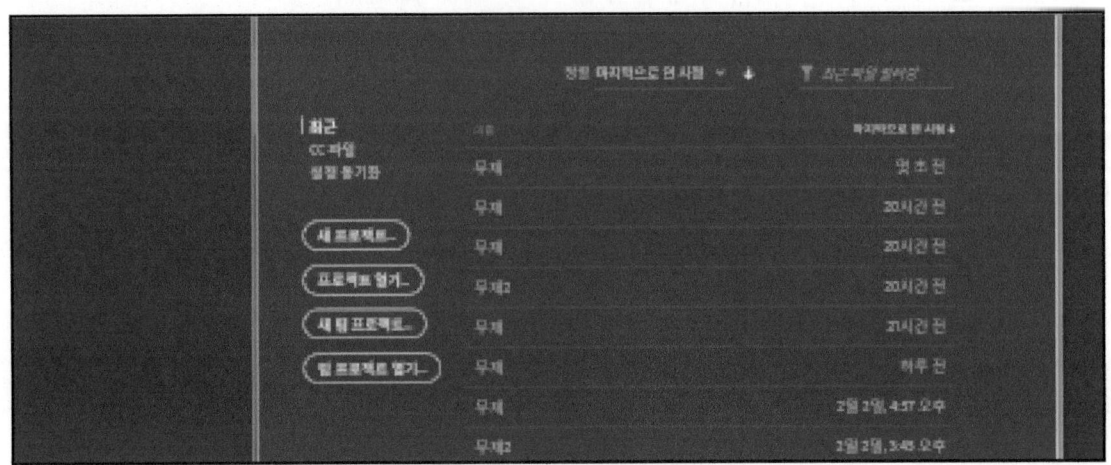

프리미어를 실행하고 앞의 화면에서 새 프로젝트를 클릭합니다.

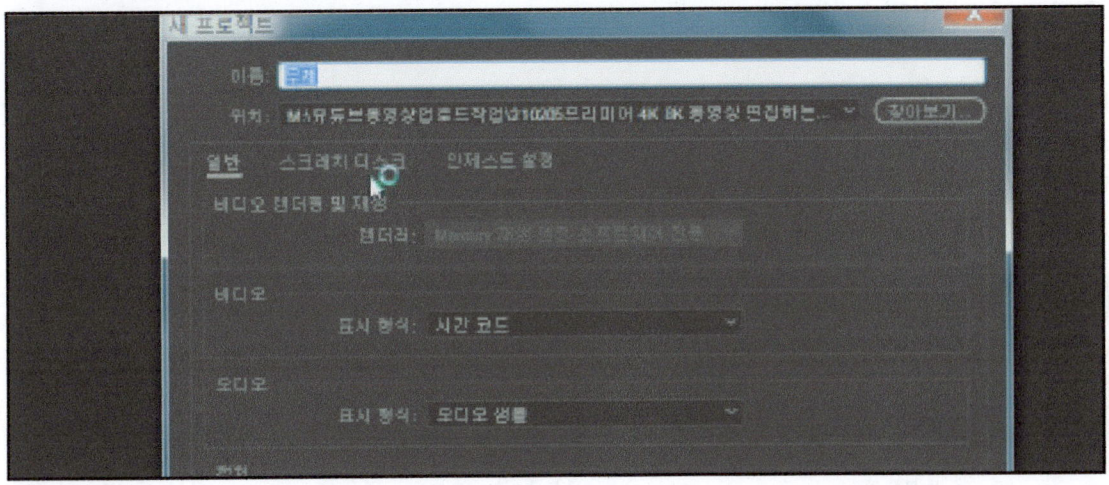

4-15. 스크래치 디스크

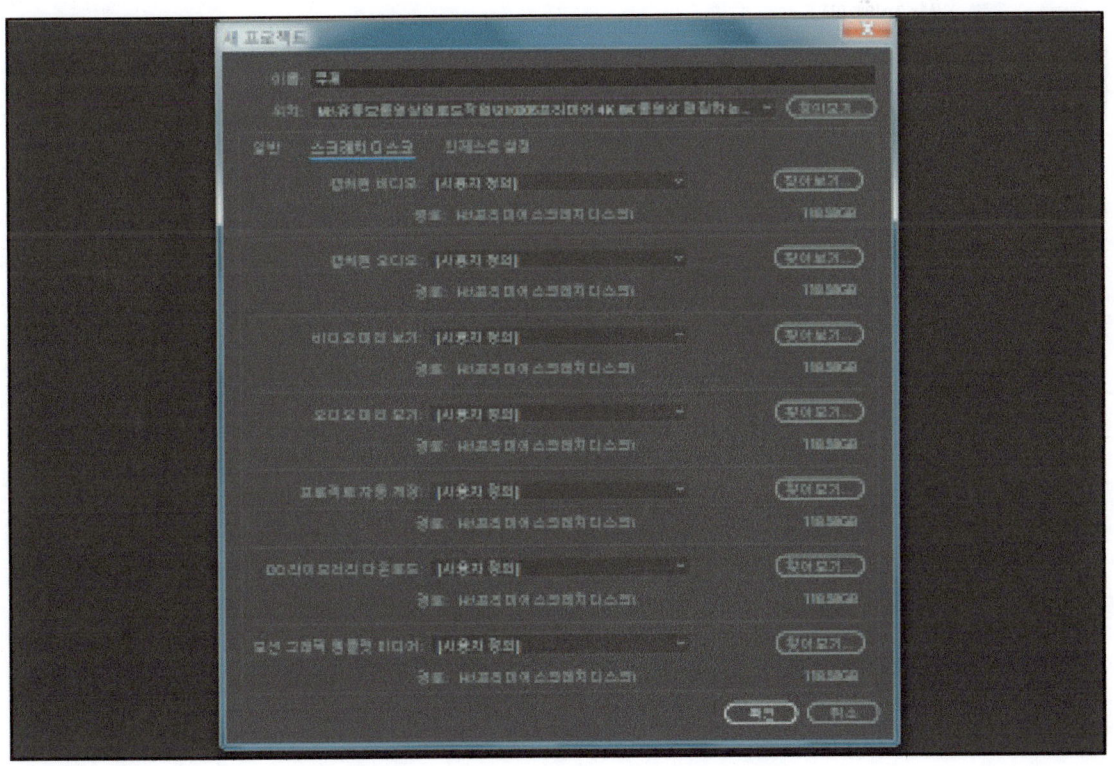

앞의 화면을 보면 스크래치 디스크는 모두 [H:₩프리미어 스프레치 디스크]를 사용하도록 되어 있습니다.

이것은 다음 화면을 보아야 이해가 됩니다.
필자는 현재 출판사를 운영하며 동시에 쇼핑몰을 운영하기 때문에 각종 사진 및 특히 필자가 집필하는 수많은 서적들의 원고 등 용량이 큰 파일들이 많이 있기 때문에 컴퓨터에 HDD(하드 디스크 드라이브)가 아주 많습니다.

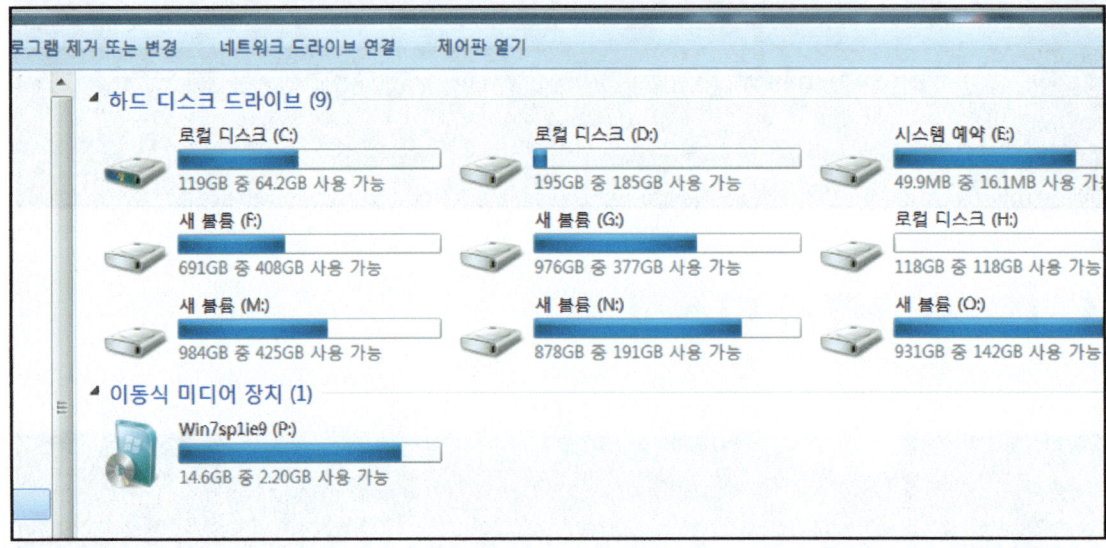

위와 같이 필자가 사용하는 컴퓨터에는 HDD(하드 디스크 드라이브)가 아주 많으며 이 중에서 위의 화면에 보이는 H 드라이브는 부팅시 사용하는 SSD와는 별개로 필자가 따로 컴퓨터에 설치한 128Gb SSD입니다.

필자가 현재 이 책의 집필에 사용하는 컴퓨터는 인텔 i7-2세대 시피유를 장착하였으며 시스템 메모리는 8Gb를 장착했습니다.

요즘 추세로 보아서는 결코 좋은 사양이 아닙니다만, 고성능 게임을 하지 않는 한 이 정도 사양이라면 어도비 프리미어, 어도비 포토샵, 어도비 인디자인을 모두 실행하고 동시에 작업을 해도 끄떡 없습니다.

4-16. 가상메모리

앞에서 필자가 이 책을 집필하는 컴퓨터는 인텔 i7-870 시피유에 8Gb 메모리를 장착한 시스템이라고 했는데요, 컴퓨터는 전원을 켜서 끌 때까지의 모든 작업을 방금 설명한 8Gb의 메모리에서 실행을 합니다.

메모리는 램(RAM)이며 쓰고 지울 수 있지만, 전원이 꺼지면 기억하고 있던 모든 내용을 잃어버리는 휘발성 메모리입니다.
그래서 컴퓨터 작업하는 내내 자꾸 저장을 하는 것이고요, 저장은 보조기억장치 = 영구 기억 장치인 HDD(하드 디스크 드라이브)에 저장을 하는 것이고요..
여기서 중요한 것은 시스템의 메모리입니다.
현재 필자가 사용하는 컴퓨터는 8Gb의 메모리를 장착했으며 이는 비교적 적은 양입니다.
이렇게 적은 양으로도 컴퓨터를 원활하게 사용하는 것은..
앞에서 컴퓨터를 켜서 끌 때까지의 모든 작업은 메모리에서 이루어진다고 설명을 했는데요, 필자의 경우 이렇게 적은 8Gb의 메모리로 작업을 하기 때문에 8Gb 용량으로는 어림도 없습니다.

따라서 정상적이라면 메모리가 부족합니다 등의 메시지와 함께 컴퓨터가 버벅거리거나 다운이 되어 버립니다.,

그렇다면 필자는 어떻게 이렇게 부족한 메모리를 가지고도 컴퓨터가 다운되지 않고 수많은 책을 집필하고 또 수많은 동영상을 만들어서 유튜브 등에 올릴 수 있을까요?
바로 가상메모리 기법을 사용하기 때문입니다.
가상메모리란, 앞에서 설명한 것과 같이 컴퓨터를 켜서 끌 때까지의 모든 작업은 메모리에서 이루어지는데, 메모리가 부족하면 컴퓨터가 버벅거리다가 다운 되어 버리므로 이렇게 버벅거리거나 다운되지 않도록 시스템에 설치된 HDD(하드 디스크 드라이브)의 일부를 마치 램처럼 끌어다가 사용하는 기법입니다.
사실 필자가 현재 사용하는 8Gb의 메모리도 결코 적은 양이 아닙니다.
옛날 필자가 처음 컴퓨터 공부를 시작할 때에 비하면 무려 백만 배 이상 커진 어마어마한 용량인 것입니다.

이렇게 엄청나게 메모리 용량은 커졌지만, 이 메모리를 사용자가 다 사용하는 것이 아닙니다.

우선 시스템의 기본 콘솔에서 메모리의 일부를 사용합니다.
콘솔이라 키보드 마우스 등 컴퓨터의 가장 기본이 되는 장치를 말합니다.
그리고 윈도우즈 운영체제가 부팅이 되면 바탕 화면 우측 하단에 있는 트레이를 클릭하면 현재 실행중인, 램에 로드된, 다시 말해서 램상주 프로그램들이 보입니다.

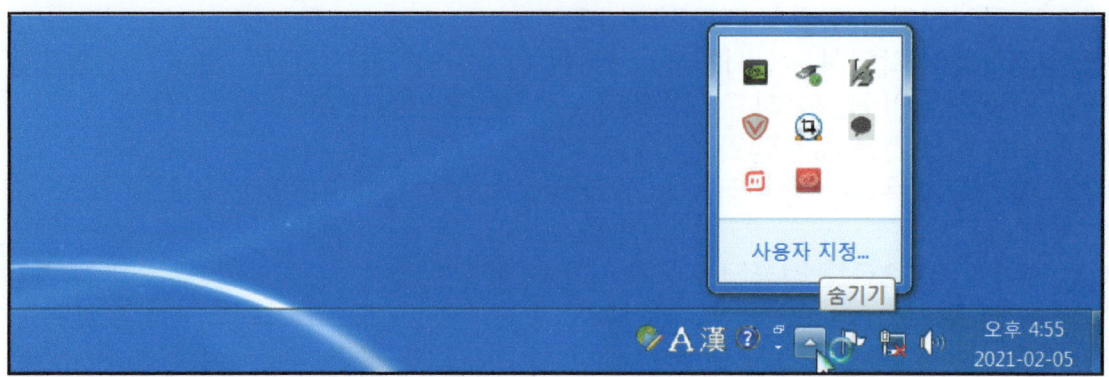

위의 화면에 보이는 것과 같이 바탕 화면 우측 하단 시스템 트레이를 클릭하면 현재 실행중인 프로그램이 보이는데요, 그러나 이것은 그야말로 새발의 피에 불과합니다.
실제로는 이보다 백배는 더 많은 프로그램이 사용자 몰래 백그라운드에서 실행이 되고 있습니다.
[Ctrl + Alt + Del] 눌러서 작업관리자에 들어가면 다음과 같이 나타납니다.

이렇게 엄청나게 많은 프로그램들이 모두 램을 갉아먹고 사용자는 이 모든 프로그램들이 사용하고 남은 약간의 메모리만 사용하기 때문에 메모리 부족 현상이 발생하는 것입니다.
그래서 기본적으로는 시스템에 설치되는 램의 용량을 최대한 크게 하는 것이 좋습니다만, 이 또한 만만치 않습니다.
우선 기본적으로 컴퓨터의 메인보드에서 지원하는 용량 이상으로는 램을 장착할 수가 없습니다.
그리고 램의 가격이 엄청나게 비쌉니다.
그래서 필자의 경우 8Gb의 램을 사용하는 것입니다.
그렇다면 이제부터 이렇게 부족한 램으로 컴퓨터를 원활하게 사용하는 방법을 알아보도록 하겠습니다.

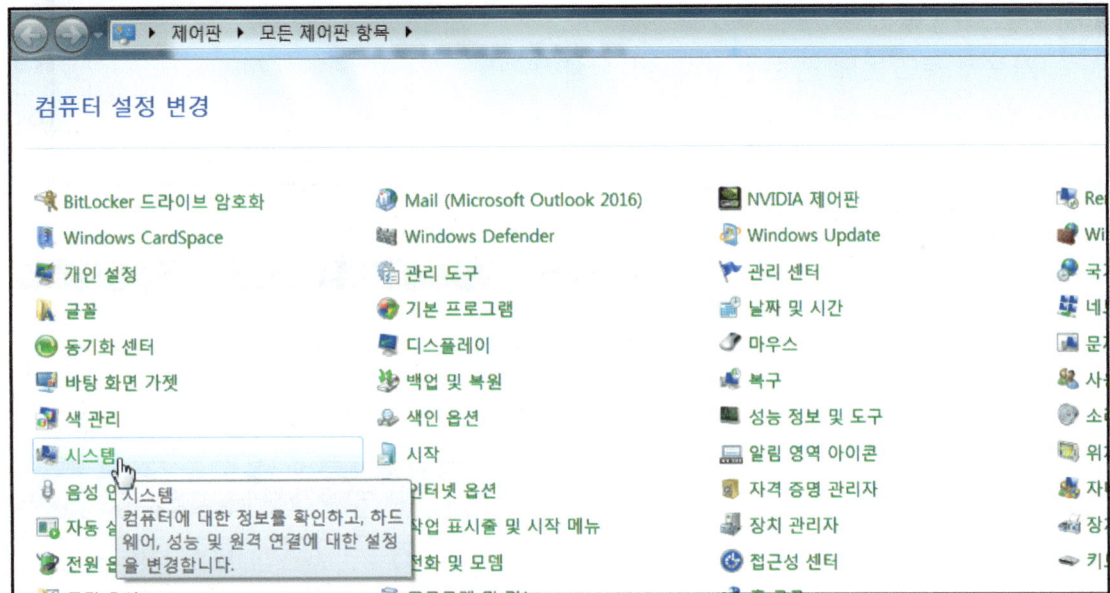

제어판을 열고 위의 화면 손가락이 가리키는 시스템을 클릭합니다.

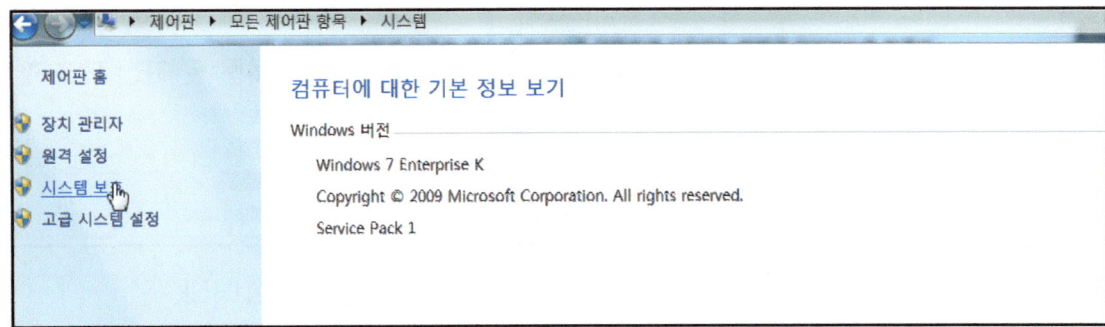

앞의 화면에서 손가락이 가리키는 [시스템 보호]를 클릭합니다.

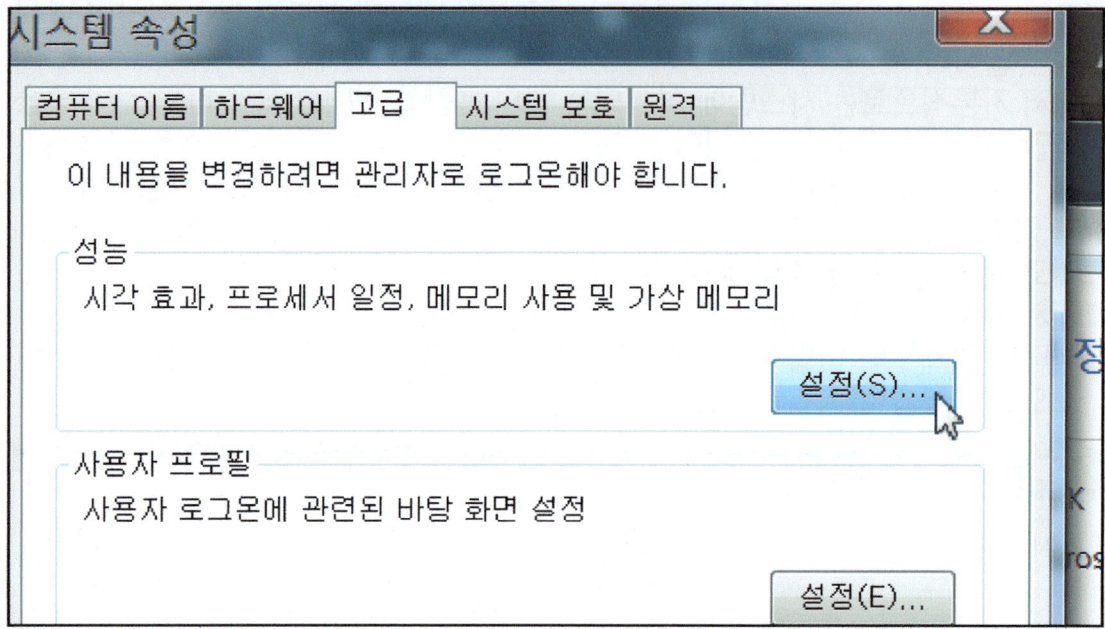

위에서 [고급]탭을 클릭하고 마우스가 가리키는 [설정]을 클릭합니다.

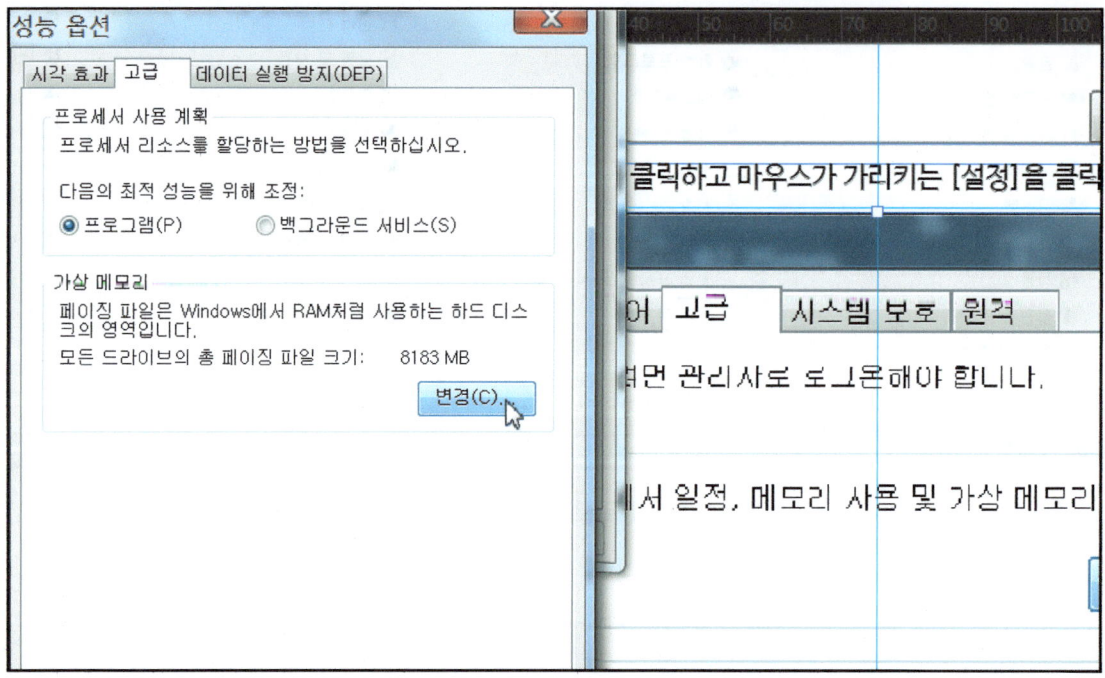

위에서 [고급]탭을 클릭하고 마우스가 가리키는 [변경]을 클릭합니다.

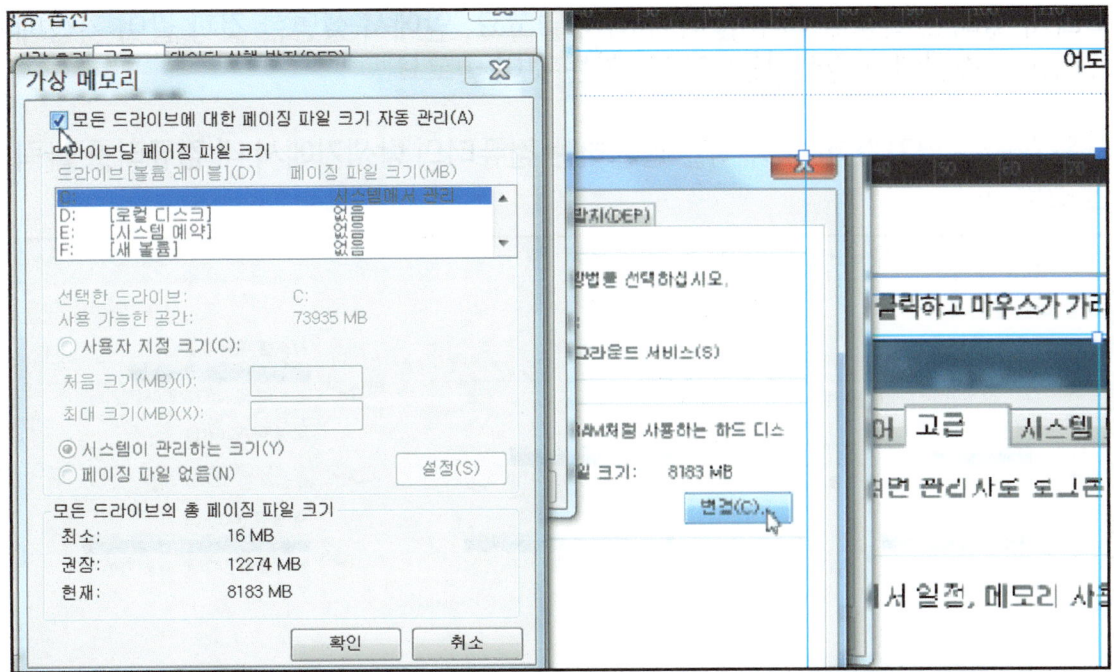

위의 화면에서 마우스가 가리키는 [모든 드라이브에 대한 페이징 파일 크기 자동 관리]에 체크를 합니다.
위의 화면에서 [페이징 파일]이란 시스템에서 가상 메모리로 사용하는 공간을 의미합니다.
만일 페이징 파일 없음으로 되어 있다면 참으로 큰일입니다.

컴퓨터에서 가상 메모리로 사용할 공간이 없으므로 시스템에서 기본 장치들이 사용하고 남은 약간의 용량의 램만 사용하다가 메모리 부족 현상이 생기면 [메모리가 부족하여 실행할 수 없습니다.] 등의 메시지가 나오면 아무것도 안 되거나 버벅거리다가 결국은 먹통이 되어 버립니다.

그리도 꼬 한 가지 알아야 할 중요한 사항..
지금까지 설명한 가상메모리 관련 내용을 읽고, 그렇다면 가상 메모리를 많이 지정하면 더욱 컴퓨터가 빨라질 것이 아니냐?
하고 가상 메모리를 왕창 지정을 하면 컴퓨터는 시스템에서 속도가 빠른 램을 사용하지 않고 램보다 백만배는 속도가 느린 하드디스크만 사용합니다.

그래서 가상메모리를 너무 많이 지정하면 컴퓨터 속도가 와장창창 느려집니다.

따라서 절대로 욕심을 너무 많이 부리지 말고요, 앞에서 설명한 것과 같이 가상메모리를 시스템에서 관리하는 크기로 하는 것이 좋고요..

다음 화면은 필자가 현재 이 책을 집필하는 컴퓨터의 탐색기에서 내 컴퓨터를 클릭한 것입니다.

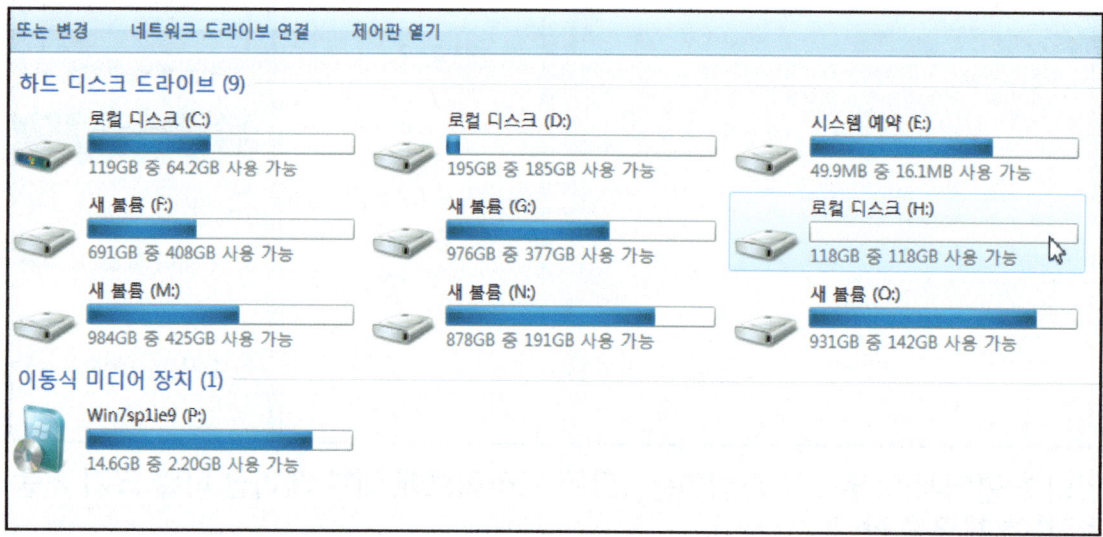

위의 화면에서 중요한 것은 위의 화면에서 마우스가 가리키는 H 드라이브입니다.

용량이 118gb로 되어 있는데요, 이것이 부팅시 사용하는, 즉, C 드라이브로 사용하는 SSD와 별개로 필자가 따로 추가로 설치한 128Gb의 SSD입니다.

이렇게 하는 이유는 시스템에 설치된, 부팅시 없으면 안 되는 기본 램은 8Gb이며 이것을 늘리기 위해서는 돈이 많이 들어갑니다.

즉, 램값이 상당히 비쌉니다.

예를 들어 램을 128Gb를 끼우려면, 메인보드에서 지원도 하지 않을 뿐만 아니라 지원한다 하더라도 아마 수 백만원 들어가야 합니다.

그러나 위의 화면에 보이는 128Gb의 SSD는 고작 1~2만원이면 삽니다.
그래서 C 드라이브도 128Gb의 SSD에 윈도우즈 운영체제를 설치했고요,

이렇게 C 드라이브를 용량이 적은 128Gb의 SSD에 설치할 경우 C 드라이브의 용량이 부족하게 됩니다.
일반적으로 윈도우 7 이상의 운영체제만 설치할 때는 매우 적은 용량으로도 설치가 되지만, 필자와 같이 수많은 프로그램을 인스톨하게 되면 최소한 C 드라이브의 용량이 256Gb는 돼야 하고요, 넉넉하게 사용하려면 512Mb,는 돼야 합니다.

그러나 SSD가 많이 보급된 현 시점에서도 이렇게 용량이 큰 SSD는 가격이 상당히 비쌉니다.

그래서 필자는 가격이 저렴한 128Gb의 SSD에 윈도우즈 운영체제를 인스톨하여 번개처럼 빠르게 부팅을 하고, 부족한 C 드라이브는, C 드라이브를 기본으로 사용하는 [내 문서]폴더와 [다운로드]폴더 등을 용량이 충분한 HDD(하드 디스크 드라이브)로 위치를 변경하고, 각종 응용 프로그램들을 가능한 C 드라이브에 설치하지 않고 용량이 많이 남아 있는 HDD(하드 디스크 드라이브)에 설치를 하는 것입니다.
지금부터 이렇게 하는 방법입니다.

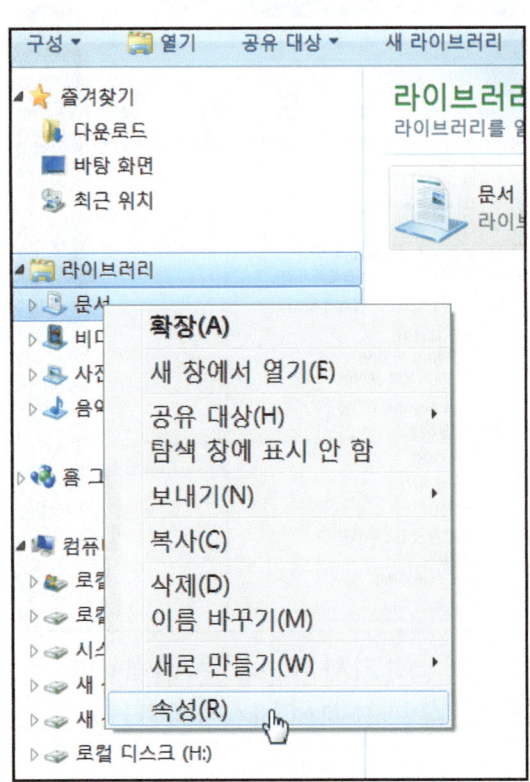

탐색기에서 위와 같이 예를 들어 각종 파일들이 기본적으로 저장되는 [내 문서] 폴더가 C 드라이브의 용량을 많이 차지하므로 [내 문서]폴더의 위치를 변경해 보겠습니다.

좌측 화면에 보이는 것과 같이 탐색기에서 [내 문서]를 선택하고 마우스 우측 버튼을 클릭하여 나타나는 팝업 메뉴에서 [속성]을 클릭하면 다음 화면이 나타납니다.

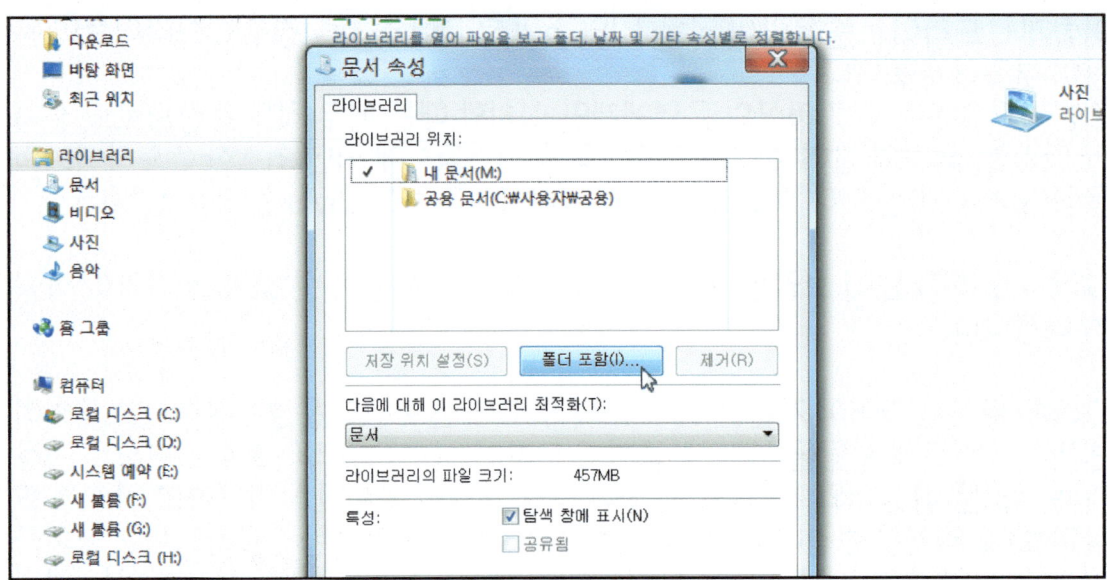

위의 [폴더 포함]을 클릭하면 다음 화면이 나타납니다.

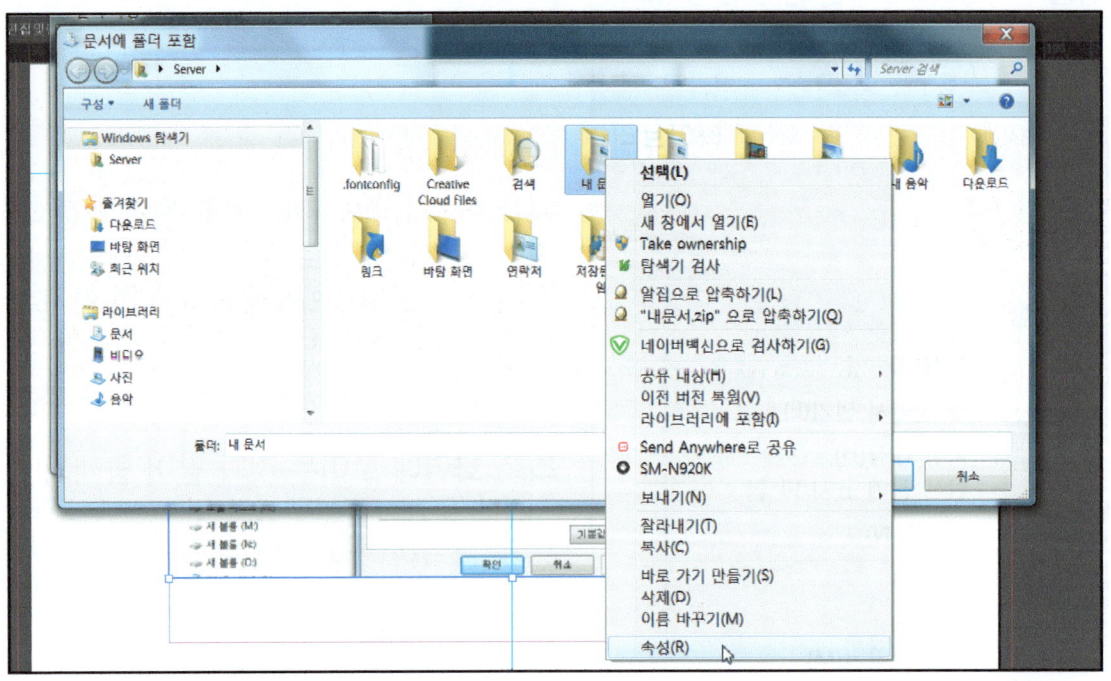

위의 화면에서 폴더의 위치를 옮기고자 하는 폴더.. 여기서는 [내 문서] 폴더를 선택하고 마우스 우측 버튼을 클릭하여 나타나는 팝업 메뉴에서 다시 [속성]을 클릭합니다.

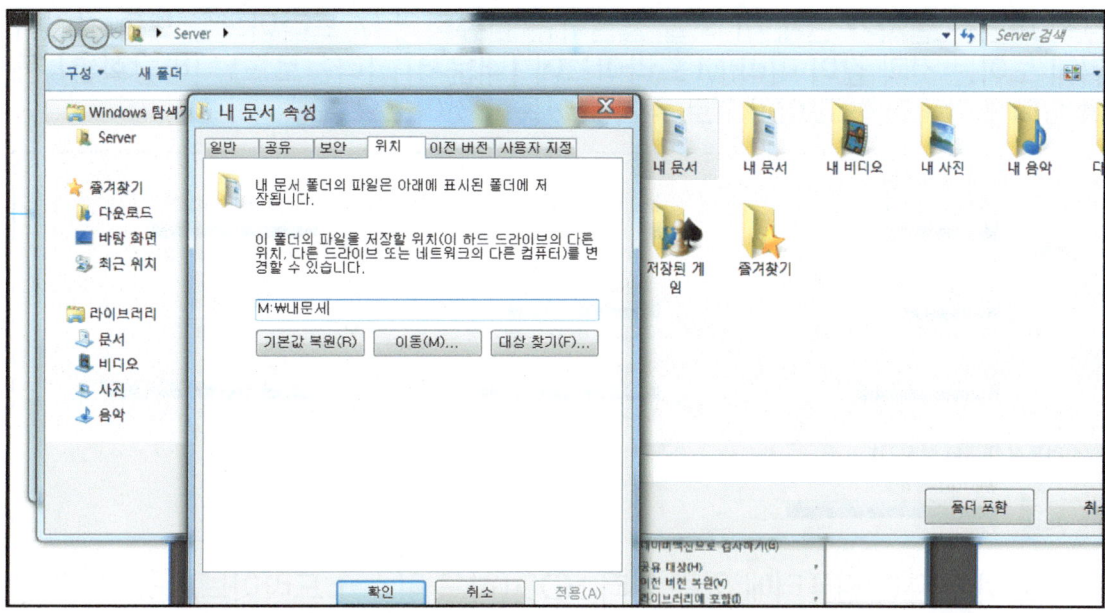

위의 화면에서 [위치] 탭을 클릭하고 파일의 아니, 폴더의 이동할 위치를 지정하는데요, 아래 화면을 보세요.. 미리 만들어놓은 폴더들입니다.

위의 화면을 보면 M 드라이브로 지정을 했는데요, 탐색기에서 M 드라이브를 보면 다음과 같이 보입니다.

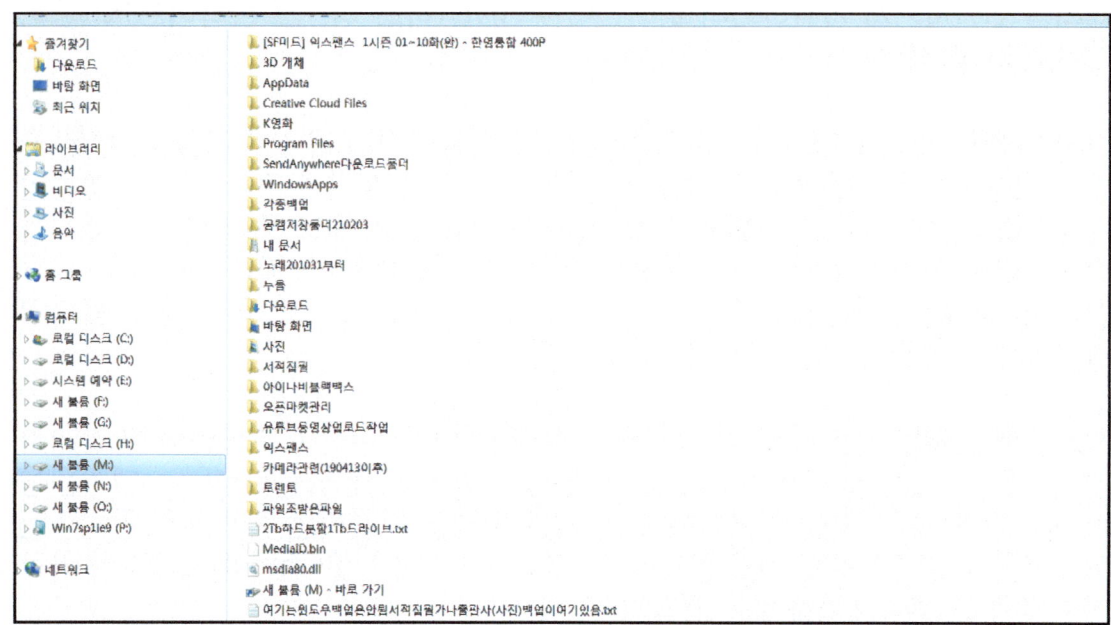

앞의 화면은 필자가 현재 이 책을 집필하는 컴퓨터의 M 드라이브를 보는 것이여 위에 보이는 것과 같이 미리 M 드라이브에 [내문서], [다운로드], [바탕화면] 등의 폴더를 만들어 놓고 이곳으로 위치를 이동한 것이고요..

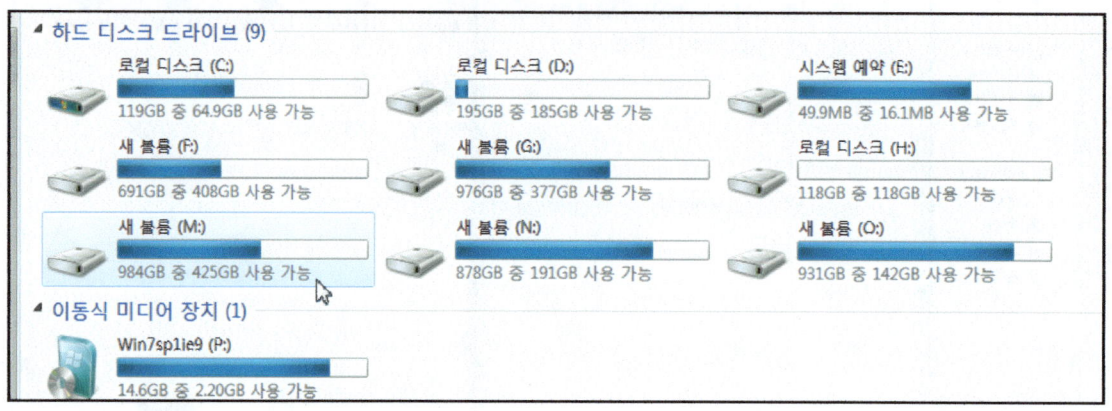

위와 같이 필자의 컴퓨터에 있는 여러 HDD(하드 디스크 드라이브) 중에서 가장 용량이 많이 남아 있는 M 드라이브를 지정한 것이며 다른 이유는 없습니다.
그리고 아까 설명한, 위의 화면에 보이는 H 드라이브는 C 드라이브와 별개로 필자가 따로 추가한 128Gb의 SSD입니다.
SSD는 Solid Statd Drive의 약자로 시스템에 설치된 8Gb의 램과 같은 램드라이브입니다.
RAM은 전기적으로 작동을 하기 때문에 물리적인 스핀들 모터가 회전을 하여 플래터를 회전시켜서 기록하거나 읽어들이는 HDD(하드 디스크 드라이브)와는 비교 자체가 불가합니다.

다시 말해서 HDD(하드 디스크 드라이브)에 비하여 비교할 수조차 없이 빠른 속도로 작동하는 SSD를 HDD대신, 혹은 HDD와 같이 장착을 하고 앞에서 설명한 가상 메모리 기법에서 시스템의 가상 메모리로 시스템에 따로 추가 장착한 SSD를 사용하라는 의미이며 여기서는 이 책의 주제인 어도비 프리미어 프로 CC 프로그램에서 스크레치 디스크로 속도가 느린 HDD(하드 디스크 드라이브)를 사용하지 말고 속도가 빠른 SSD를 사용하려는 의도입니다.

시스템에 설치된 기본 메모리인 8Gb는 용량이 작지만 이것이 없으면 부팅 자체가 안 되므로 반드시 필요한 것이고요, 이 램을 용량을 크게 증설하려면 수백만원을 가져도 안 되지만, 지금 설명하는 것과 같은 방법을 사용하면 불과 1~2만원대면 살 수 있는 128Gb의 SSD를 장착하고 마치 시스템에 128Gb의 메모리가 추가로 설치된 것과 같은 효과를 보는 것입니다.

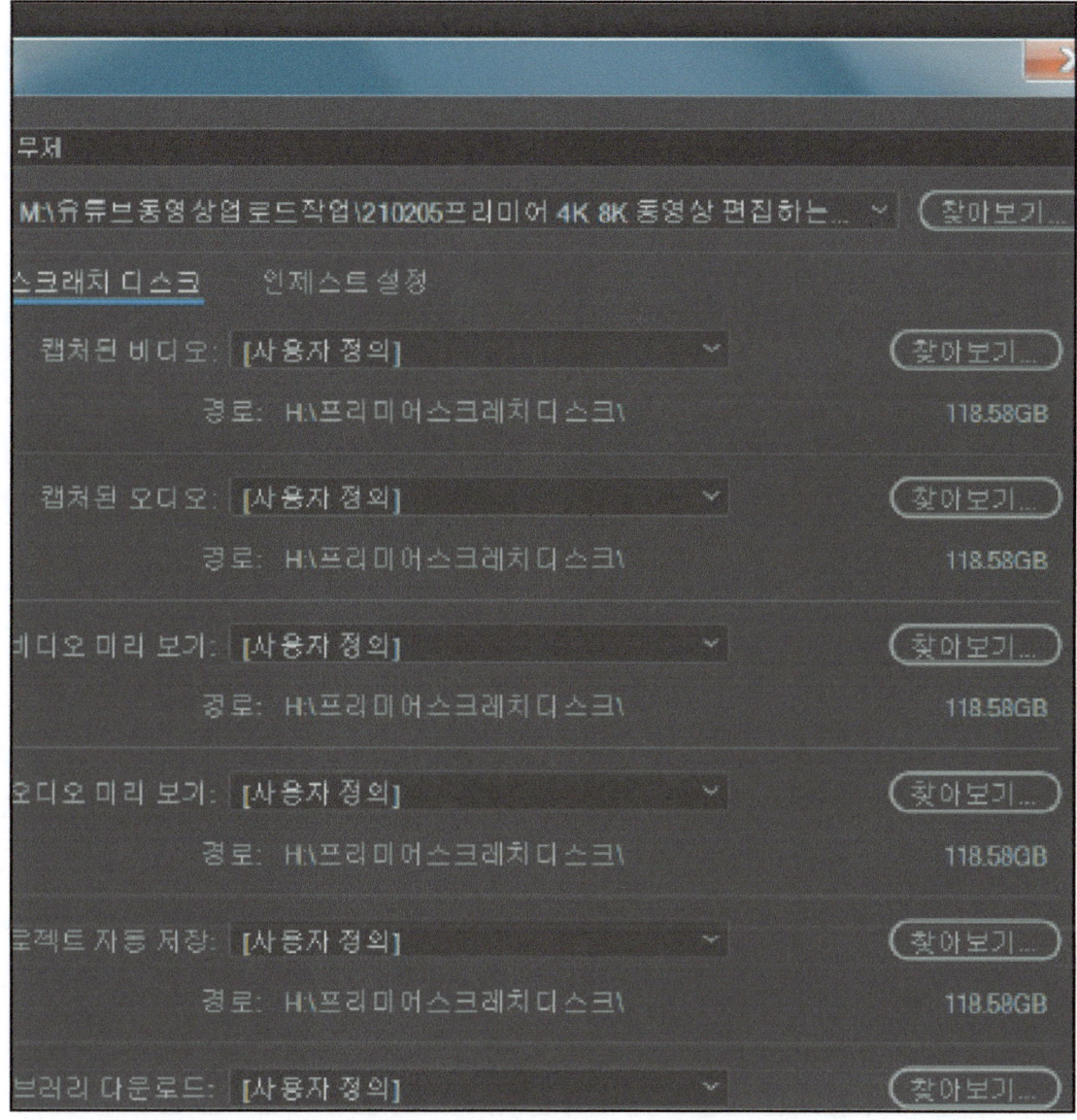

위와 같이 프리미어의 [스크래치 디스크]를 모두, 지금까지 설명한 것과 같이 속도가 빠른 SSD를 HDD와 같이 장착을 하고 위의 화면에서 이렇게 설치한 SSD,.. 여기서는 위에 보이는 H:₩프리미어스크레치디스크]를 지정한 것이고요..

다음 화면에 보이는 것과 같이 미리 H 드라이브에는 이 폴더를 만들어 놓았습니다.

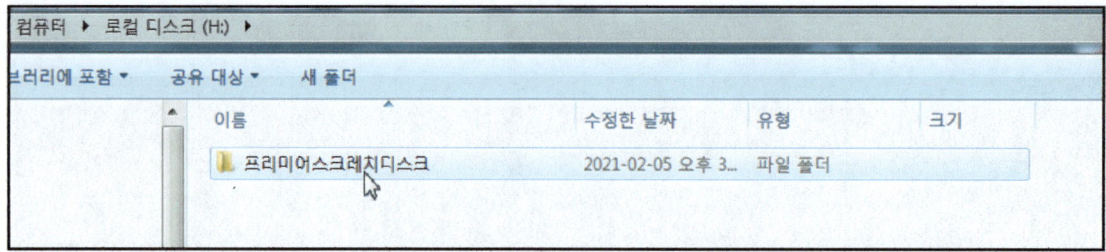

위와 같이 필자가 현재 이 책을 집필하는 컴퓨터에 따로 추가로 장착한 128Gb 용량의 SSD인 위의 화면에 보이는 H 드라이브에는 미이 [프리미어스크레치디스크]라는 폴더를 만들어 놓았고요..

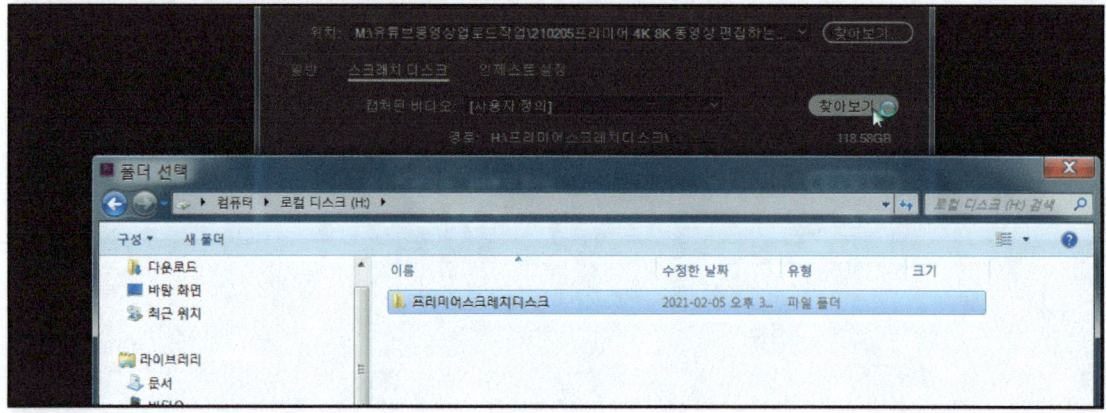

위와 같이 프리미어에서 [스크레치 디스크]를 지정할 때는 드라이브 안에 있는 폴더까지 지정을 해야 하기 때문에 H 드라이브에 [프리미어스크레치디스크] 라는 폴더를 미리 만든 것입니다.
휴, 금방 이해를 하시는 분도 있을 것입니다만, 이해가 잘 안 되시는 분도 있을 것입니다.
이렇게 설명을 하는 필자 역시 힘들기는 마찬가지입니다.
컴퓨터를 상당히 잘 하는 사람도 메모리 관리, 나아가 컴퓨터 관리는 잘 못 하는 사람들이 상당히 많이 있는데요, 각종 게임 등, 자신이 즐겨하는 것만 좋아하고 컴퓨터 기초 공부를 하지 않아서 그렇다는 것이 필자의 생각입니다.
따라서 꼭 PC정비사가 아니더라도 필자의 다른 저서 'PC정비사 교본 - 컴퓨터 고장 수리 조립 업그레이드 책은 누구나 알아야 하는 책인 것입니다.

인터넷창, 웹브라우저 주소표시줄에 '가나출판사.kr' 입력하고 엔터를 쳐서 필자의 홈에 오셔서 출판사를 클릭하여 필자의 다른 저서들을 꼭 살펴보시기 바랍니다.

이제 필자의 경우 속도가 빠른 128Gb의 SSD를 프리미어 전용 스크래치 디스크로 사용하게 되었으므로 현재 필자가 사용하는 시스템의 최고 속도로 프리미어를 사용할 수 있게 되었습니다.
여러분도 4k는 물론 2k 이상의 동영상을 편집하기 위해서는 이렇게 미리 작업을 하고 프리미어를 실행하는 것이 좋습니다.
이제 프리미어의 스크래치디스크 설정은 끝났고요, [인제스트]설정을 해야 합니다.

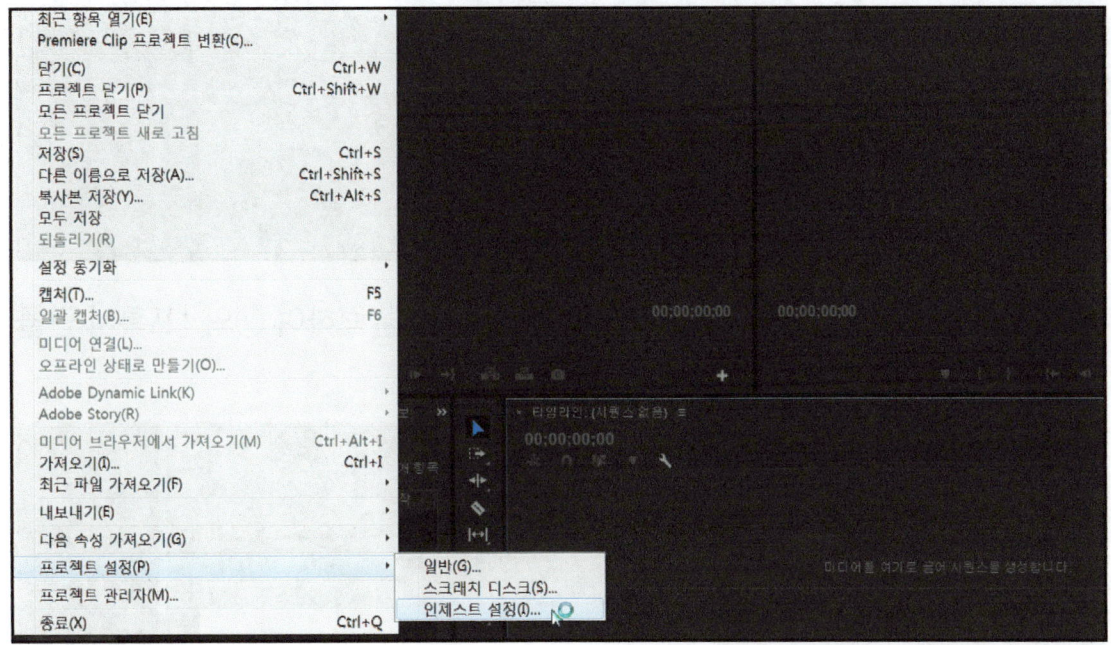

스크래치디스크 설명을 오래 하다보니 프리미어 화면이 저장되고 닫혀 버렸습니다.
이렇게 되어도 상관이 없습니다.
처음 프로젝트를 열 때 스크래치디스크와 인제스트 설정을 할 수 있지만, 프리미어에서 동영상을 편집을 하는 도중에도 이러한 설정을 할 수가 있습니다.
위의 화면에 보이는 것과 같이 프리미어 화면..

위의 화면은 지금 설명하는, 어도비 프리미어에서 2k, 4k, 8k 동영상 편집하는 방법이라는 타이틀로 필자가 만든 폴더에 저장된 프로젝트 파일을 연 모습입니다.

위의 화면에 보이는 것과 같이 [파일] - [프로젝트 설정] - [인제스트 설정]을 클릭합니다.

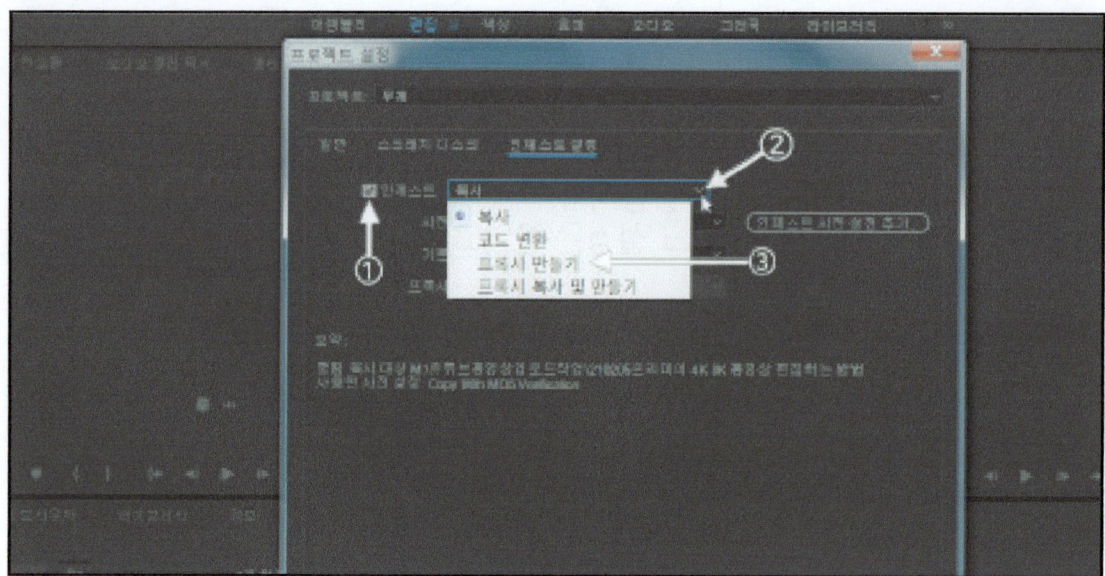

위의 화면에서 ①의 [인제스트]에 체크를 하고 ②를 클릭하여 ③의 [프록시 만들기]을 클릭합니다.

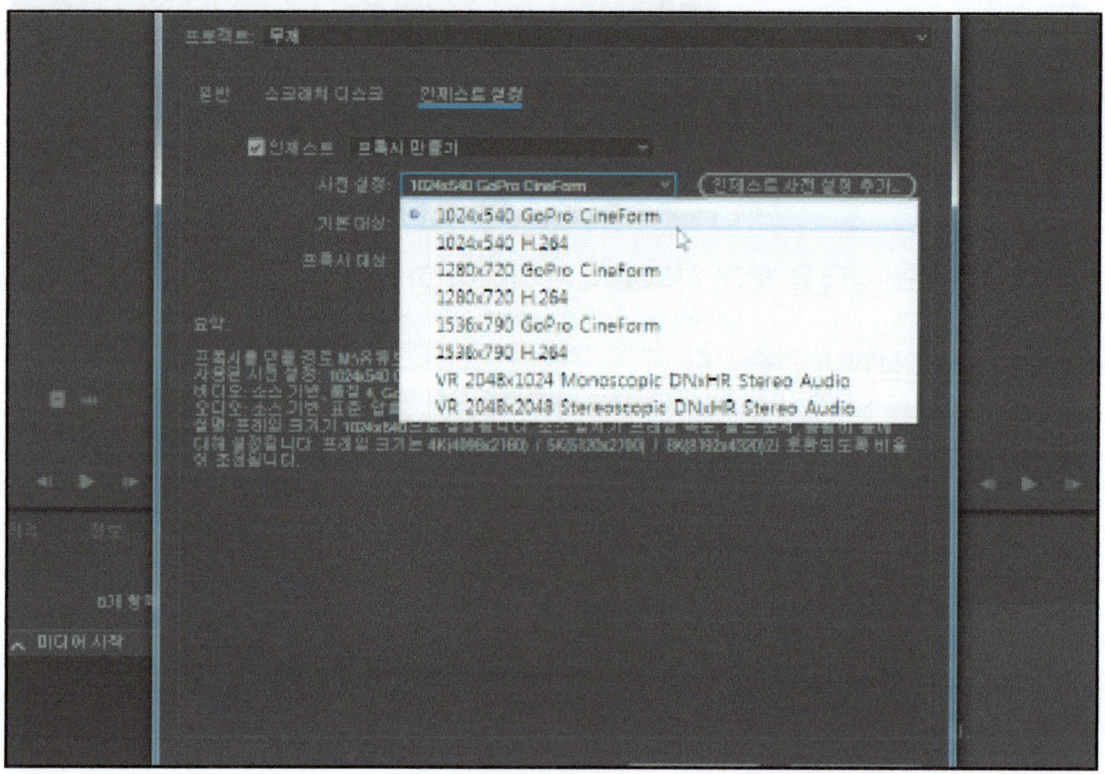

위의 화면에서 필자는 무조건 가장 적은 사이즈를 선택했습니다.
이 화면은 다른 의미가 있는 것이 아닙니다.
2k, 4, 8k 등의 크기가 큰 동영상을 여기 보이는 작은 사이즈로 편집을 하겠다는 의미이므로 컴퓨터 사양이 낮은 시스템에서는 무조건 가장 크기가 작은 사이즈를 선택하는 것이 좋고요, 요즘 액션캠으로 유명한 고프로 씨네폼을 선택한 것입니다.

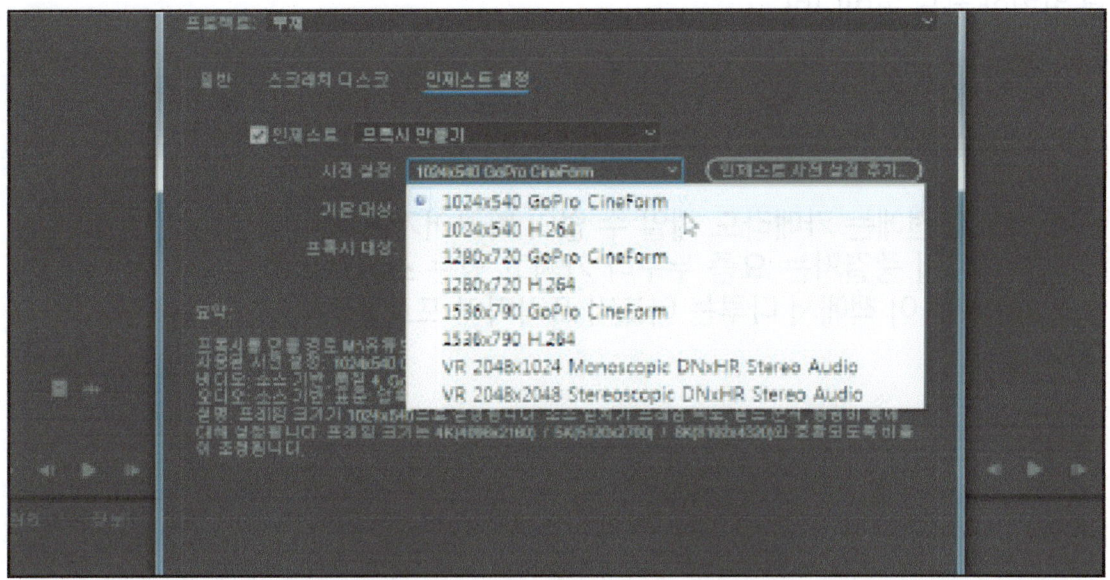

위의 화면에서 적당한 사전설정을 선택하고 [확인]을 클릭하면 이제부터는 원본 동영상의 크기가 아니라 지금 설정한 작은 크기의 동영상으로 편집을 하게 되며, 여기서 도 중요한 문제가 있습니다.

그냥 중요한 것이 아니라 아주 중요한 문제입니다.
앞에서 지금 설명하는 인제스트 설정의 프록시 기능을 이용하여 크기가 큰 동영상을 편집할 수는 있지만, 반드시 어도비 미디어 인코더라는 프로그램이 갈려 있어야 한다고 했는데요..

지금 설명하는 인제스트 기능을 이용하여 프록시 설정을 하고 편집하게 되면 불러 오는 동영상을 자동으로 미디어 인코더가 실행이 되면서 크기가 작은 사이즈로 인코딩을 하게 됩니다.

이 과정이 참으로 길고 긴 시간이 걸립니다.
동영상의 용량이 크다면 몇시간이 아니라 며칠이 걸릴 수도 있습니다.

그래서 2k 이상의 동영상은 가급적 최대한 동영상을 짧게 촬영을 해야 합니다. 그리고 컴퓨터의 사양이 높다면 차라리 인제트스 기능을 사용하지 않고 그냥 원본 동영상을 불러들여 편집하는 것이 좋습니다만, 웬만한 사양을 가지고는 어림도 없습니다.

그래서 동영상 편집, 만일 8K 영상을 원활하게 편집하려면 적어도 억 대의 컴퓨터를 가져야 하는 것입니다.

따라서, 동영상을 전문적으로 편집하는.. 사람이 이 책을 볼 리는 없으므로 이 책을 보시는 분들이라면 그런 고가의 하드웨어 장비 욕심은 버리시고요,

필자 역시 예전에는 카메라도 헤일 수 없이 바꾸어가면서 촬영을 했지만, 이제는 결국 카메라의 종결자는 요즘 누구나 가지고 있는 스마트폰으로 해결을 했고요, 소프트웨어는 이 책에서 다루는 어도비 프리미어 프로를 가지고 해결을 한 것입니다.

그리고 인제스트 기능은 알려 드렸으므로 꼭 이 방법으로 동영상을 편집하고 싶으신 분은 공부하는 입장이므로 직접 실습을 해 보시고요, 필자는 인제스트 기능을 사용하지 않고도 4K 영상 편집을 하고 있습니다.

지금 설명한 인제스트 메뉴의 프록시 기능으로 사용하면 프리미어에 불러온 4k, 8k 동영상을 미디어인코더가 자동으로 실행되면서 프록시에 설정한 크기로 작게 인코딩을 하기 때문에 시간이 엄청나게 오래 걸립니다.

그리고 동영상을 편집하는 내내 끝까지 거벅거려서 편집하는 것이 매우 짜증이 나기 때문입니다.

편집하는 내내 버벅거리는 이유는 프리미어에서 4k 동영상을 읽어들여서 한 번 인코딩을 하면 그만이면 좋습니다만, 편집하는 내내 인코딩 디코딩을 반복하기 때문에 매우 짜증이 납니다.

따라서, 유튜브에 흔하게 떠도는, 사양이 낮은 컴퓨로 4k 동영상을 편집하는 방법 등은 모두 지금 설명하는 프리미어의 인제스트 기능을 이용하여 프록시를 만들어서 편집을 하는 것이며 물론 안 되는 것은 아니지만, 지금 설명하는 것과 같이 차라리 안 되는 것이 낫다는 것이 팔자의 생각입니다.

필자의 경우 현재 이 책을 집필하는 컴퓨터는 인텔 i7-2세대 시피유에 8Gb 램을 장착했고요, 이 정도 시스템이라면 인제스트 기능을 사용하지 않고 도4k 동영상 편집이 가능합니다.

만일 이 정도 사양에서 4k 영상 편집이 안 된다면 그 컴퓨터는 하드웨어적으로 문제가 있는 것입니다.

동영상 뿐만이 아니고 컴퓨터는 기본적으로 해당 PC가 가지고 있는 성능을 십분 발휘하도록 항상 최적의 상태로 튜닝이 되어 있어야 합니다.

지금 검색을 해 보니 위의 화면에 보이는 것과 같이 인텔 i7-10세대 시피유에 16Gb의 램을 장착한 컴퓨터가 대략 100만원대~130만원대 정도로 나옵니다.

이 정도면 약간만 여유가 있는 사람이라면 큰 부담이 되지 않을 것 같습니다만, 위의 화면은 필자가 방금 검색한 결과이므로 검색 시점이 다르면 검색 결과도 달라질 수 있고요, 4k 이상의 영상이라면 여기 보이는 사양 외에도 그래픽 카드도 좋아야 하며, 모니터 또한 4k 모니터라야 합니다.

저가형 4k 모니터도 있습니다만, 요즘 대부분 사용하는 1920*1080 해상도의 2배 이상의 해상도로 올려서 글씨 등을 이 정도 크기로 보기 위해서는 모니터도 결국 2배 이상의 크기가 돼야 정상인 것입니다.

따라서 결국 이 정도 여유가 있는 사람이라면 당연히 4k로 가도 되고요, 그렇지 않으면 현재 가장 많이 사용하는 1920*1080 FHD 정도에 만족하는 것이 좋습니다. 이상의 설명을 토대로 현재 가장 많이 사용하는 1920*1080 해상도에서도 4k의 맛을 볼 수 있지만, 진정한 4k는 아니라는 것을 아시고요..

그리고 마지막으로 한 가지더..

사양이 낮은 컴퓨터에서 인제스트-프록시 설정으로 4k 영상을 편집할 수는 있지만, 소리는 알아들을 수 없게 나오기 때문에 영상에 소리가 중요한 동영상이라면 사양이 낮은 컴퓨터는 결국 4k 영상의 편집은 불가능합니다.

따라서 지금 설명하는 인제스트-프록시 설정으로 4k 영상을 편집할 수는 있지만, 필자의 경우 동영상 강좌를 많이 올리는데요, 사람의 말소리를 절대로 알아 들을 수 없기 때문에 동영상에 소리가 있는 경우에는 편집 불가이고요, 소리는 배경 음악으로 넣고, 영상만 편집한다면 4k 영상 편집이 가능합니다.

그리고 현재 프리미어에서 인제스트-프록시 설정까지 마쳤지만, 아직도 한 가지 더 해야 할 일이 있습니다.
프록시를 켜고 끄는 토글 스위치를 꺼내 놓아야 합니다.

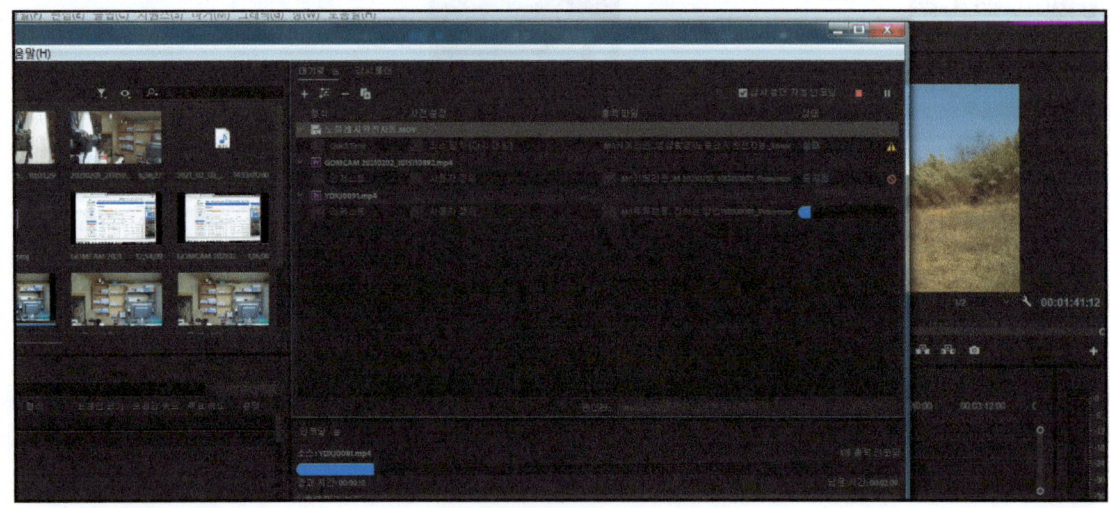

필자는 앞에서 언급한 것과 같이 인제스트-프록시 기능을 사용하지 않고 그냥 편집을 하고 싶습니다만, 지금 이 책에서 설명하는 실습을 하기 위하여 인제스트-프록시 설정을 하고 4k 동영상을 불러왔더니 자동으로 미디어 인코더가 실행되어 현재 동영상을 프록시 설정과 같은 크기로 인코딩을 하고 있는 모습입니다.
동영상이 비교적 짧은 동영상인데도 상당한 시간이 걸리고요, 동영상이 길다면 몇 시간이 아니라 하루종일 혹은 그 이상 걸릴 수도 있습니다.

위의 화면 마우스가 가리키는 [단추 편집기]를 클릭하면 다음 화면이 나타납니다.

위의 화면 ①의 [프록시 켜기/끄기] 버튼을 마우스로 클릭 드래그하여 ②에 가져다 놓습니다.

방금 꺼내 놓은 버튼은 일종의 토글 스위치로서 한 번 누르면 프록시가 켜지며 다시 누르면 꺼집니다.

프록시를 켜지 않으면 불러온 영상의 렌더링이 되지 않아서 편집할 수 없습니다.

이렇게 프록시를 켜고 영상은 편집할 수 있지만, 소리는 절대로 알아들을 수 없는 외계인의 소리가 나므로 필자와 같이 동영상 강좌 등을 만들 때는 사용할 수 없고요, 소리를 삭제하고 그냥 배경 음악을 넣고 편집하는 것은 가능합니다.

결국 다시 한 번 반복합니다만, 사양이 낮은 컴퓨터는 프리미어에서 동영상 편집이 어렵고요, 특히 4k 이상의 동영상의 편집은 사실상 불가능합니다.

제 5 장

유튜브(YouTube)

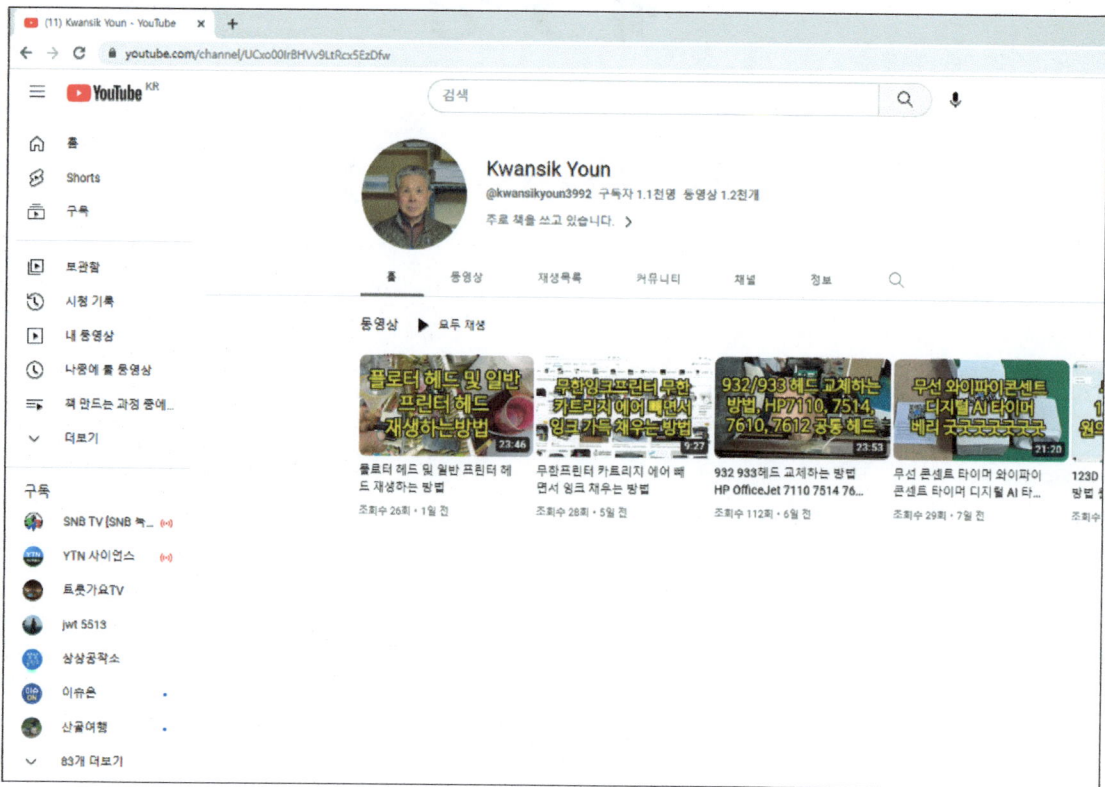

5-1. 유튜브에 동영상 올리는 방법

유튜브에 동영상 올리는 방법 자체는 그리 어렵지 않습니다.
아마 컴퓨터는 잘 못 해도 유튜브에 동영상을 올리는 사람도 있을텐데요, 문제는 자신이 올린 동영상이 몇 년이 지나도 시청자가 거의 없는 것이 문제인 것입니다.
실제로 유튜브에 들어가서 동영상을 검색을 하다보면 무려 5년 전에 누군가 올려놓은 동영상이 지난 5년 동안 불과 몇십명에 불과한 동영상이 허다합니다.
구독자가 수만~수백만, 조회수가 수만~수천만에 이르는 동영상들은 어떻게 해서 그렇게 조회수가 많이 올라가는지 연구를 해야 합니다.
필자 역시 동영상을 상당히 많이 올리고 있습니다만, 평균 이하의 낮은 구독률을 보이고 있습니다.
간혹 조회수가 상당히 올라가는 동영상도 있지만, 대부분 평균 이하의 구독률이라는 것을 알아야 합니다.
따라서 유튜브에 동영상을 업로드하여 돈을 벌어보겠다는 생각은 가상하지만, 그것이 그리 쉽지 않은 일이라는 것을 미리 알아야 합니다.
물론 이런 와중에서 조회수가 엄청나게 많아서 많은 구독자와 수많은 조회수를 기록하는 동영상도 있으므로 그런 동영상을 집중 탐구를 하여 어떻게 하면 구독자와 조회수가 많은 동영상을 만들 수 있는지는 오로지 여러분의 몫입니다.

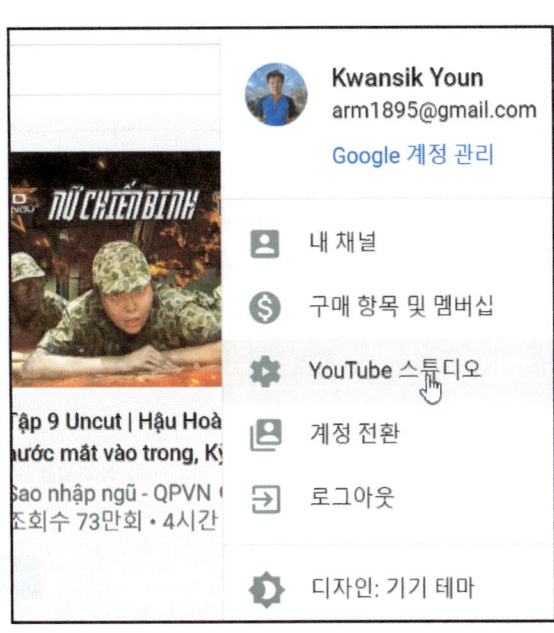

일단 유튜브에 동영상을 올리기 위해서는 유튜브에 가입을 해야 합니다만, 여기서는 유튜브에 가입하는 방법까지 기술하지는 않을 것이며 아마도 이 책을 보시는 분들 대부분은 이미 유튜브에 가입되어 있을 것입니다.

유튜브에 로그인을 하면 우측 화면에 보이는 것과 같이 자신의 계정을 클릭하여 [내 채널] 혹은 [You Tube스튜디오]를 클릭하면 다음 화면이 나타납니다.

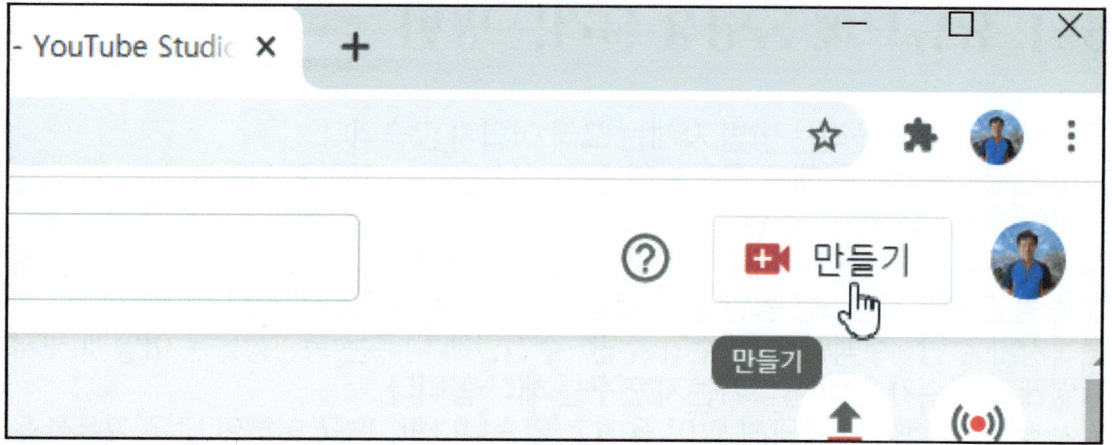

위의 화면 [만들기]를 클릭하면 다음 화면이 나타납니다.

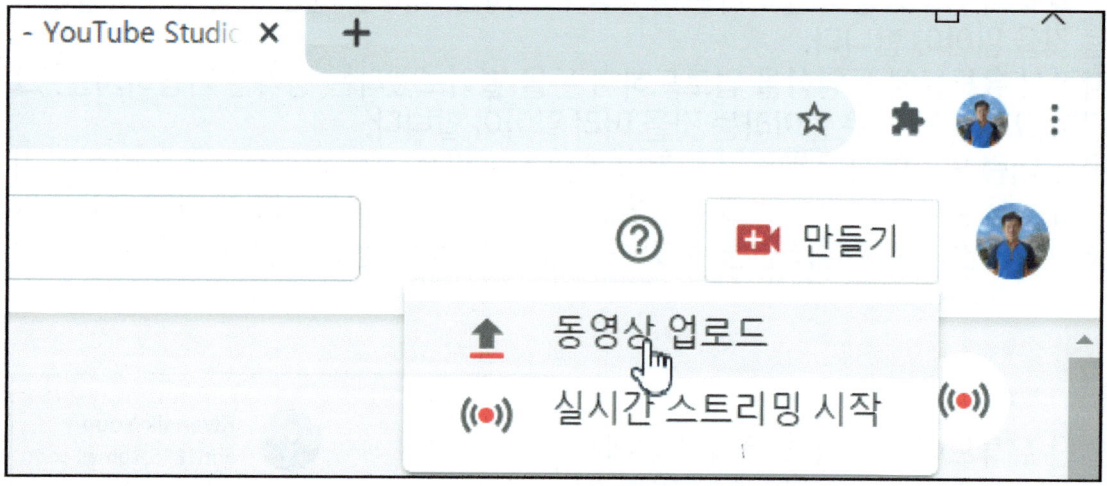

위의 화면 [동영상 업로드]를 클릭하면 다음 화면이 나타납니다.

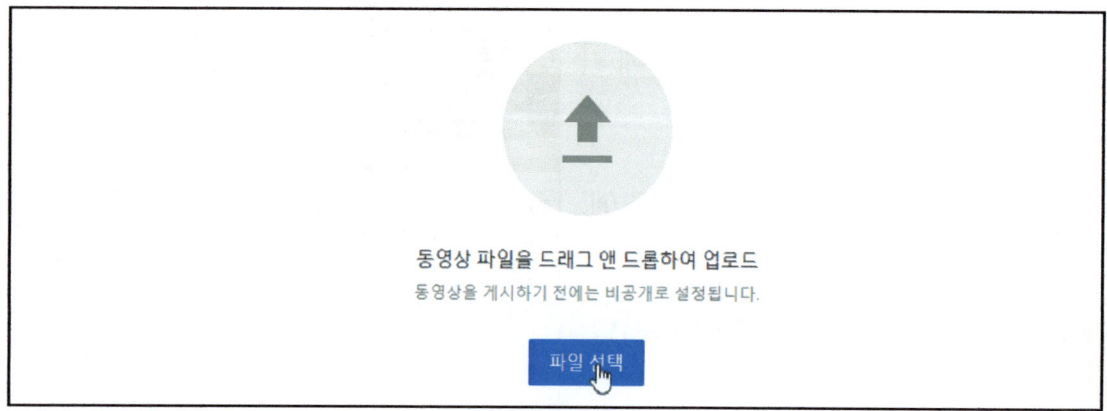

앞의 화면 [파일 선택]을 클릭하면 다음 화면이 나타납니다.

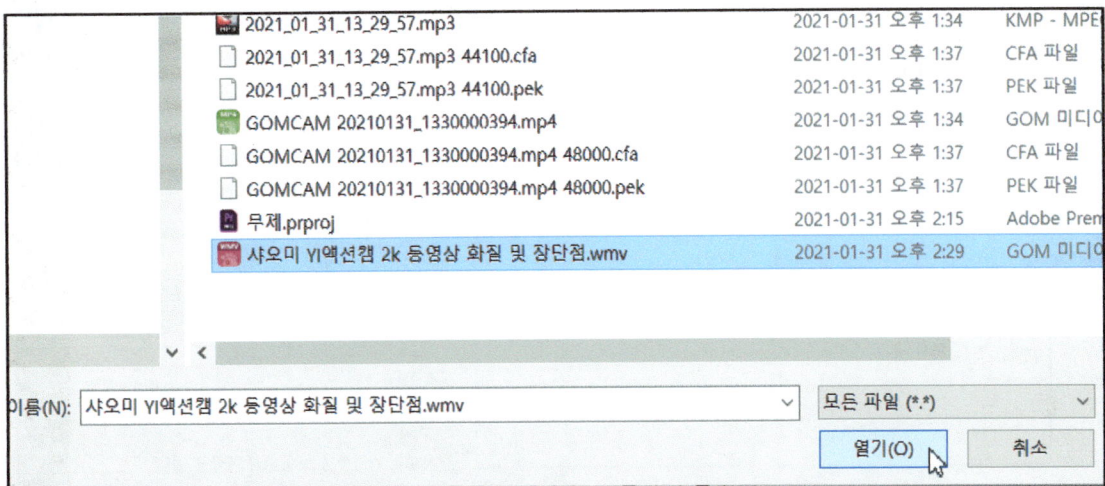

동영상 파일을 선택하고 [열기]를 클릭하면 다음 화면이 나타납니다.

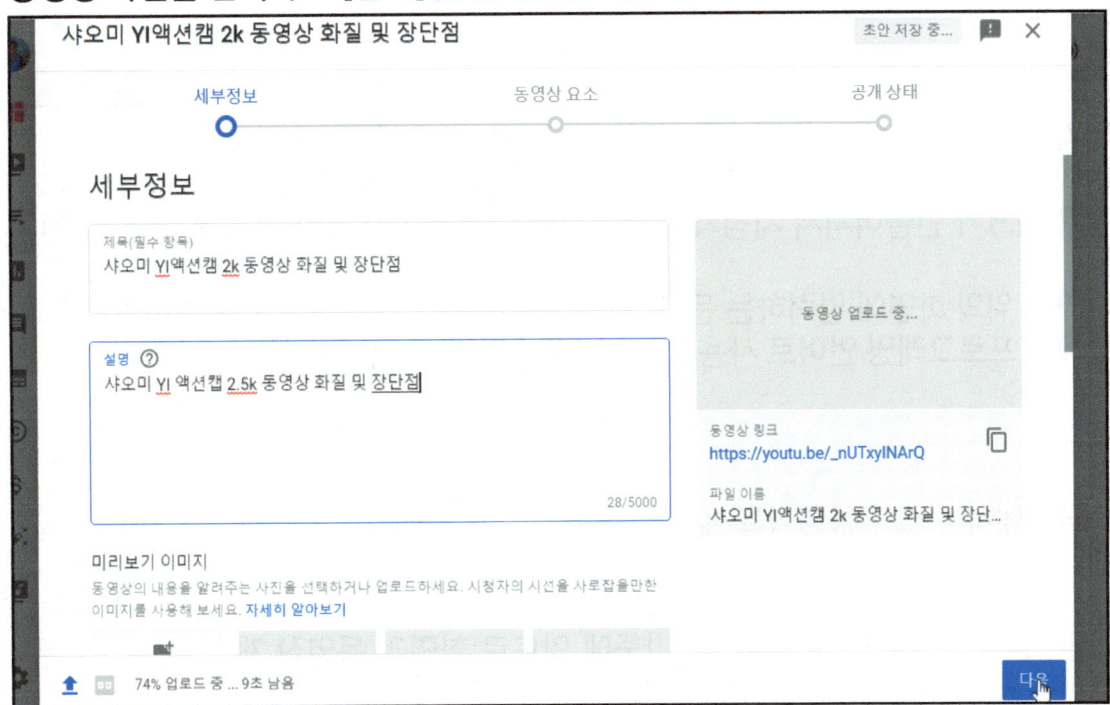

위는 유튜브에 동영상을 올렸을 때 동영상 하단에 보이는 동영상에 대한 설명입니다.
필자는 위에 보이는 것과 같이 입력하였고요, 여기에 자신이 원하는 링크를 넣을 수도 있습니다.

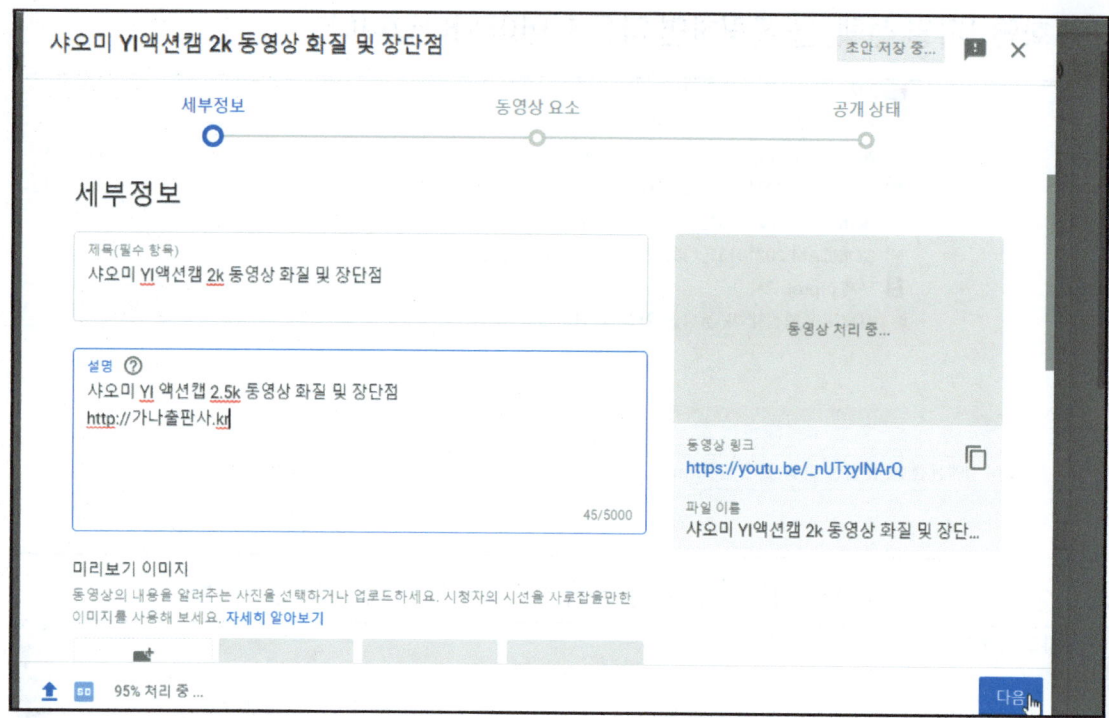

필자는 필자의 홈페이지 주소를 넣었는데요..(https://가나출판사.kr)
이와 같이 유튜브에서는 따로 태그를 사용하지 않고 웹사이트 주소만 입력하면 저절로 링크가 만들어져서 시청자가 클릭하면 링크된 사이트가 열리게 되어 있습니다.
따라서 위의 화면에 입력하는 문자, 기호, 숫자 중에서 HTML, 혹은 자바스크립트 등에서 프로그래밍 언어로 사용되는 꺽쇠를 입력할 수 없습니다.

예 : 〈 〉

유튜브에서는 일단 동영상을 올리면 동영상 자체는 어따한 경우에도 수정할 수 없습니다.

다만, 일단 동영상을 올렸더라도 나중에 인트로 화면과 동영상 제목 및 설명 등은 얼마든지 수정이 가능합니다.
이 때 동영상에 대한 추가 설명 혹은 보충 설명이 필요하여 동영상 하단에 나타나는 동영상 설명을 수정할 때 예를 들어 필자의 경우 "보충 설명" 혹은 "내용 추가입니다.." 등으로 추가되는 내용을 입력하는데요, 유튜브에서는 〈〉는 입력할 수 없으므로 〈보충 설명〉 이런식으로 입력할 수 없습니다.

그래서 필자의 경우 == 보충 설명입니다.== 등으로 입력을 하곤 합니다.
앞의 화면에서 필요한 설명을 입력하고 [다음]을 클릭하면 다음 화면이 나타납니다.

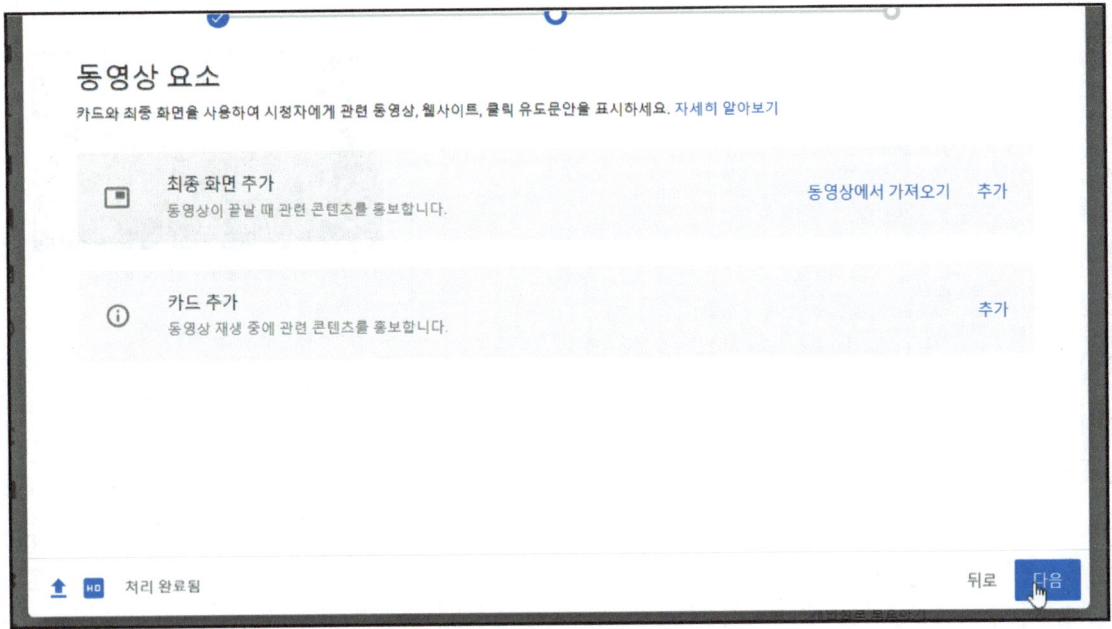

앞의 화면에서 최종 화면을 추가하거나 카드 추가(동영상 재생 중에 홍보..)등을 할 수 있습니다만, 필자는 이 기능은 단 한 번도 사용해 본 적이 없습니다.
이러한 내용이 필요한 경우 동영상 안에 직접 넣으면 되기 때문입니다.

위의 화면에서 [다음]을 클릭하면 다음 화면이 나타납니다.

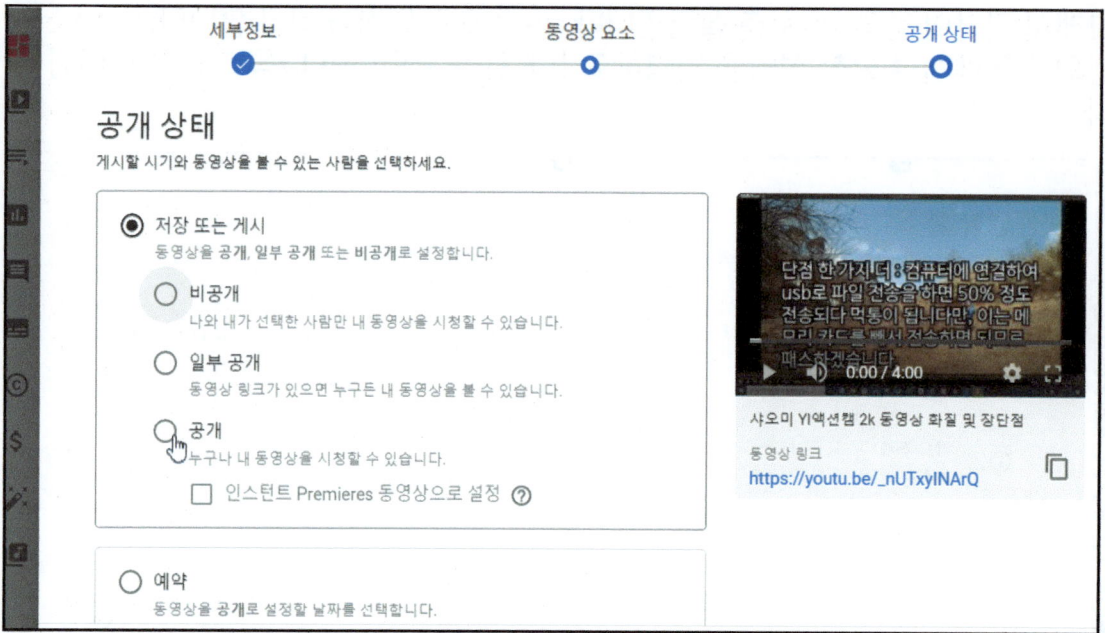

위의 화면에서 공개 혹은 비공개를 설정할 수 있지만, 이것은 나중에 얼마든지 수정할 수 있고요, 위의 화면에서 [공개]를 선택하고 [게시]를 클릭하면 동영상의 용량에 따라 적절한 시간동안 작업이 이루어이고 이후 모든 유튜버에게 공개가 됩니다.

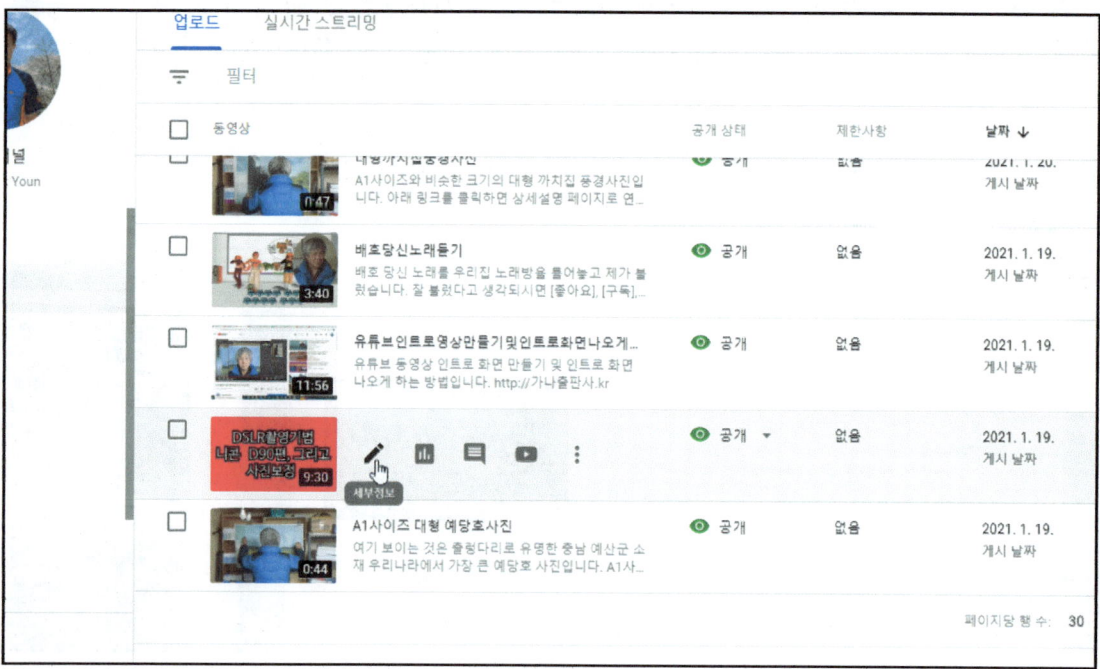

만일 업로드한 동영상이 유튜브에 원하지 않는 화면으로 나타날 때는 앞의 화면 손가락이 가리키는 편집 버튼을 클릭하면 다음 화면이 나타납니다.

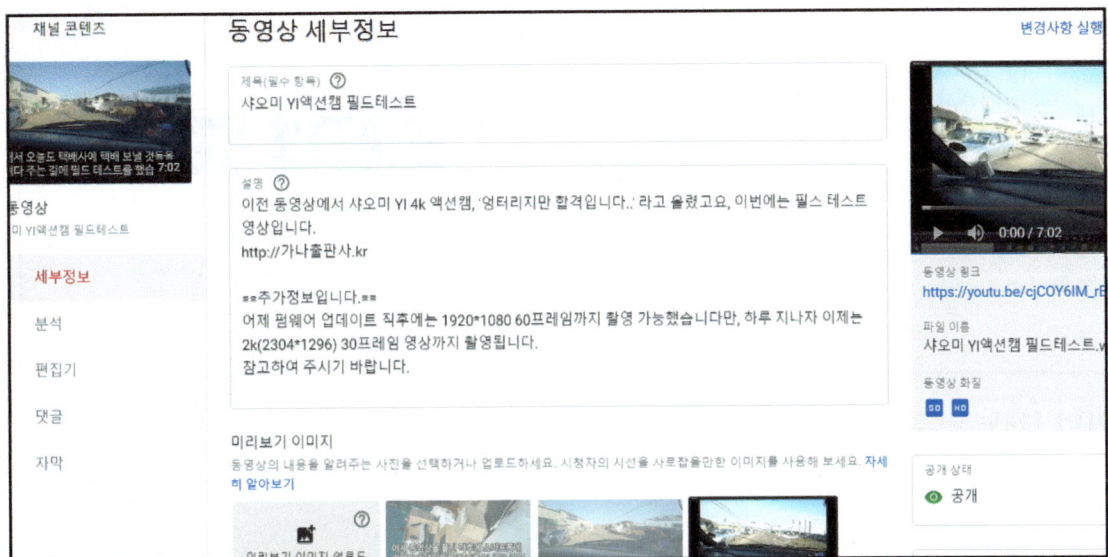

앞의 화면에서 원하는 장면으로 다시 선택하고 저장하면 방금 선택한 화면으로 바뀌게 됩니다

5-2. 유튜브 [내 채널]

유튜브에 단순히 동영상만 업로드 하는 것으로는 구독자를 늘리는 것이 결코 쉽지 않습니다.

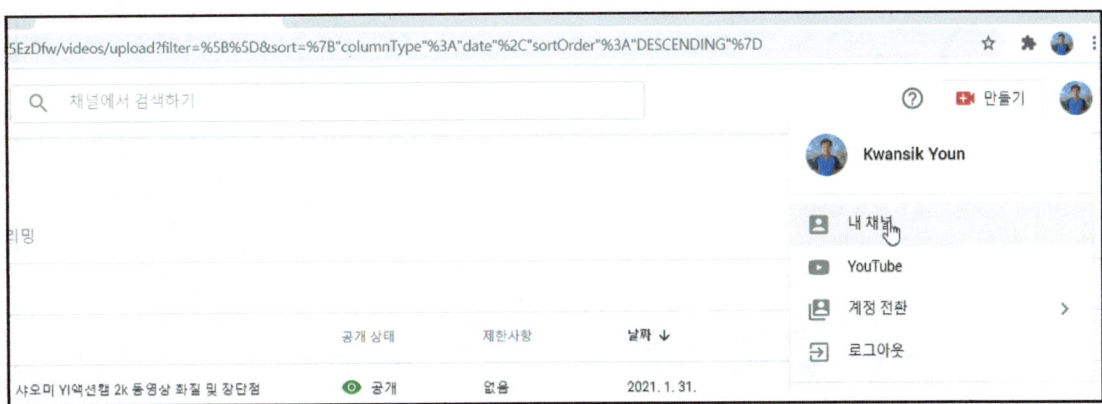

앞의 화면에서 [내 채널]을 클릭하면 다음 화면이 나타납니다.

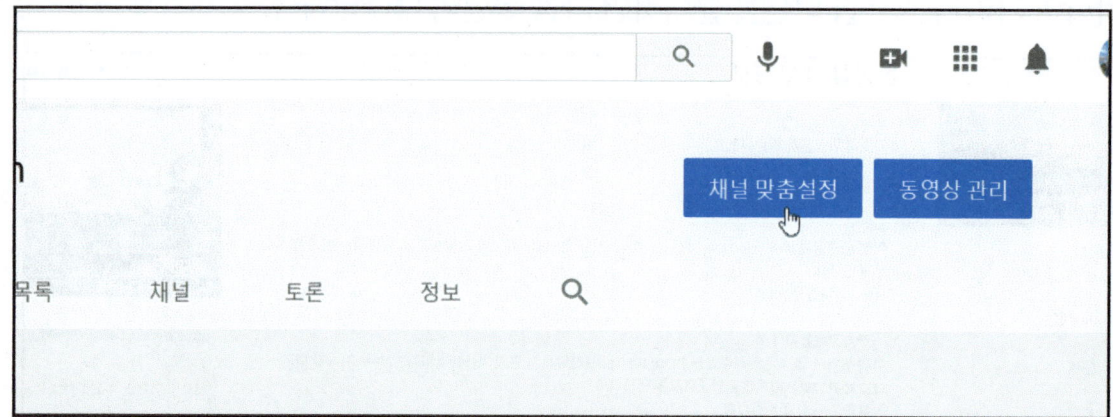

위의 [채널 맞춤 설정]을 클릭하면 다음 화면이 나타납니다.

앞의 채널 맞춤 설정 화면에서 자신만의 독특한 설정으로 구독자를 모을 수 있습니다만, 이 역시 오로지 여러분의 몫입니다.
이러한 설정을 잘 해서 구독자를 많이 모으는 유튜버가 있는 반면 동영상을 올린지 몇 년이 가도 구독자가 거의 없는 유튜버도 있는 것입니다.
앞의 전 단계, [내 채널]에서 [동영상 관리]를 클릭하거나 유튜브 초기 화면에서 자신의 계정을 클릭하여 [You Tube 스튜디오]를 클릭하면 다음 화면이 나타납니다.

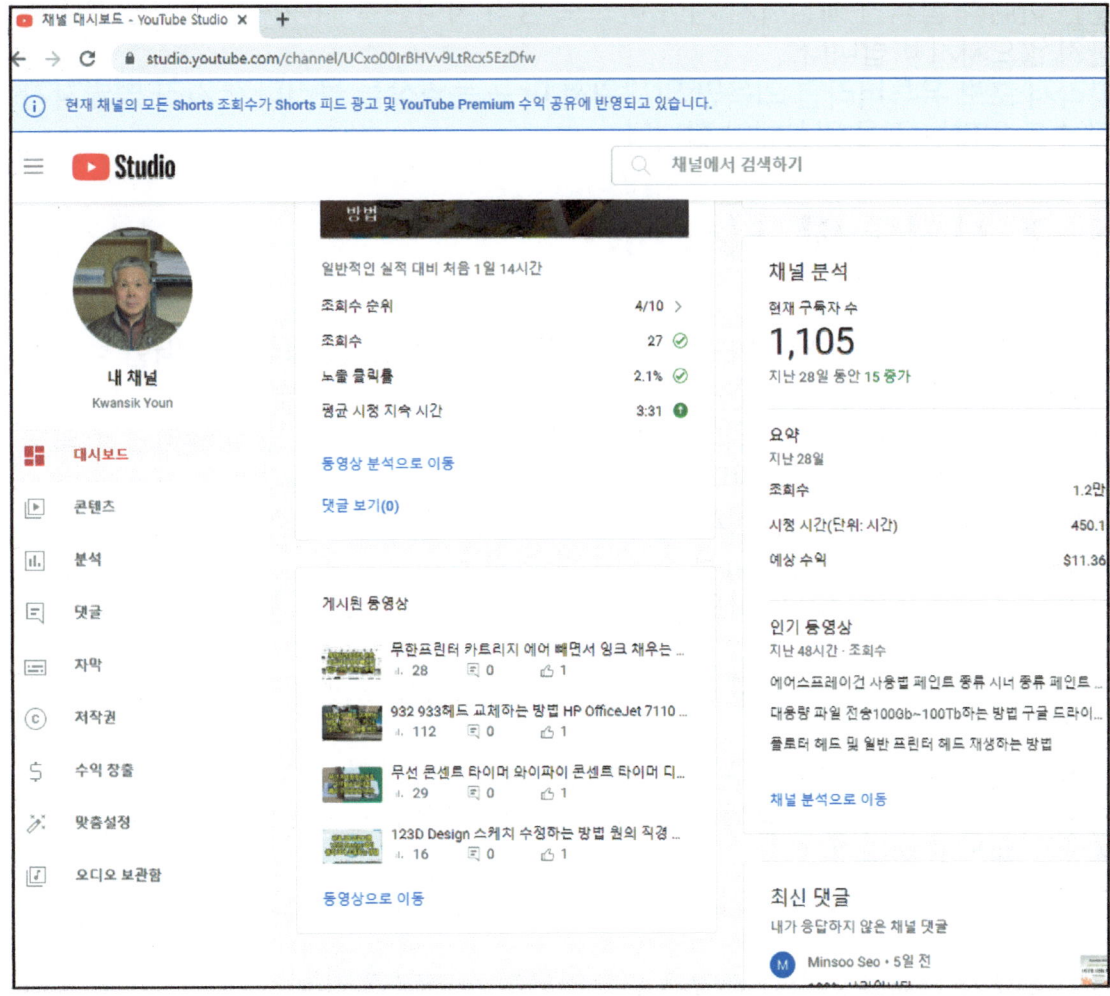

앞의 화면이 자신이 올린 동영상을 관리하는 화면이고요, 자신이 올린 동영상 중에서 조회수가 많은 동영상을 타켓으로 홍보 등을 잘 활용하면 자신의 사업 혹은 관련 분야에 크게 도움이 되는 아이템을 개발할 수 있을 것입니다.

유튜버로 수입을 올리기 위해서는 구독자가 우선 1,000명 이상 되어야 하므로 결코 쉬운 일이 아닙니다.

그럼에도 불구하고 수 백만의 구독자가 있는 유튜버도 있으므로 이 책을 통하여 유튜브 동영상 등에 대한 지식을 쌓은 뒤에는 이러한 유명 유튜버를 심층 분석하고 모방은 창조의 어머니라고 했으므로 우선 이러한 유명 유튜버를 모방을 해서라도 구독자를 늘리는 노력을 하기 바랍니다.

다만, 혹시라도 남의 저작권을 저촉하는 행위 등을 한다면 유튜브에서 퇴출 당할 뿐만 아니라 법적인 책임까지 져야 하므로 남의 저작권을 침해하는 행위는 절대로 하지 않으시기 바랍니다.

따라서 초보 유튜버라면 의욕만 앞세워서 마구 동영상을 올리다가 자칫 범법자가 될 수도 있다는 것을 명심해야 합니다.

5-3. 시청률 및 시청 시간

구독자를 많이 늘리기 위하여 불법까지 저지르는 경우도 있는데요, 어떠한 불법을 저질러도 가짜로 올린 시청률은 유튜브에 절대로 적용되지 않습니다.

유튜브에서 수익을 올리기 위해서는 유튜브에 올린 동영상을 단지 클릭한 조회수만을 기준으로 삼지는 않습니다.

유튜브 수익 창출 프로그램에서는 동영상의 평균 시청률이 가장 큰 조건이므로 단지 동영상을 클릭만 해서는 아무 소용이 없습니다.

따라서 조회수가 아무리 많아도 동영상 평균 시청률이 저조하면 전혀 수익을 창출할 수가 없는 것입니다.

따라서 아무 동영상이나 마구 올려서는 아무리 동영상을 많이 올려도 전혀 수익을 창출할 수 없는 것입니다.

따라서 아무 동영상이나 마구 올리려는 생각은 아예 하면 안 되고요, 무언가 시청자를 사로잡을 수 있는 기발한 아이템이 있여야 합니다.

소재는 제한이 없습니다.

단지 고양이나 강아지 한 마리를 가지고 수많은 구독자를 확보하는 유튜버도 많이 있으니까요..

그러나 흔한 소재를 가지고 수많은 유튜버들이 앞다퉈 올리는 식상한 소재를 가지고는 조회수나 구독자를 늘릴 수가 없습니다.

따라서 세상의 모든 이치가 그러하듯이 자신만의, 자신이 잘 하는, 전문 분야의 특수성을 살려서 이러한 소재로 동영상을 만들어서 동영상을 시청하는 시청자가 동영상을 열자마자 닫아버리지 않도록 주의가 필요합니다.

5-4. 유튜브 계정 / 내 채널

유튜브에 있는 내 채널은 유튜브에 공개되는 자신의 공간입니다.

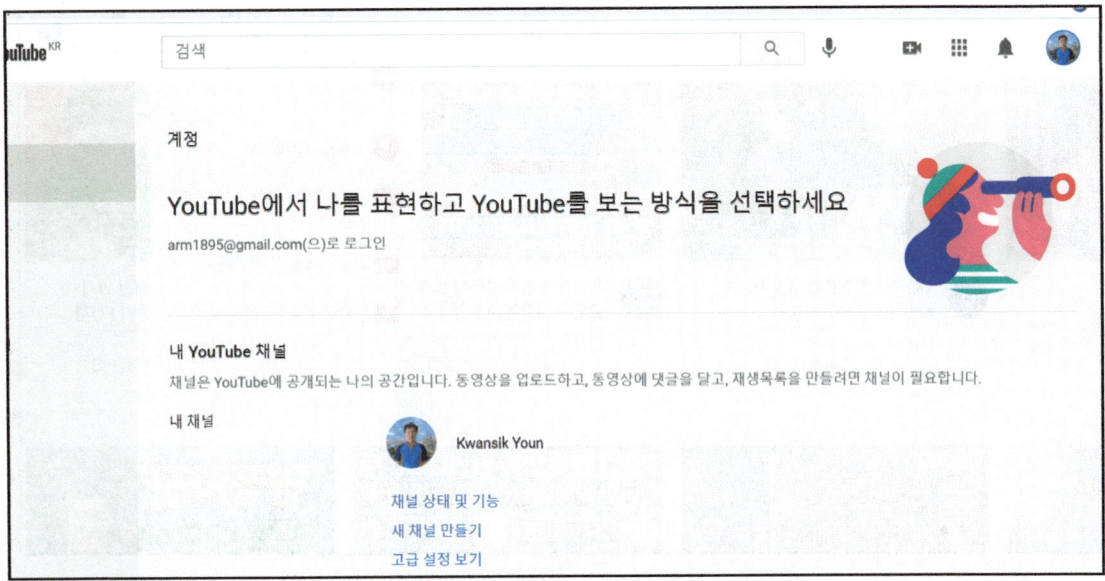

위의 화면에서 [채널 선택 및 기능]을 클릭하면 다음 화면이 나타납니다.

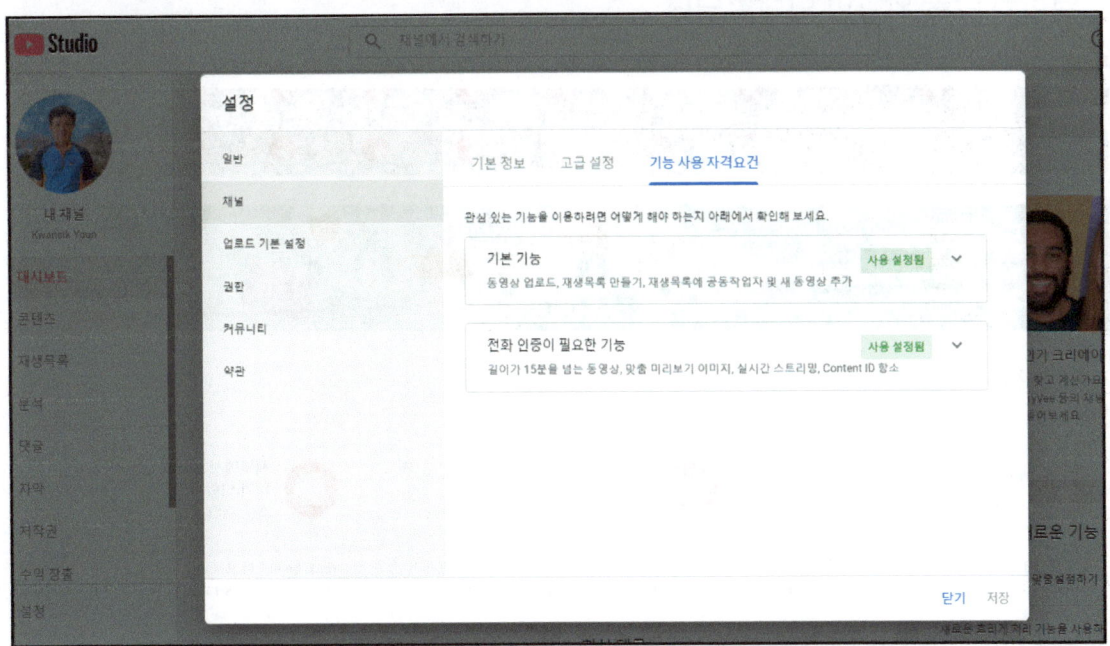

필자는 이미 모든 설정을 해 놓았습니다만, 아직 초보 유튜버라면 여기서 자신의 채널 설정을 해 놓고 동영상을 올려야 합니다.

5-5. 크리에이터 아카데미

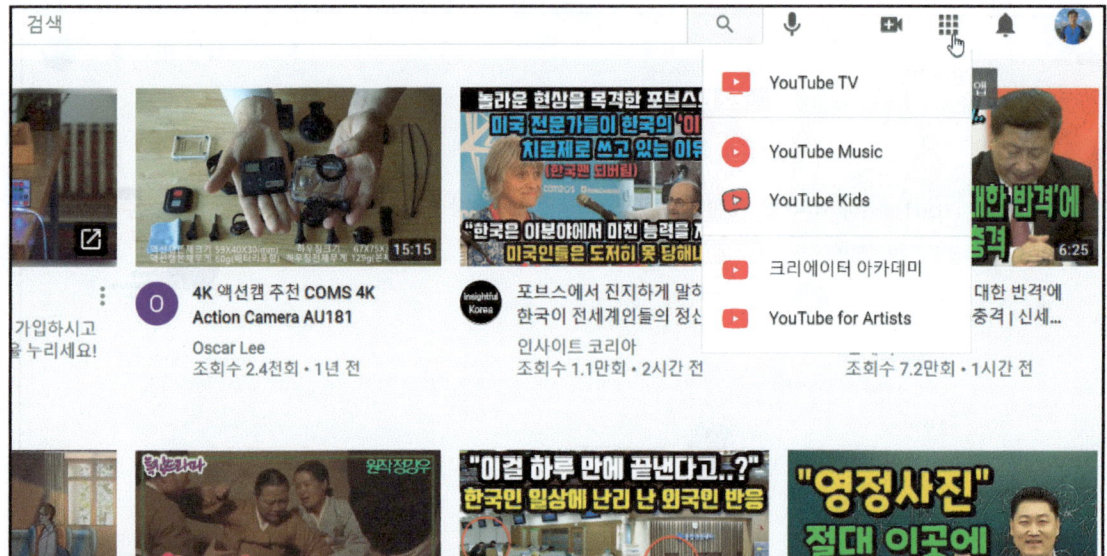

위의 화면 우측 상단, 손가락이 가리키는 곳을 클릭하고 [크리에이터 아카데미]를 클릭하면 다음 화면이 나타납니다.

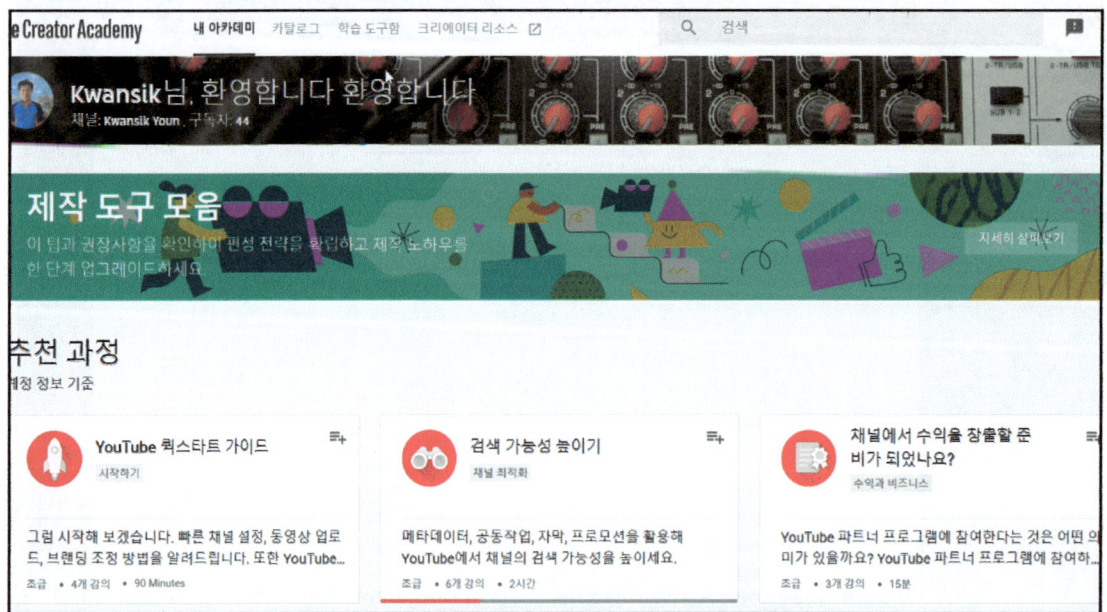

유튜브에서 장차 수익을 창출하기 위해서는 이러한 아카데미를 적극 활용할 필요가 있고요, 다음과 같은 크리에이터 전략도 볼 수 있습니다.

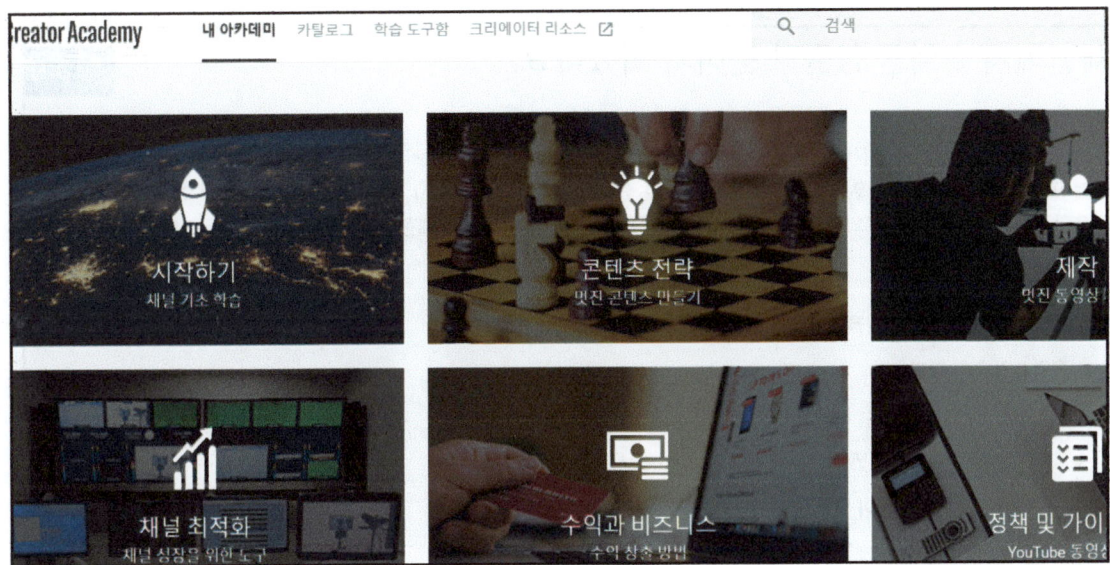

5-6. 인기 과정

유튜브에서 수익을 창출하기를 원하는 유튜버라면 다음 화면을 주시해야 합니다.

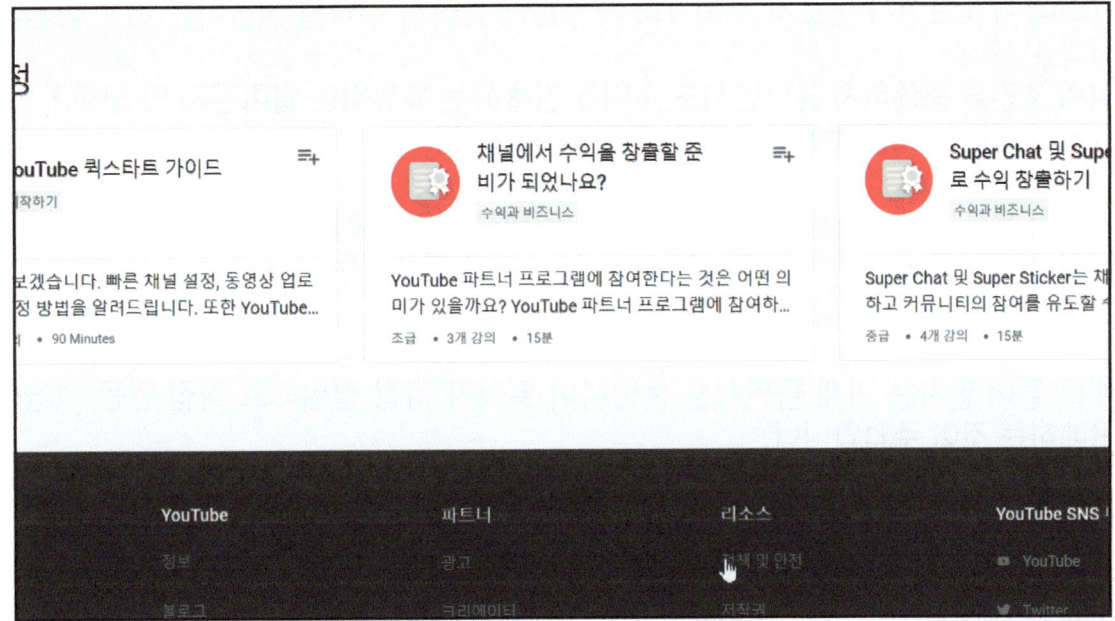

앞의 화면에서 [채널에서 수익을 창출할 준비가 되었나요?]를 클릭하면 다음 화면이 나타납니다.

> **채널에서 수익을 창출할 준비가 되었나요?** 　　　　　　　　　　　과정 시[작]
>
> YouTube 파트너 프로그램에 참여한다는 것은 어떤 의미가 있을까요? YouTube 파트너 프로그램에 참여하면, 기준을 충족하고 거주 가에 프로그램이 제공되는 경우 다양한 수익원을 이용할 수 있는 자격이 주어집니다. 또한 크리에이터 지원과 Copyright Match To[ol] 이용할 수 있습니다. 프로그램의 목적과 운영 방식, 프로그램 신청 방법에 대해 자세히 알아보세요.
>
> - 예상 소요 시간: 10분
> - 레벨: 'YouTube에서 수익을 창출해 본 적이 없음'
> - 자격요건 충족 방법
>   - 구독자 수 1,000명
>   - 최근 12개월간 공개 동영상의 유효 시청 시간 4,000시간
>   - 거주 국가에 프로그램이 제공됨
>   - 모든 YouTube 수익 창출 정책 준수
>   - 연결된 애드센스 계정 있음

유튜브에서 수익을 창출하기 위해서는 위와 같은 조건이 충죽되어야 합니다.
유튜브에서 수익을 창출하는 것이 얼마나 어려운지 한 눈에 보아도 알 수 있습니다.
그러나 유튜브에서 오로지 구독자와 시청률만 올려서 수익을 창출하는 것은 아닙니다.
위의 조건을 충족하지 않으면서도 수익을 창출하는 유튜버는 얼마든지 있습니다.
그러나 이러한 모든 것은 일종의 사업 비밀입니다.

자신이 유튜브에서 많은 수익을 창출하는 비법을 공개할 리는 없는 것입니다.
따라서 여러분 스스로 이러한 유튜버를 탐구하고 분석하여 여러분 스스로 이러한 선발 유튜버와 같이 되는 수밖에 없습니다.

예를 들어 필자는 현재 출판사를 운영하며 필자가 직접 집필하고 직접 만든 책을 판매하는 것이 주업입니다.

따라서 필자는 유튜브에서 직접적인 수익을 창출하지는 않지만, 유튜브를 이용하여 필자의 출판사 홍보 및 필자의 수많은 저서들을 홍보하는 톡톡한 효과를 보고 있는 것입니다.

필자는 책을 쓰는 것이 주 직업이지만, 동시에 출판사를 운영하며 동시에 출력소 및 제본소, 그리고 인터넷 쇼핑몰을 운영하기도 합니다.

위는 이렇게 필자가 운영하는 인터넷 쇼핑몰에 책 이외의 상품을 판매하기 위하여 필자가 판매하는 상품 중에서 금돼지, 황금돼지 인형 조각상 판매를 위하여 황금돼지를 고객들에서 잘 보여주기 위하여 동영상을 촬영해서 필자의 [유튜브 채널]에 올리고, 이것을 필자가 판매하는 상품 설명 화면에 링크를 하여 고객이 이 상품을 클릭했을 때 필자가 필자의 [유튜브 채널]에 올린 동영상을 실행해 보면서 구매를 하는데 도움을 주는 동영상입니다.

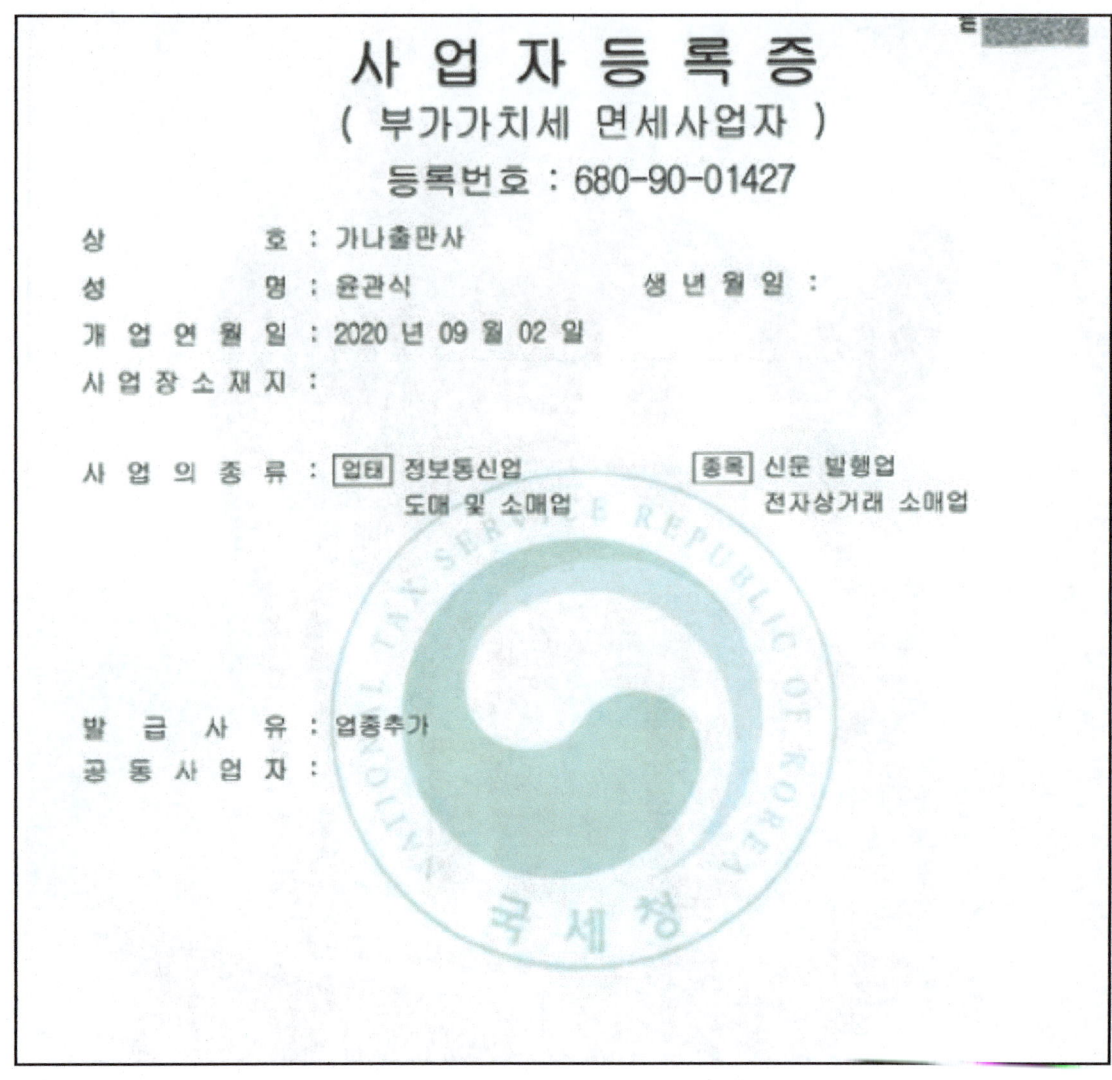

참고로 뒤에서 사업자 및 세금 등에 대한 보충 설명을 합니다만, 필자의 경우 출판사이기 때문에 면세사업자이며, 위의 사업자등록증을 보면 업태는 정보통신업, 도매 및 소매업이고, 종목은 신문 발행업, 그리고 전자상거래, 소매업이 추가 되어 있습니다.

이와 같이 사업을 하기 위해서는 어떤 형태로든 반드시 사업자 등록이 되어 있어야 하며 필자와 같이 사업자 등록증에 업종을 추가하여 사업을 할 수 있으며 면허가 필요한 업종의 경우 반드시 면허가 있어야 하며 매년 면허세를 내야 하며 필자는 위의 사업자등록증 외에 출판사 등록증이 있습니다.

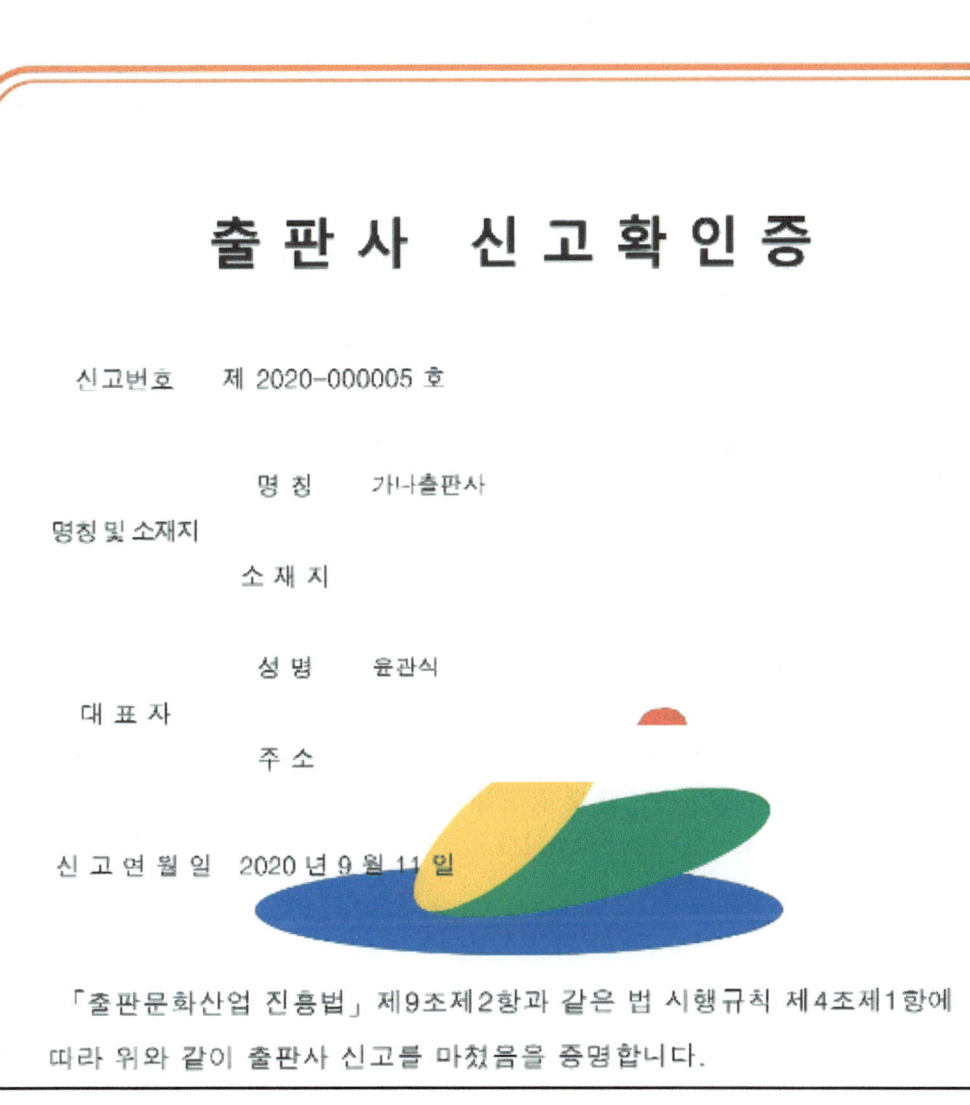

필자는 서울에서 무려 수십년 동안 사업을 하다가 2020년 9월, 이곳 충남 예산군 소재,.. 출렁다리로 유명한 예당호 근처로 이전을 하여 이곳에 와서 위와 같이 출판사 등록을 하고, 그 이전에 앞에서 보았던 사업자등록을 먼저 한 것입니다.

여기에 필자의 경우 앞의 사업자등록증, 그리고 위의 출판사 등록증, 그리고 이와 별개로 인터넷으로 판매를 하기 때문에 다음에 보이는 통신판매 신고 필증이 또 있어야 합니다.

> 제 2020-충남예산-00133 호
>
> 처리부서명 경제과
> 담당자명 김지연
> 전화번호 041-339-7252
>
> # 통신판매업신고증
>
> 상   호 :   가나출판사
>
> 소 재 지 :
>
> 대표자(성명) :   윤관식
>
> 생년월일(남·여) :   )
>
> 「전자상거래 등에서의 소비자보호에 관한 법률」 제12조제1항, 같은 법 시행령 제13조제3항 및 같은 법 시행규칙 제8조제3항에 따라 통신판매업을 신고하였음을 증명합니다.
>
> 2020년 09월 17일

이렇게 소규모 개인 사업을 하는데도 법적인 허가사항이 모두 준비가 되어야 사업을 개시할 수 있으며 이것이 복잡하고 어려워서 그냥 사업자 등록을 하지 않고 편접으로 사업을 하는 수도 있는데요, 국세청에서는 그냥 단지 한 명의 개인이라 하더라도 어떠한 국민이라도 모든 수입을 꼼꼼하게 들여다보고 있다는 것을 결코 잊어서는 안 됩니다.

똑똑한 사람들이 모여 있는 정부에서, 그리고 국세청에서 모르는 소득이란 조폭이나 마약 판매 등 불법 이외에는 없다고 생각하는 것이 좋습니다.

5-7. 유튜브 수익 창출

이 책을 읽으시는 분 중에서는 위와 같이 유튜브에 동영상을 게재하여 수익을 내려는 유튜버도 계실 것입니다만, 사실 유튜버로 수익을 내는 것은 그리 쉬운 일이 아닙니다.

유튜버로 수익을 내기 위해서는 이 책으로 공부하는 단지 동영상 편집만 할 줄 알아서 되는 일이 아니기 때문입니다.

물론 세상에는 숨은, 알려지지 않은 기인이사가 많으므로 필자보다 더욱 뛰어난 기획을 하시는 분이 있겠습니다만, 사실 필자는 여기서 동영상을 편집하는 요령과 유튜브 등의 각종 SNS에 올리는 방법을 제시하는 것입니다.

이후 수익을 내거나 조회수를 늘리는 것은 필자도, 여러분도 지속적으려 연구하고 공부를 해야 하는 숙제입니다.

일단 열심히 유튜브를 하여 구독자가 1,000명에 도달하면 유튜브 수익 창출 자격에 도달했다는 메시지와 이메일이 옵니다.

유튜브는 구글에서 운영하는 것이므로 Gmail로 오며, 유튜브에 가입되어 있다면 이미 Gmail이 있는 것이므로 Gmail도 수시로 확인해야 합니다.

☆	YouTube Creators	Kwansik Youn님을 위한 Creator Monthly 3월
☆	Google AdSense	조치 필요: 애드센스에 등록된 수취인 주소를
☆	Wish	새로운 걸 시도해 보세요 ✨ 2023년 최고의 집
☆	YouTube Creators	오늘부터 Shorts 광고 수익 창출이 시작됩니다
☆	Google AdSense	조치 필요: 애드센스에 등록된 수취인 주소를
☆	Google Payments	Google 애드센스: 본인 인증이 완료되었습니다
☆	Google Payments	본인 확인을 해야 합니다 - 본인 확인을 해야

필자도 유튜브에서 아직 유튜브에서 큰 수익을 내지는 못합니다만, 그래도 필자는 적어도 직업이 있습니다.

필자는 책을 쓰는 것이 직업이지만, 동시에 출판사를 운영하며 출력소 및 제본소, 그리고 인터넷 쇼핑몰도 운영하고 있습니다.

또한 시간 날 때마다 카메라를 들고 여기저기 다니면서 사진 촬영을 하고, 촬영한 사진을 인쇄를 하여 판매를 하고 있습니다.

특히 필자가 판매하는 상품에 동영상이 들어갈 경우 일단 유튜브에 동영상을 업로드하고 필자의 상품 페이지에 링크를 넣으면 필자의 상품을 보는 구매자가 동영상과 함께 상품 페이지를 볼 수 있기 때문에 유튜브에서의 수익 창출과 함께 필자의 쇼핑몰에서도 수익이 발생하는 것입니다.

그래서 필자는 가능하면 필자가 올리는 상품을 동영상으로 촬영하여 어도비 프리미어 프로 CC 프로그램으로 편집을 하여 필자의 [유튜브 채널]에 올린 다음, 필자가 판매하는 상품 페이지에 링크를 걸어 놓습니다.

따라서 유튜브 등의 각종 SNS에 필자의 출판사 및 필자의 저서와 각종 사진 등의 상품을 홍보하는 효과는 톡톡히 보고 있다고 말할 수 있습니다.

따라서 필자와 같이 자신의 사업을 하면서 유튜브 등의 매체를 통하여 자신의 사업을 홍보를 하는것도 좋고요, 또 엄청난 장비를 구입하여 8K 동영상을 제작하여 올려서 수익을 창출할 수도 있습니다.

필자도 그런 생각을 안 해 본 것은 아닙니다만, 그런 장비는 돈 몇 푼 가지고 되지 않습니다.

특히 그런 장비는 가능한 최첨단, 가능한 좋은 장비를 사용해야 하기 때문에 가장 좋은 장비를 구입했다 하더라도 곧 구형이 되고 맙니다.

필자는 카메라 교본 책도 펴 냈기 때문에 적어도 카메라도 매우 여러대, 렌즈도 매우 여러 개 가지고 있기 때문에 장비에 대한 부담이 크다는 것을 누구보다 잘 알고 있습니다.

그러나 사업이란 투자가 이루어져야 하는 것이며, 그런 점에서 본다면 필자도 내놓고 사업을 한다고 얘기할 순 없습니다.

따라서 투자를 할 수 있는 여력이 있는 사람이 이 책을 본다면 그 사람은 분명히 유튜브나 인스타그램, 페이스북 등을 통하여 충분히 수익을 창출할 수 있을 것입니다.

필자의 [유튜브 채널]이나 필자의 [네이버 블로그에] 자주 오시는 사람이라면 필자가 수시로 필자는 남보다 열 배나 많은 재주가 있는 사람이라는 말을 하는 것을 보실 수 있는데요,..

이렇게 필자는 남보다 열 배나 많은 재주가 있지만, 모두 지금 보시고 계시는 책을 쓰는 기술, 이러한 책의 소재가 되는 여러가지 기술들이 대부분이고요, 유튜브에서 구독자를 엄청나게 늘리고 조회수를 폭발적으로 늘리는 기술은 없습니다.

반대로 필자보다 훨씬 가진 기술이 없지만, 간신히 동영상을 만들어서 유튜브에 올리는 사람도 구독자는 필자도다 훨씬 많고 조회수도 폭발적으로 올라가는 유튜버도 헤일 수 없이 많습니다.

이것이 바로 소질이며 진정한 유튜버의 자질입니다.

필자는 비록 구독자도 현재 1,105명에 불과하지만, 최소한 이 책으로 여러분을 훌륭한 유튜버로 만들어드릴 수는 있습니다.

이렇게 이 책으로 공부를 하여 일단 유튜버가 되신 후에는 오로지 자신의 노력 여하에 따라 성공적인 유튜버가 될 수 있고요, 그러하지 못할 수도 있습니다.

앞에서도 필자가, 로또 당첨 번호를 알려준다는 사기꾼도 있다고 소개를 했는데요, 유튜브에서 폭발적으로 조회수가 올라가고 구둑자도 폭발적으로 늘릴 수 있는 방법을 알려준다고 돈을 내라고 하는 인사들이 무수히 많다는 것을 알아야 합니다.

아니 로또 당첨 번호를 알면 자기가 로또 당첨이 되면 될 것을 무엇 때문에 그러한 기술을 남에게 알려준다는 말입니까?

같은 이치로 유튜브에서 폭발적으로 구독자를 늘리고, 폭발적으로 조회수를 올리는 기술이 있으면 자신이 그러한 유튜버가 되어 수익을 올리면 될 것을 무엇하러 그 좋은 기술을 남에게 알려준다는 말입니까?

noxinfluencer.com
https://kr.noxinfluencer.com › youtube-channel-rank ▼

한국 TOP 100 all-youtuber 월조회수 유튜브 채널 - NoxInfluence
Top 100 **YouTube** 월조회수 순위 ; 김프로 KIMPRO. 16.5억 ; CRAZY GREAPA. 10.62억 ; G
8.01억 ; 4 · Luseeyalu. 5.42억 ; 5 · 푸디마마 Foodie Mama. 5.35억.

instarter.co.kr
https://instarter.co.kr › product › 유튜브-조회수-늘리... ▼

유튜브 조회수 늘리기(올리기), 시청시간 증가 - 고품질 - 인스타
해당 상품은 구매하신 회수만큼 고객님의 동영상 조회수를 증가시켜드리는 서비스입니다. 1
특정 동영상 혹은 여러개의 동영상에 나누어서 적용이 가능합니다.
₩7,500

snshelper.com
https://snshelper.com › pricing › youtube ▼

유튜브 조회수 늘리기, 유튜브 구독자 늘리기 - SNS헬퍼
저렴한 가격으로 유튜브 조회수, 유튜브 구독자, 유튜브 좋아요, 유튜브 댓글, 유튜브 시청시
이브 시청자수 늘리기 서비스를 구매해 보세요.
★★★★★ 평점: 5 · 3,190표

필자는 서울에서 무려 수십년 동안 사업을 하다가, 지금은 충남 예산군 소재,.. 출렁다리로 유명한 예당호 근처로 이전을 하여 지금도 여전히 사업을 하고 있는데요,..

필자는 사업자가 아니라 혹시 필자가 곰이 아닌가 착각을 할 때도 있습니다.

필자는 거의 평생을 개인 사업을 해 왔기 때문에 우선 세금을 엄청나게 냈습니다.

우리나라에서 사업을 하려면 기본적으로 10%의 부가세를 내야 하며, 매년 5월달에는 종합소득세를 납부해야 합니다.

필자는 소규모 개인 사업을 하는데도 불구하고 필자가 지금까지 사업을 하면서 납부한 세금이 서울에서 고가의 아파트 몇 채 값은 될 것입니다.

고 김우중 대우그룹 창업자가 무려 22조원의 체납 세액을 안고 작고를 했는데요, 이분의 체납 세액이 무려 22조원이고요, 지금 시세로 환산하면 아마도 220조원은 될 것이고요,..

그렇다면 이분이 정상적으로 사업을 할 때 낸 세금은 얼마나 될까요?

필자 생각에 최소한 체납 세액보다는 몇 곱절 많을 것입니다.

그럼에도 불구하고 사망할 때까지 정부에서 구제를 해 주지 않아서 결국 그 엄청난 체납 세액을 끌어안고 사망을 했습니다.

필자가 서울에서 사업을 할 때 영등포에 목화 예식장이라는 유명한 예식장이 있었습니다.

본관 6층이던가, 별관도 6층이던가 하고요, 전국에서 아마도 목화 예식장을 모르는 사람이 없을 정도로 유명한 예식장이었는데요, 이렇게 엄청나게 크고 유명한 예식장도 세금을 체납하여 예식장을 통째로 기부체납, 사실상 압류되어 지금은 영등포 세무서로 사용하고 있습니다.

다시 말해서 그 유명한 목화 예식장을 운영했던 분과 작고한 고 김우중 회장이나 필자와 같은 소규모 개인사업자나 재주는 곰이 부리고 돈은 인간이 가져가는..

그런 곰이고요, 이런 곰을 상대로 돈을 갈취하는 인간이 헤일 수도 없이 많다는 것을 알아야 합니다.

필자는 사업을 오래 했기 때문에 수많은 광고비를 지출을 했는데요, 소규모 개인 사업을 했는데도 서울에서 사업을 할 때는 보통 년간 3,000만원 이상의 광고비를 지출했습니다.

지금도 수많은 광고 대행 업체로부터 매일 헤일 수 없이 많은 전화 때문에 잠을 자다가도 벌떡 일어날 정도로 스트레스를 받고 있는데요,.

이 뿐만이 아닙니다.
필자는 사업을 오랫동안 했으며 특히 서울에서는 무려 수 천 종의 상품을 판매를 했으며 이렇게 많은 품목을 판매를 하다보면 아무리 조심을 해도 걸리지 않을 수가 없습니다.

툭하면 벌금, 서울이므로 툭하면 주차위반, 툭하면 상표법 위반, 특허 위반 등으로 빨간 줄이 죽죽 그어진 문서가 수시로 와서 죽음보다 더한 고통을 받았고요,..

심지어 서울에서 사업 초기, 필자는 전직 국가대표 사격 선수 출신이고요, 당시 사격 선수는 군인들 뿐이었기 때문에 필자도 당연히 군인이었고요, 직업 군인으로 중년의 나이에 전역을 하여 사회 물정에 어두웠습니다.

그래서 당시 그토록 유명하던 붉은 악마 캐릭터를 몰라서 단돈 1,000원짜리 붉은 악마가 그려진 접이식 부채를 5개 판매하고 300만원의 배상금 청구를 당했는데요,.

그것도 단 한 개도 판매하지 못하고 붉은 악마 상표권을 매입한 상표권 보유자가 필자를 고소하려고 5개를 구입한 것이 처음이자 마지막 판매였고요, 이보다 억울하고 기가 막힌 일이 어디 있는가 이 말입니다.

또 이명박 대통령 시절 최시중 방송통신 위원장 시절에 무전기를 판매하다 적발되어 엄청난 벌금을 낸 적이 있는데요, 그 이전에는 누구나, 어디서나 팔리는 제품이며 지금도 쉽게 구할 수 있는 무전기이지만, 필자는 엄청난 벌금을 냈습니다.

이 뿐만이 아닙니다.
물론 이 모든 역경을 헤치고 성공하는 기업가도 많이 있지만, 여기서 중요한 것은 자칫하면 필자와 같이 인간이 되지 못하고 곰이 된다는 점입니다.

재주는 곰이 부리고 돈은 인간이 가져가는 그런 곰이 된다는 말이 이해가 되시는지요?

아무리 억울해도 세금을 체납하면 역적이 된다는 것을 명심해야 합니다.

따라서 여러분도 조회수를 올려준다는 광고, 구독자를 늘려준다는 광고, 검색 순위를 올려준다는 광고 등에 현혹되어 필자와 같이 곰이 되지 말고 인간이 되어 스스로 구독자도 늘리고 조회수도 늘리기 바랍니다.

필자도 현재 유튜버로 비록 구독자 1천 몇 백 명에 불과하지만, 대부분 고작 1년만에 이룬 성과이고요, 유튜브에서의 수익은 아직은 작지만, 대신 유튜브를 활용하여 필자의 사업을 톡톡히 홍보를 하고 있으므로 필자는 유튜브가 수입 창출 수단보다는 필자의 사업의 홍보 수단이 되고 있는 것입니다.

그리고 비록 크지는 않지만, 지속적으로 수익이 발생하고 있고요, [네이버 블로그]에서도 지속적으로 수익이 발생하고 있으며 더우기 필자는 이 책과 같은 책을 쓰는 것이 본업이지만, 동시에 출판사를 운영하며, 동시에 출력소, 제본소 및 인터넷 쇼핑몰을 운영하기 때문에 단순히 유튜브에서 큰 수익이 나지 않더라도 충분히 필자의 사업을 유지할 수 있는 것입니다.

5-8. 구독자 1,000명 기준

일단 유튜브에서 수익을 내기 위해서는 이유를 불문하고 구독자 1,000명 이상을 확보해야 합니다.

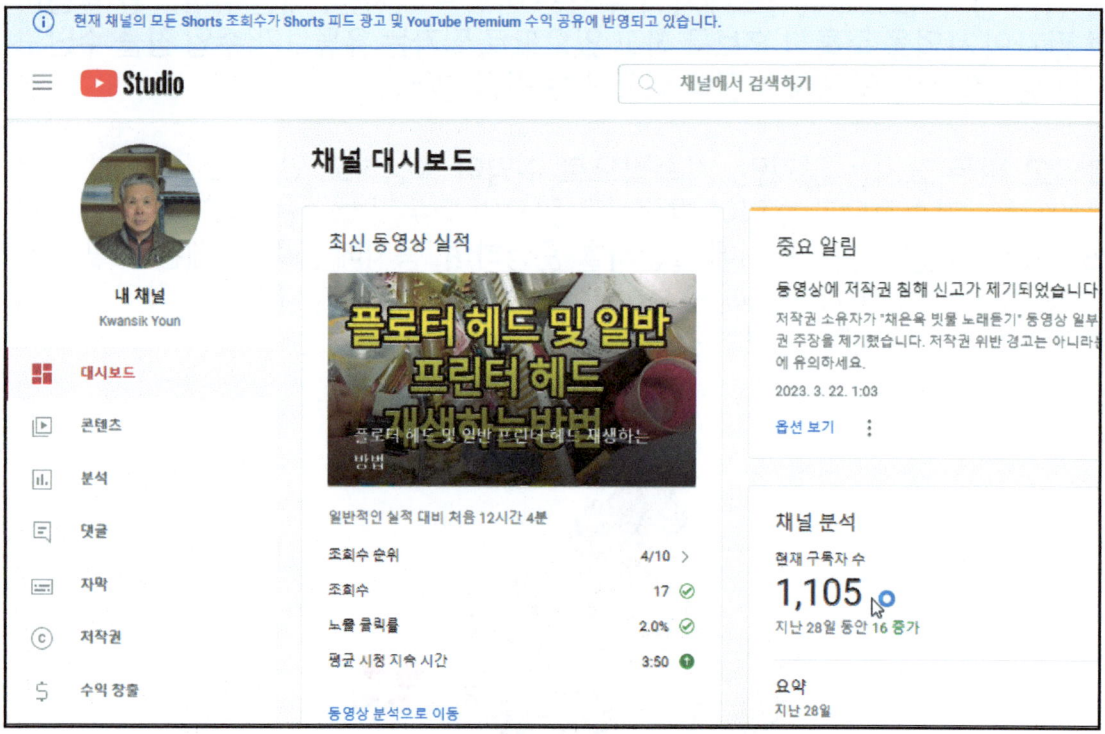

앞에서 설명한 바와 같이 필자는 우리나라 컴퓨터 1세대이므로 일찍이 유튜브에 가입은 했으나 서울에서 수십년 동안 사업을 할 때는 사업이 너무 바빠서 유튜브를 하지 못 했고요, 이곳 충남 예산군,.. 출렁다리로 유명한 예당호 근처로 이전을 해서는 많은 장비를 가지고 이전을 했으므로 이전 후 1년간은 역시 유튜브를 거의 하지 못하였습니다.

그러나가 지금으로부터 약 1년 전부터 본격적으로 유튜브에 매달려서 오늘 현재 위에 보이는 것과 같이 1,105명의 구독자를 확보하였습니다.

유튜브에서의 구독자란 자신이 올린 동영상을 보고 공감하거나 유익했다고 생각되는 사람이 구독 버튼을 눌러야 구독자가 생기는 것입니다.

사실 필자는 필자의 [유튜브 채널]에 무려 1천 수 백개의 동영상을 올렸습니다만, 정치 이슈나 사회 문제, 가십거리 등은 거의 전무합니다.

오로지 필자가 가지고 있는 다재다능한 소질을 이용하여 실생활에 즉시 적응할 수 있는 생활용품을 만드는 방법, 혹은 필자는 컴퓨터 자격증이 많으므로 컴퓨터 관련 강좌, 컴퓨터 고장 수리, 조립, 업그레이드 등의 동영상 만으로 이렇게 짧은 시간에 구독자 1,105 여명을 확보한 것이므로 결코 구독자가 적다고 할 수는 없습니다.

그러나 필자보다 훨씬 실력이 모자라는 사람이 올린 동영상의 조회수가 폭발적으로 많이 올라가는 경우도 얼마든지 볼 수 있습니다.

따라서 유튜브에 올리는 동영상은 필자와 같이 동영상을 만드는 기술이 특출하다고 조회수가 많이 올라가고, 구독자가 많이 생기는 것이 아니라는 얘기입니다.

아마 이 책으로 공부를 하시는 분 중에서도 필자보다 훨씬 단 기간에 엄청난 조회수를 올리는 동영상 및 엄청난 구독자를 확보하는 분도 분명 있을 것입니다.

그래서 이 책으로 공부를 하는 것과는 별개로 유튜브에서 조회수가 많이 올라가는 동영상을 유심히 관찰하여 어떻게 하면 이렇게 조회수가 많이 올라갈 것인지 지속적으로 연구를 해야 합니다.

앞의 화면을 보면 엑셀 프로그램 관련 동영상의 조회수가 무려 126만회나 됩니다.

이에 비하여 필자는 컴활 2급 자격증을 그야말로 아주 오랜 옛날 호랭이 됨배 먹던 시절에 취득하였으며 엑셀 책을 집필한 사람입니다.

이런 필자가 올린 동영상은 조회수가 아래와 같이 초라합니다.

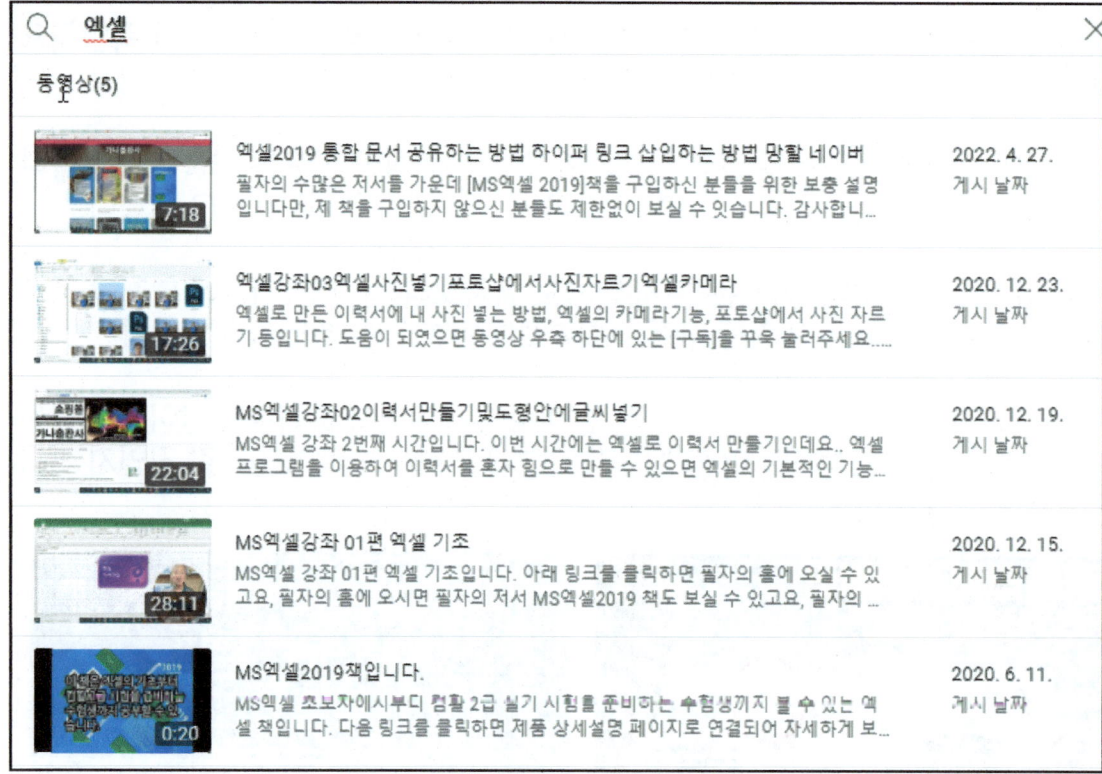

지금 보니 유튜브 검색 화면 및 방법 등이 이전과는 다르게 바뀌었네요..

위는 필자의 [유튜브 채널]에서 검색어 '엑셀' 로 검색한 화면인데요, 위의 검색 결과 상단 검색된 동영상 갯수를 나타내는 숫자에 마우스를 가져가면 클릭할 수 있게 되어 있었고요, 클릭하면 검색된 모든 동영상을 즉시 볼 수 있었지만, 지금 필자가 긱접 검색을 해 보니 위와 같이 클릭할 수 없게 바뀌었습니다.

따라서 위의 검색 결과에서 원하는 동영상만 클릭하여 시청할 수 밖에 없습니다.

아마도 유튜브 측에서 어제 쯤 이렇게 바꾼 것 같은데요, 참고로 유튜브에서 가장 선호하는 유튜버가 바로 필자와 같은 유튜버입니다.

5-9. 유튜브에서 가장 선호하는 유튜버

여러분들이 이 책으로 공부를 하여 유튜버가 되었다 하더라도 반드시 숙지해야 할 사항이 있습니다.

여러분들은 유튜버가 되어 하루 빨리 많은 구독자를 확보하고 유튜브에서 수익을 내고 싶어할 것입니다.

그래서 특이한 영상, 톡톡 튀는 영상을 만들기 위하여 동분서주하는 유튜버도 많고요, 각종 매스컴에 오르내리며 많은 사람들의 이마를 찌푸리게 하는 악성 유튜버도 많이 있다는 것을 익히 아실 것입니다.

물론 이렇게 독특하게, 나쁘게 말하면 악성 동영상을 만들어서 단기간에 조회수를 폭발적으로 올리고 수익도 많이 내는 유튜버도 있습니다.

그러나 유튜브에서 원하는 유튜버는 이런 유튜버가 아닙니다.

유튜브에서 가장 선호하는 유튜버가 바로 필자와 같이 구독자가 그리 많지 않고 조회수가 폭발적으로 올라가지 않더라도 알찬 동영상을 꾸준히 올리는 유튜버입니다.

그래서 필자와 같이 구독자도 그리 많이 않고 조회수도 폭발적으로 늘어나지 않는 유튜버를 위하여 특별히 많은 지원을 해 주고 있습니다.

아마도 그래도 필자가 올린 엑셀 강좌 동영상도 조회수는 그리 많지 않지만, 동영상이 알차게 만들어졌기 때문에 앞에서 본 유튜브 채널에서 검색한 결과를 클릭하여 하나의 화면에서 해당 검색어로 검색된 모든 동영상을 조회수를 한 눈에 볼 수 없도록 한 것 같습니다.
그래서 이제는 어쩔 수 없이 앞에서 본 검색 결과에서 원하는 동영상만 선택하고 클릭하여 동영상을 시청 할 수있게 한 것 같습니다.

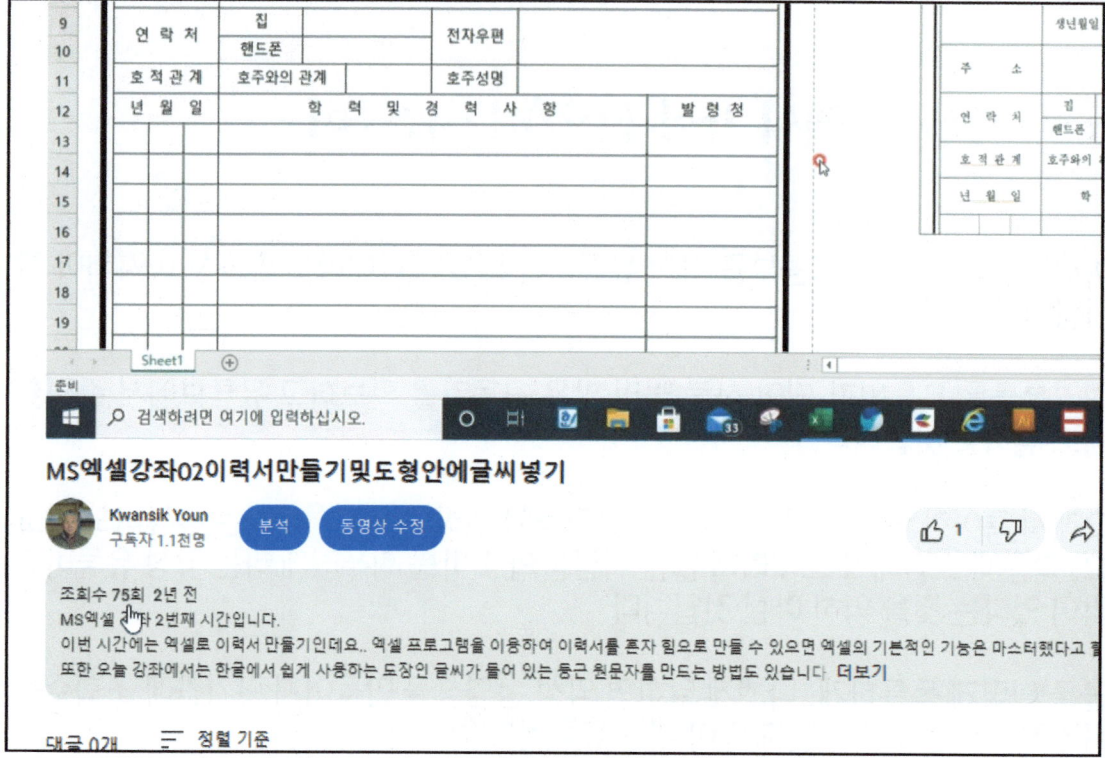

위를 보면 그나마 조회수가 많이 올라간 동영상의 조회수가 고작 79회입니다.

참으로 초라한 실적입니다만, 사실 이것이 현실입니다.

그러나 필자와 같이 컴퓨터 자격증도 많이 관련 책도 펴낸 사람이 올린 동영상의 조회수는 이렇게 초라하지만, 앞에서 본 것과 같이 다른 유튜버가 올린 엑셀 관련 영상은 조회수가 무려 126만회입니다.

이렇게 동일한 영상이라도 조회수가 폭발적으로 올라가게 만드는 것이 바로 진정한 유튜버의 실력이라고 할 수 있습니다.

사람은 누구나 자신이 잘 하는 분야가 있으며 저마다 특출난 소질을 한 가지씩은 가지고 있습니다.

바로 이런 부분에서 뒤지기 때문 필자가 올린 영상은 조회수가 적은 것입니다.

필자는 팡방미인이지만, 이런 필자가 올린 동영상의 조회수는 그리 많이 올라가지 않고 필자보다 훨씬 미숙한 사람이 올린 동영상의 조회수는 폭발적으로 올라가는 것은 그 유튜버가 필자보다 훨씬 유능한 실력이 있기 때문입니다.

5-10. 유튜브에서 가장 싫어하는 유튜버

그러나 이러한 것들은 고지식한 필자의 입장에서 바라본 모습이고요, 단순히 유튜브에 나타나는 조회수만 가지고 거론할 일은 결코 아닙니다.

유튜브에 올리는 동영상을 조회수를 늘리기 위하여 동영상을 조회수가 많이 올라가게 만들기 위하여 노력하는 것은 가상하지만, 갖은 편법을 사용하여 조회수를 폭발적으로 올리는 유튜버가 문제입니다.

더우기 유튜브에 올리는 동영상을 조회수를 폭발적으로 늘리는 조회수를 사고 파는 일도 있다는 것도 아시기 바랍니다.

이것이 유튜브에서 가장 싫어하는 유튜버이며, 이런 일이 발각되면 유튜브에서는 가차없이 해당 채널을 삭제해 버립니다.

유튜브 이용 약관에 분명하게 명시되어 있기 때문입니다.

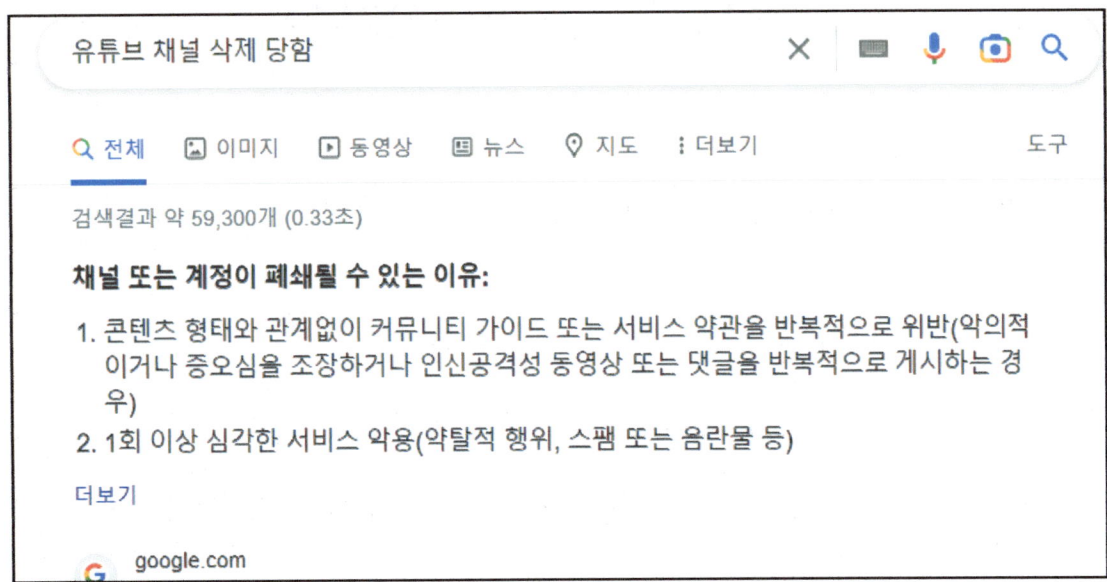

그래서 유명 인사들의 유튜버가 어느날 갑자기 사라지는 일도 발생하며 전 경기도지사 김문수씨의 유튜브도 삭제되어 매스컴을 탄 일이 있습니다.

유튜브에서는 이런 일을 방지하고자 지속적으로 모니터링을 하고 있으며 가짜 허위 정보, 저속하거나 비속어, 욕설 등이 들어간 영상, 특히 저작권 침해나 타인의 명예를 훼손하는 등의 영상을 올리면 채널 자체가 삭제될 수 있다는 점을 유의해야 합니다.

그래서 유튜브에서는 필자와 같이 구독자수도 그리 많지 않고, 조회수도 폭발적으로 늘지 않지만, 모든 동영상에 저작권 침해 등의 문제가 발생하지 않는 건전한 유튜버를 가장 선호하는 것입니다.

특히 필자는 유튜브로 큰 수익을 창출하기보다는 필자의 사업의 홍보 수단으로 톡톡히 덕을 보기 때문에 유튜브에서의 수익은 사실 필자로서는 별 의미가 없습니다.

그리고 유튜버가 되면 이러한 유튜버를 상대로 돈을 버는 업체가 그야말로 난무합니다.

5-11. 유튜버를 상대로 돈을 버는 업체들

유튜버가 되었든, 다른 사업을 하든 어떠한 사업이든지 홍보는 선택이 아니라 필수입니다.

대기업에서는 년간 천문학적인 광고비를 지출하기도 하니까요..

그러나 수입보다 많은 광고비를 지출한다면 그게 가능하겠는지요?

돈이 많아서 물처럼 펑펑 쓸 수 있다면 모를까, 수입보다 많은 광고비를 지출할 수 있는 사람은 없을 것입니다.

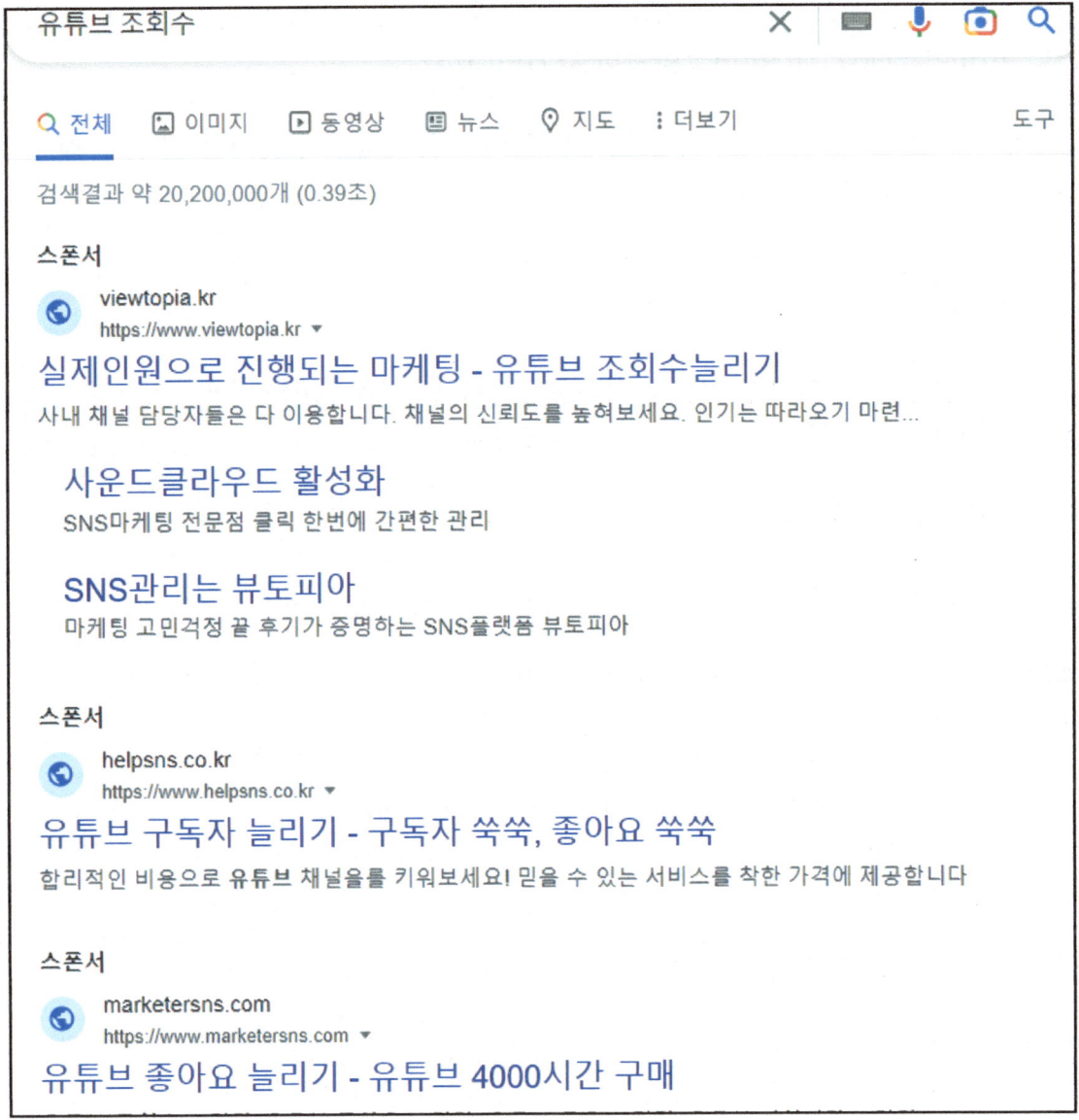

필자는 유튜브 뿐만이 아니라 현재 출판사를 운영하여 동시에 출력소, 제본소, 그리고 인터넷 쇼핑몰을 운영하기 때문에 각종 광고 대행사로부터 그야말로 괴로워서 죽을 정도로 괴롭힘을 당하고 있는데요,..

예를 들어 필자가 포털 사이트에 광고를 게재하면 필자의 상품을 구매하는 고객이 해당 광고를 클릭하는 것이 아니라 바로 이런 악성 광고 대해사에서 클릭하여 광고주로부터 고혈을 짜 내는 악성 광고 대행사가 더 많습니다.

예를 들어, 로또 명당, 로또 당첨번호를 알려 드립니다.. 등으로 사기를 치는 사람들도 많이 있는데요, 이 얼마나 황당한 사기입니까?

로또 당첨번호를 안다면 자신이 로또에 담첨되어 당첨금을 수령하면 될 것을 왜 그 좋은 기술을 다른 사람에게 알려준다는 말입니까?

문제는 그럼에도 불구하고 이런 사기에 속아서 많은 돈을 날리는 사람들이 적지 않다는 점입니다.

필자도 책을 쓰는 것이 직업이므로 하루종일 컴퓨터 앞에 앉아서 책만 쓰다보니 세상 물정에 어둡고 툭하면 사기나 당하곤 하는데요,.

사기는 멍청하고 지능이 낮은 사람이 당하는 것이 아닙니다.

필자와 같이 노련한 사람도 사기를 당한다는 것을 알아야 합니다.

예를 들어 점장이가 점을 볼 때 점을 보러 간 사람이 자신의 처지와 딱 맞아 떨어지는 말을 하면 무릎을 탁 치며 아하, 그렇다고 감사하면서 사례를 하고 갑니다.

그러나 이것은 지능이 높은 점장이가 점을 보러 온 사람에게 두어 마디 물어보고 답변을 들은 후에 그 짧은 시간에 점을 보러 온 사람의 처지를 알아채고 그 사람이 원하는 답변을 해 주는 것에 불과합니다.

필자가 작년에 중고차 사기를 당한 적이 있는데요..

앞에서 언급한 바와 같이 필자는 하루 종일 컴퓨터 앞에 앉아서 책을 쓰는 것이 직업이므로 세상 물정에 어둡고 툭하면 사기를 당하곤 한다고 했는데요..

중고차를 사러 가서 카드를 사용하지 않고 가격을 깎기 위하여 현금을 준 것이 문제였습니다.

지금 생각하면 참으로 어리석은 일이지만, 그 당시 필자에게 사기를 친 그 젊은이는 운전을 하면서 스마트폰으로 카톡을 하는데, 필자는 나이가 있어도 키보드로 타자를 칠 때는 양 손이 모두 키보드에서 떠 있고 다른 곳을 바라보고 타자를 쳐도 컨디션이 좋을 때는 600타가 나오며 평소에도 최소한 300타 이상 타자를 치는 사람입니다.

그런데 필자에게 사기를 친 그 젊은이는 운전을 하면서 장문의 문자를 보내는데도 필자가 컴퓨터로 타자를 치는 속도보다 훨씬 빠른 속도로 문자를 보내는 것을 보았습니다.

그 사기꾼은 이렇게 뛰어난 기술을 고작 사기를 치는데 사용하고 있으니 기가 막히는 일이지만, 당시 필자의 스마트폰을 잠깐 달라고 하는 것을 안 주다가 여차여차 하여 잠깐 주고 필자가 앞에서 바라보고 있는 그 짧은 시간에 필자가 그 동안 중고차를 사기 위하여 주고 받은 모든 문자 및 통화 기록 등을 모조리 삭제를 했습니다.

그래서 이후 경찰서에 가서 고소를 했는데도, 아직도 해결되지 않고 있고요, 모든 증거가 사라졌기 때문입니다.

다행히 그 사기꾼이 삭제한 정보 일부를 복구하여 사기꾼 일당 중 한 명은 찾아냈지만, 정작 필자에게 사기를 친 사기꾼은 아직도 오리무중입니다.

그러나 인간사 새옹지마라는 것을 모르는 이 사기꾼은 죽기 전에 반드시 그 대가를 치를 것입니다.

위의 마우스가 가리키는 것과 같이 저렴한 비용으로 유튜브 조회수를 늘려준다고 광고를 하는데, 로또 당첨 번호를 알려준다는 것과 같습니다.

유튜브 조회수를 그리 쉽게 늘려준다면 그 좋은 기술을 자신이 직접 유튜버가 되어 자신의 유튜브 채널 조회수를 늘리면 훨씬 수익이 많이 날텐데 무엇하러 다른 사람의 유튜브 조회수를 늘려 준다는 말인가 이 말입니까?

따라서 여러분도 이런 사기성 광고에 현혹되어 유뷰버로 수익을 창출하기도 전에 돈을 낭비하는 일이 없기를 바랍니다.

그리고 유튜버로 수익을 창출하는 것이 결코 조회수가 많고 구독자가 많아야 하는 것은 아닙니다.

구독자가 적고 조회수가 적더라도 알찬 수익을 올리는 유튜버도 있다는 것을 아시기 바랍니다.

유튜브에서는 바로 이런 유튜버를 발굴하고자 백방으로 노력을 하며 지원을 아끼지 않는 것입니다.

5-12. 유튜브 수익 창출 순서

유튜버가 되어 유튜브 구독자 1,000명이 확보되면 유튜브에서 수익 창출 자격이 되었다고 자신의 유튜브 채널에 메시지로 알려줍니다.

또한 유튜브는 페이스북과 함께 구글 메터버스에서 운영하는 것이므로 구글 이메일인 Gmail로 유튜브 수익 창출 요건 및 방법 등을 알려줍니다.

여러분이 유튜브를 하고 있다면 이미 Gmail 계정이 생성되어 있을 것입니다.

우리나라 사람들은, 필자 역시 네이버를 주 이메일로 사용하는 사용하지만, 필자의 경우 해외 직구를 많이 하며, 특히 유튜버라면 네이버 메일도 중요하지만, 구글

Gmail을 수시로 확인해야 합니다.
유튜브는 구글에서 운영하기 때문에 Gmail 사용은 필수입니다.

☆ ⊃ YouTube Creators	오늘부터 Shorts 광고 수익 창출이 시작됩니다 - 새 Y
☆ ⊃ Google AdSense	조치 필요: 애드센스에 등록된 수취인 주소를 인증해
☆ ⊃ Google Payments	Google 애드센스: 본인 인증이 완료되었습니다 - 본인
☆ ⊃ Google Payments	본인 확인을 해야 합니다 - 본인 확인을 해야 다음이 7

100GB 중 34.58GB 사용

위와 같이 Gmail로 유튜브 관련 중요한 내용을 알려옵니다.

그리고 구글에서 운영하는 광고 매체인 구글 애드센스에 계정을 연결하여 구글 애드센스 계정 정보로 수익을 지급하는 구조인데요..

이는 문제가 다분히 있습니다.

우리나라는 세계 최고의 IT 국가로서 우리나라 사람들은 우리나라에서 인터넷을 하기 때문에 대부분 우리나라 기준으로 생각을 하지만, 예를 들어 유튜브는 미국 회사에서 운영하는 채널이기 때문에 우리나라 사람들의 정서와는 완전 동떨어진 경우가 많습니다.

유튜브이므로 그냥 유튜브에서 유튜버에게 수익 창출 및 수익금 지급 등을 하면 되지만, 굳이 구글에서 운영하는 구글 애드센스에 연결해야만 수익금을 지급하도록 하고 있습니다.

우리나라의 공정거래위원회에서 제재를 해야 마땅하지만, 아마도 우리나라의 공정거래위원회에서는 유튜브로 수익을 올리는 사람들이 없기 때문에 이런 것을 모르고 있는 것이 아닌가 하는 생각입니다.

특히 유튜브에서 구독자 1,000 명이 넘어서서 수익이 발생하기 시작하면, 이메일이 유튜브 채널 안내가 아닌, 반드시 우편으로 유튜브에서 보낸 코드 번호를 받아서 입력하도록 하고 있습니다.

문제는 유튜브에서 보내는 우편물이 좀처럼 도착되지 않는다는 점입니다.

다시 말해서 유튜브는 구글에서 운영하며 마이크로소프트와 HP, 구글 메타버스 등은 세계 최고의 글로벌 메이커이며 더 쉽게 말해서 세계 최고의 부자들이지만, 배가 터져도 좋으니 더 더 더 더를 외치는 지독하게 이기적이고 지독한 욕심장이이고, 자신들 이외에는 다 죽어도 좋다는 주의를 주장하는 더러운 자본주의, 천민 자본주의의 총 본산이라고 봅니다.

이것은 먼 나라의 이야기가 아닙니다.
바로 여러분 자신의 이야기입니다.

여러분이 유튜버가 되어 구독자 1,000명이 넘어가면 유튜브에서 수익을 창출할 수 있는 자격이 되지만, 실제 수익을 창출하여 수익금을 받기까지는 바로 위의 설명과 같이 천민 자본주의를 직접 상대해야 하기 때문입니다.

우리나라 사람들은 일명 '고객은 왕이다' 라는 개념이 강하기 때문에 만일 유튜브가 우리나라 회사라면 유튜버의 편의를 최대한 반영하여 조금이라도 편리하게 유튜브 수익 및 수익금 수령 등을 할 수 있게 할 것입니다.

그러나 현실은, 천민자본주의가 팽배한 구글 메타버스에서 운영하는 서비스이기 때문에 어떻게 하면 조금이라도 불편하게 수익을 창출할 수 있도록 갖은 복잡하고 어려운 과정을 심어 놓았습니다.

그냥 구독자 1,000명이 넘어가면 자동으로 수익이 발생하는 구조가 아니라 이후에도 사법고시 공부 수준의 절차를 밟아야 한다는 것을 알아야 합니다.

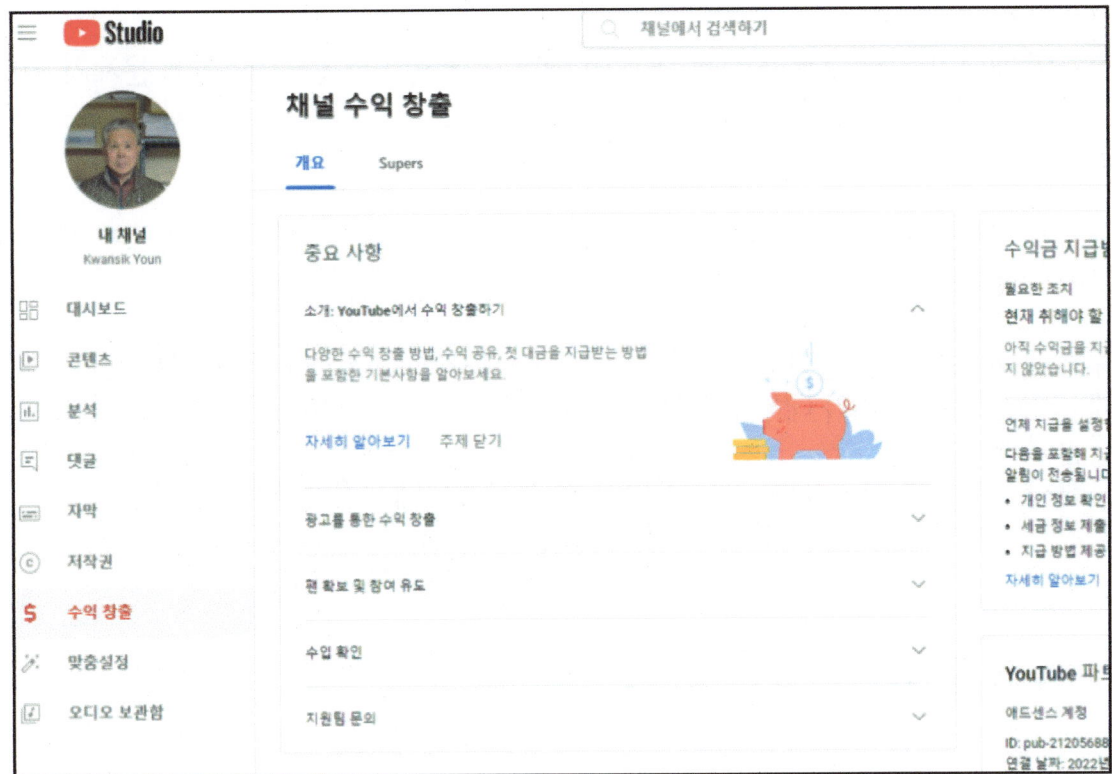

5-13. 유튜브 수익 창출 신청 및 승인

여러분이 유튜버가 되어 구독자 1,000 명이 넘어가면 유튜브 수익 창출 여건이 되었다고 신청하라고 자신의 유튜브 채널에 안내가 뜹니다.

그래서 맨 먼저 구독자 1,000 명이 넘는 시점에 수익 창출 신청을 해야 하며 화면의 안내에 따라 수익 창출 신청을 하더라도 보통 한 달 혹은 그 이상 걸리는 기간 동안 유튜브에서 심사를 하여 저작권 침해 동영상이나 잔혹 동영상, 욕설 동영상 등 유튜브 조회수를 올리기 위하여 악성 동영상을 만들어 올린 것이 있는지 꼼꼼하게 검수를 합니다.

그래서 보통 1개월~3개월 정도 걸리는 것이 일반적이지만, 필자의 경우 단 하루

만에 승인이 났습니다.
필자의 채널이 비록 구독자 수는 1천 몇 백명 밖에 안 되지만, 동영상에 문제가 있는 것이 없고, 특히 동영상 조회수보다 동영상 시청 시간이 길기 때문에 가장 우수한 유튜버로 인정되어 단 하루만에 승인이 난 것입니다.

다시 말해서 동영상 조회수가 아무리 많아도 동영상 시청 시간이 짧은 채널은 유튜브에서 절대로 인정해 주지 않습니다.

예를 들어 조회수는 엄청나게 올라가지만, 시청자가 동영상을 클릭했다가 5초 안에 나가 버리는 횟수가 대부분이라면 그 조회수는 아무리 많아도 전혀 소용이 없는 것입니다.
그래서 조회수를 사고 파는 것은 불법 이전에 유튜브에서 인정하지 않습니다.
심지어 가짜 조회수도 있으니 기가 막힐 노릇입니다.

5-14. 유튜브 채널 분석

위는 필자의 [유튜브 채널]이고요, 위의 화면 좌측 손가락이 가리키는 [분석]을 클릭하면 앞의 화면에 보이는 것과 같이 지난 28일 동안의 분석 결과가 나타납니다.

앞의 화면을 보면 지난 28일 동안 조회수는 총 1.2만회, 동영상 시청시간은 총 453.8시간, 구독자는 이 기간 동안 16명이 늘어났고, 이 기간 동안 발생한 수익금은 11.78달러라고 나와 있습니다.

유튜브의 수익 구조란, 유튜버가 올린 동영상을 시청하는 시청자가 동영상에 게재된 광고를 클릭하여 발생하는 클릭당 비용을 합한 금액입니다.

여기서 중요한 것은 동영상 시청 시간입니다.

지난 28일 동안의 시청 시간이지만, 453.8시간이란 정규 방송 채널이나 영화 등의 고퀄리티 영상이 아니면서도 대단한 시청시간이라는 것을 알 수 있습니다.

비록 수익금은 지난 28일 동안 고작 11.78달러이지만, 필자는 이 수익금보다 훨씬 많은 수익을 이미 올렸습니다.

필자가 올리는 동영상을 보고 필자의 인터넷 쇼핑몰에서 구매하는 고객도 늘고, 또 직접 전화로 주문하는 고객들도 늘어나고 있기 때문입니다.

따라서 필자는 유튜브 채널이 단순히 수익을 창출하기 위한 도구가 아니라 바로 필자의 사업의 홍보 역할을 톡톡히 하는 것입니다.

그리고 위의 필자의 예에서 보듯이 유튜브 구독자가 수십만, 조회수가 수십만 ~ 수 백만이 되어야만 수익이 발생하는 것이 아닙니다.

앞에서도 설명했습니다만, 조회수가 아무리 많이 올라가도 동영상을 클릭했다가 5초만에 나가 버리면 동영상 조회수가 아무리 많이 올라가도 전혀 소용이 없습니다.

가장 중요한 것은 동영상 시청 시간이 길어야 하며, 더 중요한 것은 동영상만 보는 것이 아니라 동영상 중간 중간에 나타나는 광고를 클릭하여 광고를 보는 시청자가 있어야 한다는 점입니다.

물론 구독자가 많고 조회수가 많다보면 이는 자연히 늘어나는 것이므로 걱정할 필요는 없고요, 사람이란 자신과 딱 맞아 떨어지는 경우에는 마음이 움직이는 것입니다.

다시 말해서 광고가 짜증이 나는 사람도 있지만, 자신에게 딱 맞는 광고를 보는 사람은 해당 광고를 클릭한다는 말입니다.

그리고 필자를 포함한 모든 유튜버가 구독자 1,000 명을 모으기 위하여 그야말로 기를 쓰고 동영상을 올려서 구독자 1,000명이 넘어서서 수익 창출이 시작되면 해당 유튜버가 올리는 동영상에는 물론, 해당 유튜버의 선택에 따라 광고가 게재됩니다.

그래서 유튜브 수익 창출 이전에는 구독자가 쑥 쑥 늘어나지만, 수익 창출 이후에 올리는 동영상에는 광고가 나타나기 때문에 구독자 수가 현저하게 줄어듭니다.

이는 어쩔 수 없는 부분이고요, TV 광고 역시 광고가 짜증이 나면 채널을 돌리거나 무음으로 시청하는 것과 마찬가지이고요, 유튜브에 올린 동영상도 시청자가 꼭 필요한 동영상이라면 광고가 있더라도 감수하고 동영상을 시청하는 것이고요, 그래서 필자의 경우 지난 28일 동안 필자가 올린 동영상의 시청 시간이 483.8시간이 된 것입니다.

물론 이보다 훨씬 많은 결과가 나오면 좋겠지만, 이제 구독자 겨우 1,105명인데 이 정도 수익도 감사한 것이라는 것을 알아야 합니다.

또한 필자는 티스토리는 가입은 하였지만, 여러가지 여건상 필자와는 맞지 않아서 실제 사용은 거의 하지 않고 있고요, 구글 블로그 역시 개설을 해 놓았지만, 거의 사용하지 않고요, 오로지 [네이버 블로그]만 올인하여 현재 약 6,000 여개의 포스트가 있고요, 오히려 네이버 블로그에서 나오는 수익이 지금으로서는 유튜브 수익보다 더 많습니다.

네이버 블로그 역시 필자가 올린 포스트를 보는 누군가가 해당 페이지에 나타나는 광고를 클릭해야 클릭당 광고 비용이 적립되는 것입니다.

물론 조회수가 폭발적으로 늘어나면 자동적으로 광고를 클릭하는 사람 수도 많아지므로 당연히 수익이 늘어나지만, 동영상 시청 시간이 중요하다는 얘기입니다.

필자는 이런 식으로 네이버 블로그, 유튜브 등에서 비록 소액이지만, 꾸준히 수익이 발생하고 있고요, 필자의 경우 직업의 특성상 유튜브에 올인할 수는 없습니다.

오리지널 직업은 책을 쓰는 일이고요, 부가적으로 출판사를 운영하며, 출력소, 제본소, 그리고 인터넷 쇼핑몰을 운영하는 엄연한 사업자이기 때문입니다.

그래서 필자는 유튜브에 올인할 수 없는 것입니다만, 여러분은 자신의 처지를 고려하여 유튜브에 올인할 수도 있을 것입니다.

그러기 위해서는 유튜브로 고수익을 올리는 채널을 탐닉하여 연구를 해서 어떻게 하면 유튜브에 올인하여 고수익을 올릴 것인지 스스로 터득해야 합니다.

앞에서 소개한 악성 광고 업체에 현혹되어 유튜브로 수익을 창출하기도 전혀 전혀 쓸데없는 광고비를 먼저 지출하는 일이 없어야 하겠습니다.

아니 유튜브로 그렇게 조회수를 많이 올리고 수익을 많이 올릴 수 있는 기술이 있으면 자신이 직접 유튜브를 운영하여 수익을 올리면 될 것을 왜 그 아까운 기술을 남에게 주는가 이 말입니다.

이는 로또 당첨 번호를 알려준다는 사기와 같다는 것을 아시고 이 책으로 열심히 공부를 하여 일단 필자가 걸어온 길을 그대로 따라 온 다음 필자와 같은 레벨이 되었을 때, 그 때는 여러분이 직접 연구, 분석, 투자를 하여 필자보다 훨씬 많은 구독자 및 조회수를 확보하여 필자보다 훨씬 많은 고수익을 올리는 것은 이 세상 어느 누구도 알려주지 않습니다.

돈을 자기가 벌면 되는 것을 자신은 돈을 벌지 않고 남에게 돈버는 방법을 알려준다는 이런 사기성 광고에 현혹되지 마시고요, 그런 비결은 어느 누구도 가르쳐 주지 않으므로 오로지 여러분이 직접 개척해야 합니다.

공부에는 왕도가 없다고 합니다.
돈을 버는 것도 마찬가지라고 생각합니다.
유튜버로 성공하는 것 역시 마찬가지입니다.

유튜버로 성공한 사람들의 특징은 다른 사람들을 따라 하지 않고 자신만의 독특한 스타일로 수 많은 구독자를 확보한다는 것을 알아야 합니다.

5-15. 저작권

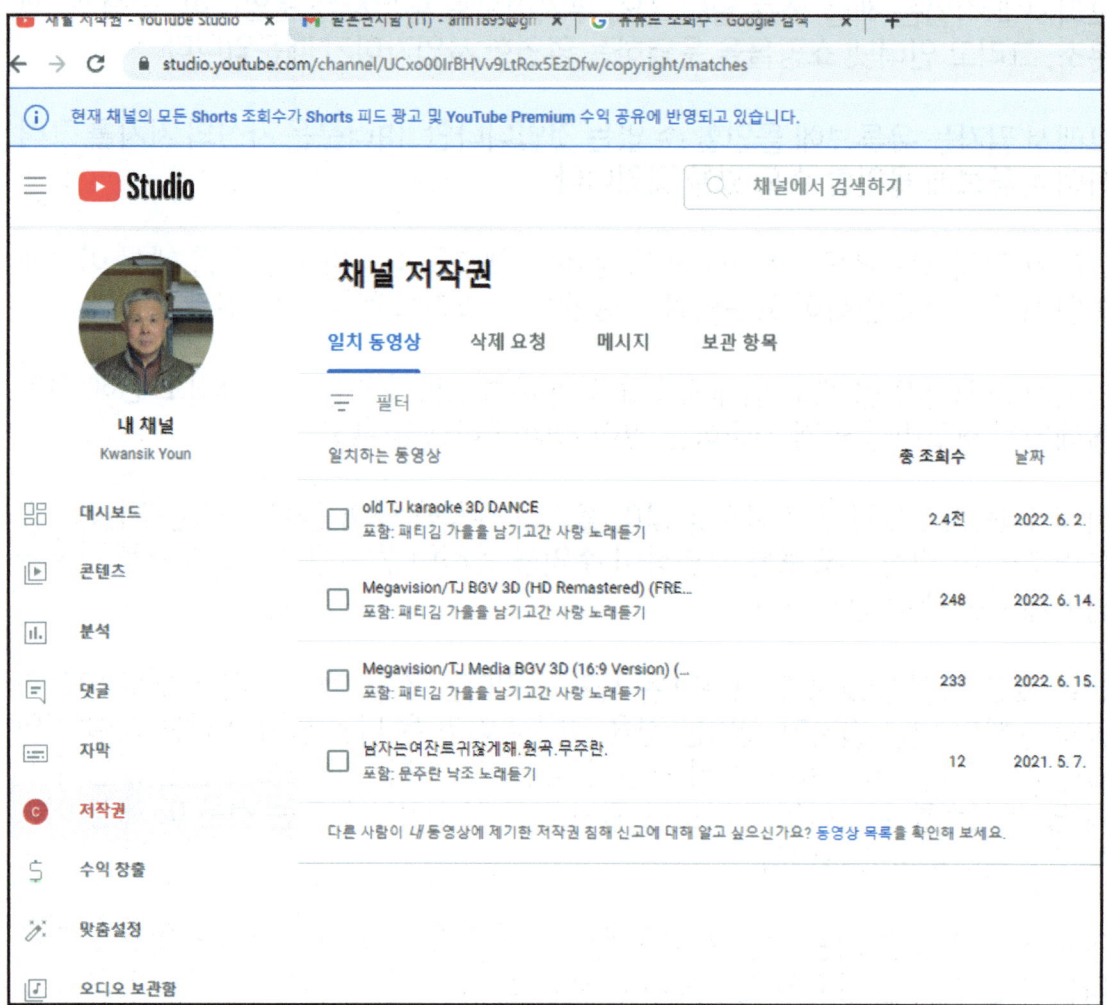

유튜브에 접속하여 자신의 [유튜브 채널]에 들어가면 좌측 메뉴 중에서 저작권 메뉴가 있습니다.

[저작권] 메뉴를 클릭하면 위와 같이 자신의 유튜브 채널에 올린 동영상 중에서 저작권 침해가 있는 영상 목록이 나열됩니다.

사실 필자는 필자 스스로 촬영하고 필자가 직접 편집한 동영상이 전부이기 때문에 저작권에 저촉되는 동영상은 단 한 건도 없습니다.

그러나 앞의 화면을 보면 저작권 침해 관련 동영상이 몇 개 있는 것으로 나오는데요, 필자가 이전에 노래방을 틀언놓고 노래 부르는 것을 녹화를 하여 편집을 해서 올리곤 했는데요, 대중가요이든, 가곡이든, 노래는 어떠한 노래이든지 자신이 작곡한 곡이 아니면 무조건 저권권 침해에 해당됩니다.

필자는 컴퓨터 자격증만 많은 것이 아닙니다.
각종 기계 공작, 산소용접, 전기용접, 각종 공작 기계 등등 이런 기술만 많은 것이 아닙니다.

노래 실력도 전문 기성 가수 못지 않은 실력이 있는데요,

지금 당장 가수로 데뷔를 해도 될 정도입니다.

그래서 이전에 노래방을 틀어놓고 노래를 부르는 것을 녹화를 하여 편집을 해서 여러 건 올렸는데요, 이것이 저작권 침해라 하여 모두 내렸다가, 지금은 다시 모두 올렸습니다.

앞에서 본 저작권 경고는 저작권을 위반해서 불이익을 준다는 메시지가 아닙니다.

다음 메시지를 잘 읽어보세요..

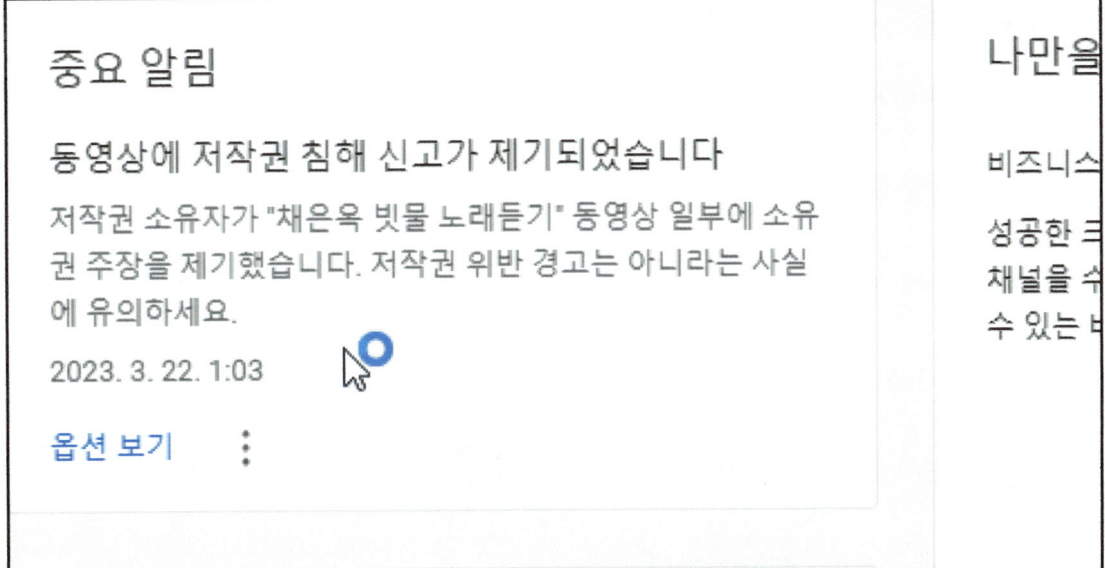

앞의 설명과 같이 필자가 노래를 부른 것을 올린 동영상은 저작권 침해 신고가 있었지만, 노래.. 라는 특성상 제가 올린 노래 영상에서 수익이 발생할 경우 저에게 수익이 오는 것이 아니라 그 노래의 저작권자에게 가는 것을 알리는 것입니다.

필자는 이런 식으로 올린 노래 영상이 수 백개나 되므로 해당 가수나 음반사에서는 더없이 좋은 일이므로 굳이 저작권 침해로 손해배상 등을 청구하지 않는 것입니다.

그러나 이런 노래 관련 영상이 아니라 실제 저작권 분쟁에 휘말리는 동영상을 올리면 즉각 제제가 따른다는 것을 알아야 합니다.

반복될 경우 아무리 구독자가 많아도 가차없이 채널이 삭제됩니다.

5-16. 맞춤설정

자신의 채널에서 좌측 메뉴 [맞춤 설정]을 클릭하면 유튜브에서 유뷰버를 지원하는 메뉴로서 앞으로 게시될 동영상 홍보 수단, 재방문 시청자를 사로잡는 영상, 기 구독자에게 미리 보여줄 영상 등을 올릴 수 있는데요,..

사실 필자는 이 기능을 단 한 번도 이용해 본 적이 없습니다.

필자는 따로 직업이 있으므로 너무 바빠서 잠깐씩 참을 내서 유튜브를 하는 것이기 때문에 이 정도로 유튜브에 매달 릴 수가 없기 때문입니다.

그러나 여러분이 만일 유튜브만 가지고 수입을 창출하기를 원한다면 이런 기능을 십분 활용하여 자신만의 유튜브 노하우를 반드시 개척해서 탄탄한 구독자를 확보해야 합니다.

5-17. 오디오 보관함

필자도 예전에는 무료 음원을 검색하느라 시간을 낭비하곤 했는데요, 지금은 앞의 화면에 보이는 것과 같이 유튜브에서 무료로 제공하는 무료 음원만을 사용합니다.

유튜브에서 제공하는 무료 음원이기 때문에 안심하고 사용할 수 있기 때문이고요, 다시 한 번 강조합니다만, 저작권 침해, 상표권 침해, 욕설, 인신공격, 타인의 명예 훼손 등에 휘말리면 유뷰버로서의 생명은 그대로 끝이 납니다.

요즘 유튜브 조회수를 늘린다고 잔혹 영상 등 특이한 방법을 사용하는 유튜버도 있는데요, 독특한 것은 좋지만, 다른 사람의 눈쌀을 찌푸리게 하는 영상은 자제를 해야 합니다.

5-18. 구글 애드센스

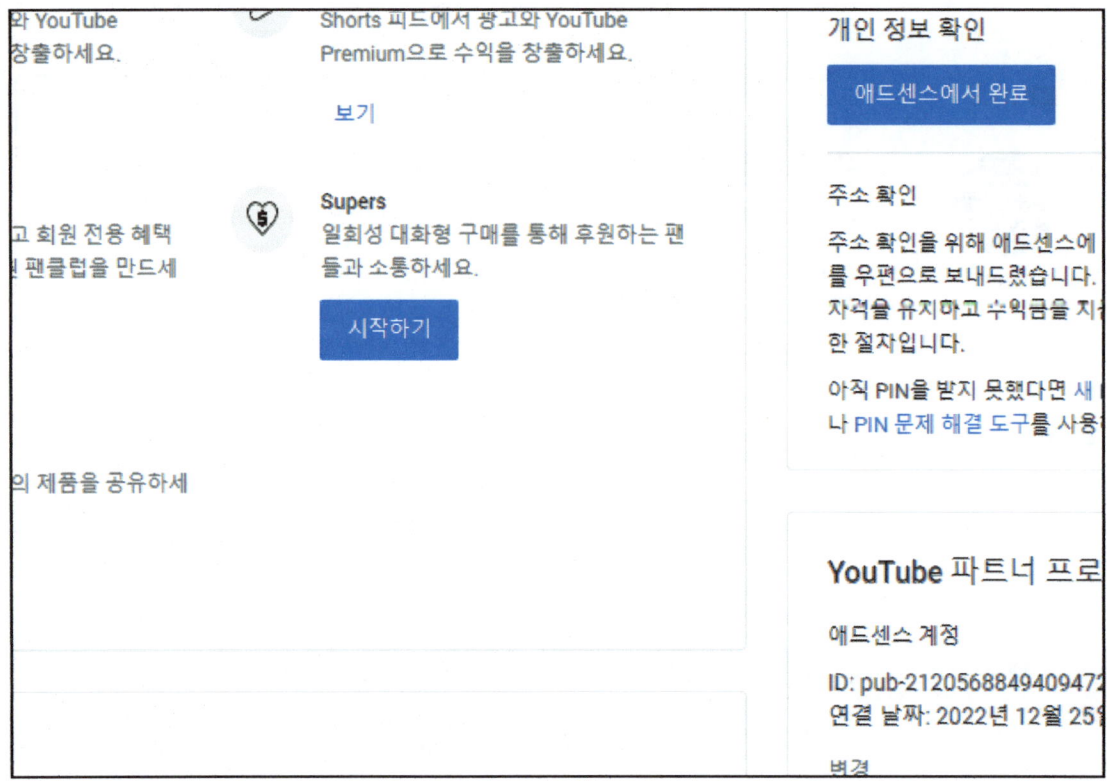

필자가 유튜브를 하면서 가장 큰 불만이 바로 이 부분인데요, 구글 애드센스는 필자와 같은 사업자가 구글에 광고를 게재할 때 사용하는 포털 광고 사이트입니다.

여러분이 무언가 구입하려고 구글에서 검색하여 화면에 보이는 상품들은 모두 이렇게 구글 애드센스에 광고비를 내고 광고를 게재한 광고주의 상품들이 보이는 것입니다.

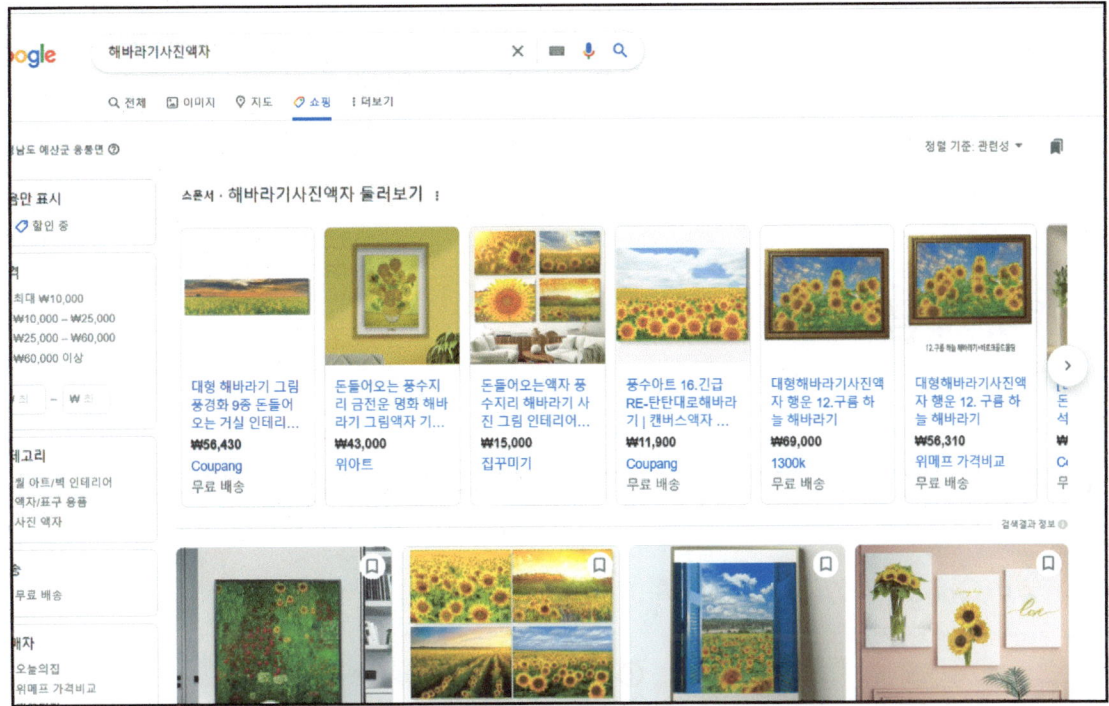

위는 방금 구글에서 검색어 '해바라기사진액자' 로 검색한 결과인데요, 필자의 주력 상품은 이렇게 사진, 액자 등인데요, 필자의 상품은 거의 검색되지 않습니다.

위의 검색 결과에서 스폰서 등으로 표시된 상품들이 앞에서 설명한 구글 애드센스에 광고비를 내고 광고를 게재한 광고주들이 올린 상품들이고요, 몇 페이지 뒤에 광고비를 내지 않는 상품들이 보이기는 하지만, 워낙 많아서 필자의 상품은 찾기가 어렵습니다.

이렇게 구글의 수입원인 구글 애드센스를 통해서만 유튜브 수익금을 지급하겠다는 것은 유튜브에서 수익이 발생하면 유튜브에서 발생한 수익금보다 더 많은 돈을 구글 애드센스에서 지출하라는 심오한 뜻이 담겨 있다 하겠습니다.

그래서 앞에서 필자가 유튜브에서 생긴 수익을 그냥 유튜브에서 지금하면 간단할 것을 무지하게 어렵고 복잡하고 힘든 방법을 사용하여 아주 어렵게 만들어서 사법고시 패스할 정도로 공부를 하지 않으면 그나마 유튜브에서 얻은 수익금을 지급받는 것조차 어렵게 하고 있습니다.

그래서 필자가 유튜브를 하면서도 가장 큰 불만을 가지고 있는 것이 바로 이 부분이며 우리나라의 공정거래위원회에서 이런 일을 바로 잡아야 하지만, 아마도 우리 공무원들이 유튜브로 수익을 내는 공무원이 없기 때문에 이런 일이 바로잡히기는 어려울 것으로 보입니다.

5-19. 세금

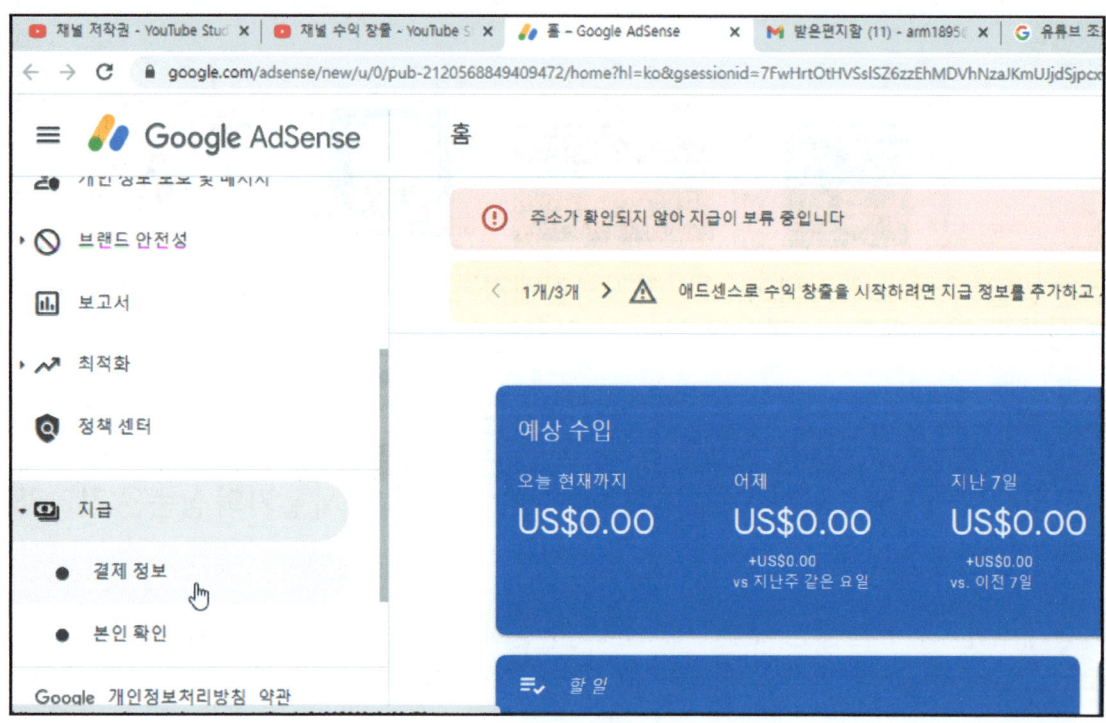

유튜브에서 수익이 발생하여 미화 100달러 이상의 수익이 적립되면 인출 가능한데요, 앞의 화면 자신의 구글 애드센스 계정에서 좌측 메뉴 [지급]을 클릭하면 결제 정보 확인하고 보인 정보 확인이 되면 이미 입력된 계좌로 입금이 되는데요,..

우리나라는 어떠한 경우에도 수입이 있으면 반드시 세금을 내야 합니다.
그래서 유튜브에서 생긴 수익도 정부에 내야 하는 부가세 10%를 공제하고 90%만 입금됩니다.

일반인은 세금 체납자를 마치 매국노를 보는 것처럼 하지만, 앞에서 소개한 고 김우중 대우그룹 전 회장은 살아생전 천문학적인 세금을 냈지만, IMF를 자신이 일으킨 것도 아니고 정부이 잘못으로 일어났는데도 IMF를 일으킨 김영삼 정부는 물론 IMF를 벗어난 김대중 정부, 노무현 정부, 이명박 정부 등 어떠한 정부에서도 이를 구제하지 않았습니다.

그래서 무려 22조원의 어마어마한 체납 세액을 안고 세상을 떠나고 말았는데요, 위정자들은 반성하고 또 반성해야 합니다.
구 김우중 전 회장의 체납 세액이 22조원이며 지금 시세로 본다면 220조원을 될 텐데요, 그렇다면 어떠한 사업자도 사업을 하다가 어려워져서 체납을 하는 것이며 다시 말해서 어떠한 체납자도 체납된 세액보다 기 납부한 세액이 압도적으로 많다는 것을 알아야 합니다.

따라서 일반 국민들도 악성 체납자 외에 이렇게 불가피하게 체납을 하는 사업자는 이상한 눈으로 보아서는 안 됩니다.

일반 국민들 눈에는 매국노로 보이지만, 이런 선의의 피해를 입은 체납자들은 일반인의 수 백 ~ 수 만배도 더 많은 세금을 냈다는 것을 알아야 합니다.

아울러 유튜버로 수익을 내는 것 뿐만이 아니라 국세청에서는 어떠한 국민이든지 단돈 100원의 수입도 모조리 관리되고 있다는 것을 알아야 합니다.

다만, 특히 사업자의 경우 사업을 장려하기 위하여 사업 개시 후 5년 안에는 세무조사를 하지 않지만, 그 동안 사업자의 수입 내역은 고스란히 국세청에 보관되어 있습니다.
그래서 이 사업자가 그 동안 성실하게 세금을 납부했다면 일부 틀린 금액이 있더라도 넘어가지만,..

그래서 이 사업자가 그 동안 성실하게 세금을 납부했다면 일부 틀린 금액이 있더라도 넘어가지만,..

예를 들어 이번 코로나 19 사태가 터져서 초기에 마스크를 마구 팔아서 수 억을 벌었다는 뉴스가 심심치 않게 보도되곤 했는데요, 우선 먹기는 곶감이 달다고 별의별 편법을 동원하여 마스크를 판매해서 폭리를 취한 사업자는 국세청에서 모른척 손을 놓고 있는 것이 아닙니다.

반드시 5년 안에 추징을 합니다.

국세는 5년이 넘으면 시효가 소멸되기 때문에 국세청 직원들은 자신의 실수로 5년이 경과하여 국세 체납 시효가 사라지면 자신이 문책되므로 절대로 5년을 넘기지 않고 반드시 추징을 합니다.

이것은 옛날과 같이 일일이 장부를 뒤져서 확인을 하는 것이 아닙니다.

요즘 어디 옛날과 비교를 하겠어요..??

모든 것은 컴퓨터로 이루어지며 컴퓨터에서 자동으로 찾아내므로 이런 악성 판매자가 설 땅은 없다는 것을 명심해야 합니다.

아울러 유명 유튜버가 되어 유튜브에서 고수익을 내게 되면 절대로 세금 내는 것을 주저해서는 안 됩니다.

정부에서는 어려운 서민들은 죽지 않도록 적극적으로 지원을 하지만, 세금 체납에 대해서는 무지비할 정도로 관용을 베풀지 않는다는 것을 반드시 잊지 마시기 바랍니다.

앞에서 고 김우중 대우그룹 창업자, 전 회장이나 서울 영등포 목화예식장 등의 예를 들어 자세하게 설명했으므로 절대로 체납할 생각일랑 꿈또 꾸지 마시기 바랍니다.

그리고 유튜버이든 혹은 어떠한 사업을 하든 이렇게 세금은 기본적으로 내야 하므로 항상 10%.. 실제 세금은 10%가 아닙니다.
종합소득세 등 제세공과금은 사업상 25%~30%를 계상해야 하는 것입니다.

유튜브책 - 유튜버로 성공하는 책이라는 타이틀로 숨가쁘게 여기까지 달려 왔습니다.

사실 타이틀이야 유튜브 동영상이라고 했지만, 어떠한 동영상이라도 해당되는 말이고요, 결국은 어도비 프리미어 사용법이고요, 어도비 프리미어를 이용한 동영상 편집 요령, 사양이 떨어지는 컴퓨터에서 4k, 8k 영상을 편집하는 방법..

그리고 4k 영상을 촬영할 수 있는 장비 및 1920*1080 FHD 동영상을 촬영할 수 있는 카메라, 그리고 마지막으로 요즘 인기가 있는 액션캠에 이르기까지 유튜버가 알아야 할 동영상에 관한 내용은 대부분 수록하였습니다.

필자는 2020년에는 한 해 동안 무려 15종의 책을 펴 냈습니다.
아마도 기네스북에 오를 기록이 아닌가 싶은데요..
당시에는 필자가 심장 수술을 받아서 거동이 불편했기 때문에 하루종일 실내에만 있었기 때문에 죽어라 책만 써서 그렇게 많은 책을 펴 낸 것이고요,..

이렇게 많은 책을 집필을 하면서도 항상 원고를 마감할 시점이 되면 아쉽기만 합니다.

매번 더 많은 내용을 넣고 싶지만, 책이 두꺼워지면 우선 책값이 비싸지고, 두꺼운 책은 잘 안 보는 추세이기 때문에 필자가 근래에 집필하는 도서는 대부분 이 정도에서 마무리를 합니다.

따라서 이 책에서 부족한 부분은 필자의 유튜브 채널이나 네이버에 있는 필자의 블로그에 오셔서 보충하시기 바랍니다.

본문 설명 도중에 여러번 언급하였습니다만, 인터넷창, 웹브라우저 주소표시줄에 '가나출판사.kr' 입력하고 엔터를 쳐서 필자의 홈에 오시면 필자의 유튜브 채널이나 네이버에 있는 필자의 블로그에 오실 수 있습니다.

특히 요즘은 양봉에 심취하여 양봉에 관한 영상을 거의 하루도 빠지지 않고 올리고 있습니다.

따라서 혹시 양봉에 관심이 있는 분이라면 큰 도움이 되실 것입니다.

이 책을 여기까지 탐독하신 분이라면 필자의 면모를 조금은 아셨을 것이고요, 필자가 남다른 눈썰미와 손재주, 그리고 천부적인 관찰력을 가졌다는 것을 아셨을 것입니다.

양봉 역시 작년부터 시작하여 올 해 2년차로 아직은 초보 양봉 수준이지만, 필자의 뛰어난 감각과, 역시 뛰어난 관찰력으로, 필자가 양봉을 하면서 보고 느낀 것을 이 책에 나오는 방법으로 동영상을 촬영 및 편집을 하여 올리는 것이므로 누구든지 필자의 영상을 보시면 고개를 끄덕이게 됩니다.

여러분 역시 이 책으로 필자와 같이 이 책에 있는 방법대로 동영상을 촬영 및 편집을 하여 유튜브에 올릴 수 있고요, 이 때 부터는 오로지 여러분의 역량에 따라서 구독자가 많아질 수도 그러하지 않을 수도 있습니다.

모쪼록 이 책으로 훌륭한 유튜버가 되시기를 바랍니다.
감사합니다.

저자 윤관식

〈필자 약력〉
1. 한국방송통신대학교 미디어 영상학과 4년 수료
2. 컴퓨터 자격증 다수 보유
3. 컴퓨터 관련 서적 및 사진, 그래픽 등 각종 서적 수십 권 이상 집필
4. 현 가나출판사 운영

제 목 : 유튜브책
주 제 : 유튜버로 성공하는 책
가 격 : 23,000원
발행일 : 2023. 08. 09.
발행처 : 가나출판사
대 표 : 윤관식
충남 예산군 응봉면 신리길 33-4
HP : 010-6273-8185
Fax : 02-2604-8185
Home : 가나출판사.kr

- Memo -